都立小石川中等教育学校

〈収録内容〉

JN057777

⬇ 便利な DL コンテンツは右の QR コードから

解答用紙　過去年度　問題は紙面に掲載　⇒

※データのダウンロードは 2025 年 3 月末日まで。
※データへのアクセスには、右記のパスワードの入力が必要となります。⇒　202262

本書の特長

実戦力がつく入試過去問題集

▶ 問題 …………… 実際の入試問題を見やすく再編集。

▶ 解答用紙 ……… 実戦対応仕様で収録。

▶ 解答解説 ……… 解答例は全問掲載。詳しくわかりやすい解説には、難易度の目安がわかる「基本・重要・やや難」の分類マークつき（下記参照）。各科末尾には合格へと導く「ワンポイントアドバイス」を配置。

入試に役立つ分類マーク

基本▶ 確実な得点源！
受験生の90％以上が正解できるような基礎的、かつ平易な問題。
何度もくり返して学習し、ケアレスミスも防げるようにしておこう。

重要▶ 受験生なら何としても正解したい！
入試では典型的な問題で、長年にわたり、多くの学校でよく出題される問題。
各単元の内容理解を深めるのにも役立てよう。

やや難▶ これが解ければ合格に近づく！
受験生にとっては、かなり手ごたえのある問題。
合格者の正解率が低い場合もあるので、あきらめずにじっくりと取り組んでみよう。

合格への対策、実力錬成のための内容が充実

▶ 各科目の出題傾向の分析、最新年度の出題状況の確認で、入試対策を強化！

▶ その他、学校紹介、過去問の効果的な使い方など、学習意欲を高める要素が満載！

解答用紙ダウンロード 解答用紙はプリントアウトしてご利用いただけます。弊社ＨＰの商品詳細ページよりダウンロードしてください。トビラのＱＲコードからアクセス可。

UD FONT 見やすく読みまちがえにくいユニバーサルデザインフォントを採用しています。

● ● ● 　公立中高一貫校の
　　　　　　入学者選抜 ● ● ● ●

ここでは，全国の公立中高一貫校で実施されている入学者選抜の内容について，
その概要を紹介いたします。

公立中高一貫校の入学者選抜の試験には，適性検査や作文の問題が出題されます。

多くの学校では，「適性検査Ⅰ」として教科横断型の総合的な問題が，「適性検査Ⅱ」として作文が出題されます。しかし，その他にも「適性検査」と「作文」に分かれている場合など，さまざまな形式が存在します。

出題形式が異なっていても，ほとんどの場合，教科横断的な総合問題（ここでは，これを「適性検査」と呼びます）と，作文の両方が出題されています。

それぞれに45分ほどの時間をかけていますが，そのほかに，適性検査がもう45分ある場合や，リスニング問題やグループ活動などが行われる場合もあります。

例として，東京都立小石川中等教育学校を挙げてみます。

①　文章の内容を的確に読み取ったり，自分の考えを論理的かつ適切に表現したりする力をみる。

②　資料から情報を読み取り，課題に対して思考・判断する力，論理的に考察・処理する力，的確に表現する力などをみる。

③　身近な事象を通して，分析力や思考力，判断力などを生かして，課題を総合的に解決できる力をみる。

この例からも「国語」や「算数」といった教科ごとの出題ではなく，「適性検査」は，私立中学の入試問題とは大きく異なることがわかります。

東京都立小石川中等教育学校の募集要項には「適性検査により思考力や判断力，表現力等，小学校での教育で身に付けた総合的な力をみる。」と書かれています。

教科知識だけではない総合的な力をはかるための検査をするということです。

実際に行われている検査では，会話文が多く登場します。このことからもわかるように，身近な生活の場面で起こるような設定で問題が出されます。

これらの課題を，これまで学んできたさまざまな教科の力を，知識としてだけではなく活用して，自分で考え，文章で表現することが求められます。

実際の生活で，考えて，問題を解決していくことができるかどうかを学校側は知りたいということです。

問題にはグラフや図，新聞なども多く用いられているので，情報を的確につかむ力も必要となります。

算数や国語・理科・社会の学力を問うことを中心にした問題もありますが，出題の形式が教科のテストとはかなり違っています。一問のなかに社会と算数の問題が混在しているような場合もあります。

少数ではありますが，家庭科や図画工作・音楽の知識が必要な問題も出題されることがあります。

作文は，文章を読んで自分の考えを述べるものが多く出題されています。

　文章の長さや種類もさまざまです。筆者の意見が述べられた意見文がもっとも多く採用されていますが，物語文，詩などもあります。作文を書く力だけでなく，文章の内容を読み取る力も必要です。

　調査結果などの資料から自分の意見をまとめるものもあります。

　問題がいくつかに分かれているものも多く，最終の１問は400字程度，それ以外は短文でまとめるものが主流です。

　ただし，こちらも，さまざまに工夫された出題形式がとられています。

　それぞれの検査の結果は合否にどのように反映するのでしょうか。

　東京都立小石川中等教育学校の場合は，適性検査Ⅰ・Ⅱ・Ⅲと報告書（調査書）で判定されます。

　報告書は，400点満点のものを200点満点に換算します。

　適性検査は，それぞれが100点満点の合計300点満点を，600点満点に換算します。

　それらを合計した800点満点の総合成績を比べます。

　このように，形式がさまざまな公立中高一貫校の試験ですが，文部科学省の方針に基づいて行われるため，方向性として求められている力は共通しています。

　これまでに出題された各学校の問題を解いて傾向をつかみ，自分に足りない力を補う学習を進めるとよいでしょう。

　また，環境問題や国際感覚のような出題されやすい話題も存在するので，多くの過去問を解くことで基礎的な知識を蓄えておくこともできるでしょう。

　適性検査に特有の出題方法や解答方法に慣れておくことも重要です。

　また，各学校間で異なる形式で出題される適性検査ですが，それぞれの学校では，例年，同じような形式がとられることがほとんどです。

　目指す学校の過去問に取り組んで，形式をつかんでおくことも重要です。

　時間をはかって，過去問を解いてみて，それぞれの問題にどのくらいの時間をかけることができるか，シミュレーションをしておきましょう。

　検査項目や時間に大きな変更のある場合は，事前に発表がありますので，各自治体の教育委員会が発表する情報にも注意しましょう。

都立 小石川 中等教育学校
こいしかわ

https://www.metro.ed.jp/koishikawa-s/

☎113-0021　文京区本駒込2-29-29
☎03-3946-7171
交通　都営地下鉄千石駅　徒歩3分
　　　ＪＲ山手線・都営地下鉄巣鴨駅
　　　徒歩10分
　　　ＪＲ山手線・東京メトロ駒込駅
　　　徒歩13分

［カリキュラム］

・豊かな教養を身につけるべく、理系・文系に分かれることなく全員がすべての教科を学ぶ（小石川教養主義）。

・課題探究型学習の**小石川フィロソフィー**を6年間通して実施。

・**第2外国語**（中・独・仏）を後期課程の自由選択科目に開講。

・**数学**の学習は少人数・習熟度別授業のもと、2年間で中学の基礎的内容を修了する。

・1・2年次の理科の授業は7割を実験観察重視で行うなど、**理数教育と探究活動**を強く推進。

［部活動］

★運動部

サッカー、ラグビー、ソフトテニス、硬式テニス、軟式野球、バスケットボール、バレーボール、バドミントン、陸上競技、水泳、卓球、柔道、剣道、体操、ラクロス

★文化部

音楽、吹奏楽、軽音楽、フォークソング、美術、華道、天文、化学、漫画、演劇、英語、小石川フィルハーモニー、パソコン、生物、文芸、将棋・チェス、料理、物理、茶道、競技かるた、クイズ、数学

［行　事］

・移動教室は、人間関係の礎を築き、6年間の志を立てるための場。富士山麓でネイチャーガイドウォークやウォークラリー行う。

4月　校外学習
6月　移動教室（1年）、職場体験（2年）
8月　海外語学研修（3年）
9月　行事週間（芸能祭、体育祭、創作展）
11月　国内語学研修（2年）
2月　海外修学旅行（5年）、合唱発表会（1・2・3年）

［進　路］

・小石川教養主義を継承する**小石川セミナー**では第一線の専門家による講演を行っている。

・**進路指導室**があり、進路選択に有用な様々な資料が用意されている。

・本校OBの大学教授の協力を得て**大学研究室訪問**を行っている。令和2年度には東京大学大学院へ赴いた。

★卒業生の主な合格実績

東京大、京都大、北海道大、東北大、名古屋大、九州大、埼玉大、千葉大（医）、筑波大、東京外国語大、東京海洋大、東京工業大、お茶の水女子大、一橋大、横浜国立大、防衛大学校、防衛医科大学校（医）、東京都立大、早稲田大、慶應義塾大、東京理科大、上智大、明治大、立教大、ロンドン大、メルボルン大

［トピックス］

・平成18年4月に開校。都立小石川高校を母体校とする。小石川高校は「立志・開拓・創作」を教育目標に、大正7年、東京府立第五中学校として創立された伝統ある名門校。

・平成18〜令和3年度、文部科学省より**スーパー・サイエンス・ハイスクール**（SSH）に指定。令和4年に第4期の指定を受けた。また、日本学生科学賞において、内閣総理大臣賞（平成26年度）や環境大臣賞（平成28年度）、学校賞（平成29年度）、入選1等（平成30年度、令和2年度）、旭化成賞（令和元年度）、科学技術政策担当大臣賞（令和3年度）、文部科学大臣大臣賞（令和4年度）などを受賞している。

・東京都教育委員会からGE-NET20に指定され、外国語能力の向上や国際理解教育、グローバルリーダーの育成を強力に推し進めている。

・**一般枠募集**と**特別枠募集**を実施。一般枠募集は報告書と適性検査の成績により合否を決する。他方、**特別枠募集**は「自然科学分野の全国的なコンクール等に入賞し、入学後もその能力の伸長に努めることのできる者」という応募条件を満たした上で、報告書、作文、面接の成績により合否を決定する。

［学校見学］（令和5年度実施内容）

★授業公開　5・11月各1回
★小学生理科教室　6月1回
★学校説明会　10・11月各1回
★創作展　9月　見学可

入試！インフォメーション

※本欄の内容はすべて令和6年度入試のものです。

受検状況

（数字は男／女／計。仕切られていない場合は男女問わず。）

		募集人員	応募人員			受検人員			受検倍率			合格人員		
特別枠		5	1	2	3	1	2	3	0.60			0	2	2
一般枠		158	311	373	684	289	327	616	3.61	4.19	3.90	79	78	157

※一般枠の男女別募集人員は、特別枠募集において入学者として決定された人員を、男女別に80人から差し引いた人員

入学者選抜実施方法

	報告書の満点	面接の満点	作文・適性検査の満点	総合成績（得点合計の満点）	備　考
特別枠	100*1	500	400*2	1000	＊1換算後の点数　＊2作文
一般枠	200*	—	600*	800	＊換算後の点数

出題傾向の分析と合格への対策

●出題傾向と内容

　検査は適性検査Ⅰ，検査Ⅱ，検査Ⅲの3つで行われる。検査時間は検査Ⅰ，検査Ⅱ，検査Ⅲのすべてで各45分の実施となった。

　【検査Ⅰ】2つの文章が与えられ，それぞれの文章について内容把握が求められる。文中の例から内容を読み取る問題，文中から該当する文を抜き出す問題，400〜440字以内の作文で構成される。今年度は昨年度同様，2つの別の文章が与えられ，それらを関連させる形式であった。

　【検査Ⅱ】検査Ⅱは①と③が共同作成問題であり，例年通り，①は算数的な問題，②は社会的な問題，③は理科・実験に関する出題であった。①は得点板を題材とした「時間」や「規則」に関する出題で，記述式の説明問題と記号を使ってパターンを書き出し，答えを導く問題だった。②のテーマは「世界の森林面積の増減」で，与えられた資料から変化や特徴を読み取り，森林面積の変化とその背景を推測する問題が出題された。③は物質の特性とすべりやすさを題材とした問題で，複数の条件による実験を行い，比較する問いが出された。実験結果を整理し，法則性を説明する問題や，すべり下りる時間を求める問題などで構成されていた。どの問題も会話文や資料を整理し，重要な情報を見分けることが大切である。

　【検査Ⅲ】会話文から成る理科的問題と算数的問題の2題が出された。①は音の聞こえ方に関する問題で自分の考えを記述する問題などが出された。1問目は図の比較を通して考えを記述する問題，2問目は資料を用いて考えを記述する問題，3問目は資料を用いて理由を説明する問題，4問目は新たな観点から考えを記述する問題であった。②は会話文や表からルールを正しく理解できているかが問われる問題であった。1問目はルールから組み合わせを求め，その規則について説明する問題，2問目は会話文から適切な組み合わせを求める問題，3問目は遊びのルールを理解し説明する問題であった。どちらも会話文の中から与えられたルールを正しく理解し，適切な説明をすることが求められる。

● 2025 年度の予想と対策

　【検査Ⅰ】与えられた文章それぞれをしっかり対比・関連させながら読むトレーニングが有効である。作文対策としては，「何を聞かれているか」をしっかりと把握し，対応する文章の内容を見定めたうえで，それを踏まえて自分の意見を記述することが大切だ。書き方は作文のルールに則り評価されるため事前に作文のルールは理解しておきたい。

　【検査Ⅱ】算数的問題は，昨年度以上に会話文から情報を読み取り整理する力を必要とするものであった。単に会話文の中から必要な情報を選び取るだけでなく，その情報を正しく理解し，抽象的なイメージもしっかりと落とし込む力が必要となってくるだろう。また，昨年度に引き続き記述問題にも気を付けたい。ただ答えを求めるだけでなく，その過程をしっかりと理解し，わかりやすく文章にまとめられるようにしよう。

　②の資料分析に関しては，グラフや表の読み取りだけでなく，複数の資料から必要な情報を選び取り，問いにつなげる力が必要になる。複数の資料の特徴を短い時間で整理し，その繋がりについても考えを深められるようにしよう。③の理科分野の実験・観察は「知っている」だけではなく，「比較の仕方・考え方」を理解し，初めて見る実験にも対応できるようにしよう。実験の意図を考える問題に数多くあたっておくのも有効である。

　【検査Ⅲ】検査Ⅲは記述問題が多いことが特徴であるが，会話文の中に多くのヒントが隠されているため情報を整理するトレーニングが重要である。そのため，与えられた会話文や資料，設問をもとに自分の考えや思考方法をまとめ，論理的な文章にする力が非常に大切であるといえる。検査Ⅲの出題の傾向としては，複数の教科にまたがった問題，さらには身近な事象を数理的な問題と組み合わせ，分析力や思考力を問う問題が大部分を占めている。そのため特定の教科に偏った勉強ではなく，教科複合型の形式で出題されている問題を使って演習を進めること，記述問題を繰り返し解いて考えをまとめる力をつけることが対策のカギとなる。

　全体的に会話文や表，図といった資料を整理，活用できるかどうかが大切であり，自分の考えを記述する問題や思考を論理的に記述できるようになることが重要である。また45分という限られた時間を考慮すると，読み落としや記述を大幅に変更することは避けたい。普段から時間配分や論理的に思考することを意識して取り組んでいきたい。

✔ 学習のポイント

「複数資料の読解・比較」と「理数的論理力」が合格のために必要な力だ!!

年度別出題内容分析表 （最新5年分※平成28年度から共同作成開始）

	検査Ⅰ	検査Ⅱ	検査Ⅲ
令和2年度	①【読解・作文】（共同） 文章1小説，文章2解説文 ・読解－理由 ・読解－言い換え ・作文（400～440字）	①【ポスター展示・ゲーム】（共同） 条件／条件→説明／場合の数 ②【貿易－輸出入額と特徴】（独自） 割合計算／分類／グラフ作成／資料分析／為替計算／問題点→解決策（121～150字） ③【帆の性質・実験】（共同） 計算／実験分析／実験結果→結論説明	①【お茶の変化】（独自） 考察／実験デザイン／考え記述／考察－実験デザイン／生活や身のまわりと関連させる ②【カードゲーム】（独自） どのようにすれば勝てるか→理由×3
令和3年度	①【読解・作文】（共同） 文章1解説文，文章2随筆文 ・読解－言い換え ・読解－理由 ・作文（400～440字）	①【九九の表，展開図】（共同） 規則→説明／場合の数／条件と場合の数 ②【情報化－世帯支出との関連】（独自） 関連知識／計算→グラフ→特徴記述／理由説明／提案記述（121字～140字） ③【磁石の性質・実験】（共同） 場合の数→説明／実験分析／実験結果→結論説明	①【表面積】（独自） 理由説明／理由説明／課題予想→説明／計算→条件分析→説明／課題分析→説明 ②【規則・整数】（独自） 計算／計算→理由説明／計算→規則の応用→理由説明／課題分析→説明
令和4年度	①【読解・作文】（共同） 文章1，文章2とも論説文 ・読解－言い換え ・読解－共通点説明 ・作文（400～440字）	①【図形作成，条件整理】（共同） 組み合わせ／経路／条件と場合の数／展開図 ②【資料分析】（独自） グラフの作成／資料分析／交通の発達と課題 ③【実験結果の整理】（共同） 実験分析→理由説明／結果予測	①【生物の活動】（独自） 生物の飛び方／実験の条件付け／結果の利点と欠点の予測 ②【立体図形】（独自） 立体の体積／立体の作成／立体の辺の長さ
令和5年度	①【読解・作文】（共同） 文章1解説文，文章2説明文 ・読解－抜き出し ・読解－説明 ・作文（400～440字以内）	①【規則，時間と速さ】（共同） 規則→説明／書き込み→予想 ②【書店数の推移，電子書籍】（独自） 資料分析→計算，折れ線グラフ，説明／課題予想，説明／解決策（151～180字以内） ③【植物のつくり，人の生活】（共同） 選択→説明，説明／実験分析，実験結果→結論説明	①【生き物と環境，植物と空気】（独自） 理由説明／課題予想→結果分析→説明／結果予想→予想説明 ②【規則，立体】（独自） 説明／課題予想→理由説明／課題分析→説明
令和6年度	①【読解・作文】（共同） 文章1随筆文，文章2説明文 ・読解－説明 ・読解－抜き出し ・作文（400～440字以内）	①【規則】（共同） 条件整理と最短時間／条件整理 ②【資料分析】（独自） 資料分析→計算，棒グラフ，説明／課題解決（151～210字以内） ③【実験，観察】（共同） 実験分析→理由説明／結果予測	①【実験，考察】（独自） データ比較，結果分析／理由予想，実験説明／理由説明／具体例例示，内容説明 ②【規則】（独自） 条件整理，説明／組み合わせ／条件整理→説明

― 都立小石川中等教育学校 ―

東京都立中等教育学校・東京都立中学校

入学者決定における

適性検査の問題作成について

　平成 27 年度入学者決定から、適性検査を共同作成問題と各校独自問題との組合せにより実施しております。

　共同作成問題は検査問題共同作成委員会が作成、各校独自問題は各都立中学校が設置する検査問題作成委員会が作成します。

※参考（入学者決定に関する実施要綱より）

＜出題の基本方針＞

　ア　小学校の教育課程に基づく日常の学習活動の成果や中高一貫教育校において学ぶ意欲、適性を検査することを基本とする。

　イ　出題の内容は、教科横断的な力や課題発見・解決能力などをみるものとする。

　ウ　出題に当たっては、各校の特色や育てたい生徒の姿に照らし、6 年間の学習活動への適応力や創造力等をみることができるようにする。

＜検査等の方法（一般枠募集）＞

　入学者決定に際して、小学校長から提出された報告書と面接、作文、適性検査（各校独自問題及び共同作成問題）、実技検査のいずれかとを適切に組み合わせて実施する。

2024年度

★★★★★★★★★★★★★★★★★★★★★

入 試 問 題

2024年度

人間社会

2024年度

都立小石川中等教育学校入試問題

【適性検査Ⅰ】 （21ページから始まります。）
【適性検査Ⅱ】 （45分）　＜満点：100点＞

1　運動会の得点係の花子さんと太郎さんは，係活動の時間に得点板の準備をしています。

花　子：今年は新しい得点板を作ろうよ。

太　郎：私もそう思っていたので用意してきたよ。ボード（図1）に棒状のマグネット（図2）を
　　　　つけて，数字を表すんだ。

花　子：ボードが3枚あれば，3けたまでの得点を表すことができるんだね。赤組と白組があるか
　　　　ら，6枚のボードが必要だね。

図1　ボード　　　　　　　　**図2　棒状のマグネット**

太　郎：6枚のとう明でないボードは用意してあるから，ボードにつける棒状のマグネットを作ろ
　　　　うよ。

花　子：どのような作業が必要かな。

太　郎：マグネットシートに棒状のマグネットの型を「かく」作業と，かいたものを型どおりに
　　　　「切る」作業の，2種類の作業が必要だよ。

花　子：先に「かく」作業から始めないといけないね。マグネットシート1枚から，棒状のマグネッ
　　　　トは何個作れるのかな。

太　郎：1枚のマグネットシートからは，6個の棒状のマグネットが作れるんだよ。だから，マグ
　　　　ネットシートを7枚用意したよ。

花　子：作業には，それぞれどのくらいの時間がかかるのかな。

太　郎：以前に試してみたことがあるけれど，私はマグネットシート1枚当たり「かく」作業に
　　　　10分，「切る」作業に5分かかったよ。

花　子：私は「かく」作業と「切る」作業に，それぞれどのくらいの時間がかかるかな。

太　郎：試してみようよ。どのくらいの時間がかかるのか，計ってあげるよ。

　花子さんは1枚のマグネットシートから，6個の棒状のマグネットを作りました。

太　郎：花子さんは，「かく」作業も「切る」作業も，マグネットシート1枚当たりそれぞれ7分
　　　　かかったよ。これで，二人の作業にかかる時間が分かったね。

花　子：二人で力を合わせて，棒状のマグネットを作ろうよ。作業をするときに注意することはあるかな。

太　郎：作業中のシートが混ざらないようにしたいね。

花　子：では，「かく」作業をするときも，「切る」作業をするときも，マグネットシート1枚分の作業を終わらせてから，次の作業をするようにしよう。

太　郎：それがいいね。でも，どちらかの人が「かく」作業を終えた1枚分のマグネットシートを，もう一方の人が「切る」作業をすることはいいことにしよう。

花　子：マグネットシートが残っている間は，休まずにやろう。

太　郎：マグネットシートは，あと6枚残っているよ。

花　子：6枚のマグネットシートを全て切り終えると，私の試した分と合わせて棒状のマグネットが42個になるね。

太　郎：それだけあれば，十分だよね。次の係活動の時間に，6枚のマグネットシートを全て切り終えよう。

花　子：それまでに，作業の順番を考えておこうか。

太　郎：分担の仕方を工夫して，できるだけ早く作業を終わらせたいよね。

花　子：係活動の時間が45分間なので，時間内に終わるようにしたいね。

〔問題1〕　二人で6枚のマグネットシートを切り終えるのが45分未満になるような作業の分担の仕方を考え，答え方の例のように，「かく」，「切る」，「→」を使って，解答らんに太郎さんと花子さんの作業の順番をそれぞれ書きなさい。また，6枚のマグネットシートを切り終えるのにかかる時間を答えなさい。

　　　ただし，最初の作業は同時に始め，二人が行う「かく」または「切る」作業は連続して行うものとし，間は空けないものとします。二人が同時に作業を終えなくてもよく，それぞれが作業にかかる時間は常に一定であるものとします。

行った作業	答え方の例
1枚のマグネットシートに「かく」作業をした後に、型がかかれているマグネットシートを「切る」作業をする場合。	かく　→　切る
1枚のマグネットシートに「かく」作業をした後に、他の1枚のマグネットシートを「かく」作業をする場合。	かく　→　かく

　　太郎さんと花子さんは，次の係活動の時間で棒状のマグネットを作りました。そして，運動会の前日に，得点係の打ち合わせをしています。

太　郎：このマグネットで，0から9の数字を表すことができるよ。（図3）

　　図3　マグネットをつけて表す数字

花　子：マグネットは，つけたり取ったりすることができるから便利だね。1枚のボードを180度
　　　　回して，別の数字を表すこともできそうだね。

太　郎：そうだよ。6のボードを180度回すと9になるんだ。ただし，マグネットをつけるボードは
　　　　とう明ではないから，ボードを裏返すと数字は見えなくなるよ。

花　子：そうなんだ。

太　郎：2枚のボードを入れかえて，違う数字を表すこともでき
　　　　るよ。例えば，123の1と3のボードを入れかえて，
　　　　321にすることだよ。（図4）

花　子：工夫をすると，短い時間で変えられそうだね。

太　郎：操作にかかる時間を計ってみようか。全部で操作は4種
　　　　類あるから，操作に番号をつけるよ。

図4　ボードを入れかえる
　　　前と後

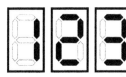

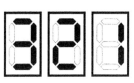

得点板の操作を一人で行ったときにかかる時間
　操作1：1個のマグネットをつける　　　　2秒
　操作2：1個のマグネットを取る　　　　　2秒
　操作3：1枚のボードを180度回す　　　　3秒
　操作4：2枚のボードを入れかえる　　　　3秒

花　子：得点は，3けたまで必要だよね。短い時間で変えられるような，工夫の仕方を考えよう。

太　郎：では，私一人で得点板の数字を456から987にしてみるよ。何秒で，できるかな。

〔問題2〕　得点板の数字を456から987にする場合，最短で何秒かかるのか答えなさい。ま
　　　　た，答え方の例を参考にして，解答らんに元の数字と変えた数字をそれぞれ一つずつ書き，文
　　　　章で説明しなさい。ただし，解答らんの全ての段を使用しなくても構いません。

操作 （かかる時間）	答え方の例
001を008にする場合 （10秒）	〔　1　〕→〔　8　〕　1にマグネットを5個つける。
008を009にする場合 （2秒）	〔　8　〕→〔　9　〕　8からマグネットを1個取る。
004を005にする場合 （6秒）	〔　4　〕→〔　5　〕　4にマグネットを2個つけて1個取る。
016を019にする場合 （3秒）	〔　6　〕→〔　9　〕　6のボードを180度回す。
123を321にする場合 （3秒）	〔　1　〕→〔　3　〕　一の位と百の位のボードを入れかえる。 〔　3　〕→〔　1　〕 ※どちらの書き方でもよい。

2 学校の社会科クラブで地球の環 境 問題について学んだ**あさこ**さんと**けんじ**さんは，世界のいろいろな地域の森林面積について，より深く調べたいと思い，たくさんの資料を持っている**おじいさん**の家を訪ねました。

（**資料2～資料5**は次のページにあります。）

あ　さ　こ：世界全体では森林面積が減少していることを学んだけれど，世界のどの地域でも同じなのかな。地域によるちがいはないのかな。

け　ん　じ：地域によっては，増加しているところもあるかもしれないね。

おじいさん：資料1に示した6つの地域について，いくつかの資料があるよ。まず，世界全体と地域ごとの森林面積についての**資料2**を見てごらん。変化の様子を知るために，2000年の森林面積に対する2010年と2020年の森林面積の割合を計算してみるとよいね。

あ　さ　こ：2000年の森林面積の何％なのかだけでなく，それぞれの年の森林面積が，2000年の森林面積から，何％増加しているか，何％減少しているかを計算して，表やグラフにしてみると，増加や減少の変化が分かりやすくなりそうだね。

け　ん　じ：では，**資料2**をもとに**資料3**を作ってみよう。まずは，世界全体と北アメリカについて計算して，表とグラフにしてみたよ。地域によってずいぶんとちがいがありそうだね。

おじいさん：それぞれの地域の一人当たりの国民総所得についての**資料4**，人口についての**資料5**も見てごらん。国民総所得とは，国民が1年間に生産した物の価値や，物としては表せない情報産業や運輸業のような仕事の価値をお金に置きかえて合計したものだよ。人々の経済的な豊かさの目安になる数値だよ。

[問題1]　(1)　**資料2**の数値を用いて，解答用紙の表を完成させなさい。答えは，表に書かれている数値と同じように，小数第二位を四捨五入した小数第一位までの数値で書きなさい。

(2)　(1)で計算した数値を用いて，解答用紙のグラフを完成させなさい。

(3)　6つの地域の中から一つの地域を選び，**資料4**や**資料5**をふまえて，森林面積の増加や減少の理由について，あなたの考えを書きなさい。

資料1　世界の地域

資料2　世界全体と地域ごとの森林面積（単位：万km²）

	２０００年	２０１０年	２０２０年
世界全体	４１５８.１	４１０６.３	４０５８.９
アジア	５８７.４	６１１.０	６２２.７
アフリカ	７１０.０	６７６.０	６３６.６
ヨーロッパ	１００２.３	１０１４.０	１０１７.５
北アメリカ	７５２.３	７５４.２	７５２.７
南アメリカ	９２２.６	８７０.２	８４４.２
オセアニア	１８３.３	１８１.０	１８５.２

（国際連合食糧農業機関「世界森林資源評価２０２０」より作成）

資料3　森林面積の２０００年に対する割合と、増加と減少の割合（数値は%）

	２０１０年		２０２０年	
世界全体	９８.８	１.２減少	９７.６	２.４減少
アジア				
アフリカ				
ヨーロッパ				
北アメリカ	１００.３	０.３増加	１００.１	０.１増加
南アメリカ				
オセアニア				

資料4　世界全体と地域ごとの一人当たりの国民総所得（単位：ドル）

	２０００年	２０１０年	２０２０年
世界全体	５１３５.３	９００１.２	１０８７２.８
アジア	２２９３.９	４５６５.４	７００３.５
アフリカ	６９５.１	１５２７.４	１７７４.２
ヨーロッパ	１３２４３.１	２７０４３.４	２７９７３.１
北アメリカ	２２５６８.４	３２１９７.３	４１６２４.０
南アメリカ	３６２２.２	８１６５.５	６５３２.８
オセアニア	１４９５０.２	３３４７３.５	３６９０８.８
参考：日本	３５６０６.８	４２００４.８	４２０２８.３

（二宮書店「データブック オブ・ザ・ワールド」より作成）

資料5　世界全体と地域ごとの人口（単位：万人）

	２０００年	２０１０年	２０２０年
世界全体	６０８７３８	６９２５４２	７７８２１２
アジア	３７１０６２	４１９２０５	４６３３７５
アフリカ	７９２６４	１０３１４４	１３３８８３
ヨーロッパ	７２７０１	７３２４７	７４９６１
北アメリカ	４８１８０	５４１５２	５８７６７
南アメリカ	３４５５７	３９２９８	４３０４６
オセアニア	２９７４	３４９５	４１８２

（二宮書店「データブック オブ・ザ・ワールド」より作成）

けんじ：世界の中でも地域によって増加と減少の様子にちがいがあることが分かったね。でも，なぜちがいがあるのだろう。

あさこ：森林の木を切るということは，何かに使うということだよね。切った木の使い道に，地域によるちがいがあるということなのかな。

けんじ：一人当たりの国民総所得も，地域によってちがいがあるね。何か関係があるのかな。

おじいさん：世界のそれぞれの地域についての資料は，ここには無いよ。そのかわりに，日本についての二つの資料があるので，それをもとに考えてみると，世界のそれぞれの地域について分かるかもしれないよ。**資料6**は，日本での木材の使い道の移り変わりを示したものだよ。**資料7**は，日本の一人当たりの国民総所得の移り変わりを示したものだよ。

けんじ：**資料6**にある「薪炭材（しんたんざい）」とは，何のことかな。

おじいさん：「薪」は習っていない字だね。訓読みは「まき」だよ。だから薪炭材とは，「まき」と「炭」のことだね。昔は，「まき」や「炭」を燃料として使っていた家庭も多かったよ。

あさこ：昔と最近とでは，木材の使い道にちがいがあるし，一人当たりの国民総所得にもちがいがあるね。木材の使い道と一人当たりの国民総所得との間には，何か関係がありそうだね。

けんじ：日本の一人当たりの国民総所得の昔と最近とのちがいは，最近の世界の地域の間のちがいを考える参考になりそうだね。

あさこ：なぜ木を切ってしまうのだろう，とばかり考えていたけれど，切らなければいけない理由もあるかもしれないね。

けんじ：林業は，木を切ることが大切な仕事の一つだよね。

あさこ：林業以外でも，人々が生活していくために木を切らなければいけない理由もあるだろうね。

けんじ：けれども，森林面積が減ることは，地球の環境にとって良いことではないよね。

あさこ：人々の生活を守りながら，森林を守らないといけないね。

けんじ：森林を守るには，森林面積を増加させないといけないね。何をしたらよいのだろう。

おじいさん：増加させるために何をしたらよいかを考えることも大切だけれど，減少させないために何をしたらよいかを考えることも大切なのではないかな。

けんじ：なるほど，さっき作ったグラフを上にのばしていくためにやるべきことと，下にのばさないようにするためにやるべきことは，同じではないかもしれないね。

あさこ：森林面積を増加させるために，それから，減少させないために，私（わたし）たちにできることはたくさんあるよね。よく考えて行動しなくてはいけないね。

けんじ：一人一人の行動も大切だけれど，国同士で協力することも大切だよね。

（**資料6**・**資料7**は次のページにあります。）

〔問題2〕　今までの会話文，問題，解答，**資料6**，**資料7**を参考にして，「世界の森林面積を増加させるためにはどうしたらよいか」「世界の森林面積を減少させないためにはどうしたらよいか」について，世界の国々（くにぐに）はどのような協力をすればよいと考えますか。あなたの考える国同士の協力を，それぞれの目的ごとに分けて，151字以上210字以内で書きなさい。

　　　なお，解答らんには，段落（だんらく）をかえずに書きなさい。「，」や「。」もそれぞれ字数に数えます。

資料6 日本での木材の使い道の移り変わり

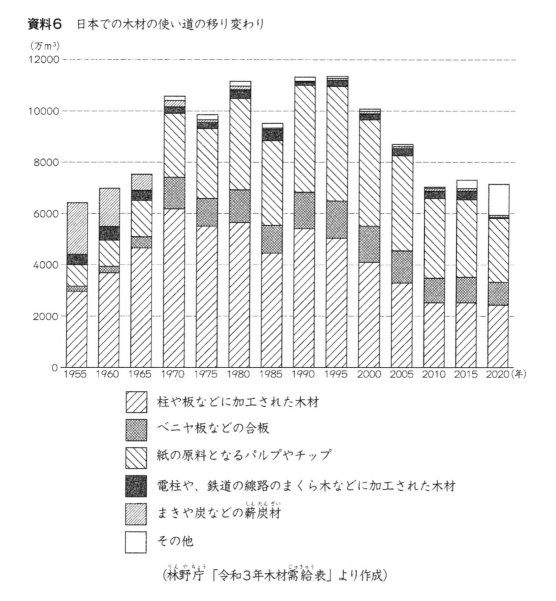

柱や板などに加工された木材

ベニヤ板などの合板

紙の原料となるパルプやチップ

電柱や、鉄道の線路のまくら木などに加工された木材

まきや炭などの薪炭材

その他

（林野庁「令和3年木材需給表」より作成）

資料7 日本の一人当たりの国民総所得の移り変わり（単位：万円）

1955年	1960年	1965年	1970年	1975年	1980年	1985年
9.7	17.8	34.3	72.5	136.0	212.0	274.0
1990年	1995年	2000年	2005年	2010年	2015年	2020年
367.5	415.0	422.6	421.1	400.4	435.4	439.7

（矢野恒太記念会「数字でみる日本の100年」、矢野恒太記念会「日本国勢図会2022／23」より作成）

3 花子さんと太郎さんがまさつについて話をしています。

花　子：生活のなかで，すべりにくくする工夫がされているものがあるね。

太　郎：図1のように，ペットボトルのキャップの表面に縦にみぞがついているものがあるよ。手でキャップを回すときにすべりにくくするためなのかな。

花　子：プラスチックの板を使って調べてみよう。

　二人は，次のような実験1を行いました。

図1　ペットボトル

実験1

　手順1　1辺が7cmの正方形の平らなプラスチックの板を何枚か用意し，図2のようにそれぞれ糸をつける。

　手順2　机の上にフェルトの布を固定し，その上に正方形のプラスチックの板を置く。

　手順3　プラスチックの板の上に750gの金属をのせる。

　手順4　同じ重さのおもりをいくつか用意する。図3のように，糸の引く方向を変えるために机に表面がなめらかな金属の丸い棒を固定し，プラスチックの板につけた糸を棒の上に通して，糸のはしにおもりをぶら下げる。おもりの数を増やしていき，初めてプラスチックの板が動いたときのおもりの数を記録する。

　手順5　手順3の金属を1000gの金属にかえて，手順4を行う。

図2　手順1の板

図3　手順4の様子

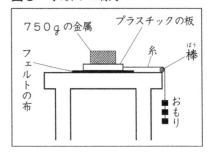

　手順6　図4のように，手順1で用意したプラスチックの板に，みぞをつける。みぞは，糸に対して垂直な方向に0.5cmごとにつけることとする。

　手順7　手順6で作ったプラスチックの板を，みぞをつけた面を下にして手順2～手順5を行い，記録する。

　手順8　図5のように，手順1で用意したプラスチックの板に，みぞをつける。みぞは，糸に対して平行な方向に0.5cmごとにつけることとする。

　手順9　手順8で作ったプラスチックの板を，みぞをつけた面を下にして手順2～手順5を行い，記録する。

　実験1の結果は，次のページの表1のようになりました。

図4　手順6の板

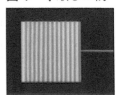

図5　手順8の板

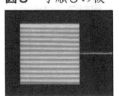

表1　実験1の結果

	手順1の板	手順6の板	手順8の板
750gの金属をのせて調べたときの おもりの数（個）	14	19	13
1000gの金属をのせて調べたときの おもりの数（個）	18	25	17

太　郎：手でペットボトルのキャップを回すときの様子を調べるために，机の上にフェルトの布を固定して実験したのだね。

花　子：ペットボトルのキャップを回すとき，手はキャップをつかみながら回しているよ。

〔問題1〕　手でつかむ力が大きいときでも小さいときでも，図1のように，表面のみぞの方向が回す方向に対して垂直（すいちょく）であるペットボトルのキャップは，すべりにくくなると考えられます。そう考えられる理由を，**実験1**の結果を使って説明しなさい。

太　郎：そりで同じ角度のしゃ面をすべり下りるとき，どのようなそりだと速くすべり下りることができるのかな。

花　子：しゃ面に接する面積が広いそりの方が速くすべり下りると思うよ。

太　郎：そうなのかな。重いそりの方が速くすべり下りると思うよ。

花　子：しゃ面に接する素材によっても速さがちがうと思うよ。

太　郎：ここにプラスチックの板と金属の板と工作用紙の板があるから，まず面積を同じにして調べてみよう。

二人は，次のような**実験2**を行いました。

実験2

手順1　図6のような長さが約100cmで上側が平らなアルミニウムでできたしゃ面を用意し，水平な机（つくえ）の上でしゃ面の最も高いところが机から約40cmの高さとなるように置く。

図6　しゃ面

手順2　図7のような1辺が10cmの正方形のア〜ウを用意し，重さをはかる。そして，それぞれしゃ面の最も高いところに置いてから静かに手をはなし，しゃ面の最も低いところまですべり下りる時間をはかる。ただし，工作用紙の板は，ますがかかれている面を上にする。

図7　ア〜ウ

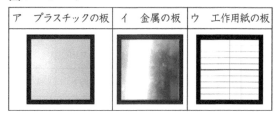

ア　プラスチックの板	イ　金属の板	ウ　工作用紙の板

実験2の結果は，次のページの**表2**のようになりました。

表2　実験2の結果

	ア　プラスチックの板	イ　金属の板	ウ　工作用紙の板
面積（cm²）	100	100	100
重さ（g）	5.2	26.7	3.7
すべり下りる時間（秒）	1.4	0.9	1.8

太　郎：速くすべり下りるには，重ければ重いほどよいね。

花　子：本当にそうなのかな。プラスチックの板と金属の板と工作用紙の板をそれぞれ1枚ずつ積み重ねて調べてみよう。

　二人は，次のような**実験3**を行いました。

実験3

　手順1　**実験2**の手順1と同じしゃ面を用意する。

　手順2　**実験2**の手順2で用いたプラスチックの板と金属の板と工作用紙の板を，それぞれ6枚ずつ用意する。それらの中からちがう種類の板，合計3枚を**図8**のように積み重ねて，板の間を接着ざいで接着したものを作り，1号と名前をつける。さらに，3種類の板を1枚ずつ順番をかえて積み重ねて，1号を作ったときに使用した接着ざいと同じ重さの接着ざいで接着したものを五つ作り，それぞれ2号～6号と名前をつける。ただし，積み重ねるとき，工作用紙の板は，ますがかかれている面が上になるようにする。

　手順3　1号～6号を，積み重ねた順番のまま，それぞれしゃ面の最も高いところに置いてから静かに手をはなし，しゃ面の最も低いところまですべり下りる時間をはかる。

図8　板を積み重ねた様子

ア　プラスチックの板
イ　　金属の板
ウ　　工作用紙の板

　実験3の結果は，**表3**のようになりました。ただし，アはプラスチックの板，イは金属の板，ウは工作用紙の板を表します。また，A，B，Cには，すべり下りる時間（秒）の値が入ります。

表3　実験3の結果

	1号	2号	3号	4号	5号	6号
積み重ねたときの一番上の板	ア	ア	イ	イ	ウ	ウ
積み重ねたときのまん中の板	イ	ウ	ア	ウ	ア	イ
積み重ねたときの一番下の板	ウ	イ	ウ	ア	イ	ア
すべり下りる時間（秒）	1.8	A	1.8	B	C	1.4

〔問題2〕　**実験3**において，1号～6号の中で，すべり下りる時間が同じになると考えられる組み合わせがいくつかあります。1号と3号の組み合わせ以外に，すべり下りる時間が同じになると考えられる組み合わせを一つ書きなさい。また，すべり下りる時間が同じになると考えた理由を，**実験2**では同じでなかった条件のうち**実験3**では同じにした条件は何であるかを示して，説明しなさい。

【適性検査Ⅲ】 （45分）　　＜満点：100点＞

1　理科クラブの活動中に，**みずほ**さんと**のぞみ**さんと**先生**が話をしています。

みずほ：先週，友だちに電話をしたのだけれど，話している相手が友だちだと思って話を続けよう
　　　　としたら，実は友だちのお姉さんと話していたんだ。

のぞみ：電話で人の声を聞くと，直接聞くのとちがって聞こえるね。

みずほ：友だちの家に遊びに行ったときは，友だちとお姉さんの声は聞き分けられたよ。実際にそ
　　　　の人を前にして発せられた声を聞くと，ちゃんとだれか分かるのに，不思議だね。

のぞみ：ひょっとしたら，人の声は電話を通すと，元の音から変化するのかもしれないね。直接聞
　　　　く声と，電話から聞こえる声を見える形にして，比べることはできないかな。

みずほ：先生，声を見える形にして分せきする良い方法はありますか。

先　生：オシロスコープという機械を通してみると，音が波のような形で見えます。声も音の一種
　　　　なのでオシロスコープで見ることができますね。

のぞみ：ありがとうございます。このオシロスコープを使って，直接聞く声と，電話から聞こえる
　　　　声を録音して，分せきしてみよう。

先　生：では，**みずほ**さん，「あー」と声を出してください。この音をオシロスコープで見てみる
　　　　と図1のようになります。次に，**のぞみ**さん，お願いします。図2は同じようにして**のぞ
　　　　み**さんの声をオシロスコープで見たものです。音が出る時にはものがふるえていることを
　　　　学びましたね。図の縦じくの「しんぷく」は，ものがどれくらい大きくふるえているかを
　　　　表しています。オシロスコープは，図1のように，ものがふるえている様子を図にして表
　　　　すことができます。では次に，電話を通した**のぞみ**さんの声をオシロスコープで見てみま
　　　　しょう（次のページの図3）。波の形を比べてみましょう。

図1　みずほさんの声をオシロスコープで見たときの形

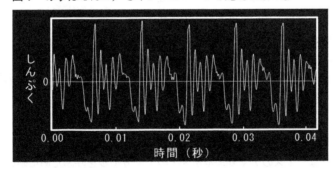

図2　のぞみさんの声をオシロスコープで見たときの形

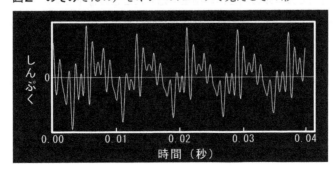

図3　電話を通した*のぞみ*さんの声をオシロスコープで見たときの形

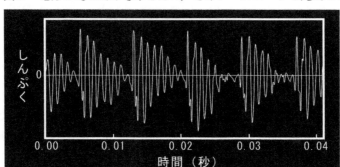

[問題1] (1) 人の声を直接聞いているときのことを考えます。知っている人だと，声を聞いただけでだれかが分かることがあります。私たちは，人の声をどのようにして区別しているのだと思いますか。図1～図3のうちから二つ選んで比かくし，あなたの考えを一つ書きなさい。

(2) 電話だと話をしている人を間ちがえることがありますが，それはなぜだと思いますか。図1～図3のうちから二つ選んで比かくし，あなたの考えを一つ書きなさい。

のぞみ：そういえば，人以外の動物たちの中にも声でコミュニケーションをとる動物がいるけれど，声のちがいを聞き分けているのかな。

みずほ：近くの田んぼでたくさんのカエルたちが鳴いているね。私たちには分からないけれども，声でコミュニケーションをとっているのかな。

先　生：カエルの鳴き声を分せきした研究があります。この研究は，カエルの鳴き声のコミュニケーションについて調べ，それを無線通信などの情報通信技術に活用できないかについて考えたものです。その研究論文は，田んぼにたくさんいるアマガエル（図4）がどのように鳴いているのかを調べた別の論文を参考にし，それをさらに発展させています（次のページの図5）。

図4　アマガエル

みずほ：田んぼには，たくさんのアマガエルがいますね。全てのアマガエルが鳴くのですか。

先　生：いっぱん的には，オスのアマガエルがメスのアマガエルを呼ぶために鳴いています。図5は全て同じ時刻でカエルの鳴き声の測定を始めたときの様子です。

のぞみ：これを見ると，アマガエルはそれぞれ好きな時に自由に鳴いているのではないように見えますね。もっとたくさんカエルがいる田んぼなどでは，鳴く順番などのルールがあるのかな。

みずほ：それを知るためには，たくさんいるアマガエルのうちどこにいるアマガエルが鳴いたのかを分かるようにする必要があるね。

のぞみ：鳴いたアマガエルの位置を知るにはどうしたらいいのだろう。

図5 ３びきのアマガエルが鳴く様子

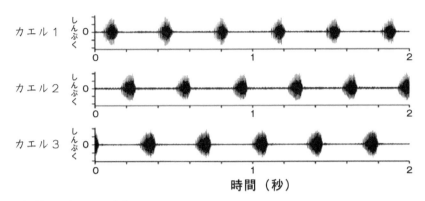

（合原一究ほか「自律分散型コミュニケーションシステムとしての
カエルの合唱法則の数理モデリングと応用」より作成）

〔問題２〕 (1) **図5**から，アマガエルは他のアマガエルと声が重ならないように鳴いていることが
分かります。なぜ他のアマガエルと重ならないように鳴くのだと思いますか。あなたの考えを
一つ書きなさい。

(2) アマガエルは，どのように自分が鳴くタイミングを判断していると思いますか。あなたの考
えと，そう考える理由を書きなさい。

(3) 鳴いたアマガエルの位置をはあくするためには，どのような工夫をしたらよいと思います
か。その工夫を考え，説明しなさい。説明には図を用いてもかまいません。

先　生：図5は２秒間，鳴き声を記録したときの様子ですが，図6は900秒の長い時間で記録した
ときの図です。

みずほ：図6を見ると，アマガエルは常に鳴き続けているわけではないみたいだね。

のぞみ：アマガエルは常に鳴いているのだと思っていたけれど，そうではないようだね。

図6 長い間かくで記録した複数のアマガエルが鳴く様子

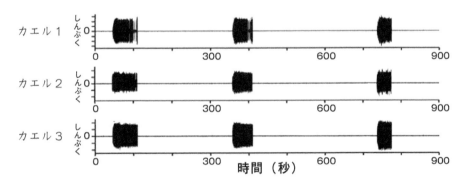

（合原一究ほか「自律分散型コミュニケーションシステムとしての
カエルの合唱法則の数理モデリングと応用」より作成）

〔問題３〕 **のぞみ**さんは「アマガエルは常に鳴いているのだと思っていたけれど，そうではないよ

うだね。」と言っています。この他にアマガエルの鳴き方について**図6**から分かることを一つ書きなさい。また，アマガエルがそのように鳴く理由について考え，説明しなさい。

みずほ：鳴いているときをオンの状態，鳴いていないときをオフの状態とすると，オン・オフの状態があるのはカエルの鳴き方だけではないね。

のぞみ：カエルが鳴いたり鳴いていなかったりする様子をオン・オフと考えるなんて，**みずほ**さんはおもしろい考え方をするね。

先　生：そうですね。身の回りのものにあてはめて考えることができそうですね。

〔問題４〕　あなたの身の回りのもので，自動的にオンとオフが切りかわるものについて一つ例を挙げ，何のためにオンとオフが切りかわっているか，あなたの考えを説明しなさい。

2　**はるか**さんと**ゆうき**さんは，お楽しみ会の実行委員として，当日に向けて準備を進めています。

はるか：お楽しみ会には，Aさん，Bさん，Cさん，Dさん，Eさんの５人のグループ１と，Pさん，Qさん，Rさん，Sさん，Tさんの５人のグループ２の計10人が参加するよ。

ゆうき：どのようなことをするか決めているのかな。

はるか：最初に，プレゼント交かんをしようと考えているんだ。

ゆうき：どのように行うのかな。

はるか：グループ１，グループ２のそれぞれのグループで行うもので，５人のメンバーが一人一つずつプレゼントを持ち寄って，それぞれのグループ内のメンバー同士で交かんするんだよ。

ゆうき：なるほど。希望するプレゼントがもらえるといいね。

はるか：そうだね。だから，グループ１，グループ２それぞれの５人のメンバーには，あらかじめプレゼントが何であるか教えておいて，どのプレゼントをほしいか希望をとっておいたよ。

ゆうき：Aさん，Bさん，Cさん，Dさん，Eさんが持ってくるプレゼントはそれぞれ①，②，③，④，⑤で，Pさん，Qさん，Rさん，Sさん，Tさんが持ってくるプレゼントはそれぞれ⑥，⑦，⑧，⑨，⑩なんだね。

はるか：それぞれのグループのメンバーが，どのプレゼントをほしいかをまとめたものが**図１**だよ。

図１

グループ１		グループ２	
メンバー	ほしいプレゼント	メンバー	ほしいプレゼント
Aさん	②または③	Pさん	⑦または⑨
Bさん	①または③または④	Qさん	⑥または⑨
Cさん	④または⑤	Rさん	⑥または⑦または⑨
Dさん	③または⑤	Sさん	⑥または⑧または⑩
Eさん	①または②または④	Tさん	⑥または⑨

ゆうき：もらえるプレゼントは一人一つだよね。

はるか：そのとおりだよ。それぞれのグループについて，5人のメンバー全員が自分のほしいプレゼントをもらえるようにするには，メンバーとプレゼントをどのような組み合わせにすればよいかな。

ゆうき：グループ1は5人のメンバー全員が自分のほしいプレゼントをもらえるような組み合わせができるけれど，グループ2はどのような組み合わせにしても，自分のほしいプレゼントがもらえないメンバーがいることになってしまうね。

〔問題1〕 (1) グループ1について，5人のメンバー全員が自分のほしいプレゼントをもらえるようにするとき，メンバーとプレゼントの組み合わせを一つ答えなさい。答えるときは，解答らんに示した表の空らんに，①，②，③，④，⑤の番号を書きなさい。

(2) グループ2について，メンバーとプレゼントをどのような組み合わせにしても，自分のほしいプレゼントをもらえないメンバーがいるのはなぜか説明しなさい。

ゆうき：次にどのようなことをするのかな。

はるか：グループ1とグループ2のメンバーとでペアをつくってダンスをするよ。グループ1のメンバー一人一人にグループ2のメンバーの名前が書かれた5枚のカードを引いてもらったよ。同じように，グループ2のメンバー一人一人にグループ1のメンバーの名前が書かれた5枚のカードを引いてもらったよ。そして，より先に引いたカードに書かれた名前のメンバーとできるだけペアになるようにするよ。それぞれのメンバーが引いたカードの順をまとめたものが図2と図3だよ。

図2　グループ1のメンバーが引いたカードの順

	Aさん	Bさん	Cさん	Dさん	Eさん
先	Sさん	Pさん	Pさん	Rさん	Rさん
↑	Pさん	Tさん	Rさん	Sさん	Pさん
	Rさん	Qさん	Qさん	Qさん	Tさん
↓	Qさん	Rさん	Tさん	Tさん	Qさん
後	Tさん	Sさん	Sさん	Pさん	Sさん

図3　グループ2のメンバーが引いたカードの順

	Pさん	Qさん	Rさん	Sさん	Tさん
先	Cさん	Aさん	Aさん	Bさん	Dさん
↑	Eさん	Bさん	Dさん	Eさん	Eさん
	Aさん	Cさん	Cさん	Dさん	Aさん
↓	Dさん	Dさん	Eさん	Aさん	Bさん
後	Bさん	Eさん	Bさん	Cさん	Cさん

ゆうき：これらの図を見ると，CさんとPさんは最初に引いたカードにたがいの名前が書かれているから，この二人はペアにしよう。

はるか：その他の4組のペアはどのように決めたらよいか，考えてみよう。

ゆうき：図2，図3をもとにして，図4，図5のようにペアの組み合わせを決めてみたよ。これらの図の色を付けたところが，ペアになる相手だよ。

はるか：ちょっと待って。図4のEさんのらんと図5のTさんのらんを見て。EさんにとってTさんはQさんよりも先に引いていて，TさんにとってEさんはBさんよりも先に引いているから，EさんとTさんでペアをつくり，BさんとQさんでペアをつくった方が，たがいにより先に引いたメンバーとペアをつくることができるよ。そのような場合は優先してペアにしたいんだ。

図4　ゆうきさんが考えた、グループ1のメンバーがペアになる相手

Aさん	Bさん	Cさん	Dさん	Eさん
Sさん	Pさん	Pさん	Rさん	Rさん
Pさん	Tさん	Rさん	Sさん	Pさん
Rさん	Qさん	Qさん	Qさん	Tさん
Qさん	Rさん	Tさん	Tさん	Qさん
Tさん	Sさん	Sさん	Pさん	Sさん

図5　ゆうきさんが考えた、グループ2のメンバーがペアになる相手

Pさん	Qさん	Rさん	Sさん	Tさん
Cさん	Aさん	Aさん	Bさん	Dさん
Eさん	Bさん	Dさん	Eさん	Eさん
Aさん	Cさん	Cさん	Dさん	Aさん
Dさん	Dさん	Eさん	Aさん	Bさん
Bさん	Eさん	Bさん	Cさん	Cさん

ゆうき：そうか。では，EさんとTさんをペアにしておいた方がいいね。でも，そうするとBさんのペアがQさんになるから，BさんにとってはTさんより後に引いたQさんとペアをつくることになってしまうね。

はるか：Bさんのように，もともとペアだったメンバーよりも後に引いたメンバーとペアになることになったとしても，5組のペア全体として，たがいにより先に引いたメンバーとペアになることを優先して考えるよ。そのように考えて，図6のような5組のペアをつくると，5組のペア全体としてはこれ以上ペアをつくり直す必要がない状態となるよ。このような5組のペアのことを「安定した状態の5組」とよぶことにしよう。

図6　5組のペアが「安定した状態の5組」となるメンバーの組み合わせの例

グループ1	Aさん	Bさん	Cさん	Dさん	Eさん
グループ2	Sさん	Qさん	Pさん	Rさん	Tさん

〔問題2〕　5組のペアが「安定した状態の5組」となるとき，その5組のペアの組み合わせを，図6に示した組み合わせ以外に一つ答えなさい。答えるときは，解答らんに示した表の空らんに，Q，R，S，Tの記号を書きなさい。

はるか：お楽しみ会の最後は，私たち実行委員の二人も参加してできる遊びを考えたよ。

ゆうき：どのようなことをするのかな。

はるか：私たち二人と10人のメンバーの合計12人のそれぞれが，制限時間内に，自分自身とさっきのダンスでペアになった人をのぞく10人と，たがいの手をタッチする遊びだよ。なお，私と**ゆうき**さんはダンスのペアがいないので，私と**ゆうき**さんとはタッチしてはいけないことにするよ。

ゆうき：最終的にどのようになっていればいいのかな。

はるか：みんなで協力して，最終的に私以外の11人がタッチした人数が，私が指定したとおりにできるかを考えるんだよ。

ゆうき：どんな指定をするのかな。

はるか：例えば，最終的に私以外の11人がタッチした人数が，全員等しくなるようにすることはできるかな。

ゆうき：それはやり方を工夫すればできそうだね。

はるか：では，最終的に私以外の11人がタッチした人数が，全員ちがうようにすることはできるかな。

ゆうき：**はるか**さん以外の11人がタッチした人数が全員ちがうということは，タッチした人数が０人，つまりだれともタッチしない人がいてもいいということだよね。

はるか：そうだね。一方で，10人とタッチする人を考えてみると，その人はダンスでペアになった人以外の全員とタッチすることになるよね。

ゆうき：別の見方をすると，一人もタッチしない人と，10人とタッチする人はダンスでペアであったことが分かるね。

はるか：そうか。そのように考えていくと，**ゆうき**さんがタッチする人数は何人になるんだろう。

〔問題３〕　**はるか**さんは，「**ゆうき**さんがタッチする人数は何人になるんだろう。」と言っています。**はるか**さん以外の11人について，タッチした人数が全員ちがうとき，**ゆうき**さんがタッチする人数は何人ですか。また，その理由を説明しなさい。

に書きなさい。

〔問題2〕　⑦「余韻」とか「想像力」といった考えとありますが、

文章1　の筆者は、短歌を読んでどのような情景を想像しているで

しょうか。連続する二文を探しなさい。ただし、一文めの最初の四字

と、二文めの終わりの四字をそれぞれ書くこと。

〔問題3〕　あなたは、これからの学校生活で仲間と過ごしていく上で、

言葉をどのように使っていきたいですか。今のあなたの考えを四百字

以上四百四十字以内で書きなさい。ただし、次の条件と下の**（きまり）**

にしたがうこと。

条件　①　**文章1**・**文章2**　の筆者の、短歌・俳句に対する考

え方のいずれかにふれること。

　　　②　適切に段落分けをして書くこと。

（きまり）

○題名は書きません。

○最初の行から書き始めます。

○各段落の最初の字は一字下げて書きます。

○行をかえるのは、段落をかえるときだけとします。

○、や。や「などもそれぞれ字数に数えます。これらの記号が行

　の先頭に来るときには、前の行の最後の字と同じますに書きます

　（ますの下に書いてもかまいません）。

○。と」が続く場合には、同じますに書いてもかまいません。こ

　の場合、。」で一字と数えます。

○段落をかえたときの残りのますは、字数として数えます。

○最後の段落の残りのますは、字数として数えません。

うか、よくわかりません。でも、一門のあいだではいろいろと議論があったと、去来は言っています。「不易」とは永久に変わらないこと、「流行」とはつねに変化すること、「不易流行」というのは、まったく正反対のことを一語にまとめたことになります。＊諸説紛々だといっつ、の＊真髄は、この境地にこそあります。芭蕉俳諧

去来は、「不易流行の教えは、俳諧不変の本質と、状況ごとの変化という二面性を有するものだ」というのです。一貫性と流動性の同居、これが俳諧というものだということでしょうか。

『三冊子』でも、「不易流行」に言及しています。そこでは、＊「師の風雅に、万代不易あり、一時の変化あり。この二つに究り、その本一なり」と、根本は同一だと説いています。そこで、つぎに土芳の『三冊子』をみてみましょう。

土芳は、＊伊賀上野＊藩士、一六五七年生まれ、一七三〇年没。姓は服部氏。若いころから芭蕉を慕い、伊賀の俳諧を盛り上げた人物です。『三冊子』は、芭蕉晩年の教えを書きとめた書で、出版はずっと遅れるものの、多くのひとに筆写されて早くから広まりました。「白双紙」「赤双紙」「わすれ水」の三部をまとめて、『三冊子』として知られています。

高く心を悟りて、俗に帰るべし。

俳句をよむ精神は目標を高くもって、同時に日々の生活にいつも目を向けるように心がけなさい、という教えです。むかしのひとの作品や精神をしっかり学ぶとともに、生活する人びとの気持ちにいつも、すばらしい俳句が生まれるのだというのです。困難な事柄にひるまず勉強

するうちに、いつか高尚なこころを得ることができる。かといって、学問をひけらかしては嫌みなだけ。何気ない、ふつうに送る日常生活のなかから、俳句のおもしろさを発見することがだいじなのです。芭蕉俳諧の＊真髄は、この境地にこそあります。

（藤田真一「俳句のきた道　芭蕉・蕪村・一茶」（一部改変）による）

（注）

其角──芭蕉の弟子。
巴風──其角の弟子。
去来──芭蕉の弟子。
「卯の花に月毛の馬のよ明かな」
──白く咲き乱れる卯の花の中、月毛の馬に乗って旅立つ、さわやかな初夏の明け方だなあ。
諸説紛々──いろいろな意見やうわさが入り乱れているさま。
「師の風雅に、……この二つに究り、その本一なり」
──芭蕉先生の風流についての教えには、ずっと変わらないことと常に変化することの二つがある。この二つをきつめると、その根本は一つである。
伊賀上野──いまの三重県伊賀市。
藩士──大名に仕える武士。
真髄──ものごとの本質。
「有明の花に乗り込む」──夜明けに花の下で乗り込む。
「月毛馬」「葦毛馬」──どちらも白みがかった毛色の馬。

【問題1】　短歌や俳句をくり返し唱えたり、思いうかべたりすることは、どのような効果があると述べられているでしょうか。　文章1・文章2で挙げられている例を一つずつ探し、解答らんに合うよう

する。

（東　直子「生きていくための呪文」による）

（注）
歌──短歌。
咲くからに──咲いているから。
わが眺めたり──私は（その桜の花を）ながめるのだ。
岡本かの子──大正、昭和時代の小説家、歌人。
清水──京都の清水寺。
祇園──京都の祇園神社。
こよひ──今夜。
与謝野晶子──明治、大正時代の歌人。
花灯り──桜の花が満開で、その辺りのやみがほのかに明るく感じられること。
ほろ酔いのような表情を浮かべて──うっとりした顔つきで。
愛でている──味わい楽しんでいる。
大西民子──昭和時代の歌人。

はありませんか」と応じました。一句は、みごとに咲いた糸桜の下に臥せって、花の枝をつかんでたぐってみたい、といった意味です。そこで言った芭蕉の返答がこれです。物のすがたを表現し尽くしたからといって（「いいおおせて」）、それがどうしたのだという批判です。ことばの裏側に、㋐「余韻」とか「想像力」といった考えを置いてはどうでしょう。俳句にかぎらず、詩という文芸は、表面的な理解だけでわかった気になってはつまりません。

舌頭に千転せよ。

これは去来の苦い経験に発することばのようです。「*有明の花に乗り込む」とはじめの五・七をよんで、最後をどうするか悩んだことがありました。馬をよみ込みたかったものの、*「月毛馬」「葦毛馬」と置いたり、あいだに*「の」を入れたりしてみても、どうもうまくいかない。ところが友人許六（前に登場した、芭蕉の画の師になった弟子）の、*「卯の花に月毛の馬のよ明かな」を目にして、なるほどとうなった、この手があったのか、と。許六は中の七文字に馬を置いて、すらりとよんだところ、去来はこだわって五・七を動かそうとせず、どうしてもうまくいかなかったのです。常々芭蕉が、「口のなかで千回でも唱えてみよ」とおっしゃっていたのはこのことだったのだ。ほんのわずかの工夫でうまくいく。そこに気づくまで、「千転せよ」というわけです。去来の句は結局完成しなかったのでしょう。

【文章2】
次の文章は、江戸時代に俳諧と呼ばれていた俳句について、当時活やくしていた松尾芭蕉が述べた言葉を説明したものです。

江戸の*其角が、「下臥につかみ分ばやいとざくら」という*巴風（其角の門人）の句を知らせてきたが、「どうおもうかね」と芭蕉がたずねられた。*去来は、「枝垂桜（糸桜）のようすをうまく言い表しているで

謂応せて何か有。

不易流行。

たいへん有名なことばですが、はたして芭蕉がそのまま口にしたかど

【適性検査Ⅰ】 （四五分） 〈満点：一〇〇点〉

1 次の 文章1 と 文章2 を読んで、あとの問題に答えなさい。

（*印のついている言葉には、本文のあとに （注） があります。）

文章1

桜の咲く時期になると、必ず思い出す *歌がいくつかある。ソメイヨシノの並木の花がいっせいに満開になって、咲いてるなあ、と首を空に向けながら思い出すのは、次の歌である。

　桜ばないのち一ぱいに *咲くからに生命をかけて *わが眺めたり
　　　　　　　　　　　　　　　　　　　　*岡本かの子

そして桜満開の夜となれば、この歌。

　*清水へ *祇園をよぎる桜月夜 *こよひ逢ふ人みなうつくしき
　　　　　　　　　　　　　　　　　　　　*与謝野晶子

桜の咲くころの祇園を訪ねたことはないのだが、脳内には *花灯りの下を、浮かれたような、*ほろ酔いのような表情で道を歩く人々の、うつくしい顔がくっきりと浮かぶ。夜桜見物を一度だけしたことがあるが、結構寒くて、じっと座ってるとガタガタ震えてくるし鼻水は出るし、思うほどロマンチックではない。けれども人をうつくしいと思う気持ちは、この歌を胸に抱いていたため失わずにすんだ。

先ほどのかの子の歌が桜の花と自分を同一化させて自分を主人公として短歌の額縁の真中におさめたのに対し、この晶子の歌は、あくまでも自分はレンズとしての存在で、きれいな夜桜のある風景をまるごと *愛

でている。きれいな花が咲いたらそれだけを見るのではなく、そこにある気配までも感知する晶子の懐の深さに感じいる。

「こよひ逢ふ人みなうつくしき」は、桜の咲いている時期以外でも、いろいろな場所にあてはめることができる。気後れしがちなパーティーなどでも「こよひ逢ふ人みなうつくしき」の言葉を唱えながら現地に向かえば、自ずと前向きになり、好意的に人と会える気持ちになれて勇気がわくのである。

自分の気に入った詩の言葉を心の中でつぶやく行為は、願いをかなえるために呪文を唱えることにとても似ている。短歌を知る、覚えていくということは、自分の気持ちを保つための言葉を確保していくことでもあるのだと思う。

　てのひらをくぼめて待てば青空の見えぬ傷より花こぼれ来る
　　　　　　　　　　　　　　　　　　　　*大西民子

この短歌を胸に抱いてつくづく思うのは、さびしいのは自分だけではない、ということ。桜のはなびらがはらはらと散っていく様子を見ると、なんともいえず切ない気持ちになる。この歌ではそれが「青空の見えぬ傷」よりこぼれてきたものだというのである。あのきれいな青い空にも傷がある。自分の中の見えない場所にあるもののように。そんなことを考えている孤独な一人の女性を思うと、桜も青空もそれを受け止めようとしている人も、それを遠くで思う人（読者）も、すべてが無限の切なさにおおらかに「傷」を言葉にできるとは。ほんとうにさびしいときに、この歌を唱えつづけると、いつの間にかうれしい気持ちに変わっていくような気が

大切なことはメモしておこうネ！

2024 年 度

解 答 と 解 説

《2024年度の配点は解答欄に掲載してあります。》

＜適性検査Ⅰ解答例＞

1 問題1 ［文章1］自分の気持ちを保つ（という効果。）
　　　　　［文章2］わずかなくふうでうまくいくことに気づく（という効果。）
　問題2　あのきれ　〜　ように。
　問題3　（学校からの解答例はありません）

　　解答例
　　　文章2の筆者は「俳句をよむ精神は目標を高くもって，同時に日々の生活にいつも
　目を向けるように心がけなさい，という教え」であると言っています。このことから，
　私は学校生活で高い目標に向けて自分なりに努力をしつつも，仲間の気持ちや動きを
　きちんと考えながらポジティブな気持ちになる言葉を使うべきだと考えました。
　　　なぜなら，小学校のクラブチームの野球で，試合中に励ましたり，勇気づけたりす
　る言葉を仲間にかけると，チーム全体が元気になってみんなで頑張れたからです。野
　球は一人ではなく，みんなで頑張らないと結果が出ないとコーチから教わりました。
　実際に，試合で仲間の動きに合わせて動いたり，仲間の様子や調子に合わせて声をか
　けたりすることで，チームが元気になり，逆転で勝てた試合がありました。
　　　このことから，私は部活動をふくめた学校生活全体で，仲間の気持ちや動きを考え
　ながら，ポジティブな気持ちになる言葉をかけていきたいと考えています。

○配点○
1 問題1　20点，　問題2　20点，　問題3　60点　　計100点

＜適性検査Ⅰ解説＞

1 （国語：読解，作文）
　問題1　「短歌や俳句をくり返し唱えたり，思いうかべたりすること」でどのような効果があるか
　　　を文章1と文章2でそれぞれ探していく。文章1では，筆者の主張である「短歌を知る，覚え
　　　ていくということは，自分の気持ちを保つための言葉を確保していくこと」の部分と，その
　　　具体例である「さびしいときに，この歌を唱えつづけると，いつの間にかうれしい気持ちに
　　　変わっていく」のうち，筆者の主張がまとまっている「短歌を知〜いくこと」の部分を解答
　　　らんにあわせてまとめる。文章2では，「わずかの工夫でうまくいく」ことに「気づく」まで
　　　「千転せよ（くり返し唱えよ）」の内容を解答らんに合わせてまとめる。
　問題2　文章1で短歌の情景が連続する2文で書かれている部分を探す。「清水へ…」の短歌の情景
　　　の説明は「桜の咲く〜浮かぶ。」の1文である。「てのひらを…」の短歌の情景説明は「あのき
　　　れ〜ように。」の2文であり，解答となる。今回の条件は2文で抜き出しのため，句点（。）をふ
　　　くめた文の単位で抜き出すことに注意する。
やや難　問題3　設問を整理すると，「これからの学校生活で仲間と過ごしていく上で，言葉をどのよう

に使っていきたい」かについて，文章1か文章2の短歌や俳句への筆者の考えにふれながら，400字から440字で自分の考えを書いていく，である。段落指定がないため，自分で段落構成を考える必要があり，難しいと感じる人もいるだろう。短歌や俳句への筆者の考えにふれるには，筆者の主張を引用するだけでなく，それを自分なりの言葉でまとめたり，言い換えたり，引用した部分から考えたことなどを書いたりするとよい。また，文章1や文章2で選ぶ筆者の主張は，意見や理由が書きやすい（または自身の体験談などと関連づけやすい）内容を選ぶとよい。

★ワンポイントアドバイス★

「これからの学校生活で仲間と過ごしていく上で，言葉をどのように使っていきたい」か，が問題3のテーマだ。正しく設問を読み取って作文を書こう。

＜適性検査Ⅱ解答例＞

1 問題1 〔太郎さんの作業〕

かく → 切る → 切る → 切る → 切る → 切る → 切る

〔花子さんの作業〕

かく → かく → かく → かく → かく

〔6枚のマグネットシートを切り終えるのにかかる時間〕　40分

問題2

〔得点版の数字を456から987にするのにかかる最短の時間〕	16秒
［ 4 ］→［ 6 ］	一の位と百の位のボードを入れかえる。
［ 6 ］→［ 9 ］	6のボードを180度回す。
［ 5 ］→［ 8 ］	5にマグネットを2個つける。
［ 4 ］→［ 7 ］	4にマグネットを1個つけて2個取る。
［　　］→［　　］	

2 問題1 (1)

	2010年		2020年	
世界全体	[98.8]	[1.2減少]	[97.6]	[2.4減少]
アジア	104.0	4.0増加	106.0	6.0増加
アフリカ	95.2	4.8減少	89.7	10.3減少
ヨーロッパ	101.2	1.2増加	101.5	1.5増加
北アメリカ	[100.3]	[0.3増加]	[100.1]	[0.1増加]
南アメリカ	94.3	5.7減少	91.5	8.5減少
オセアニア	98.7	1.3減少	101.0	1.0増加

(2) （学校からの解答例はありません）

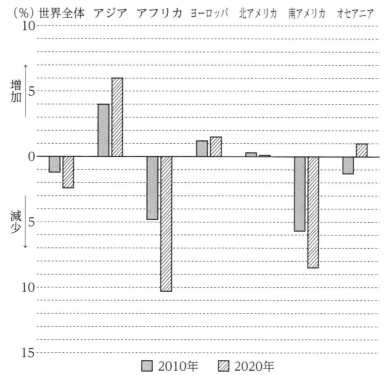

（％）世界全体　アジア　アフリカ　ヨーロッパ　北アメリカ　南アメリカ　オセアニア

□ 2010年　　▨ 2020年

(3)　選んだ地域：アフリカ

　　　森林面積が減少しているのは，一人当たりの国民総所得が増えているので，産業が発達して木材の利用量が増えているからだろう。また，人口も増えているので，一人当たりの利用量が変わらない場合でも，全体の利用量が増えているからだろう。

問題2　（学校からの解答例はありません）

　　　世界の森林面積を増加させるためには，砂漠化が進んでいる地域を緑地化する。そのために国同士が協力し，必要な技術などを世界中から集める。同時に焼畑農業を行っている現地人に別の農業方法を教えることで砂漠化が止まる。また，世界の森林面積を減少させないために，国同士が相談し，一年で使用できる材木量を決めたり，パルプやチップを作る量を減らしたりする。限られた材木を有効に使うことで余分に木を切らなくてよくなるからである。

③　問題1　750gの金属をのせて調べたときも1000gの金属をのせて調べたときも，おもりの数は手順6の板のときが最大であった。そして，手順6の板のみぞの方向に対して糸の引く方向はすい直であり，キャップのみぞの方向に対して手で回す方向もすい直であるから。

問題2　［組み合わせ］

　　　2号と5号

　　　［理由］

　　　　実験2では同じでなかった条件のうち実験3では同じにした条件は，重さである。1号と3号のすべり下りる時間が同じなのに，1号と6号のすべり下りる時間は

同じではなかった。だから，すべり下りる時間が同じになるのは，一番下の板の素材が同じ場合だと考えられるから。

○配点○

1. 問題1　15点，　問題2　15点
2. 問題1　26点，　問題2　14点
3. 問題1　12点，　問題2　18点　　　計100点

＜適性検査Ⅱ解説＞

1. （算数：規則）

問題1　太郎さんは「かく」作業に10分，「切る」作業に5分，花子さんは「かく」作業に7分，「切る」作業に7分かかるため，作業時間を短くするには，太郎さんは「切る」作業を，花子さんは「かく」作業を行うように分担すればよい。最初の作業は同時に始めるため，太郎さん，花子さんともに「かく」作業から始める。太郎さんは次の作業から，「切る」作業を，花子さんは，「かく」作業を行っていく。図アのように，太郎さんが次のシートを切り始めるときには，シートに「かく」作業は終わっているため，太郎さんは待ち時間なく続けて切る作業を行うことができる。よって，作業にかかる時間は，太郎さんの作業は「かく」→「切る」→「切る」→「切る」→「切る」→「切る」→「切る」なので，10分＋5分×6＝40分，花子さんの作業は「かく」→「かく」→「かく」→「かく」→「かく」なので，7分×5＝35分となり，二人の作業が終わるのにかかる時間は40分となる。

図ア

	10分	15分	20分	25分	30分	35分	40分
太郎	かく(1枚目)	切る(1枚目)	切る(2枚目)	切る(3枚目)	切る(4枚目)	切る(5枚目)	切る(6枚目)
花子	かく(2枚目)	かく(3枚目)	かく(4枚目)	かく(5枚目)	かく(6枚目)		
	7分	14分	21分	28分	35分		

問題2　「4」「5」「6」それぞれの数字を「9」「8」「7」のそれぞれの数字に変えた場合，表アに示す操作方法と時間となる。

表ア

変える数字	操作方法	時間
4→9	マグネットを2個つける	2秒×2＝4秒
4→8	マグネットを3個つける	2秒×3＝6秒
4→7	マグネットを2個取って1個つける	2秒×3＝6秒
5→9	マグネットを1個つける	2秒×1＝2秒
5→8	マグネットを2個つける	2秒×2＝4秒
5→7	マグネットを3個取って1個つける	2秒×4＝8秒
6→9	180度回す	3秒
6→8	マグネットを1個つける	2秒×1＝2秒
6→7	180度回してマグネットを3個取る	3秒＋2秒×3＝9秒

表イは，「4」「5」「6」それぞれの数字を「9」「8」「7」のそれぞれの数字に変えた後に，「987」の順番に数字を入れ替えたときにかかる時間を示している。

表イ

数字を変えた後 順番を入れ替え る前の数字	数字を変える時間	数字を入れ替える 時間	合計の時間
987	4＋4＋9＝17秒	0秒	17秒
978	4＋8＋2＝14秒	3秒×1＝3秒	17秒
897	6＋2＋9＝17秒	3秒×1＝3秒	20秒
879	6＋8＋3＝17秒	3秒×2＝6秒	23秒
789	**6＋4＋3＝13秒**	**3秒×1＝3秒**	**16秒**
798	**6＋2＋2＝10秒**	**3秒×2＝6秒**	**16秒**

表イに示すとおり，最短でかかる時間は16秒であり，太枠に示す操作となる。

2 （社会：資料分析）

問題1　(1)　この問題は，資料3を完成させることが目的である。資料3は「森林面積の2000年に対する割合と，増加と減少の割合」であるため，各地域の2000年の森林面積を100％としたとき，2010年と2020年は何％で，それは2000年と比較したとき増加しているか，減少しているかを求めればよい。アジアを例にとると，2000年の森林面積は587.4万km^2，2010年の森林面積は611.0万km^{2}なので，（611.0÷587.4）×100＝104.0177…となる。単位は％である。少数第二位を四捨五入して少数第一位まで求めるので，答えは104.0％となる。そして，2000年と比較したとき，4.0％多いので，「4.0増加」が正解となる。同じように計算すると，2020年は「106.0％，6.0増加」となる。基準は2000年の数値なので，割合を求めるときには基準が分数でいう分母の位置にあることを忘れないようにしたい。

基本　(2)　資料3の2010年と，2020年の2000年を基準としたときの割合の増減分だけを一つのグラフに表す問題である。0の横線を基準に上はプラスの数値，下はマイナスの数値として表すので，(1)の資料3の作成が正しくできていないと，正解できない問題である。

社会の問題では，前の問題をもとに次の問題を答えるような形での出題が出されることがあるので，気を付けなければならない。資料3の数値が正しく出せているか，しっかりと見直すことを忘れずに。グラフの基本として，フリーハンドではなく，定規を使用して作成するようにする。2010年と2020年の区別のために凡例をもとに斜線などを忘れずに入れる。

オセアニアのグラフは，2010年はマイナス，2020年はプラスで作成するので，間違えないように気をつけること。

重要　(3)　6地域のどの地域を取り上げて解答するかは，資料を見て，他地域との違いが出ている地域を選ぶと解答しやすい。資料4の国民総所得は，南アメリカを除き，2000年から増加している。しかし，南アメリカの国民総所得が減少している理由は，資料や会話文からはわからないので，南アメリカ以外で解答するようにする。また，森林面積の増減に関しては，アフリカと南アメリカが減少傾向にある。資料5の人口増減に関しては，どの地域も増加している。このことから，アフリカを選ぶと解答しやすい。

国民総所得は，国民が一年間に生産した物の価値や，物としては表せない情報産業や運輸業などの仕事の価値を，お金に置きかえて合計したものである。アフリカの国民総

所得は2000年と比較すると増加しているので，その分生活が豊かになっていることが予想される。お金に余裕が出てくると，人々は今まで買えなかったものを買ったり，森林を切り開いてその材木を使用したりして，自分たちの生活をより豊かにしていこうとする。生活が豊かになると医療や生活環境が整ってくるので，資料5のように，人口も増加していくことになる。人口が増加していけば，その分使用する材木も増えるので，森林面積は減少することになる。

また，アフリカ以外の解答としては，環境破壊の改善を求められているアジアの場合，「一人当たりの国民総所得と人口がいちじるしく増えているので，産業の発達や人々の生活の質が向上し，森林の利用量が増えたことが予想される。しかし，アジアの森林伐採は環境破壊，地球温暖化などの影響があるため，植林を行っており，森林面積は増加傾向にある。」というような解答が考えられる。

やや難 問題2 「世界の森林面積を増加させるためにはどうしたらよいか」について，世界は場所によって森林の多い地域と少ない地域があり，そこでの木の用途はさまざまである。世界規模で問題になっている森林の減少地域の一つは，砂漠化が起きているサハラ砂漠周辺である。原住民が焼畑農業を行っているため植物が成長できない。さらに，アフリカの人口は増えており，より多くの食料を得るために焼畑農業を行う範囲が広くなるので，砂漠化がどんどん進んでいる現状がある。それらの地域に対し他国が協力できることは，焼畑農業によってできてしまった砂漠化を改善することと，新しい農業方法を教えることである。学者や技術者などを外国から招き，世界全体で砂漠化を改善する姿勢が他地域の森林をも増やしていくことになる。

「世界の森林面積を減少させないためにはどうしたらよいか」について，会話文や資料6，資料7から，日本は国民総所得が増えた1970年に材木の使用量が増えていることに着目する。1970年の日本は，高度経済期である。日本人の生活が豊かになったことで，建築物や紙などのために材木の需要が増えたことがわかる。また，主なエネルギーが石油になり，薪炭材の使用が急激に減った。これも日本人の生活が豊かになったことで，より便利な石油を使用することができるようになったからだとわかるだろう。国民総所得が増えるということは，その国に住む人の生活を豊かにする余裕が出てくることを示している。高度経済期では新しい家電や家具を持つことが豊かさを示していたが，現在の日本を含め，世界では有限資源を大切にする風潮が高まっている。そのため，日本の木材の使用量が減ってきている。私たちは紙をたくさん使用するが，その紙もリサイクル紙を使うことで木の使用量を減らすことができる。有限資源を繰り返し使うことで，無駄を省き，原料になる木を守ることにつながる。このように国家間で話し合い，協調する路線を築くことが重要である。

3 **（理科：実験・観察）**

基本 問題1 表1より，実験1の結果から，手順6の板を使用したとき，手順1の板を使用したときと比べて，750g，1000gどちらの金属をのせた場合にも，板が動いたときのおもりの数が多くなっている。このことから，手順1の板より手順6の板の方が，板を動かすのに必要な力が大きく，すべりにくくなっていると考えることができる。一方で，手順8の板を使用したときには，手順1の板を使用したときと比べて，750g，1000gどちらの金属をのせた場合にも，板が動いたときのおもりの数が少なくなっており，手順8の板は，手順1の板よりも小さい力で動かすことができ，よりすべりやすくなっていると考えられる。手順6の板は糸が引く力に対して垂直方向にみぞがあり，手順8の板は糸が引く力に対してみぞが平行であることから，板にみぞがあり，そのみぞが力の方向に対して垂直であるときには，すべりにくくなると考え

ることができる。ペットボトルのキャップのみぞは、手で回すときに力を入れる方向に対して垂直であることから、実験1の結果と同様にすべりにくくなると考えることができる。

基本 ▶ 問題2　表2より、実験2では使用する板の重さがそれぞれ異なっていることがわかる。一方、実験3では、3種類の3枚の板を使用し、板を積み重ねる順番は異なるが、使用する板は共通しているため、3枚の板の合計の重さはどの条件でも同じとなる。実験3について、表3より、1号と6号を比べるとすべり下りる時間が異なっており、重さが同じでもその他の条件によってすべり下りる時間が変わることが考えられる。次に1号と3号を比べると、すべり下りる時間が等しい。この2つに共通している点は、積み重ねたときの一番下の板の種類である。このことから、一番下の板が同じものは、すべり下りる時間が同じであると考えることができる。よって、一番下の板が同じものどうしである、2号と5号、4号と6号はすべり下りる時間が同じになると考えられる。

─**★ワンポイントアドバイス★**─

複数の資料や実験結果から考察する問題では、それらを比較することが大切である。共通する点や、異なる点は何かをしっかりと整理し、正確に読み解こう。

＜適性検査Ⅲ解答例＞

1　問題1　(1)　選んだ図：図1と図2
　　　　　　　　図1と図2を比べると、同じような波の形をしているが、よく見ると山の部分や谷の部分にちがいが見られる。人はこのちがいを聞き分けてだれが話をしているかを区別している。
　　　　　(2)　選んだ図：図2と図3
　　　　　　　　同じ人でも、直接の声と電話の声では、オシロスコープで見るとその波の形がちがうため、聞き間ちがえると考えられる。
　　　問題2　(1)　自分の声を他のアマガエルとずらして鳴くことで、メスにそれぞれの鳴き声を区別して聞いてもらうためではないか。
　　　　　(2)　近くのオスが鳴いた後に鳴いていると考えられる。図5の波の形から、それぞれのアマガエルの鳴き始め時こくが少しずつずれているため。
　　　　　(3)　田んぼに生息しているそれぞれのアマガエルの鳴き声に反応して光るそうちを置き、そのアマガエルが鳴いた時に光るようにして、それぞれのアマガエルの鳴いているタイミングを見えるようにして比べる。
　　　問題3　みんなが鳴く時と、みんなが鳴かない時がある。いつも鳴いていると天てきにおそわれるかもしれないから。
　　　問題4　人が乗っていないときには運転を止めるエスカレーター。使わないときに止めることで電気を節約することができるから。

2　問題1　(1)

メンバー	Aさん	Bさん	Cさん	Dさん	Eさん
プレゼント	②	①	⑤	③	④

(2) ⑧のプレゼントと⑩のプレゼントに注目すると，この二つのプレゼントをほしいと思っているメンバーがSさんしかいない。これらのプレゼントをことなる二人にわたすことができないと，メンバーとプレゼントをどのような組み合わせにしても，自分のほしいプレゼントがもらえないメンバーがいることになる。

問題2

グループ1	Aさん	Bさん	Cさん	Dさん	Eさん
グループ2	Rさん	Qさん	Pさん	Sさん	Tさん

問題3　ゆうきさんがタッチする人数：5人

理由：タッチする人数が9人である人がタッチできる人は，次の3人をのぞく9人である。

・自分自身

・自分とダンスがペアになった人

・タッチする人数が0人である人

この9人は，タッチする人数が10人である人，タッチする人数が9人である人と必ずタッチするので，2人以上とタッチすることになる。しかし，タッチした人数が全員ちがうようにするためには，タッチする人数が1人の人がいなければならないから，その人は，この9人以外である。だから，タッチする人数が9人の人とダンスがペアだった人は，タッチする人数が1人の人ということになる。

同じように考えて，タッチする人数が8人である人とダンスがペアだった人はタッチする人数が2人である人，タッチする人数が7人である人とダンスがペアだった人はタッチする人数が3人である人，タッチする人数が6人である人とダンスがペアだった人はタッチする人数が4人である人ということになる。

ゆうきさんのダンスのペアはいないので，ゆうきさんがタッチする人数は5人である。

○配点○

① 問題1　15点，　問題2　25点，　問題3　10点，　問題4　10点
② 問題1　15点，　問題2　10点，　問題3　15点　　計100点

＜適性検査Ⅲ解説＞

① （理科：実験，考察）

問題1　音は物体が振動することによって発生し，オシロスコープはその振動を波の形にして表す装置である。オシロスコープでは，音の大きさを「振幅」の大きさ，音の高さを波の数で，表すことができ，高い音は波の数が多く，低い音は波の数が少ない。

基本 (1) 人によって声が違うことを示すものを選べばよいので，違う人どうしの声の測定結果である図1と図2を比かくする。図を比かくすると波の形が異なることが分かり，この波の違いが声の違いを示していると考えることができる。

重要 (2) 電話を通すと声が変わることを示すものを選べばよいので，同じ人の声で直接測定したものと，電話を通して測定したものである，図2と図3を比較する。図を比かくすると波の形が異なることが分かり，直接聞く声と電話を通して聞く声は違って聞こえるため，聞き間違いが生じると考えることができる。

問題2　(1) 「アマガエルが鳴くのはオスのアマガエルがメスのアマガエルを呼ぶため」という会

話文から，オスが繁殖のパートナーを見つけるために鳴いていることが予想される。他のアマガエルと同じタイミングで鳴くと，他のアマガエルの声によって自分の声がメスに届かない可能性がある。声が重ならないように鳴くことで，自分の鳴き声をメスにしっかり届けることができると考えられる。

(2) 図5の波の形から，複数のアマガエルは，少しずつ鳴き始めるタイミングがずれていることが分かる。近くのオスが鳴いた後に鳴くということを複数のアマガエルが行えば，少しずつ鳴き始めるタイミングはずれていく。

(3) アマガエルの鳴き声を聞いただけでは正確な位置が分からないが，模範解答のように鳴き声に反応して光を出す装置を置けば，視覚的にアマガエルの位置が分かる。模範解答の他に，アマガエルに声を測定する機械とGPSをつける，田んぼを16区画に分け，それぞれの区画に声を測定する機械を置き，その位置と波の形から場所を予測するなどが考えられる。

問題3　図6から，長い時間でみると，複数のアマガエルはみな同じ時間に鳴いていることが分かる。アマガエルが鳴くことのメリット，デメリットについて考えてみると，メリットはメスに声を届けることができる点である。一方デメリットは，鳴くことによってエネルギーを消費する，鳴き声によって天敵に居場所がわかってしまうことなどが考えられる。複数のアマガエルがみな同じ時間に鳴くと，鳴き声が聞こえる時間を少なくすることができる。このことから，アマガエルがこのように鳴くのは天敵に襲われる可能性を低くするということが考えられる。

問題4　模範解答のようなエスカレーターは，人を検知して機器を動かす人感センサーを利用している。人感センサーを利用しているものには，エスカレーターの他に，照明やエアコンなどがあり，消し忘れを防ぐこともでき，節電の効果がある。また，不特定多数の人が利用する場所では，スイッチを触ることなくオンオフができるので，感染症の対策にもなる。

2　（算数：規則）

基本　問題1　(1)　Aさんのほしいプレゼントは②，または③なので，②をAさんにあげると仮定する。次に，Eさんのほしいプレゼントは①，②，④であるが，②はAさんにあげているので，④をEさんにあげると仮定する。Cさんのほしいプレゼントは④，⑤であるが，④はEさんにあげているので，Cさんにあげるプレゼントは⑤となる。Dさんのほしいプレゼントは③，⑤であるが，⑤はCさんにあげているので，Dさんにあげるプレゼントは③となる。Bさんのほしいプレゼントは①，③，④であるが，③，④はDさん，Eさんにあげているので，Bさんにあげるプレゼントは①となる。同様にどのプレゼントをあげるか一人ずつ仮定して考えていくと，模範解答の他に以下の表1のような解答が考えられる。

表1

	プレゼントの組み合わせ			
Aさん	②	②	②	③
Bさん	①	③	④	①
Cさん	⑤	④	⑤	④
Dさん	③	⑤	③	⑤
Eさん	④	①	①	②

(2) ⑧と⑩のプレゼントをほしいとしている人はSさんのみである。この2つのプレゼントを2人の人にわたせないかぎり、だれか1人はほしいプレゼントがもらえなくなる。

問題2　図3より、QさんとRさんはどちらもAさんを1番先に引いている。図2より、AさんはQさんよりRさんを先に引いているので、AさんとRさんをペアにする。次に、図2のQさんに注目すると、ペアが決まっていない人でQさんをより先に引いているのは、BさんとDさんである。図3よりQさんはDさんよりBさんを先に引いているので、BさんとQさんをペアにする。DさんとEさんについて、図2より、DさんはSさん、EさんはTさんをより先に引いているので、この組み合わせでペアとすればよい。ここで、図3を見ると、TさんにとってはDさん、SさんにとってはEさんの方がより先に引いているが、このとき図2を見ると、DさんにとってのTさん、EさんにとってのSさんは後に引いたメンバーになってしまうため、DさんはSさん、EさんはTさんとペアとする。図ア、イにペアになる組み合わせを示す。

図ア

Aさん	Bさん	Cさん	Dさん	Eさん
Sさん	Pさん	Pさん	Rさん	Rさん
Pさん	Tさん	Rさん	Sさん	Pさん
Rさん	Qさん	Qさん	Qさん	Tさん
Qさん	Rさん	Tさん	Tさん	Qさん
Tさん	Sさん	Sさん	Pさん	Sさん

図イ

Pさん	Qさん	Rさん	Sさん	Tさん
Cさん	Aさん	Aさん	Bさん	Dさん
Eさん	Bさん	Dさん	Eさん	Eさん
Aさん	Cさん	Cさん	Dさん	Aさん
Dさん	Dさん	Eさん	Aさん	Bさん
Bさん	Eさん	Bさん	Cさん	Cさん

やや難　問題3　下の表2−4は、それぞれの人のタッチした人数と、どの人とタッチしたかを表にしたものである。○はタッチしたこと、×はタッチしていないことを示す。タッチした人数が0人の人と10人の人を表で示すと、表2のようになる。

表2

	0人	1人	2人	3人	4人	5人	6人	7人	8人	9人	10人	はるか	ペア
0人		×	×	×	×	×	×	×	×	×	×	×	10人
1人	×										○		
2人	×										○		
3人	×										○		
4人	×										○		
5人	×										○		
6人	×										○		
7人	×										○		
8人	×										○		
9人	×										○		
10人	×	○	○	○	○	○	○	○	○	○		○	0人
はるか	×										○		

　　　10人とタッチした人は、タッチした人数が0人の人とだけはタッチをしておらず、ダンスでペアになった人とはタッチしないルールなので、10人とタッチした人と、タッチした人数が0人の人がダンスのペアであることが分かる。次に1人とタッチした人に注目すると、この人は10人とタッチした人とだけタッチしているので、表3のようになる。

表3

	0人	1人	2人	3人	4人	5人	6人	7人	8人	9人	10人	はるか	ペア
0人		×	×	×	×	×	×	×	×	×	×	×	10人
1人	×		×	×	×	×	×	×	×	×	○	×	9人
2人	×	×								○	○		
3人	×	×								○	○		
4人	×	×								○	○		
5人	×	×								○	○		
6人	×	×								○	○		
7人	×	×								○	○		
8人	×	×								○	○		
9人	×	×	○	○	○	○	○	○	○		○	○	1人
10人	×	○	○	○	○	○	○	○	○	○		○	0人
はるか	×	×								○	○		

次に，9人とタッチした人に注目すると，表3より，12人のうち，自分自身と，タッチした人数が0人の人，1人の人とタッチしていないことが分かる。タッチの人数が0人の人は10人とタッチした人とペアなので，9人とタッチした人は，1人とタッチした人とペアであることが分かる。同様に考えていくと，表4のように，8人とタッチした人と2人とタッチした人がペア，7人とタッチした人と3人とタッチした人がペア，6人とタッチした人と4人とタッチした人がペアと考えられる。ゆうきさんはダンスのペアがいないため，ペアができない5人とタッチした人だと考えることができる。

表4

	0人	1人	2人	3人	4人	5人	6人	7人	8人	9人	10人	はるか	ペア
0人		×	×	×	×	×	×	×	×	×	×	×	10人
1人	×		×	×	×	×	×	×	×	×	○	×	9人
2人	×	×		×	×	×	×	×	×	○	○	×	8人
3人	×	×	×		×	×	×	×	○	○	○	×	7人
4人	×	×	×	×		×	×	○	○	○	○	×	6人
5人	×	×	×	×	×		○	○	○	○	○	×	
6人	×	×	×	×	×	○		○	○	○	○	○	4人
7人	×	×	×	×	○	○	○		○	○	○	○	3人
8人	×	×	×	○	○	○	○	○		○	○	○	2人
9人	×	×	○	○	○	○	○	○	○		○	○	1人
10人	×	○	○	○	○	○	○	○	○	○		○	0人
はるか	×	×	×	×	×	×	○	○	○	○	○		

★ワンポイントアドバイス★

まずは文章を丁寧に読み，実験の内容や，ルールをしっかり理解することが大事。
自分で表や図を書くなどし，情報がしっかり整理できるようにしよう。

2023年度

★★★★★★★★★★★★★★★★★★★★★★

入 試 問 題

2023
年
度

2023年度

都立小石川中等教育学校入試問題

【適性検査Ⅰ】　（21ページから始まります。）

【適性検査Ⅱ】　（45分）　　＜満点：100点＞

1　放課後，太郎さんと花子さんは，教室で話をしています。

太　郎：今日の総合的な学習の時間に，花子さんの班は何をしていたのかな。

花　子：私はプログラミングを学んで，タブレットの画面上でロボットを動かしてブロックを運ぶ
　　　　ゲームを作ったよ。

太　郎：おもしろそうだね。やってみたいな。

　花子さんは画面に映し出された図（図1）を，太郎さんに見せました。

花　子：この画面で道順を設定すると，ロボットは黒い点から
　　　　黒い点まで，線の上だけを動くことができるんだ。黒
　　　　い点のところにブロックを置いておくと，ロボットが
　　　　その黒い点を通ったときにブロックを運んでくれるん
　　　　だ。運んだブロックをおろす場所も設定できるよ。設
　　　　定できることをまとめてみるね。

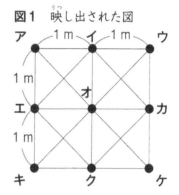

図1　映し出された図

［設定できること］

ロボットがスタートする位置

　ブロックを置いていない黒い点から，スタートする。

ブロックを置く位置

　ブロックは黒い点の上に，1個置くことができる。ロボットは，ブロックが置いてある黒い
　点を通ると，そこに置いてあるブロックを運びながら，設定した次の黒い点に進む。

倉庫（ロボットがブロックをおろす場所）の位置

　ロボットが倉庫に行くと，そのとき運んでいるブロックを全て倉庫におろす。

太　郎：9個の黒い点のある位置は，それぞれアからケというんだね。

花　子：そうだよ。アからオに行く場合はア→オや，ア→エ→オや，ア→イ→ウ→オのように設定
　　　　できるんだよ。

太　郎：四角形アエオイ，四角形イオカウ，四角形エキクオ，四角形オクケカは正方形なのかな。

花　子：全て正方形だよ。アからイまでや，アからエまでは1mの長さに設定してあるよ。

太　郎：では，ブロックを置く位置と倉庫の位置を設定してみよう。

花　子：次のページの図2のようにイとカとキにブロックをそれぞれ1個ずつ置いて，ケに倉庫の

位置を設定してみたよ。それらの黒い点の上に，ブロックを置く位置と倉庫の位置が表示されるんだ。

太　郎：この3個のブロックを倉庫に運ぶために，どのようにロボットを動かせばよいかを考えよう。

花　子：ロボットの速さは分速12mなのだけど，ブロックを運んでいるときはおそくなるよ。

太　郎：どのくらいおそくなるのかな。

花　子：運んでいるブロックの数によって，何も運んでいないときよりも，1m進むのにかかる時間が増えるんだ。でも，運んでいるブロックの数が変わらない限り，ロボットは一定の速さで動くよ。**表1**にまとめてみるね。

太　郎：ブロックを3個運んでいるときは，かなりおそくなるね。

花　子：とちゅうで倉庫に寄ると，そのとき運んでいるブロックを全て倉庫におろすことができるよ。

太　郎：最も短い時間で全てのブロックを運ぼう。スタートする位置も考えないとね。

花　子：まず，計算をして，全てのブロックを倉庫まで運ぶ時間を求めてみよう。

太　郎：1辺の長さが1mの正方形の対角線の長さは1.4mとして計算しよう。

花　子：私が考えたスタートする位置からロボットが動いて全てのブロックを倉庫に運ぶまでの時間を求めると，48.8秒になったよ。

太　郎：私の計算でも48.8秒だったよ。けれども，スタートする位置も道順も**花子**さんの考えたものとは，別のものだったよ。

〔問題1〕　**図2**のように**太郎**さんと**花子**さんは**イ**と**カ**と**キ**にブロックを置く位置を，**ケ**に倉庫の位置を設定しました。48.8秒で全てのブロックを倉庫まで運ぶとき，スタートする位置と道順はどのようになっていますか。いくつか考えられるもののうちの一つを，**ア～ケ**の文字と→を使って答えなさい。また，48.8秒になることを式と文章で説明しなさい。ただし，ロボットは3個のブロックを倉庫に運び終えるまで止まることはありません。また，ブロックを集める時間や倉庫におろす時間，ロボットが向きを変える時間は考えないものとします。

花　子：太郎さんの班はプログラミングを学んで，何をしていたのかな。

太　郎：私はスイッチをおして，電球の明かりをつけたり消したりするプログラムを作ったよ。画面の中に電球とスイッチが映し出されて（**図3**），1個のスイッチで1個以上の電球の明かりをつけることや消すことができるんだ。

花　子：おもしろそうだね。

図2　**花子**さんが設定した図

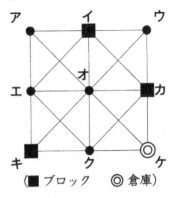

（■ ブロック　◎ 倉庫）

表1　何も運んでいないときよりも、1m進むのにかかる時間の増え方

運んでいる ブロックの数	増える時間
1個	2秒増える
2個	5秒増える
3個	8秒増える

図3　映し出された図

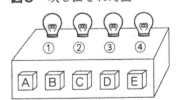

太　郎：そうなんだよ。それでクイズを作っていたけれど，まだ完成していないんだ。手伝ってくれるかな。

花　子：いいよ，見せてくれるかな。

［太郎さんが作っているクイズ］

　①～④の４個の電球と，Ａ～Ｅの５個のスイッチがあります。**全ての電球の明かりが消えている状態で，Ａのスイッチをおすと，②と③の電球の明かりがつきました。**次のヒントを読んで，全ての電球の明かりが消えている状態で，Ｂ～Ｅのスイッチはそれぞれどの電球の明かりをつけるかを答えなさい。

ヒント（あ）：全ての電球の明かりが消えている状態で，ＡとＢとＣのスイッチをおしたあと，明かりがついていたのは①と③の電球であった。

ヒント（い）：全ての電球の明かりが消えている状態で，ＢとＣとＤのスイッチをおしたあと，明かりがついていたのは①と②と④の電球であった。

ヒント（う）：全ての電球の明かりが消えている状態で，ＡとＤとＥのスイッチをおしたあと，明かりがついていたのは①と④の電球であった。

花　子：Ａのスイッチは，②と③の電球の明かりをつけるスイッチなんだね。

太　郎：Ａのスイッチは，②と③の電球の明かりを消すこともあるよ。②と③の電球の明かりがついている状態で，Ａのスイッチをおすと，②と③の電球の明かりは消えるんだ。

花　子：①と④の電球の明かりがついている状態で，Ａのスイッチをおしても，①と④の電球の明かりはついたままなのかな。

太　郎：そうだよ。Ａのスイッチをおしても，①と④の電球の明かりは何も変化しないんだ。

花　子：Ａ以外にも，②の電球の明かりをつけたり消したりするスイッチがあるのかな。

太　郎：あるよ。だから，Ａのスイッチをおして②の電球の明かりがついたのに，ほかのスイッチをおすと②の電球の明かりを消してしまうこともあるんだ。

花　子：ヒントでは３個のスイッチをおしているけれど，おす順番によって結果は変わるのかな。

太　郎：どの順番でスイッチをおしても，結果は同じだよ。だから，順番は考えなくていいよ。

花　子：ここまで分かれば，クイズの答えが出そうだよ。

太　郎：ちょっと待って。このままではクイズの答えが全ては出せないと思うんだ。ヒントがあと１個必要ではないかな。

花　子：これまで分かったことを，表を使って考えてみるね。スイッチをおしたときに，電球の明かりがつく場合や消える場合には○，何も変化しない場合には×と書くよ。（表２）

表２　花子さんが書きこんだ表

	①の電球	②の電球	③の電球	④の電球
Ａのスイッチ	×	○	○	×
Ｂのスイッチ				
Ｃのスイッチ				
Ｄのスイッチ				
Ｅのスイッチ				

太　郎：Aのスイッチのらんは全て書きこめたね。それでは，**ヒント（あ）**から考えてみようか。

花　子：**ヒント（あ）**を見ると，①の電球の明かりがついたね。でも①の電球のらんを見ると，Aのスイッチは×だから，BとCのスイッチのどちらか一方が○でもう一方が×になるね。

太　郎：つまり，AとBとCのスイッチの①の電球のらんは，次の**表3**のようになるね。

表3　①の電球について**太郎**さんが示した表

	①の電球
Aのスイッチ	×
Bのスイッチ	○
Cのスイッチ	×

または

	①の電球
Aのスイッチ	×
Bのスイッチ	×
Cのスイッチ	○

花　子：次は，③の電球を考えてみよう。**ヒント（あ）**では，③の電球の明かりもついたね。

太　郎：③の電球のらんを見ると，Aのスイッチは○だから，BとCのスイッチは，次の**表4**のようになるね。

表4　③の電球について**太郎**さんが示した表

	③の電球
Aのスイッチ	○
Bのスイッチ	○
Cのスイッチ	○

または

	③の電球
Aのスイッチ	○
Bのスイッチ	×
Cのスイッチ	×

花　子：次は，**ヒント（い）**を見ると，①の電球の明かりがついたね。

太　郎：**ヒント（あ）**で，①の電球はBとCのスイッチのどちらか一方が○でもう一方が×になると分かったね。だから，Dのスイッチの①の電球のらんには×と書けるんだ。

花　子：さらに，**ヒント（う）**を見ると，①の電球の明かりがついたね。AとDのスイッチの①の電球のらんは×なので，Eのスイッチの①の電球のらんには○が書けるよ。（**表5**）

表5　**太郎**さんと**花子**さんがさらに書きこんだ表

	①の電球	②の電球	③の電球	④の電球
Aのスイッチ	×	○	○	×
Bのスイッチ				
Cのスイッチ				
Dのスイッチ	×			
Eのスイッチ	○			

太　郎：ほかの電球についても考えていくと，DとEのスイッチの②から④の電球のらんの○と×が全て書きこめるね。

花　子：でも，BとCのスイッチについては，○と×の組み合わせが何通りかできてしまうよ。

太　郎：やはり，ヒントがあと1個必要なんだ。**ヒント（え）**を次のようにしたら，○と×が一通りに決まって，表の全てのらんに○と×が書きこめたよ。

> **ヒント（え）**：全ての電球の明かりが消えている状態で，□と□と□のスイッチをおしたあと，明かりがついていたのは①と②の電球であった。

〔問題2〕 前のページの**表5**の全てのらんに○か×を書きこむための**ヒント（え）**として，どのようなものが考えられますか。解答用紙の**ヒント（え）**の□に，A～Eの中から異なる3個のアルファベットを書きなさい。また，**ヒント（あ）～ヒント（う）**と，あなたが考えた**ヒント（え）**をもとにして，解答用紙の**表5**の空いているらんに○か×を書きなさい。

2 **あさこ**さんと**けんじ**さんは，資料をたくさん持っている**おじいさん**の家に来ています。

あ　さ　こ：**おじいさん**の家には，たくさんの本があるね。

け　ん　じ：ずいぶんと書店に通ったんだろうね。

おじいさん：そうだよ。でも，最近は書店の様子が昔とは変わっているね。書店の数と，書店の面積の合計の移り変わりを示した**資料1**を見てごらん。

け　ん　じ：ほぼ10年ごとだけれど，1991年と2020年は10年ごとではないね。

おじいさん：統計を取っていない年もあるので，1991年と2020年の数値になってしまっているね。でも，大きな流れを知ることはできるよ。

あ　さ　こ：数字のままではなく，グラフにした方が分かりやすくなりそうだね。

おじいさん：それぞれの年の数値が，2002年の数値の何倍になるかを計算して，その数値でグラフを作ってみてはどうかな。

資料1 書店の数と書店の面積の合計の移り変わり

年	書店の数	書店の面積の合計 (m^2)
1972	16949	798423
1982	25630	1545189
1991	27804	2416942
2002	22688	3681311
2012	16371	4314852
2020	12343	3881929

（経済産業省「商業統計」、出版科学研究所「出版指標年報」より作成）

〔問題1〕 (1) **資料1**から，それぞれの年の書店の数と書店の面積の合計が，2002年の何倍になっているかを計算し，解答用紙の表を完成させなさい。答えは，表に書かれている数値と同じように，小数第三位を四捨五入した小数第二位までの数値で書きなさい。

(2) (1)の結果を使って，解答用紙に折れ線グラフを作りなさい。なお，どの線が，書店の数，書店の面積の合計を表しているかが分かるような工夫をしなさい。

(3) (2)で作ったグラフの変化の様子を比かくして，1972年から2020年までを三つの時期に分け，それぞれの時期の移り変わりの特ちょうを書きなさい。また，書店の状きょうがどのようであったから，そのような特ちょうとなったと考えられるか，あなたの考えを書きなさい。

時期は，「1972年から（ア）年まで」「（ア）年から（イ）年まで」「（イ）年から2020年まで」のように分け，（ア）と（イ）に当てはまる年の数字を書きなさい。

け　ん　じ：はん売されている本の冊数や金額に変化はあるのかな。

おじいさん：紙の書せき，雑誌と電子出版のはん売額の移り変わりを示した**資料２**を見てごらん。電子出版を冊数で数えることはできないので，はん売額で比べているよ。

あ　さ　こ：紙の書せきとは本のことだね。紙の雑誌はかなり減っているね。紙の書せきも減っているけれど，紙の雑誌ほどではないね。ところで，最近増えている電子出版とはどういうものなのかな。

おじいさん：紙の書せきや雑誌と同じ内容を，パソコンやスマートフォンなどで読むことができるようにしたものだよ。

あ　さ　こ：教科書もパソコンで見るようになると聞いたことがあるよ。

け　ん　じ：これからは，どの分野の紙の書せきや雑誌も電子出版になるのかな。

おじいさん：電子出版のはん売額の内訳の移り変わりを示した**資料３**を見てごらん。

け　ん　じ：ほとんどがコミック，つまりマンガだね。なぜ電子出版で増えている分野がマンガなのかを調べてみるとおもしろそうだね。

おじいさん：それでは，マンガが増えている理由を考えてごらん。そして，思いついた理由が正しいかどうかを確かめるためにはどうしたらよいかを考えるといいね。

あ　さ　こ：マンガの分野では，電子出版が増えたために，紙の書せきや雑誌が減っているのかな。

おじいさん：紙の書せきは，それほどではないけれど，紙の雑誌は，はん売額が減っているよ。

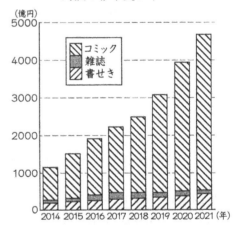

資料２　紙の書せき、雑誌と電子出版のはん売額の移り変わり

資料３　電子出版のはん売額の内訳の移り変わり

（出版科学研究所「出版指標年報」より作成）　（出版科学研究所「出版指標年報」より作成）

あ　さ　こ：変化があった分野は，他にはないのかな。

おじいさん：事典や辞典の分野が変化しているよ。紙の「事典・辞典」のはん売冊数と「電子辞書」のはん売台数の移り変わりを示した次のページの**資料４**を見てごらん。紙の「事典・辞典」のはん売冊数を左の目盛りで，「電子辞書」のはん売台数を右の目盛りで表しているよ。

け　ん　じ：「電子辞書」１台には，紙の事典や辞典にすると何冊分もの内容が入っているね。

あ　さ　こ：インターネットでいろいろなことが調べられることを学校で体験したよ。インターネットの利用は，紙の事典や辞典のはん売冊数と関係してはいないのかな。

けんじ：スマートフォンもインターネットにつながるから，スマートフォンでもいろいろなことを調べることができるよね。

おじいさん：なるほど，おもしろいところに気が付いたね。それでは，インターネットの利用率とスマートフォンのふきゅう率の移り変わりを示した**資料5**も見てごらん。インターネットの利用率とは，アンケートで，「過去1年間にインターネットを利用したことがあるか」という問いに，「利用したことがある」と答えた人の割合だよ。スマートフォンのふきゅう率とは，スマートフォンを持っている人数の，全人口に対する割合だよ。

あさこ：**資料4**と**資料5**との間には，何か関係がありそうだね。

資料4 紙の「事典・辞典」のはん売冊数と「電子辞書」のはん売台数の移り変わり

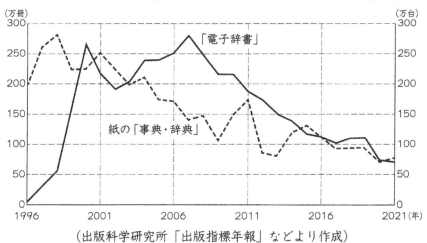

（出版科学研究所「出版指標年報」などより作成）

資料5 インターネットの利用率とスマートフォンのふきゅう率の移り変わり

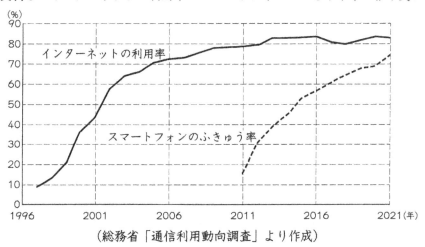

（総務省「通信利用動向調査」より作成）

[問題2] (1) 電子出版のなかでも，特にコミックのはん売額が増えている理由について，あなたが思いついた理由を書き，それが正しいかどうかを確かめるための方法を書きなさい。

(2) 紙の「事典・辞典」のはん売冊数が減っている理由について，会話文や資料をふまえて，あなたの考えを書きなさい。

け ん じ：出版は，紙の書せきや雑誌を作ることだと思っていたけれど，いろいろと広がりをもっていることが分かったね。

あ さ こ：でも，紙の書せきや雑誌が減ってしまうのは，少しさびしい気がするね。

おじいさん：確かに，紙の雑誌のはん売額は減っているし，紙の書せきの中では「事典・辞典」のはん売冊数は減っているね。けれども，たとえば「図鑑」のように，はん売冊数が増えている分野もあるよ。

け ん じ：分野によってちがいがあるんだね。紙の書せきや雑誌，電子出版のそれぞれに，得意な分野がありそうだね。

あ さ こ：紙や電子出版など，方法はちがっていても，知識や情報を社会に広めたり，次の時代へ伝えたりすることの大切さは同じだね。

おじいさん：文字を使って先人の知識や経験を共有することで，人類は進歩してきたといえるよ。これまで出版は，人類の進歩に対してとても大きな役割を果たしてきたと言ってよいね。

け ん じ：今までの出版にありがとうと言わなければいけないね。

あ さ こ：これからもよろしくお願いしますとも言わないといけないね。

〔問題３〕 知識や情報を社会へ広めたり，次の時代へ伝えたりするために，紙を使った出版と電子出版をどのように使い分けることが，将来の出版にとってよいと考えますか。これまでの会話や資料，解答を参考にして，あなたが考える具体的な方法を書きなさい。

　なお，解答らんには，151字以上180字以内で段落を変えずに書きなさい。「，」や「。」もそれぞれ字数に数えます。

3　花子さんと太郎さんが水滴について話をしています。

花 子：雨が降った後，いろいろな種類の植物の葉に水滴がついていたよ。

太 郎：植物の種類によって，葉の上についていた水滴の形がちがったよ。なぜなのかな。

花 子：葉の形や面積と関係があるのかな。調べてみよう。

　二人は，次のような実験１を行いました。

実験１
手順１　次のア～オの５種類の葉を，それぞれ１枚ずつ用意し，葉の形の写真をとる。
　　　　ア　アジサイ　　イ　キンモクセイ　　ウ　イチョウ
　　　　エ　ツバキ　　　オ　ブルーベリー
手順２　１枚の葉の面積を，図１のように方眼用紙を用いて求める。
手順３　それぞれの葉の表側に，約５cmの高さからスポイトで水を４滴たらす。そして，葉についた水滴を横から写真にとる。

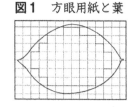

図１　方眼用紙と葉

　実験１の記録は，次のページの表１のようになりました。

太 郎：ア～オの中に，葉を少しかたむけると，水滴が転がりやすい葉と水滴が転がりにくい葉があったよ。

花 子：葉の上で水滴が転がりやすいと，葉から水が落ちやすいのかな。

表1　実験1の記録

	ア	イ	ウ	エ	オ
葉の形					
葉の面積（cm²）	１１１	２２	３６	１８	１７
水滴の写真					

太　郎：それを調べるために，葉の表側を水につけてから引き上げ，どれだけの量の水が葉についたままなのか調べてみよう。

花　子：葉についたままの水の量が分かりやすいように，葉は10枚使うことにしましょう。

　二人は，次のような実験2を行いました。

実験2

手順1　実験1のア～オの葉を，新しく10枚ずつ用意し，10枚の葉の重さをはかる。

手順2　図2のように，手順1で用意した葉の表側を1枚ずつ，容器に入った水につけてから引き上げ，水につけた後の10枚の葉の重さをはかる。

図2　葉と水

手順3　手順1と手順2ではかった重さから，10枚の葉についたままの水の量を求める。

10枚の葉についたままの水の量は，表2のようになりました。

表2　10枚の葉についたままの水の量

	ア	イ	ウ	エ	オ
10枚の葉についたままの水の量（g）	１１.６	２.１	０.６	１.８	０.４

太　郎：表2の10枚の葉についたままの水の量を，少ないものから並べると，オ，ウ，エ，イ，アの順になるね。だから，この順番で水滴が転がりやすいのかな。

花　子：表1の葉の面積についても考える必要があると思うよ。表2の10枚の葉についたままの水の量を表1の葉の面積で割った値は，アとイとエでは約0.1になり，ウとオでは約0.02になったよ。

太　郎：表1の水滴の写真から分かることもあるかもしれないね。

〔問題1〕　(1)　表1と表2と会話文をもとに，水滴が転がりやすい葉1枚と水滴が転がりにくい葉1枚を選びます。もしアの葉を選んだとすると，もう1枚はどの葉を選ぶとよいですか。イ，

ウ，エ，オの中から一つ記号で答えなさい。

(2) 花子さんは，「**表2**の10枚の葉についたままの水の量を**表1**の葉の面積で割った値は，**アとイとエ**では約0.1になり，**ウとオ**では約0.02になったよ。」と言いました。この発言と**表1**の水滴の写真をふまえて，水滴が転がりやすい葉か転がりにくい葉か，そのちがいをあなたはどのように判断したか説明しなさい。

太　郎：葉についた水滴について調べたけれど，汗が水滴のようになることもあるね。

花　子：汗をかいた後，しばらくたつと，汗の水分はどこへいくのかな。

太　郎：服に吸収されると思うよ。ここにある木綿でできたTシャツとポリエステルでできたTシャツを使って，それぞれの布について調べてみよう。

二人は，次のような**実験3**を行いました。

実験3

手順1　木綿でできたTシャツとポリエステルでできたTシャツから，同じ面積にした木綿の布30枚とポリエステルの布30枚を用意し，重さをはかる。水の中に入れ，引き上げてからそれぞれ重さをはかり，増えた重さを求める。

手順2　新たに手順1の布を用意し，スタンプ台の上に布を押しあてて黒色のインクをつける。次に，インクをつけた布を紙の上に押しあてて，その紙を観察する。

手順3　新たに手順1の木綿の布30枚とポリエステルの布30枚を用意し，それぞれ平らに積み重ねて横から写真をとる。次に，それぞれに2kgのおもりをのせて，横から写真をとる。

実験3は，**表3**と**図3**，**図4**のようになりました。

表3　手順1の結果

	木綿の布	ポリエステルの布
増えた重さ（g）	14.1	24.9

図3　手順2で観察した紙

木綿の布	ポリエステルの布
1cm	1cm

図4　手順3で布を積み重ねて横からとった写真

木綿の布		ポリエステルの布	
おもりなし	おもりあり	おもりなし	おもりあり

花　子：汗の水分は服に吸収されるだけではなく，蒸発もすると思うよ。

太　郎：水を通さないプラスチックの箱を使って，調べてみよう。

二人は，次のような**実験4**を行いました。

実験4

手順1　同じ布でできたシャツを3枚用意し，それぞれ水150gを吸収させ，プラスチックの箱の上にかぶせる。そして，箱とシャツの合計の重さをそれぞれはかる。

手順2　手順1のシャツとは別に，木綿でできたTシャツとポリエステルでできたTシャツを用意し，それぞれ重さをはかる。そして，**図5**のように，次の**カ**と**キ**と**ク**の状態をつくる。

　　カ　箱とシャツの上に，木綿のTシャツをかぶせた状態

　　キ　箱とシャツの上に，ポリエステルのTシャツをかぶせた状態

　　ク　箱とシャツの上に何もかぶせない状態

図5　カとキとクの状態

手順3　手順2の**カ**と**キ**については，60分後にそれぞれのTシャツだけを取って，箱とシャツの合計の重さとTシャツの重さをそれぞれはかる。手順2の**ク**については，60分後に箱とシャツの合計の重さをはかる。

実験4の結果は，**表4**のようになりました。

表4　箱とシャツの合計の重さとTシャツの重さ

	カ		キ		ク
	箱とシャツ	Tシャツ	箱とシャツ	Tシャツ	箱とシャツ
はじめの重さ　（g）	1648.3	177.4	1648.3	131.5	1648.3
60分後の重さ（g）	1611	189.8	1602.4	150.3	1625.2

花　子：表4から，60分たつと，箱とシャツの合計の重さは，**カ**では37.3g，**キ**では45.9g，**ク**では23.1g，それぞれ変化しているね。

太　郎：Tシャツの重さは，**カ**では12.4g，**キ**では18.8g，それぞれ変化しているよ。

〔問題2〕　(1)　**実験3**で用いたポリエステルの布の方が**実験3**で用いた木綿の布に比べて水をより多く吸収するのはなぜですか。前のページの**図3**から考えられることと**図4**から考えられることをふまえて，説明しなさい。

(2)　**実験4**の手順2の**カ**と**キ**と**ク**の中で，はじめから60分後までの間に，箱とシャツの合計の重さが最も変化しているのは，**表4**から**キ**であると分かります。蒸発した水の量の求め方を説明し，**キ**が最も変化する理由を答えなさい。

【適性検査Ⅲ】 (45分)   ＜満点：100点＞

1 同じクラスの**みらい**さんと**はるか**さんが話をしています。

みらい：今日の放課後，飼育係の当番があって，メダカにえさをやって水そうのそうじをするんだ。

はるか：生き物を飼うためには，世話が欠かせないね。

みらい：そういえば，近所のホームセンターに，ボトルアクアリウムのコーナーがあって，「えさやり，そうじはほとんど必要ありません」と書いてあったよ。ボトルアクアリウムは，ふたを閉めた容器の中で生き物を飼う水そうのことなんだ。長い期間，人の手入れや世話をせずに，その状態のままかん境を保つことができるそうだよ。その容器には，さまざまな水草や土が入っていて，ヤマトヌマエビという3〜4cmくらいの大きさのエビがいたよ。

はるか：なぜ，ボトルアクアリウムは，世話をしなくてもだいじょうぶなのだろう。そういえば学校には，中に魚がいて水草が生えている池があるけれど，だれもそうじをしなくても，魚は生きているし，水草もかれないね。それに，水もそんなによごれているようには見えないね。

みらい：観察池のことだね。観察池のかん境にヒントがあるかもしれないね。まず，先生にお願いをして，観察池を調べてみようか。

図1　学校にある観察池

図2　ボトルアクアリウムとその中のヤマトヌマエビ

［問題1］　観察池で生き物が生き続けるためには，どのようなかん境が必要だと思いますか。あなたの考えを一つ書きなさい。説明には図を用いてもかまいません。

観察池からもどった**みらい**さんと**はるか**さんは，先生と話をしています。

みらい：魚やエビなどが生き続けるためには，酸素が必要だよね。植物の葉は日光が当たると，でんぷんと酸素を作るのだったね。そもそも，何のためにでんぷんと酸素を作るのかな。

はるか：ウサギやウマは草を食べることで，植物が作ったでんぷんを栄養として取り入れていると学んだね。

先　生：授業で，植物がでんぷんを作ることを確かめる実験をしましたね。その実験の続きをして

みましょうか。

みらい：どのような実験をするのですか。

先　生：でんぷんができたことを確かめた後，そのでんぷんがどうなったかを調べる**実験1**をやってみましょう。

実験1

手順1　日光によく当てた植物から葉を1枚とり，ヨウ素液を用いてでんぷんができていることを確かめる。

手順2　その植物をしばらく日かげに置いておき，葉を1枚とってヨウ素液を用いてでんぷんがどうなっているかを確かめる。

図3　実験1の結果

左：手順1（青むらさき色）

右：手順2（黄色）

はるか：先生，葉にあったはずのでんぷんが，なくなっていますね。

みらい：葉から空気中にぬけてしまったわけではないですよね。

先　生：植物は，日光が当たると二酸化炭素を取り入れて酸素を出すことや，酸素を吸って二酸化炭素を出すことも学びましたね。それをもとに考えてみましょう。

〔問題2〕　(1)　植物は何のために酸素を吸って二酸化炭素を出すのだと思いますか。あなたの考えを一つ書きなさい。

(2)　植物がでんぷんを作るときに，日光はどのような役割をしていると思いますか。あなたの考えを一つ書きなさい。

(3)　植物は何のためにでんぷんを作ると思いますか。**実験1**の結果をふまえてあなたの考えを書きなさい。

みらい：ボトルアクアリウムの中のかん境を長く保つためには，どうしたらよいのだろう。

先　生：**実験2**を**表1**のような条件でしてみてはどうでしょう。観察池の水底にたまっていた土も入れてみてください。

みらい：水草の成長の様子を調べるのですね。水草は何を使おうかな。

はるか：オオカナダモ（次のページの**図4**）はじょうぶで成長が早いからよいと思うよ。

実験2

三つのボトルを用意する。そのボトルA～Cを**表1**の条件にし，ボトルの中のオオカナダモの長さを毎日測る。

表1　実験2における各ボトルアクアリウムの条件

	ヤマトヌマエビ	観察池の水底にたまっていた土
ボトルA	5ひき	入れる
ボトルB	5ひき	入れない
ボトルC	なし	入れる

図4　オオカナダモ　　　　　図5　実験2の結果をグラフにしたもの

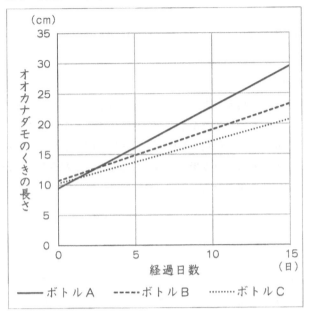

〔問題3〕　(1)　ボトルアクアリウムに入れた土は，どのような役割（やくわり）をしていると思いますか。図5のグラフを読み取って，あなたの考えを一つ書き，そう考える理由を説明しなさい。

　(2)　ヤマトヌマエビの役割は，どのようなものだと思いますか。図5のボトルBとボトルCの結果から，あなたの考えを一つ書き，そう考える理由を説明しなさい。

　(3)　ボトルA～Cの実験だけでは，(2)で考えたことを確かめたことにはなりません。他にどのような実験が必要だと思いますか。また，その実験の結果は，どのようになると思いますか。あなたの予想を書きなさい。

　　　はるかさんとみらいさんは，先生といっしょに観察池で話をしています。

はるか：この観察池には，オオカナダモとずいぶん形がちがう水草がありますね。

先　生：これはホテイアオイという水草です。

みらい：ホテイアオイは水にういているのに，なぜ育つのだろう。

〔問題4〕　みらいさんは「ホテイアオイは水にういているのに，なぜ育つのだろう。」と言っています。ホテイアオイが水にういていても育つ理由について，「日光」以外のことで，あなたの考えを書きなさい。

図6　ホテイアオイ

2 放課後の算数クラブの時間に**たかし**さんと**まゆみ**さんと**先生**が話をしています。

たかし：先生，今日の算数クラブはどのような問題に取り組みますか。

まゆみ：先生が何か持ってきてくださっていますね。

先　生：これは表面の色が白と黒の，１辺が１㎝の正方形のタイルです。このタイルを何枚か使ってできる図形について考えてみましょう。まず，白と黒のタイルを合計４枚選び，同じ色のタイルがとなり合わないように辺と辺をくっつけて，図1のように並べてみましょう。

図１ 表面の色が白と黒の正方形のタイルを４枚並べた図形の例

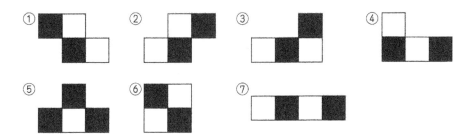

まゆみ：４枚のタイルを使ってできる図形は，図1の①と②や③と④のように，裏返すと同じ形になってしまう図形を別のものとして考えます。すると図形の形は７種類になりますね。

たかし：図1の⑥と⑦以外は，白と黒のタイルの並べ方は２通りずつありますね。この７種類の図形を並べて，何か大きな図形を作ってみよう。

まゆみ：図1の７種類の図形を１回ずつ全て使用して，表面の色が同じタイルがとなり合わないように並んでいる，縦４㎝，横７㎝の図2のような長方形を作れないかな。

図2 表面の色が同じタイルがとなり合わないように
並んでいる，縦４ｃｍ，横７ｃｍの長方形

たかし：いろいろ試してみたけれど，どうしても作ることができないな。

先　生：そうですね。図1の７種類の図形を１回ずつ全て使用するとき，①～⑤の白と黒のタイルを入れかえても，図2のような長方形を作ることができません。

〔問題1〕 **先生**は「図1の７種類の図形を１回ずつ全て使用するとき，①～⑤の白と黒のタイルを入れかえても，図2のような長方形を作ることができません。」と言っています。その理由を表面の色に注目して説明しなさい。

まゆみ：図1では４枚のタイルを使ってみたけれど，枚数を増やしたらどうなるのかな。

たかし：今度は５枚の白いタイルを並べてできた図形を考えてみよう。

まゆみ：５枚だと何種類の図形ができるかな。

先　生：では**図3**のタイルの並べ方にしたがって並べてみましょう。

図3　タイルの並べ方

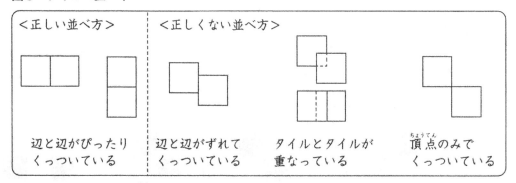

[問題2]　**図3**のタイルの並べ方にしたがって，5枚のタイルを正しく並べてできる図形は何種類になるか答え，その求め方を説明しなさい。説明には図を使ってもかまいません。裏返すと同じ形になってしまう図形は別のものとして考えます。ただし，裏返した図形の向きを変えると，もとの図形と同じ形になる図形は同じものとして考えます。

たかし：正方形のタイルを使って平面図形を考えてきたけれど，立体図形についても考えてみたいね。

まゆみ：立方体を使って，何かおもしろいことはできないかな。

先　生：1辺が1cmの白い立方体と，同じ大きさの黒い立方体もたくさん持ってきました。この白い立方体と黒い立方体を両方使って作る1辺が4cmの立方体を考えてみましょう。1マスが1cmの方眼紙に，**図4**のように数字を書いたAとBの紙を用意します。Bの紙を机の上に置きます。Aの紙のアとBの紙のア，Aの紙のイとBの紙のイをくっつけ，**図5**のように辺アエと辺アカが垂直になるようにします。

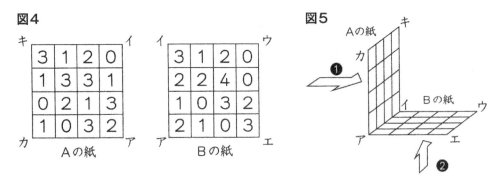

たかし：1辺が4cmの立方体を作るためには，白い立方体と黒い立方体をどのように並べればよいのですか。

先　生：紙に書かれた数字は，**図5**のようにAの紙を❶の矢印，Bの紙を❷の矢印の方向から見たときの黒い立方体の数をそれぞれ表しています。

まゆみ：なんとか並べることができました。

たかし：できあがった立方体を外側から見ただけだと，内側の黒い立方体がどこにあるのか分かり

ませんね。

先　生：では，**図6**のようにア，クと辺イキの真ん中，辺エケの真ん中の点を通るように切り分け
　　　　たらどうなるか考えてみましょう。

図6　1辺が4cmの立方体の切り分け方

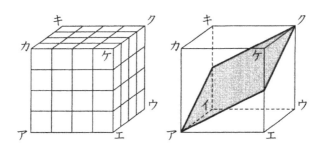

〔問題3〕　**まゆみ**さんが作った1辺が4cmの立方体を**図6**のように切り分けたとき，何個の黒い立
　　　方体を切ることになりますか。また，その求め方も説明しなさい。説明には式や図を使ってもか
　　　まいません。

どうすることですか。「真実」「事実」という語を用いて説明しなさい。

〔問題3〕　あなたは、これからの学校生活でどのように学んでいこうと思いますか。あなたの考えを四百字以上四百四十字以内で書きなさい。ただし、次の条件とあとの〔きまり〕にしたがうこと。

条件　①　あなたが、| 文章1 | ・| 文章2 | から読み取った、共通していると思う考え方をまとめ、それをはっきり示すこと。

　　　②　| ① | の内容と、自分はどのように学んでいくつもりかを関連させて書くこと。

　　　③　適切に段落分けをして書くこと。

〔きまり〕

○題名は書きません。
○最初の行から書き始めます。
○各段落の最初の字は一字下げて書きます。
○行をかえるのは、段落をかえるときだけとします。
○、や。や「などもそれぞれ字数に数えます。これらの記号が行の先頭に来るときには、前の行の最後の字と同じますめに書きます（ますめの下に書いてもかまいません）。
○。と」が続く場合には、同じますめに書いてもかまいません。この場合、。」で一字と数えます。
○段落をかえたときの残りのますめは、字数として数えます。
○最後の段落の残りのますめは、字数として数えません。

一般的に、

【真実】　嘘のないこと、本当のこと

【事実】　現実に起きたこと

と解釈されています。

同じような使われ方をしている「真実」と「事実」の二つの違い。この違いは非常に大きいものです。

【真実】とは、見た人が見たい現実を見ているものであり、それを発する人の*価値観を切り離すことができません。

【真実】は一つではなく、人の数ほどあります。

しかし、「事実」は一つなのです。

新聞・テレビ・ラジオ・インターネットなどから受け取る情報は、その出来事を見た人の目を通して、見てみたい現実を見たものを伝えているのであって、それが「事実」であるということとは違います。

正反対の立場に立つ人が、ある「事実」を見たとしましょう。それぞれが、まったく違う「真実」を語るということがありません。その人の主観、それをどのように*汲み取るのか、そこからどのように「事実」を見つけるのか。

本の中の行間は、真実と真実の間という場所です。本も自分ではない誰かが書いています。しかし、書き手の主観の間にあるその空間は、読者のための居場所です。そこで、自分の在り方に沿って物事を考えながら読み進めることで、情報社会で生き抜くために必要な武器を手に入れることができるのです。若い時に読書することで、自然と見極める力が身につき、自分をデザインするための基礎をつくることができるのです。

若い時にこそ、文字を追い、頭の中でその意味を考え、行間に事実を探す作業を試みることで、それを自分のものにしてほしいと思っています。

本との出合いは、人との出会いに似ています。皆さんはこれから、高校生、大学生、社会人と進んでいくにつれ、日本の多様な地域の人と出会い、また海外の人との出会い、あるいは年齢も多様な人との出会いが待っています。生まれた地域や年齢による考え方の違いというのはよくあることです。それは、自分の考えを伝えなければいけない場面の連続です。10代に本を読むことで*培った他人の声に耳を傾ける力は、きっと未来の自分の可能性を広げてくれるでしょう。

（田口幹人「なぜ若い時に本を読むことが必要なのだろう」による）

（注）
希薄——少なくてうすいようす。
蓄積——物や力がたまること。
闇雲に——むやみやたらに。
価値観——ものごとを評価するときに基準とする判断や考え方。
汲み取る——人の気持ちをおしはかる。
培った——やしない育てた。

【問題1】　⑦古くさく感じない　とありますが、なぜそのように言えるのでしょうか。解答らんに当てはまるように二十字以上三十字以内で

【文章1】からぬき出しなさい。

　　　　　ことを思わせる隙間や傷のある家具などが、新しい命を感じさせるから。

【問題2】　⑦行間を読む　とありますが、本を読むことにおいては、何を

るが、スウェーデンでは、ひとつの手法として現代に生きていた。ナイフのけずりあとがあるような、荒けずりな木材のもつ表情が、古くさくなるのではなく、現代的ですらある。なぜ⑦古くさく感じないのかという問いの答えは、それが古くないからだ。それを人びとが受けつぎ、「もの」が新しい命、新しい生活をもらう。ぼくは、木工を始めたころ、技術が上がれば工業生産品のように美しいものをつくれると単純に思っていた。

正確な機械のようにつくるにはどうしたらよいかと考えていたぼくが、今では、時が経ってできた隙間や傷すら味があるのだと思うようになった。左右対称、正確な円。それだけがすべてではない。ぼくらの生活は、そんなにかたくなくていい。木材はやさしい。もっと自由で良い。

（遠藤敏明「《自然と生きる》木でつくろう　手でつくろう」による）

（一部改変）

（注）
工芸——生活に役立つ品物を美しくつくるわざ。
骨董——古い美術品や古道具で、ねうちのあるもの。

[文章2]

若い時に本を読む意味、効用はいろいろ考えることができます。まず本を読むということは、現在からしたら過去というものに触れる機会と言えます。現在・過去・未来という時間軸のなかで、今と未来は繋がっていますが、その前にあった過去との繋がりが、どんどん*希薄になっていることを年々強く感じます。若い皆さんは、年長者に比べると、過ごした日々が少ない分、経験した過去の*蓄積が少ないですよね。それを補うものとして若い皆さんがもっている過去は短くて浅いのです。それを補うものとして、読書という行為が役に立ちます。年長者が、*闇雲に本を読みなさいという行為は、まずは、過去というものを多く持っていない皆さんに、過去を突きつけているようなものなのかもしれないと反省すべきなのです。

現在は、未来から見たら、過去です。言い換えると、未来は過去の蓄積で成り立っています。過去の積み重ねが年をとるということになります。その過去は、自分自身の過去で成り立っています。

歳を重ねるということは、その分だけ経験値を持っています。その経験値は、未来に備える武器と言い換えることができます。その未来に備える経験値となるような過去を捨ててしまった私たちは、壁にぶつかってしまった現在の先にある未来を考える力を持ち合わせているでしょうか。

ここに、本を読む意味と未来に備える経験値としての読書の必要性があるのではないかと私は考えています。

本を読むということは、書き手の言うことをそのまま受け入れて従うということではありません。書かれていることを読み、そこに書かれていないことを考える作業とも言えます。

ここでは、その一例を挙げながら、読書について考えてみましょう。まず難しい表現をすると、①行間を読むと言います。なぜ、本に書かれていないことが存在するのかというと、書き手と読み手の視点が必ずしも一致しない点にあります。書き手が込めた想いや考えが、読み手である自分にとってはどうなのだろうか?というズレが必ず生まれます。

書かれていることが真実だとすれば、行間には事実があると言えるかもしれませんね。本を読むことで真実と事実を見極める力という、生きていく上ですごく大切な力を身につけることができます。

【適性検査Ⅰ】 （四五分） 〈満点：一〇〇点〉

1 次の 文章1 と 文章2 とを読み、あとの問題に答えなさい。

（*印のついている言葉には、本文のあとに（注）があります。）

文章1

何かをつくり出すには、技術や素材についての知識が必要だ。これらは見ることができるし、言葉で伝えることができるかもしれない。木工なら、木の切り方やけずり方、木と木を組み合わせる方法や組み立て方、使いやすい形や大きさ、重さなど、実際にものをつくるなかで生まれてきたたくさんの技術や知識がある。

しかし、頭の中にものづくりの知識があっても、「つくる」ことはできない。そこには、技術と実際の経験が必要だ。わかっていてもできないと言うのは、本当の意味で「わかっていない」のだ。

ものをつくり出すのに必要なことは、技術や知識だけではない。技術だけでは新しいものはできない。何をつくるのが大切だ。何をつくるのか思いつくことを、アイデアが浮かぶと言う。アイデアが浮かぶのは一瞬ろ、ぽっかりと浮かんでくるものではない。アイデアが実際のところ、ぽっかりと浮かんでくるものではない。アイデアが浮かぶのは一瞬だけれども、その背後に長い時間が横たわっている。そういう時間に敬意をはらうことが、ものづくりの基本だ。

ぼくらの生命そして生活は、自然の中で育った食物や材料によってささえられ、人間はそれらに手を加えて利用し、豊かになってきた。*工芸の役割は、自然環境とのかかわりの中で、人びとの生活の質を高めること、つまり生活を豊かにすることだ。日常品は生活をささえ、生活にささえられてつくり出される。ものたちは、どんな形でもよいのではな

くて、それぞれがそこに住む人びとの考え方を反映している。よく考えたものもあれば、思いつきだけでつくってしまったものもある。さまざまな思いや考えが、ものたちだけではないかと思われるものもある。車やカメラやラジオなどの機械もそうだけれど、スプーンやフォークやナイフや家具も、同じように人びとの考えや思いの結晶だ。

つくることができるには、長い道のり、時間が必要な場合もある。ようやくつくりあげることができて、人は本当の意味で、「もの」を理解する。「知っている」から「できる」に変化するのだ。おそらく、そこには、人びとの歴史、考え方、自然環境などが影響するだろう。とくに、生活で使われるものは、そこに住んでいる人たちの生活が形をつくる。そこでの人びとの生き方が、ものの形をつくるのだ。

工芸は、人から人へ、世代から世代へ伝えるということが大切だ。そして工芸で使う材料もまた、伝え育てることで存在している。今、家具をつくろうと木を植えて育て始めたら、使えるようになるまでに100年以上もかかる。材料によっては、200年以上もかかって生み出される。かかった月日の長さを思うとき、人びとのつながりや環境をささえあうということの大切さが見えてくる。

ぼくは、古い道具やすり減った家具を見て、きれいだなと思うことがある。あれは、長い時間のなかで、たくさんの人たちがかかわり、考えてつくり、伝えてきたから美しくなったのだろう。何世代にもわたって伝えながらつくり出されてきたものは、一人の人間の力ではつくり出せない。時間を超えたコミュニケーションだ。ぼくらの社会や生活が変化していくなかで、ものの形も変化している。

木製の道具や家具は、*骨董のように過去のものと思われる場合もあ

大切なことはメモしておこうネ！

2023 年 度

解 答 と 解 説

《2023年度の配点は解答欄に掲載してあります。》

＜適性検査Ⅰ解答例＞

1　問題1　何世代にもわたって伝えながらつくり出されてきた（ことを思わせる隙間や傷のある家具などが新しい命を感じさせるから。）

問題2　書き手の主観の入っている真実を読んで，書かれていない事実を考えること。

問題3　（学校からの解答例はありません）

解答例

　　二つの文章はどちらも，過去からの時間のつながりの大切さや，人びとの経験や考えを受けつぐことの大切さを述べている。文章1には，一人の人間の力ではなく，長い時間のなかでたくさんの人たちがかかわり，伝えてきたことで美しいものが生み出されたとある。文章2には，過去は未来に備える経験値であり，読書によって過去と出会うことは未来の自分の可能性を広げるとある。つまり，現在生きている人から学ぶだけではなく，過去の人からも学び，受けつぐことで，より多くの可能性が生まれるということだと思う。

　　私は，学校生活の中で，級友だけではなく，先生方などの大人や，先輩方と接する機会をたくさん持ちたいと思う。年長の人たちがさらに過去の人たちから受けついでいるさまざまな経験や知識を学び，自分の短い過去を補うことができる。また，歴史や古い文化からも過去のたくさんの人びとの考えを学ぶことができるだろう。時間を超えて伝えられてきたものを学ぶことは，現在の新しい技術や情報を未来に生かす力につながると思う。

○配点○

1　問題1　15点，　問題2　25点，　問題3　60点　　　計　100点

＜適性検査Ⅰ解説＞

1　（国語：読解，作文）

基本　問題1　解答欄のあとに「ことを思わせる隙間や傷のある家具などが」とあるので，「隙間や傷のある家具など」がどんなことを思わせるのか書かれている部分を探す。文末から4行目に「時が経ってできた隙間や傷」とあるので，これらは古くなったものである。一つ前の段落で「古い道具やすり減った家具」について述べており，「何世代にもわたって伝えながらつくり出されてきたもの」は「時間を超えたコミュニケーションだ」とあり，「新しい命を感じさせる」とある。解答欄に合う形でぬき出す。

重要　問題2　「行間を読む」とは，一つ前の段落の「書かれていることを読み，そこに書かれていないことを考える」を言いかえた表現である。後の段落には「書かれていることが真実」「行間には事実がある」とあるから，「事実」は「書かれていないこと」と言える。「真実」は「見た人が見たい現実を見ているもの」とあり，「行間は，真実と真実の間」「書き手の主観の間にあ

るその空間」とあるので，「書き手の主観」に基づいて書かれていることと言える。これらの表現を使って解答をまとめる。

問題3　まず二つの文章に共通している考え方を読み取る。「時間」「つながり」という言葉が手がかりになる。文章1には「長い時間のなかで，…伝えながらつくり出されてきたものは，一人の人間の力ではつくり出せない」「新しい命，新しい生活」とある。文章2には，「過去との繋がり」「未来に備える経験値となるような過去」とある。ここから，時間のつながりや過去を受けつぐことの大切さや，それを未来に生かすという共通する考え方を読み取る。次に，それらの考え方と自分の学校生活との関連を具体的に考え，どのように学んでいくかという内容にまとめる。

★ワンポイントアドバイス★

二つの文章の共通点は，文章の結論としてはっきり書かれている内容ではないので，作文にまとめたときに文章の内容とずれないように注意しよう。

＜適性検査Ⅱ解答例＞

1　問題1　〔道順〕スタート　　　　　　　　　　倉庫
　　　　　　　（エ）→ キ → オ → イ → カ → ケ

〔式と文章〕

$5+7×1.4+7+10×1.4+13=48.8$

ロボットの分速は12mなので，1m進むには，5秒かかる。ブロックを1個運んでいるときは7秒，ブロックを2個運んでいるときは10秒，ブロックを3個運んでいるときは13秒かかる。また，1.4m進むためには，1m進むときよりも時間は1.4倍かかる。わたしが考えた道順に合わせて，かかる時間をそれぞれたし合わせると，48.8秒になる。

問題2　ヒント（え）：全ての電球の明かりが消えている状態で，ＡとＢとＤのスイッチをおしたあと，明かりがついていたのは①と②の電球であった。

表5　太郎さんと花子さんがさらに書きこんだ表

	①の電球	②の電球	③の電球	④の電球
Aのスイッチ	×	○	○	×
Bのスイッチ	○	×	○	○
Cのスイッチ	×	○	○	○
Dのスイッチ	×	×	×	○
Eのスイッチ	○	○	○	×

2　問題1　(1)

年	1972	1982	1991	2002	2012	2020
書店の数	0.75	1.13	1.23	1.00	0.72	0.54
書店の面積の合計	0.22	0.42	0.66	1.00	1.17	1.05

(2)

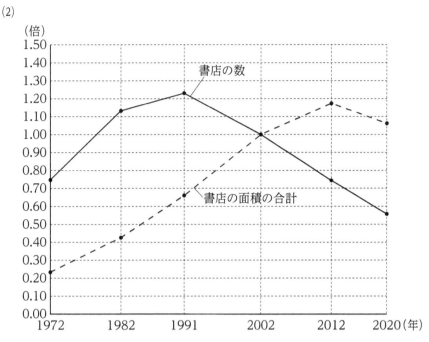

(3)

1972年から (ア1991)年まで	書店の数も書店の面積の合計も増えている。たくさんの書店が開店したからだろう。
(ア1991)年から (イ2012)年まで	書店の数は減るが，書店の面積の合計は増えている。小さな書店がへい店し，大きな書店が増えたからだろう。
(イ2012)年から 2020年まで	書店の数も書店の面積の合計も減っている。たくさんの書店がへい店しているからだろう。

問題2 (1) コミックでは，電子出版の方が安く手に入るからではないかと思った。同じ内容のものが紙で出版された場合と，電子出版で出版された場合について，コミック，書せき，雑しで，ねだんがちがうかどうかを調べるとよいと思う。

(2) 紙の事典や辞典は重いので，軽くて持ち運びに便利な電子辞書がはん売されると，紙の事典や辞典のはん売さつ数が減ったのではないかと考えた。また，インターネットを利用できるスマートフォンで，多くのこう目の新しい情報を調べられるようになり，それらを使う人が増えて，電子辞書のはん売台数も減ったのではないかと考えた。

問題3 （学校からの解答例はありません）

解答例

　紙を使った出版物は取扱いが簡単で，読むのに特別な機器を必要としない。ただし，所蔵するのに場所を必要としたり，持ち運びには荷物となる。それに対してスマートフォンで読む電子出版は持ち運びが楽で，手軽に読める。そこで，家や学校・会社などでじっくりと読む本は紙を使った出版，移動中に手軽に読むものは電子出版というように使い分けるのがよいと考える。

③　問題1　(1)　ウ

　　　　　(2)　葉の面積を同じにしたときの葉についたままの水の量が多いか少ないかを比べ，水てきが葉とくっついている部分の大きさが大きいか小さいかを比べることによって判断した。

　　問題2　(1)　図3から黒色のインクがついた部分がより少ないので，すき間がより広いと考えられ，図4からおもりをのせるとよりちぢむので，厚みがある方向にもすき間がより広いと考えられる。つまり，あらゆる方向に，水が入ることができるすき間がより多いから。

　　　　　(2)　じょう発した水の量は，箱とシャツの合計の重さが軽くなった量からTシャツの重さが重くなった量を引くことによって求められる。キは，Tシャツによってきゅうしゅうされた水の量とじょう発した水の量のどちらも最も多いから。

○配点○

① 問題1　15点，　問題2　15点

② 問題1　21点，　問題2　9点，　問題3　10点

③ 問題1　14点，　問題2　16点　　計100点

＜適性検査Ⅱ解説＞

① （算数：規則，時間と速さ）

やや難

　問題1　ブロックを運んでいないときのロボットの速さは，分速12mであるため，1m進むのにかかる時間は，60（秒）÷12（m）＝5（秒）である。また，表1より，運んでいるブロックの数が1個，2個，3個と増えると，それぞれ1m進むのにかかる時間が2秒，5秒，8秒増えるので，ブロックを運んで1m進むのにかかる時間は，1個のときは5＋2＝7（秒），2個のときは5＋5＝10（秒），3個のときは5＋8＝13（秒）となる。また，1.4m進むのにかかる時間は，ブロックが0個のときは，5（秒）×1.4（m）＝7（秒），同様に1個，2個，3個の場合は，9.8秒，14秒，18.2秒である。

　　　次に，イ，カ，キの3つのブロックを最短時間で倉庫に運ぶ場合を考える。まず，それぞれのブロック1個を倉庫に運ぶ場合を求めたい。イを運ぶ場合，イ→カ→ケ，イ→オ→ケの2通り，カを運ぶ場合，カ→ケ，キを運ぶ場合，キ→ク→ケとなる。このとき，イ→カ→ケの道順であれば，イとカのブロックの両方を最短時間で運ぶことができる。そこで，この経路でさらにキを運ぶ道順を考えると，①イとカをケの倉庫に運んだ後にキを運ぶ道順と，②キを積んでからイとカのブロックをケまで運ぶ道順が考えられる。①の道順は，イ→カ→ケ→ク→キ→ク→ケとなり，この時かかる時間は，9.8＋14＋5＋5＋7＋7＝47.8（秒）となる。②の場合，最短時間となる道順は，キ→エ→イ→カ→ケ，キ→オ→イ→カ→ケの2通りで，この時かかる時間は，9.8＋7＋14＋13＝43.8（秒）となり，この道順が最短時間となる。

　　　合計の時間が48.8秒になるには，上記で求めた最短時間43.8秒に加えて5秒必要であるため，キまで進むのに5秒かかる地点，エあるいはクからスタートさせればよい。よって，48.8秒となるときの道順は，（エ，ク）→キ→（エ，オ）→イ→カ→ケとなる。

　問題2　ある電球の明かりをつけるスイッチは，明かりが消えている状態でおされると明かりがつき，明かりがついている状態でおされると明かりが消える。またスイッチをおす順番によって結果は変わらない。これらのことから，全ての電球の明かりが消えている状態で，ある電球の明かりをつけるスイッチが奇数個おされる場合は明かりがつき，偶数個おされる場合は，

明かりが消えることが分かる。よって，スイッチと電球の関係について，問題の表のようにまとめたとき，表のスイッチの〇の数が，それぞれの電球で奇数個の場合は明かりがつき，偶数個の場合は明かりが消える。

表3，表4のように，AとBとCのスイッチの②，④の電球について考える。ヒント(あ)より，AとBとCのスイッチをおしたときに，②，④の電球は明かりが消えるので，②，④の電球について，表の〇の数が偶数になればよい。よって，下の表6のようになる。

表6

	②の電球		④の電球	
Aのスイッチ	〇		×	
Bのスイッチ	〇	×	〇	×
Cのスイッチ	×	〇	〇	×

次に，AとDとEのスイッチの②，③，④の電球について考える。ヒント(う)より，AとDとEのスイッチをおしたときに，②，③の電球は明かりがつき，④の電球は明かりが消える。そのため，表の〇の数が，②，③の電球は偶数，④の電球は奇数になればよい。よって，下の表7のようになる。

表7

	①の電球	②の電球	③の電球	④の電球
Aのスイッチ	×	〇	〇	×
Dのスイッチ	×	×	×	〇
Eのスイッチ	〇	〇	〇	×

ヒント(え)によって，表のBとCのスイッチの〇と×が一通りに決まるためには，すべての電球の〇と×がわかっているA，D，Eのうち2つと，BとCのうち1つのスイッチをおしたときの結果が必要である。仮にA，B，Dのスイッチをおした場合を考える。このとき①，②の電球は明かりがつき，③，④の電球は明かりが消えるので，表の〇の数が，①，②の電球は奇数，③，④の電球は偶数になればよい。よって，下の表8のようになる。Cのスイッチは，Bのスイッチの〇と×が決まれば，表6より求めることができる。

表8

	①の電球	②の電球	③の電球	④の電球
Aのスイッチ	×	〇	〇	×
Bのスイッチ	〇	×	〇	〇
Dのスイッチ	×	×	×	〇

2 （書店数の推移，電子書籍）

問題1 (1) 2002年の何倍になっているかを計算で求めるときは，対象となる数値を2002年の数値でわる。例えば，1972年の書店の数(16949)が2002年の書店の数(22688)の何倍かを求めるには，16949÷22688 …① を計算する。その答えは小数第三位まで求め（①の計算結果は0.747 …②），小数第三位を四捨五入して小数第二位までの数値を求める（②は四捨五入して0.75）。

(2) (1)で計算した結果をもとに，折れ線グラフを作る。書店の数を実線，書店の面積の合

計を点線というように，線の種類を分けて折れ線グラフを描くとよい。

(3) 3つの時期区分としては，増加しているのか減少しているのかを目安として，①1972年から1991年まで(書店の数も書店の面積の合計も増加している時期)，②1991年から2012年まで(書店の数は減少しているが，書店の面積の合計は増加している時期)，③2012年から2020年まで(書店の数も書店の面積の合計も減少している時期)とするとわかりやすいだろう。

そして，そのような変化が生じた原因として，①と③は書店の数が増加(減少)しているので書店の面積の合計も増加(減少)していると考えると筋が通るだろう。一方，問題となるのは②の時期である。書店の数が減少しているのに書店の面積の合計は増加しているのは，書店1店舗あたりの面積が大きくなったから，すなわち書店が大規模化したことによるものと考えられる。

重要 問題2 (1) 本問では，けんじ・あさこ・おじいさんの会話および資料を手がかりとして基礎的な知識を確認しながら，受検生の着想を答えさせるものである。

模範解答では，紙の書せき・雑誌と電子出版とでは値段がちがっているのではないか，具体的には，電子出版のほうが安いので電子出版のほうが売れているのではないか，と考えている。

そのほか，電子出版の利便性，便利さに着目して考えることもできる。

例えば電車に乗ると，多くの乗客がスマートフォンを手にしてその画面に見入っている様子を見かけることがある。スマートフォンは電話機能が付いていることはもちろん，インターネットにもつながり(けんじの第5発言)，手軽で持ち運びやすく，大変便利である。そのため，紙の書せきや雑誌と同じ内容であるならば(おじいさんの第2発言)，電子出版を購入してスマートフォンで読んだ方が手軽で便利である。

電車に乗っている時間など，ちょっとしたすき間時間を手軽に娯楽に使えるなら，便利であるだろう。このような理由から，スマートフォンの普及率が急激に高まる(資料5)のにともなって，気軽に読めるコミックの電子出版が増えたと考えられる。

さて，そのような着想が正しいかどうかを確かめるには，アンケート調査してみればよい。今日ではスマートフォンを持っている人の割合は70%を超えているため(資料5)，スマートフォンを持っている人々を対象に，電子出版でコミックを利用しているか，以前は紙の書せきや雑誌の形でコミックを読んでいたか，といった点をたずねてみればよい。

(2) 辞典には，国語辞典・漢和辞典・英和辞典など，いろいろな種類がある。紙の辞典は厚くて重く，また冊数も多くなる。それに対して，電子辞典は小型・軽量で，持ち運びに向いている。電子辞典1台には，紙の事典・辞典にすると何冊分もの内容が入っている(けんじの第4発言)。そのため，2000年代には紙の事典・辞典の販売冊数が減る一方で，電子辞典の販売台数が増加した(資料4)。

しかしその後，電子辞典の販売台数も急激に落ち込んでいる(資料4)。この理由としては，けんじの第5発言が手がかりになる。スマートフォンはインターネットにつながるため，事典・辞典を使わなくても，スマートフォンで調べることができるようになったからだろう。この点，資料4と資料5を比べると，スマートフォンの普及率の上昇と，紙の事典・辞典および電子辞書の販売の落ちこみが，時期的に重なっていることが読み取れる。解答は，けんじの第5発言を踏まえて考えるとよいだろう。

問題3 紙を使った出版，電子出版には，それぞれ長所と短所がある。これを簡潔にまとめた上

で，紙を使った出版・電子出版がそれぞれ長所を生かしていけばよい。

　以下に，各出版の長所と短所をまとめる。なお，おじいさんの第1発言・図鑑の販売冊数が増えているというのは，じっくりと読む，よく調査検討するという場合には紙を使った出版のほうが向いていることを示している。

	紙を使った出版	電子出版
長所	取扱いが簡単。読むのに特別な機器を必要としない。	所蔵に場所を要しない。移動中でも荷物にならず，手軽に読める。
短所	所蔵に場所を必要とする。持ち運ぶときに荷物になる。	パソコンやスマートフォンの操作になれないと読めない。

③ （理科：植物のつくり，人の生活）

問題1 （1）　実験2で，葉についたままの水の量が多ければ，水滴が転がりにくく，水の量が少なければ，水滴が転がりやすいと考えることができる。表2は，10枚の葉についたままの水の量をしめしているが，水の量は，葉の面積が大きければ多くなり，面積が小さければ少なくなる。このため，表2の水の量では，それぞれの葉の面積が異なる場合には，水滴の転がりやすさをくらべることができない。そこで，花子さんの発言にもあるように，葉についたままの水の量を葉の面積で割った値で考える。水の量を葉の面積で割った値は，同じ面積あたりの葉につく水の量になるため，面積が異なる葉どうしでもくらべることができる。この値が大きければ，水が葉につきやすく水滴が転がりにくい。小さければ，水が葉につきにくく水滴が転がりやすいと考えることができる。花子さんの発言から，10枚の葉についたままの水の量を葉の面積で割った値は，アとイとエでは約0.1，ウとオでは約0.02であることから，ア，イ，エは水滴が転がりにくい葉，ウ，オは水が転がりやすい葉であると考えられる。よって，水滴が転がりやすい葉1枚と転がりにくい葉1枚を選ぶ場合，アの葉は水が転がりにくい葉なので，もう1枚は水滴が転がりにくい葉である，ウあるいはオを選ぶ。

　　　（2）　花子さんの発言では，葉についたままの水の量を葉の面積で割った値から，同じ面積あたりの葉につく水の量をくらべることができる。(1)の解説でしめしたように，この値からア，イ，エは水滴が転がりにくい葉，ウ，オは転がりやすい葉と判断できる。また，表1の水滴の写真では，水滴の葉に接している部分の大きさが分かり，その大きさは，ア，イ，エでは大きく，ウ，オでは小さい。水滴が葉と接している部分が大きい場合，葉が水をはじきにくく水滴は転がりにくい，逆に水滴が水と接している部分が小さい場合，葉が水をはじきやすく水滴は転がりやすいと考えることができる。よって，ア，イ，エは水滴が転がりにくく，ウ，オは転がりやすいと判断できる。

問題2 （1）　図3から，ポリエステルの布は，木綿の布とくらべて黒色のインクが付いている部分が少なく，生地のすき間が広いことが分かる。また，図4から，おもりをのせていないときとのせたときをくらべたときに，ポリエステルの布は，木綿の布より厚みの差が大きい。これは，ポリエステルの布には，生地の厚みの方向にすき間がたくさんあり，おもりをのせたときによりちぢんだためだと考えられる。このように，ポリエステルの布はさまざまな方向にすき間があり，このすき間に水が入ることによって，水がより多く吸収されると考えられる。

(2) 実験4で，シャツに吸収させた水は，Tシャツに吸収されるか蒸発するかのどちらかであるため，60分後の箱とシャツの重さの減少量は，Tシャツに吸収された水の量と蒸発した水の量の合計の量である。Tシャツに吸収された水の量は，60分後のTシャツの重さの増加量であり，Tシャツのはじめの重さから60分後の重さを引くことによって求めることができる。よって，水の蒸発量は，60分後の箱とシャツの重さの減少量から60分後のTシャツの重さの増加量を引くことで求めることができる。これを，カ，キ，クの場合で計算すると，Tシャツに吸収された水の量は，カでは，189.8(g)－177.4(g)＝12.4(g)。キでは，150.3(g)－131.5(g)＝18.8(g)となる。次に，蒸発した水の量は，カでは，1648.3(g)－1611(g)－12.4(g)＝24.9(g)，キでは，1648.3(g)－1602.4(g)－18.8(g)＝27.1(g)，クでは，1648.3(g)－1625.2(g)＝23.1(g)となる。上記のとおり，キでは，Tシャツに吸収された水の量と蒸発した水の量のいずれも最も大きいため，箱とシャツの合計の重さが最も変化したと考えられる。なお，蒸発した水の量は，60分後の全体(箱とシャツとTシャツ)の重さの減少量なので，全体のはじめの重さから60分後の重さを引くことによっても求めることができる。

───★ワンポイントアドバイス★───

会話文や図をしっかり読み，情報を整理して問題を解きましょう。また，試行錯誤して考えると解き方の方向性が見えてくることがあります。あきらめずに取り組みましょう。

＜適性検査Ⅲ解答例＞

1　問題1　池の水質が保たれて，魚や虫，植物などの生き物が生きていくために必要な栄養がいつもあり，栄養がなくならないかん境。

問題2　(1)　自分が作ったでんぷんを使うために，酸素をすって二酸化炭素を出す。

(2)　二酸化炭素と水からでんぷんを作るときの力となる役わり。

(3)　実験1から，はじめにあったでんぷんが日かげにおいておくとなくなったので，自分の栄養にしていることが分かった。植物は生きるためのエネルギーとして作る。

問題3　(1)　土がオオカナダモの成長に大きく関わっていると考えられる。ボトルAとボトルBを比べると，土を入れたボトルAの方がオオカナダモののびが大きいから。

(2)　ふんをすることで，肥料を作る役わり。ボトルBとボトルCの水草ののびがにているので，エビのふんが水底にたまっていた土と同じ役わりをすると思うから。

(3)　オオカナダモだけを入れたボトルを用意する。あまりのびないと考えられる。

問題4　水底にある土の中の肥料が水中にとけだしてそれを根からすっていると考えられる。

2　問題1　図1で示された7種類の図形の表面の色が白または黒のタイルのまい数は，どちらかが2まい多くなる。図2の図形は表面の色が白と黒のタイルが14まいずつである。そのため，図1で示された7種類の図形をどのようにならべても図2の長方形は作ることができない。

問題2　18種類

タイルを横につなげたときのまい数で分けて考える。

1．5まいつなげた場合。

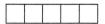

2．4まいつなげた場合。

3．3まいつなげた場合。

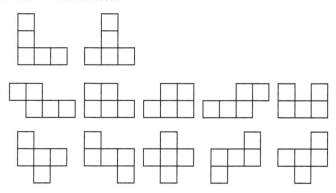

4．2まいつなげた場合。

問題3　14個

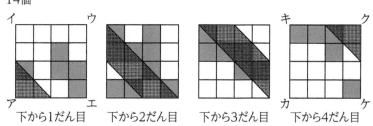

下から1だん目　　下から2だん目　　下から3だん目　　下から4だん目

切った面を各だんの真上から見ると上の図のようになる。切った面が通過している黒い立方体の個数は図より，下から1だん目が2個，2だん目が6個，3だん目が5個，4だん目が1個となる。したがって，切った面が通過している黒い立方体の合計の個数は14個である。

○配点○
① 問題1　10点，　問題2　20点，　問題3　20点，　問題4　10点
② 問題1　15点，　問題2　10点，　問題3　15点　　計100点

＜適性検査Ⅲ解説＞

1 （理科：生き物と環境，植物と空気）

基本

問題1　生き物はまわりの環境や，ほかの生き物の影響を受けながら生活している。ある環境の中で，生き物が生き続けるためには，そのような影響を受ける中で，それぞれの生き物が生きていくために必要なものが存在する状態が保たれる必要がある。例えば，観察池の魚は，虫やプランクトンなどを食べ，虫は水草などを食べる。また，魚のふんや死がい，枯れた水草は微生物などに分解され，土の養分となる。その土の養分を利用して水草が成長する。さらに，魚は酸素を吸って二酸化炭素を出し，水草は二酸化炭素を使って酸素を出す。このようにそれぞれの生き物が影響しあうことで，それぞれの生き物が生きていくのに必要なものが与えられ，その状態が保たれれば，生き物は生き続けることができる。

重要

問題2　(1)　実験1で，日かげに置いておいた葉はでんぷんがなくなっている。日かげでは日光が当たらないため，植物は酸素を吸って二酸化炭素を出すはたらきをおもに行っていると考えられる。このはたらきを行うときにでんぷんが使われるので，酸素を吸って二酸化炭素を出すのは，でんぷんを使うためということが予想できる。

(2)　日光が当たらないところでは，二酸化炭素や水などのでんぷんを作るための材料があってもでんぷんを作り出すことはできない。このことから，日光はでんぷんを作るときの力やエネルギーとなっていると考えることができる。

(3)　実験1から，でんぷんは酸素を吸って二酸化炭素を出すときに使われていることが予想できる。酸素を吸って二酸化炭素を出すはたらきは，植物が生きるために行われるはたらきであり，でんぷんはそのエネルギーとして使われる。

問題3　(1)　図5のオオカナダモのくきの長さの変化をボトルAとボトルBで比べると，ボトルAのオオカナダモの方がくきの長さが長くなっている。このことから，土を入れた方が，オオカナダモがよく成長すると考えられ，土はオオカナダモの成長をうながす方向に影響を与えることが予想できる。

(2)　図5のオオカナダモのくきの長さの変化をボトルBとボトルCで比べると，大きな差がみられない。(1)より，土にはオオカナダモの成長をうながす効果があると考えられるが，土を入れていないボトルBと土を入れているボトルCで，オオカナダモの成長に同じような変化がみられたことから，ヤマトヌマエビにもオオカナダモの成長をうながす効果があると予想できる。このとき考えられることとして，ヤマトヌマエビのふんが土と同じ役割をすることがあげられる。

(3)　(2)で考えたヤマトヌマエビの役割を確かめるためには，ヤマトヌマエビも土もいれないボトルのオオカナダモがどのくらい成長するか実験する必要がある。仮に，エビも土もいれていないボトルのオオカナダモボトルが，ボトルBのオオカナダモと同じように成長した場合には，ヤマトヌマエビはオオカナダモの成長にかかわっていないと考えられる。(2)で考えたようにヤマトヌマエビがオオカナダモの成長にかかわっている場合には，エビも土もいれないボトルのオオカナダモが，ボトルBよりも成長しないと予想される。このように，調べたいこと以外の条件は全く同じにして，調べたいことだけ条件を変えると，その効果を確かめることができる。このような実験を対照実験という。

問題4　問題3からオオカナダモの成長には，土や生き物のふんが関係しているということが分かる。オオカナダモは土に根をはり，根から土やふんに含まれる成長にはたらく成分を吸収していると考えられる。一方，ホテイアオイは根を土にはらず水にういているので，土やふん

に含まれる成分が水に溶けだし，それらを水中からすっていると考えることができる。

2 （算数：規則，立体）

問題1　問題文に「表面の色に注目して」とあるので，タイルの色から理由を考える。図2の長方形で使用されているタイルの数は，4×7＝28枚であり，白と黒のタイルがそれぞれ14枚ずつある。一方，図1の①〜⑦のタイルの合計は，白が13枚，黒が15枚となり，白と黒のタイルを入れかえても白が15枚，黒が13枚と，タイルの色の数が合わないため，図1のタイルからは図2の長方形を作ることはできない。

問題2　以下のように，タイルを横につなげたときの枚数で分類して考える。

・5枚横につなげたとき：下図の1種類である。

・4枚横につなげたとき：横につなげたタイルと，残りの1枚のタイルをつなげる位置が4カ所あるため，下図の4種類になる。

・3枚横につなげたとき：残りの2枚のタイルをつなげて使う場合，横につなげたタイルと，つなげる位置は2カ所あるため，下図の2種類になる。

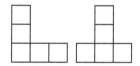

残りの2枚のタイルを，横につなげたタイルの片側にだけつなげる場合，以下の5種類がある。

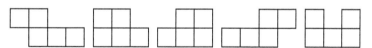

残り2枚のタイルを，横につなげたタイルの両側に1枚ずつつなげる場合，以下の5種類がある。

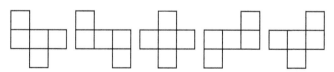

・2枚横につなげたとき：下図の1種類である。

よって，5枚のタイルを並べてできる図形は，合計18種類である。

問題3　図6の立方体のアエケカの面を最前列の面として，各列の面ごとの黒い立方体の位置を考える。1列目の面について，図4，5より，黒い立方体の数は，各列・各行で図Aのように示す

ことができる。図Aの①から④の手順で黒い立方体の位置を考えていく。①黒い立方体の数が「０」の列と行に注目する。その列と行の立方体はすべて白い立方体である。②「３」の列と行に注目する。色が分かっていない立方体は各列と行で３個ずつなので，その３個のすべてが黒だと分かる。③「１」の列と行に注目すると，各列と行にすでに黒い立方体が１つあることが分かっているので，残りの立方体は白であることが分かる。④「２」の列と行に注目すると，残りの立方体が黒であることが分かる。

図A

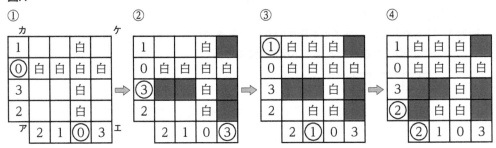

同様の手順で２～４列目の面について考えると，黒い立方体の位置は下図のようになる。

図B

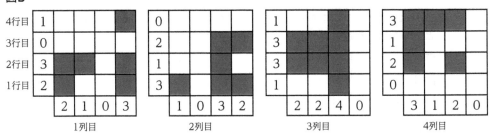

| | 1列目 | 2列目 | 3列目 | 4列目 |

つぎに，各段の黒い立方体の位置について考える。下から１段目は，図Bの各列の１行目，２段目は２行目，３段目は３行目，４段目は４行目に注目して考えると図Cのようになる。

図C

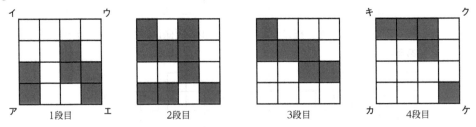

1段目　2段目　3段目　4段目

また，この立方体切り分けたときの各段の断面は図Dのようになる。

図D

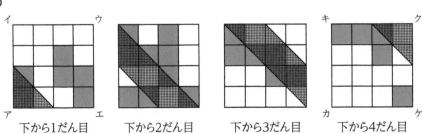

下から1だん目　下から2だん目　下から3だん目　下から4だん目

　図Dより，切られた黒い立方体は，1段目で2個，2段目で6個，3段目で5個，4段目で1個であり，合計14個となる。

─★ワンポイントアドバイス★─────────────────

普段から，学校で習ったことを身近な生物や自然現象に当てはめて考えてみたり，分からないことは調べたりして観察力や考察力を身につけるようにしよう。また，問題文の中に考え方のヒントがある場合もあるので，しっかり問題文を読もう。

大切なことはメモしておこうネ!

2022年度

★★★★★★★★★★★★★★★★★★★★★★

入 試 問 題

2022
年
度

2022年度

入 試 問 題

2022

年度

2022年度

都立小石川中等教育学校入試問題

【適性検査Ⅰ】（23ページから始まります。）

【適性検査Ⅱ】（45分）　＜満点：100点＞

1 来週はクラス内でお楽しみ会をします。係である**花子**さんと**太郎**さんは，お楽しみ会で渡すプレゼントの準備をしています。

花　子：プレゼントのお花のかざりができたよ。

太　郎：すてきだね。次は何を作ろうか。

花　子：モールで図形を作って，それを台紙にはったカードをいくつか作ろうよ。

太　郎：いいアイデアだね。カードのデザインはどうしようか。

花　子：わくわくするものがいいね。

太　郎：それならロケットはどうかな。デザインを考えてみるよ。

　太郎さんは，**図1**のようなカードのデザインを考えました。花子さんと太郎さんは，モールを使って，**図2**のような図形を作り，それらを組み合わせて台紙にはり，**図3**のようなロケットのカードを作ることにしました。

図1　カードのデザイン

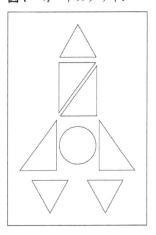

図2

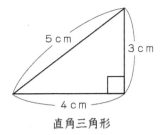

直角三角形

正三角形（1辺3cm）

円（直径3cm）

図3　カードのイメージ

花　子：1mの長さのモールが6本あるね。

太　郎：私（わたし）は1本のモールを切って，直角三角形を作るよ。

花　子：できるだけ多く作ってね。

太　郎：直角三角形が8個作れたよ。箱に入れておくね。

花　子：私は別の1本のモールを切って，正三角形をできるだけ多く作ったよ。できた正三角形も同じ箱に入れておくね。

太　郎：次は，円をできるだけ多く作ってみようかな。

花　子：でも1枚（まい）のカードを作るのに，円は1個しか使わないよ。

太　郎：それなら1本のモールから，直角三角形と正三角形と円を作ってみようかな。それぞれ3個ずつ作れそうだね。

花　子：それぞれ3個ずつ作る切り方だとモールの余りがもったいないよ。できるだけ余りの長さが短くなるような切り方にしよう。

太　郎：そうだね。残りのモール4本を切る前に，カードは何枚作れるか考えよう。

〔問題1〕　1mのモールが4本と箱の中の図形があります。4本のモールで**図2**の直角三角形と正三角形と円を作り，箱の中の図形と組み合わせて**図3**のカードを作ります。モールの余りをつなげて図形を作ることはできないこととします。できるだけ多く**図3**のカードを作るとき，以下の問いに答えなさい。

　　　　ただし，円周率は3.14とし，モールの太さは考えないこととします。

　⑴　4本のモールの余りの長さの合計を求めなさい。

　⑵　箱の中の図形のほかに，直角三角形と正三角形と円はそれぞれ何個ずつ必要か求めなさい。そのとき，それぞれのモールからどの図形を何個ずつ切るか，文章で説明しなさい。

　　　花子さんと太郎さんは，お花のかざりや**図3**のロケットのカードをふくめて6種類のプレゼントを作りました。

花　子：プレゼントをどのように選んでもらおうか。

太　郎：6種類あるから，さいころを使って決めてもらったらどうかな。

花　子：それはいいね。でも，さいころは別のゲームでも使うから，ちがう立体を使おうよ。

太　郎：正三角形を6個組み合わせてみたら，こんな立体ができたよ。それぞれの面に数字を書いてみるね。

　　　太郎さんは**図4**のような立体を画用紙で作り，1から6までの数字をそれぞれの面に1個ずつ書きました。

　　図4　3方向から見た立体

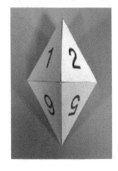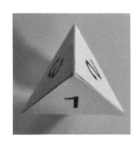

花　子：この立体を机の上で転がしてみよう。

太　郎：机に接する面は一つに決まるね。

花　子：転がし方が分かるように，画用紙に立体の面と同じ大きさの正三角形のマスをたくさん書いて，その上を転がしてみよう。

　太郎さんは画用紙に**図5**のような正三角形のマスを書き，**図4**の立体の面が正三角形のマスと接するように置きました。置いた面の正三角形の1辺が動かないように立体を転がしてみると，あることに気づきました。

太　郎：立体の1の面が，**ア**のマスに数字と文字が同じ向きで接するように置いたよ。転がして**ア**から〇のマスまで移動させてみよう。

花　子：私は2回転がして〇のマスまで移動させたよ。〇のマスに接する面が4になったよ。

太　郎：私は4回転がして移動させてみたけど，〇のマスに接する面は4ではなかったよ。

花　子：転がし方を変えると同じマスへの移動でも，接する面の数字が変わるんだね。

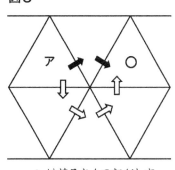

図5

➡ は花子さんの転がし方
⇨ は太郎さんの転がし方

　太郎さんは画用紙に**図6**のような正三角形のマスを書きました。花子さんと太郎さんは，**図4**の立体を**イ**のマスから●のマスまでどのように転がすことができるか考えました。

図6

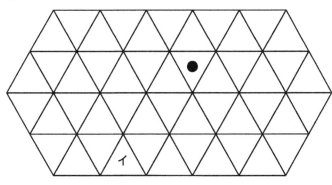

花　子：転がしているとき，一つ前のマスにはもどれないことにしよう。

太　郎：5回転がすと，**イ**のマスから●のマスまで移動させることができたよ。

花　子：でも6回転がして，**イ**のマスから●のマスまで移動させることはできなかったよ。

太　郎：けれど7回転がしたら，**イ**のマスから●のマスまで移動させることができたよ。

花　子：5回の転がし方は1通りだけど，7回の転がし方は何通りかあるね。

太　郎：7回転がしたら，●のマスに接する面の数字も何種類かありそうだから，●のマスに接する面の数字に応じて，プレゼントを決められるね。

花　子：でも，**イ**のマスに1の面を置いたとき，どのように転がしても●のマスに接しない面があるね。

太　郎：全ての面が●のマスに接するようにするには，くふうが必要だね。

〔問題２〕　図４の立体の１面を，図６のイのマスに数字と文字が同じ向きで接するように置きます。図４の立体を７回転がして，イのマスから●のマスまで移動させます。ただし，転がしているとき，一つ前のマスにはもどれないこととします。以下の問いに答えなさい。

(1)　転がし方はいくつかありますが，そのうちの１通りについて，マスに接する面の数字を順に書きなさい。

(2)　図４の立体を７回転がして，イのマスから●のマスまで移動させたときに，●のマスに接する面の数字を全て書きなさい。

2　あさこさんとけんじさんは，いろいろな資料があるおじいさんの家に遊びに来ています。

（資料１～資料３は次のページ，資料４は６ページにあります。）

あ　さ　こ：1970年の飛行機の時刻表があったよ。

け　ん　じ：国際線の旅客便のものだね。こっちには1986年のものがあるよ。

おじいさん：なつかしいね。昔は時刻表と地図を見て，外国へ行くことを夢見たものだよ。

あ　さ　こ：2000年と2015年の時刻表もあるので，東京からの便数を数えて変化の様子を調べてみようかな。おや，この時刻表には，「東京」に「羽田」と「成田」の二種類があるよ。どうしてかな。

おじいさん：成田空港は，昔は新東京国際空港という名前だったので，今でも国際線では，「羽田」と「成田」が「東京」とされているよ。

け　ん　じ：時刻表が1986年のものしかないので，間かくが16年，14年，15年と少しちがうけれど，だいじょうぶかな。それと，全部を数えるのは大変そうだね。

おじいさん：間かくは少しちがうけれど，変化の大きな流れをつかむことはできるよ。それから，確かに全部を数えるのは大変なので，アフリカ，東南アジア，南アメリカについて数えてみてはどうかな。

け　ん　じ：東南アジアは，アジアとはちがうのかな。

おじいさん：資料１から分かるように，東南アジアはアジアの一部だよ。

あ　さ　こ：便数を数えて資料２を作ったよ。

け　ん　じ：速いなあ。これで便数の変化の様子が分かったね。でも，なぜ変化したのかな。変化の理由を知るためには，便数の他に調べた方がよいことはないかな。

おじいさん：では，一人当たりの国民総所得を調べてごらん。人々の経済的な豊かさの目安になる資料になるはずだよ。

け　ん　じ：資料３ができたよ。どの地域も発展していることは分かるけれど，どれくらい発展しているのかが分かりにくいな。

おじいさん：それぞれの年の数値が，1970年の数値の何倍になっているかを計算すると，発展の様子が分かりやすくなるよ。

あ　さ　こ：計算した数値でグラフを作ると，もっと分かりやすくなるね。

け　ん　じ：本当だ。ところで，便数と経済の発展には，つながりがあるのかな。

おじいさん：資料やグラフを使って考えてごらん。資料４の東京からのきょりが正しい地図も参考にするといいよ。

〔問題１〕　⑴　**資料３**から，三つの地域について，それぞれの年が1970年の何倍になっているか計
　　　　算し，解答用紙の表を完成させなさい。答えは，表に書かれている数値と同じように，小数第
　　　　二位を四捨五入した小数第一位までの数値で書きなさい。

　　⑵　⑴で計算した数値を使って，解答用紙に折れ線グラフを作りなさい。なお，どの線がどの地
　　　域を表しているかが分かるような工夫をしなさい。

　　⑶　三つの地域の中から一つの地域を選び，便数の特ちょうを書きなさい。また，**資料２**と⑵で
　　　作ったグラフ，**資料４**をふまえて，そのような特ちょうになる理由について，他の地域と比べ
　　　て，あなたの考えを書きなさい。

資料１　三つの地域の位置を示した地図

資料２　東京（羽田、成田）からアフリカ、東南アジア、南アメリカを最終目的地とする
　　　　一週間当たりの航空便（旅客便）の数の移り変わり

	１９７０年	１９８６年	２０００年	２０１５年
アフリカ	2	5	2	3
東南アジア	34	102	157	452
南アメリカ	2	5	9	0

（「航空時刻表」などより作成）

資料３　アフリカ、東南アジア、南アメリカの一人当たりの国民総所得の移り変わり（単位ドル）

	１９７０年	１９８６年	２０００年	２０１５年
アフリカ	230.5	676.5	694.2	1996.8
東南アジア	123.4	651.9	1053.8	4003.5
南アメリカ	434.7	1733.1	3622.2	9479.5

（「世界統計年鑑」などより作成）

資料４ 図の中心の東京（Ｔ）からのきょりが正しい地図

け　ん　じ：飛行機の便数と国の経済や位置にはつながりがあるんだね。

あ　さ　こ：飛行機の便数から外国のことが分かるのならば，バスの時刻表からは身近な地域のことが分からないかな。

おじいさん：なるほど。よいところに気が付いたね。では，時刻表ではないけれど，１時間ごとのバスの便数を示した**資料５**（次のページ）があるので見てごらん。**エ**のＨ地域は，どのような地域だと考えられるかな。

け　ん　じ：バスの便数が少ないし，朝と夕方にかたよっているね。それに平日と土曜，日曜の便数に差があるね。Ｈ地域は，住んでいる人がとても少ない地域だと考えられるね。

あ　さ　こ：そうかもしれないけれど，別の資料も調べないと正確なことは分からないよね。

おじいさん：そのとおりだね。**資料５**だけから考えた地域の様子が正しいかどうかを確かめるには，どうしたらよいのか考えることも大切だね。

け　ん　じ：Ｈ地域ならば，人口がどれくらいなのかを調べた資料が必要だね。

あ　さ　こ：その資料から，人口が少ないことが分かれば，最初に考えたことが正しいと確かめられるね。

け　ん　じ：他の地域についても，まず最初に**資料５**だけから地域の様子を考えてみよう。

あ　さ　こ：その次に，その考えが正しいかどうかを確かめるためには，何を調べた資料が必要かを考えることにしましょう。

〔問題２〕　**資料５**のＢ，Ｄ，Ｆの地域から一つを選び，**資料５**だけから地域の様子を考え，そう考えた理由を書きなさい。また，あなたが考えた地域の様子について，それが正しいかどうかを確かめるためには，何を調べた資料が必要ですか。一つ挙げ，その資料からどのようなことが分かれば，あなたの考えが正しかったと確かめられるか，簡単に書きなさい。

あ　さ　こ：交通は，経済や地域の様子に強いつながりがありそうだね。

け　ん　じ：そうだね。それだけでなく，人々の生活や交流にもつながりがありそうだね。

あ　さ　こ：交通が発達すると，便利になったり，分かり合えたり，いろいろとよいことがありそうだね。

け　ん　じ：よいこともあるけれど，新しい課題が生まれることはないのかな。

おじいさん：ものごとをいろいろな見方から考えていくことは大切だね。

〔問題３〕　交通の発達によって生まれる課題には，どのようなものがあると考えられますか。あなたが考える課題と，その具体的な解決策を書きなさい。

　　なお，解答らんには，121字以上150字以内で段落を変えずに書きなさい。「，」や「。」もそれぞれ字数に数えます。

資料５　１時間ごとのバスの便数（２行ごとに色分けをしているのは見やすくするため）

ア

A駅→B地域

時	平日	土曜	日曜
5	0	0	0
6	6	5	3
7	16	9	5
8	17	11	4
9	15	9	6
10	10	8	6
11	7	8	6
12	9	9	4
13	8	8	5
14	8	8	6
15	8	9	6
16	11	10	8
17	12	11	7
18	12	10	7
19	10	9	7
20	7	6	5
21	5	6	5
22	7	6	5
23	3	1	1
24	3	0	0

B地域→A駅

時	平日	土曜	日曜
5	0	0	0
6	12	7	4
7	18	10	6
8	15	10	6
9	14	10	6
10	8	8	6
11	9	9	7
12	8	8	5
13	8	7	7
14	8	7	4
15	8	10	6
16	12	10	8
17	12	11	7
18	12	8	7
19	8	8	6
20	6	6	4
21	5	6	5
22	5	5	4
23	3	1	1
24	2	0	0

イ

C駅→D地域

時	平日	土曜	日曜
5	2	1	1
6	12	6	5
7	13	6	5
8	10	6	3
9	5	3	4
10	6	3	3
11	6	4	3
12	6	3	3
13	6	3	4
14	6	3	3
15	6	4	3
16	6	3	4
17	11	4	3
18	12	5	4
19	6	4	3
20	6	4	4
21	5	1	2
22	1	1	1
23	0	0	0
24	0	0	0

D地域→C駅

時	平日	土曜	日曜
5	0	0	0
6	8	4	4
7	12	7	5
8	12	6	4
9	5	3	3
10	6	3	4
11	6	3	3
12	6	3	3
13	6	2	3
14	6	2	3
15	6	3	3
16	9	3	3
17	11	4	4
18	12	4	4
19	12	4	4
20	7	5	4
21	6	2	2
22	2	1	1
23	0	0	0
24	0	0	0

ウ

E駅→F地域

時	平日	土曜	日曜
9	1	2	2
10	1	1	1
11	0	1	1
12	1	1	1
13	0	0	0
14	1	1	1
15	1	1	1
16	0	1	1
17	0	0	0

F地域→E駅

時	平日	土曜	日曜
9	0	0	0
10	0	0	0
11	0	0	0
12	0	0	0
13	0	1	1
14	1	1	1
15	0	1	1
16	1	1	1
17	0	1	1

エ

G駅→H地域

時	平日	土曜	日曜
6	1	0	0
7	1	0	0
8	1	1	1
この間バス便はない			
14	0	0	0
15	1	1	1
16	0	0	0
17	0	0	0
18	1	1	1

H地域→G駅

時	平日	土曜	日曜
6	2	0	0
7	0	0	0
8	1	1	1
この間バス便はない			
14	1	1	1
15	0	0	0
16	1	0	0
17	1	1	1
18	0	0	0

（「東京都交通局サイト」などより作成）

③ 花子さん，太郎さん，先生が石けんと洗剤について話をしています。

花 子：家でカレーライスを食べた後，すぐにお皿を洗わなかったので，カレーのよごれを落としにくかったよ。食べた後に，お皿を水につけておくとよかったのかな。

太 郎：カレーのよごれを落としやすくするために，お皿を水だけにつけておくより，水に石けんやいろいろな種類の洗剤を入れてつけておく方がよいのかな。調べてみたいな。

先 生：それを調べるには，図1のようなスポイトを用いるとよいです。スポイトは液体ごとに別のものを使うようにしましょう。同じ種類の液体であれば，このスポイトから液体をたらすと，1滴の重さは同じです。

図1 スポイト

二人は，先生のアドバイスを受けながら，次のような実験1を行いました。

実験1

手順1　カレールウをお湯で溶かした液体を，図2のようにスライドガラスにスポイトで4滴たらしたものをいくつか用意し，12時間おく。

図2 スライドガラス

手順2　水100 gが入ったビーカーを4個用意する。1個は水だけのビーカーとする。残りの3個には，スポイトを使って次のア〜ウをそれぞれ10滴たらし，ビーカーの中身をよくかき混ぜ，液体ア，液体イ，液体ウとする。

　　　ア 液体石けん　　　イ 台所用の液体洗剤　　　ウ 食器洗い機用の液体洗剤

手順3　手順1で用意したスライドガラスを，手順2で用意したそれぞれの液体に，図3のように1枚ずつ入れ，5分間つけておく。

図3 つけておく様子

手順4　スライドガラスを取り出し，その表面を観察し，記録する。

手順5　観察したスライドガラスを再び同じ液体に入れ，さらに55分間待った後，手順4のように表面を観察し，記録する。

実験1の記録は，表1のようになりました。

表1　スライドガラスの表面を観察した記録

	水だけ	液体ア	液体イ	液体ウ
5分後	よごれがかなり見える。	よごれがほぼ見えない。	よごれが少し見える。	よごれがほぼ見えない。
60分後	よごれが少し見える。	よごれが見えない。	よごれが見えない。	よごれが見えない。

花 子：よごれが見えなくなれば，カレーのよごれが落ちているといえるのかな。

先 生：カレーのよごれには色がついているものだけでなく，でんぷんもふくまれます。

太 郎：でんぷんのよごれを落とすことができたか調べるために，ヨウ素液が使えるね。

先 生：けんび鏡で観察すると，でんぷんの粒を数えることができます。でんぷんのよごれの程度を，でんぷんの粒の数で考えるとよいです。

二人は，先生のアドバイスを受けながら，次のような**実験2**を行いました。

実験2

手順1　**実験1**の手順1と同様に，カレーがついたスライドガラスを新たにいくつか用意する。その1枚にヨウ素液を1滴たらし，けんび鏡を用いて150倍で観察する。**図4**のように接眼レンズを通して見えたでんぷんの粒の数を，液体につける前の粒の数とする。

手順2　手順1で用意したスライドガラスについて，**実験1**の手順2～3を行う。そして，手順1のように観察し，それぞれのでんぷんの粒の数を5分後の粒の数として記録する。

手順3　手順2で観察したそれぞれのスライドガラスを再び同じ液体に入れ，さらに55分間待った後，手順2のようにでんぷんの粒の数を記録する。

図4　でんぷんの粒

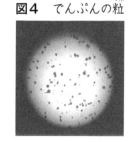

実験2の記録は，**表2**のようになりました。

表2　接眼レンズを通して見えたでんぷんの粒の数

	水だけ	液体**ア**	液体**イ**	液体**ウ**
5分後の粒の数（粒）	804	632	504	476
60分後の粒の数（粒）	484	82	68	166

花　子：手順1で，液体につける前の粒の数は1772粒だったよ。

先　生：どのスライドガラスも液体につける前の粒の数は1772粒としましょう。

太　郎：5分後と60分後を比べると，液体**ウ**より水だけの方が粒の数が減少しているね。

〔問題1〕　(1)　よごれとして，色がついているよごれとでんぷんのよごれを考えます。**実験1**と**実験2**において，5分間液体につけておくとき，よごれを落とすために最もよいと考えられるものを液体**ア**～**ウ**から一つ選びなさい。また，その理由を，**実験1**と**実験2**をもとに書きなさい。

　(2)　**実験2**において，5分後から60分後までについて考えます。水だけの場合よりも液体**ウ**の場合の方が，でんぷんのよごれの程度をより変化させたと考えることもできます。なぜそう考えることができるのかを，**実験2**をもとに文章を使って説明しなさい。

花　子：台所にこぼしたサラダ油を綿のふきんでふき取ったのだけれど，ふきんから油を落とすための洗剤の量をどれぐらいにするとよいのかな。

太　郎：洗剤の量を多くすればするほど，油をより多く落とすことができると思うよ。

先　生：**図1**のようなスポイトを用いて，水に入れる洗剤の量を増やしていくことで，落とすことができる油の量を調べることができます。

　二人は，次のページのような**実験3**を行い，サラダ油5gに対して洗剤の量を増やしたときに，落とすことができる油の量がどのように変化するのか調べました。

実験3

　手順1　20.6gの綿のふきんに、サラダ油5gをしみこませたものをいくつか用意する。

　手順2　図5のような容器に水1kgを入れ、洗剤を図1のスポイトで4滴たらす。そこに、手順1で用意したサラダ油をしみこませたふきんを入れる。容器のふたを閉め、上下に50回ふる。

図5　容器

　手順3　容器からふきんを取り出し、手でしぼる。容器に残った液体を外へ流し、容器に新しい水1kgを入れ、しぼった後のふきんを入れる。容器のふたを閉め、上下に50回ふる。

　手順4　容器からふきんを取り出し、よくしぼる。ふきんを日かげの風通しのよいところで24時間おき、乾燥させる。乾燥させた後のふきんの重さを電子てんびんではかる。

　手順5　手順1～4について、図1（8ページ）のスポイトでたらす洗剤の量を変化させて、乾燥させた後のふきんの重さを調べる。

　実験3の結果は、表3のようになりました。

表3　洗剤の量と乾燥させた後のふきんの重さ

洗剤の量（滴）	4	8	12	16	20	24	28	32	36	40
ふきんの重さ（g）	24.9	24.6	23.5	23.5	23.0	22.8	23.8	23.8	23.8	23.9

花　子：調理の後、フライパンに少しの油が残っていたよ。少しの油を落とすために、最低どのくらい洗剤の量が必要なのか、調べてみたいな。

太　郎：洗剤の量をなるべく減らすことができると、自然環境を守ることになるね。洗剤に水を加えてうすめていって、調べてみよう。

先　生：洗剤に水を加えてうすめた液体をつくり、そこに油をたらしてかき混ぜた後、液体の上部に油が見えなくなったら、油が落ちたと考えることにします。

　二人は、次のような実験4を行いました。

実験4

　手順1　ビーカーに洗剤1gと水19gを加えて20gの液体をつくり、よくかき混ぜる。この液体を液体Aとする。液体Aを半分に分けた10gを取り出し、試験管Aに入れる。液体Aの残り半分である10gは、ビーカーに入れたままにしておく。

　手順2　手順1でビーカーに入れたままにしておいた液体A10gに水10gを加えて20gにし、よくかき混ぜる。これを液体Bとする。液体Bの半分を試験管Bに入れる。

　手順3　ビーカーに残った液体B10gに、さらに水10gを加えて20gとし、よくかき混ぜる。これを液体Cとする。液体Cの半分を試験管Cに入れる。

　手順4　同様に手順3をくり返し、試験管D、試験管E、試験管F、試験管Gを用意する。

　手順5　試験管A～Gに図1のスポイトでそれぞれサラダ油を1滴入れる。ゴム栓をして試験管A～Gを10回ふる。試験管をしばらく置いておき、それぞれの試験管の液体の上部にサラダ油が見えるか観察する。

手順6　もし，液体の上部にサラダ油が見えなかったときは，もう一度手順5を行う。もし，液体の上部にサラダ油が見えたときは，そのときまでに試験管にサラダ油を何滴入れたか記録する。

実験4の記録は，**表4**のようになりました。

表4　加えたサラダ油の量

	試験管A	試験管B	試験管C	試験管D	試験管E	試験管F	試験管G
サラダ油の量（滴）	59	41	38	17	5	1	1

〔問題2〕　(1)　太郎さんは，「洗剤の量を多くすればするほど，油をより多く落とすことができると思うよ。」と予想しました。その予想が正しくないことを，**実験3**の結果を用いて説明しなさい。

(2)　フライパンに残っていたサラダ油0.4gについて考えます。新たに用意した**実験4**の試験管A～Gの液体10gに，サラダ油0.4gをそれぞれ加えて10回ふります。その後，液体の上部にサラダ油が見えなくなるものを，試験管A～Gからすべて書きなさい。また，**実験4**から，サラダ油0.4gを落とすために，**図1**のスポイトを用いて洗剤は最低何滴必要ですか。整数で答えなさい。

ただし，**図1**のスポイトを用いると，サラダ油100滴の重さは2.5g，洗剤100滴の重さは2gであるものとします。

【適性検査Ⅲ】 （45分） ＜満点：100点＞

1 なぎさんとりくさんは紙飛行機で遊んでいます。

な ぎ：紙飛行機は形を変えると，飛び方がいろいろ変わるね。

り く：生き物にも飛ぶことのできる生き物がいるよね。

な ぎ：鳥や虫がそうだね。どうやって飛んでいるのかな。

り く：カモメを観察してみよう。つばさを上下に動かしているね。

な ぎ：ただつばさを上下に動かしているだけではなさそうだよ。

り く：カモメの飛び方をビデオでさつえいして，ゆっくり再生して見てみよう。

な ぎ：つばさを大きく広げたり，つばさを小さく折りたたんだりして，つばさの形を変えている
        ね。なぜだろう。

図1 カモメが飛ぶときのつばさの動かし方

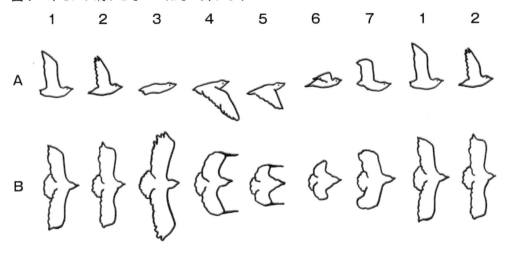

※Aはカモメを横側から、Bはカモメを背中側から見た姿を図で表したもので、つばさを動
  かす順番に並べています。AとBの縦に並ぶ図は、同じしゅん間のカモメの姿の図です。

（東 昭「生物の動きの事典」より作成）

［問題1］ 図1から，カモメが飛ぶときには，つばさを大きく広げたり，小さく折りたたんだりす
  る様子が分かります。つばさを大きく広げるのはどのようなときですか。その理由についてあな
  たの考えを説明しなさい。

    なぎさんとりくさんはチョウの飛ぶ姿を見るために，動物園内のチョウが見られる場所に来てい
  ます。

な ぎ：種類によって飛び方がちがうね。

り く：この大きなチョウはオオゴマダラといって，日本で最も大きいはねをもつチョウの一種だ
        よ。こちらの少し小さいのはイシガケチョウだね。

な ぎ：オオゴマダラは，はねを広げたときに全体のはばが12cmくらいだね。イシガケチョウは
        7cmくらいだね。

り　く：オオゴマダラとイシガケチョウでは飛び方がちがうね。カメラを固定して飛び方をさつえいしてみよう。

な　ぎ：家に帰って，飛んでいるときの様子を調べられるね。

り　く：だいたいいつも同じような飛び方をしているね。何度かさつえいしたものの中から，チョウが約1.5mおおよそ横向きに動いているものを選んでゆっくり再生しながら，それぞれのチョウが飛んだところを線でなぞってみたよ。図2のグラフの縦方向は高さ，横方向はチョウが横に移動したきょりを表しているよ。

な　ぎ：点は0.25秒ごとにチョウがいた場所を表しているね。

り　く：点の間かくをよく見るとちがいがあるね。

〔問題2〕　りくさんが「点の間かくをよく見るとちがいがあるね。」と言っています。

 (1)　図2を見て，オオゴマダラの飛び方の特ちょうを説明しなさい。

 (2)　図2から分かるイシガケチョウの飛び方の特ちょうについて，図3や会話文から分かるはねの特ちょうと結び付けて，あなたの考えを説明しなさい。

 (3)　この二つのチョウは異なる飛び方をしています。オオゴマダラとイシガケチョウのどちらかを選び，その飛び方の利点について，はねの特ちょう以外の点から，あなたの考えを説明しなさい。

図2　チョウの飛び方

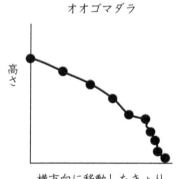

オオゴマダラ

高さ

横方向に移動したきょり

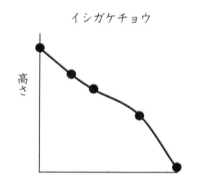

イシガケチョウ

高さ

横方向に移動したきょり

図3　チョウの写真

オオゴマダラ

イシガケチョウ

な　ぎ：飛ぶのは動物だけかな。

り　く：植物は自分の力で飛ばないけれど，風の力で飛ばされるよね。

な　ぎ：そうだね。タンポポの種は，綿毛にふーっと息をふきかけると，飛ばされるね。

り　く：ふー。あれ，種によって飛ばされやすさにちがいがありそうだよ。

な　ぎ：タンポポの種を飛ばして，飛ばされたきょりを調べてみよう。

り　く：実験をするときには，やり方に気を付けないといけないね。

表1　実験に使用したタンポポの種の写真と、飛ばされたきょり

[問題3]　(1)　りくさんは「実験をするときには，やり方に気を付けないといけないね。」と言っています。あなたがこの実験をするときに気を付けることについて，あなたの考えを二つ書き，それぞれの理由も答えなさい。

(2)　(1)の条件で実験をしたとき，飛ばされるきょりにちがいがある理由を二つ考え，それぞれ説明しなさい。

(3)　(2)を確かめるためにどのような実験をすればよいですか。(1)で答えたことにはふれなくてかまいません。また，この実験をするとどのような結果になると予想されますか。

な　ぎ：いろいろなものが飛ぶことについて考えてきたけれど，飛びやすいことがよいこととは言えないかもしれないね。

り　く：どうして。よく飛ぶほうがよいことだと思うよ。

な　ぎ：飛びやすいと，飛びたくなくても飛ばされてしまうことがあるのではないかな。強風で飛ばされて，行きたくないところまで行ってしまうかもしれないよ。

り　く：そういうこともあるかもしれないね。でも，遠くまで飛ばされると何かよくないことがあるのかな。

な　ぎ：例えば鳥だと，降りる場所やえさが見つからないかもしれないね。それはチョウも同じだよね。はんしょくする相手が見つからないこともあるね。

り　く：植物の種はどうだろう。遠くまで飛んだほうがよいと思うよ。

な　ぎ：遠くに飛ぶと，落ちた場所で芽が出る条件がそろっていないかもしれないね。その点，すぐ近くなら条件はそろっているはずだよね。

[問題４]　なぎさんは「すぐ近くなら条件はそろっているはずだよね。」と言って，種があまり遠くまで飛ばないときの利点について話しています。しかし，近くに落ちることがよいことばかりとは限りません。植物の種が近くの場所に落ちた場合のよくないこととして，どのようなことが考えられますか。具体的に例を挙げ，説明しなさい。

2　放課後の工作クラブの時間に，**ゆうと**さんと**のりこ**さんと**先生**が話をしています。

ゆうと：先生，今日は何をするのですか。

のりこ：立体図形を作るとおっしゃっていましたね。

先　生：今日は１枚の紙に切れこみを入れ，折ってでき上がる立体図形について考えていきましょう。

のりこ：紙に切れこみを入れて折ると，どのような立体図形が作れるのかな。

先　生：まず，**手順１**の方法で方眼紙から立体図形を作ります。**図１**を見てみましょう。

手順１：①方眼紙のそれぞれの角から同じ位置に点を取り，そこから縦の辺と平行に切れこみを入れる。
　　　　　②**図１**のように，山折り線，谷折り線を入れる。
　　　　　③山折り，谷折りはすべて90度で折る。

　　　図１　切れこみ、山折り線、谷折り線を示した方眼紙の図

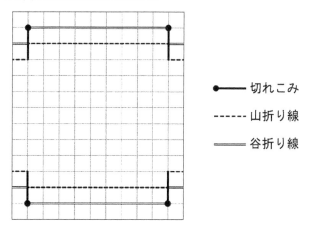

ーー　切れこみ
----- 山折り線
＝＝＝ 谷折り線

ゆうと：この作業をすると，どのような立体図形ができるのかな。

のりこ：山折り，谷折りをすると段ができて立体図形ができますね。

ゆうと：このやり方で５段の立体図形を作ってみよう。

先　生：では，一目盛り２cmの方眼紙を使って，縦64cm，横32cmの長方形で立体図形を作ってみましょう。切れこみの入れ方は，次の**手順２**で行い，山折り線，谷折り線の入れ方は，**図１**のように行うと**図２**のようになりますね。その後，**手順１**の③と同じように折ります。すると，５段の山のようなものができますね。

手順２：①方眼紙のそれぞれの角から，縦２cm，横２cmのところに点を取り，そこから縦の辺と平行に４cmの切れこみを入れる。

---

②切れこみの終わりから，縦2cm，横2cm内側のところに点を取り，そこから　縦の
辺と平行に4cmの切れこみを入れる。
③②の作業をあと3回くり返し，切れこみを入れる。

図2　切れこみ、山折り線、谷折り線を示した一目盛り2cmの長方形の方眼紙の図

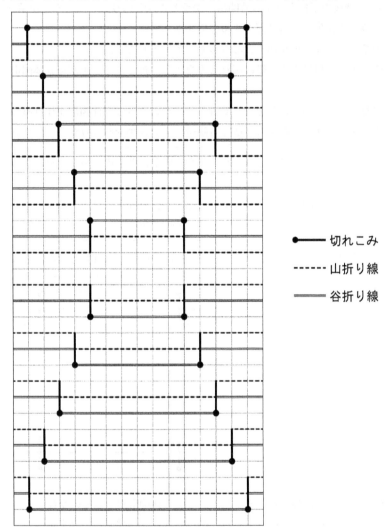

● ━━━ 切れこみ

---- 山折り線

━━━ 谷折り線

[問題1]　**図2**の長方形の方眼紙からでき上がる5段の山のような形をした立体図形について，横
や下から見たときに穴があく部分を別の紙でふさいだとします。そのときにできる立体図形の体
積を求めなさい。ただし，紙の厚みは考えないものとします。解答用紙には式と答えを書きなさ
い。

のりこ：切れこみを入れる向きが全部同じだったけれど，切れこみを入れる向きを変えたらどのよ
うな立体図形ができるかな。

ゆうと：別の方眼紙でやってみよう。

先　生：ではここに，一目盛り2cmで，1辺が30cmの正方形の方眼紙があります。次の**手順3**で切れこみを入れると，**図3**のようになります。その後，それぞれの切れこみについて，山折り線，谷折り線を，**図1**（15ページ）のように切れこみに対して垂直に入れます。

手順3：①方眼紙のそれぞれの角から，縦2cm，横2cmのところに点を取り，そこから縦の辺と平行に4cmの切れこみを入れる。

②切れこみの終わりから縦2cm，横2cm内側のところに点を取り，そこから横の辺と平行に4cmの切れこみを入れる。

図3　切れこみを入れた一目盛り2cmの正方形の方眼紙の図

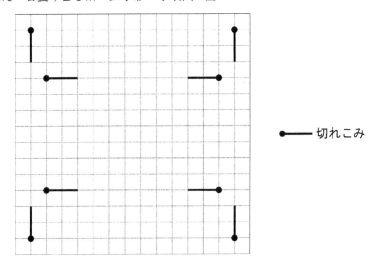

━● 切れこみ

［問題2］　**図3**に，山折り線，谷折り線を入れた方眼紙を，**手順1**の③と同じように折って2段の立体図形を作ることができますか。解答用紙の「できる」または「できない」のうち，どちらかを○で囲みなさい。

　「できる」を選んだ場合は，その体積を求める式と答えを書きなさい。ただし，前のページの［問題1］と同じように，穴があく部分は別の紙でふさいだとします。また，紙の厚みは考えないものとします。

　「できない」を選んだ場合は，その理由を説明しなさい。図を使って説明してもかまいません。

先　生：ところで，紙から作られる立体図形にはいろいろな使い道があります。次のページの**図4**を見てください。

ゆうと：この紙からは，何ができるのですか。

先　生：この紙に山折り，谷折りをすると，箱に入れた物が動かないようにするための立体図形ができます。ただし，山折り，谷折りは90度とは限りません。

のりこ：何が入るのかな。

先　生：同じ大きさの円柱の茶づつが4本，横になって入ります。

ゆうと：先生，▊▊の部分は何ですか。

先　　生：▊ の部分は山折り，谷折りをして，紙が重なり合っている部分です。重なり合うことで，二つの切れこみにはさまれた部分は，たわみます。

のりこ：紙がたわむことで，茶づつが動かなくなるのですね。

図4　先生が見せてくれた紙（箱に入れた物が動かないようにするための紙）

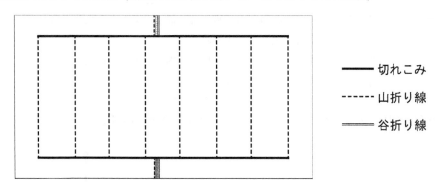

―――― 切れこみ

------- 山折り線

━━━ 谷折り線

〔問題3〕　(1)　**図4**の紙からできる立体図形には，となり合う茶づつがくっついて入ります。茶づつを入れたとき，どの茶づつも，側面の面積の6分の1だけ紙とくっついています。茶づつとくっついていない紙の部分の，山折り線から山折り線までの長さはどれも3cmです。このとき，▊ の山折り線から谷折り線までの長さを求め，その求め方を説明しなさい。説明には，式や図を使ってもかまいません。ただし，紙の厚みは考えないものとし，円周率は3.14とします。

(2)　**図4**と同じ構造で，(1)とはちがう大きさの茶づつが入る紙を考えます。茶づつを入れたとき，茶づつを底面側から見ると，紙がたわんで茶づつがしずんだ深さは，底面の円の直径の長さの4分の1と同じです。また，どの茶づつも，紙とくっついている部分の面積は141.3cm²です。茶づつの高さが15cmのとき，4本の茶づつの体積の和を求め，その求め方を説明しなさい。説明には，式や図を使ってもかまいません。ただし，紙の厚みは考えないものとし，円周率は3.14とします。

〔問題3〕 あなたは、これからの六年間をどのように過ごしたいですか。 文章1 ・ 文章2 のいずれかの、筆者の研究や学問への向き合い方をふまえ、どちらをふまえたかを明らかにして自分の考えを書きなさい。なお、内容のまとまりやつながりを考えて段落に分け、四百字以上四百四十字以内で述べなさい。ただし、次の 〔きまり〕 にしたがうこと。

〔きまり〕

○題名は書きません。

○最初の行から書き始めます。

○各段落の最初の字は一字下げて書きます。

○行をかえるのは、段落をかえるときだけとします。

○、や。や「などもそれぞれ字数に数えます。これらの記号が行の先頭に来るときには、前の行の最後の字と同じますめに書きます。（ますめの下に書いてもかまいません。）

○。と」が続く場合には、同じますめに書いてもかまいません。この場合、。」で一字と数えます。

○段落をかえたときの残りのますめは、字数として数えます。

○最後の段落の残りのますめは、字数として数えません。

る相手がたまたまその時も鳴いたからって、自分に返事したとなぜ言えるの?」

動物学者として言おう。あのカラスの声が返事だったとしても、そ
れは他のカラスの音声への反応だっただろう。私の鳴き真似をした
と考える積極的な根拠はない。

そして、さらに一五年あまり。私は山の中でカラスの分布を調べるた
め、*音声プレイバック法を用いてカラスを探す、という調査を行って
いる。カラスの声をスピーカーから流すと、縄張りを持った*繁殖個体
は侵入者だと思って大声で鳴きながら飛んでくるからだ。

調査を始めた頃は適切な装備も方法もよくわからなかったので、機材
がうまく動かないことや、機材を持っていないこともあった。そんな時
でも、「本当にカラスいないのかな?」と疑った場合には、失敗覚悟で、
自分の声で鳴き真似してみることはあった。とにかく何か刺激を与えて
カラスを鳴かせるか飛ばせるかすれば、データは得られるからである。

すると、思ったよりカラスは鳴くのである。こちらの鳴き真似からだ
いたい五分以内だ。しかも鳴き真似に合わせるように、鳴き方を調整し
ているように思えることが度々ある。こちらが四声鳴けば向こうも四声
鳴き、「カー、カー、カアカア」と鳴けば向こうも「カー、カー、カア
カアカア」などと途中で調子を変えて鳴く。もし発声が完全に自発的な
ものならば、発声の頻度はこちらの鳴き真似とは無関係なものとなり、
「鳴き真似の後、数分以内の音声が多い」という結果にはならないであろ
う。そして、単に「おかしな声が聞こえて驚いたので鳴いただけ」なら、
こちらの鳴き真似の特徴と高い確率で一致するのは妙だ。カラスはこち
らの音声を認識した上で、その音声に反応している――つまり、私の鳴

き真似に対して返事をしているのではないか。

この不思議な二重唱がどんな生物学的基盤をもつのか、鳴き真似を本
当にカラスの声だと勘違いしているのか、そういった点はまだわからな
いが、カラスは人間に対して鳴き返してくることが確かにあるのだ、と
は言えそうである。

直感から研究を始めなければならない場合は、確かにある。一方で科
学者は、状況を説明しうる仮説を公平に捉え、自分に都合の良い結果さ
えも疑わなくてはならない。しかし、そうやって疑った先に、思いがけ
ず心躍る景色が広がることもある。

今、改めて動物学者として言おう。三〇年以上前のあの日、カラスは
私に向かって応えたかもしれないのだ。

（松原 始「科学者の目、科学の芽」による）

（注）ドリトル先生――児童文学作品の主人公である動物医師。

シートン――アメリカの動物文学作家。

大学院――大学卒業後に専門分野の学習と研究を行う機関。

錯誤――あやまり。

タイムラグ――時間のずれ。

音声プレイバック法――鳥の鳴き声を流し、これに反応して鳴き返して
きた声で生息を確認する方法。

繁殖個体――巣をつくり、卵を産んで、ひなを育てているカラス。

【問題1】心躍る景色とありますが、これは 文章1 ではどのように
表現されていますか。解答らんに書きなさい。

【問題2】 文章1 ・ 文章2 で筆者は、いずれも生き物を研究対象
にしています。研究に対する筆者の姿勢に共通するのはどのような点
ですか。解答らんに書きなさい。

たことがなかったのだった。それはなぜか。そして、どこに行ったらハマグリが拾えるのか。その謎解きが僕のあらたな貝殻拾いのひとつの目標となっていった。

（盛口　満『自然を楽しむ――見る・描く・伝える』による）

（注）
雨ざらし――雨にぬれたままになっているさま。
沖ノ島――千葉県南部の島。
伊勢湾――愛知県と三重県にまたがる太平洋岸にある湾。
館山――千葉県南部の館山湾に面する市。
現生種――現在生きている種。
タイムワープができる――現実とは別の時間に移動できる。
マングローブ林――あたたかい地域の河口に生育する常緑の木からなる林。
黒住さん――黒住耐二。貝の研究者。
採取圧――むやみに採ること。

カラスが上空から鳴き返してきた。次々と飛び過ぎる「友人たち」を見送りながら、私は、自分が*ドリトル先生か*シートンになったかのような気分を味わっていた。この経験が忘れられなくてカラスを研究しようと決心した、とまでは言わないけれども、何の影響もなかったとも決して言わない。

さて。*大学院に入り、それなりにカラスを研究した後、研究者の目で見返してみて、かつての自分の解釈は重大な*錯誤を含んでいる可能性に気づいた。それは、「カラスは果たして私の鳴き真似に応えたのか」ということだ。

「応える」とは何か。応えたと言うからには、ある個体が他個体の音声を認識し、その音声に対して反応した、という証拠がいる。だが自発的な行動と、他個体への反応をどのように区別するか。まして一〇〇羽を超えるカラスが、あるものは自発的に、あるものは返事として鳴いていたかもしれない場合、一体どのように判断すればよかったのか。

これは今から遡って検証することはできない。だが、当時の自分には「自発的に鳴いた場合と返事をした場合を区別する」という発想すらなかった。人間同士ならば返事をしたと感じられる程度の*タイムラグでカラスの一羽か二羽が鳴いた、という事実を、「自分に対して返事をした」と解釈しただけである。人間同士ならば、その解釈でもよいかもしれない。だが全く別種の生物を相手に、このような予断をもった判断をしてはいけない。

今なら自分にこう問い返すだろう。「普段からカアカア鳴き続けてい

【文章2】

夕暮れの迫る空を、南から北に向かって、カラスは次々と飛んで行った。そして、口々に「カア」「カア」「カア、カア、カア」と鳴いていた。

北の方にある森からは時折、ガラスの集団が一斉に鳴き始める声が、遠い波音のように聞こえていた。口々に鳴く声は、まるで言葉を交わしているかのようだ。それなら、これだけたくさんのカラスがいるのだから、呼べば応えるカラスもいるかもしれないと思った。そこで、なるべくカラスっぽい声で「かー、かー」と鳴いてみた。

「カア」

めて図鑑で調べてみると、ハイガイという名前の貝であった。ハイガイというのは、殻の厚いこの貝を焼いて、石灰をつくったことによっている。興味深いことは、この貝の分布地が図鑑によると、*伊勢湾以南となっていることだ。つまり千葉は、本来の分布地が図鑑よりも北に位置する。

そんな貝が、なぜ僕の貝殻コレクションに含まれていたのだろう。

じつは、ハイガイは、今よりも水温の高かった縄文時代には*館山近辺にも生息していた。そのころの貝殻が、地層から洗い出されて海岸に打ち上がっていたわけだった。

これが、僕のあらたな貝殻拾いの視点のヒントとなる「発見」だった。

貝殻は生き物そのものではなく、生き物のつくりだした構造物だ。それこそ、数千年前の縄文時代の貝殻が、海岸に転がっていても、*現生種の貝殻とすぐには見分けがつかないほどに。

そんな目で探してみると、「今はいないはずの貝」があちこちで拾えることに気がついた。それは、いったい、いつごろの貝か。そして、なぜ、その貝はいなくなったのか。

貝殻は丈夫であるので、時を超えることができる。すなわち、「貝殻拾いをすると、*タイムワープができるのではないだろうか」……それが僕のあらたな貝殻拾いの視点となった。

たとえば少年時代に僕が雑誌の紹介記事を読んであこがれた南の島が西表島だ。イリオモテヤマネコで有名な「原始の島」というイメージのある島であるが、その一方、古くからこの島には人々が住みついていた。

そのため、西表島の海岸には、ところどころ貝塚が見られる。そうした貝塚の貝は、それこそ小さなころの僕が図鑑で見てあこがれたような貝……大型のタカラガイであるホシキヌタや、重厚なラクダガイ、これも

大型の二枚貝であるシャコガイ類など……ばかりで、ついためいきをつくのだが、それらの貝に混じってたくさんのセンニンガイの殻が見られる。センニンガイは*マングローブ林に生息する、細長い巻貝だ。貝塚から見つかるということは当然食用にされていたというわけだが、現在の西表島のマングローブ林では、このセンニンガイは一切見つからない。*黒住さんによると西表島や石垣島からは、センニンガイは一七世紀以降、消滅したと考えられるという。どうやら人間の*採取圧によって、個体数を減らし、ついには絶滅してしまったと考えられている(現在でも東南アジアに行くと、センニンガイを見ることができる。江ノ島などの観光地に行くと、外国産の貝殻の盛り合わせがパックされて売られているが、ときにこの、外国産のセンニンガイが含まれているパックも目にする)。

こんなふうに、人間の影響によって、地域で見られる貝が変わっていく。その移り変わりの歴史が、足元に転がる貝殻から見える。

そうした視点で貝殻拾いを始めたとき、僕は少年時代に拾えなかった貝があることにようやく気づいた。「なぜその貝がそこに落ちているのか」という問は、解決できるかどうかは別として、容易になしうる問だ。

しかし、「なぜその貝がそこに落ちていないのか」という問は、その問に気づくこと自体が困難である。

僕は貝殻の拾いなおしをし始めたことで、少年時代の自分の貝殻コレクションに、ハマグリが含まれていないのに初めて気づいたのである。ハマグリといえば、貝の名前をあまり知らない生徒や学生でも、「知っている」貝だろう。しかし、そんな貝を、少年時代にせっせと貝殻拾いに通っていたはずの僕が拾ったことがなかった……ただの一度も拾い上げ

【適性検査Ⅰ】（四五分）〈満点：一〇〇点〉

1 次の 文章1 と 文章2 とを読み、あとの問題に答えなさい。

（*印のついている言葉には本文のあとに（注）があります。）

文章1

異世界への扉は、思わぬところに潜んでいる。そして、その扉の存在に気づくきっかけもまた、思わぬところに潜んでいる。

「貝殻拾いって、だれもがついやっちゃいますよね」

知り合いの編集者が、会話の中でこんなひとことを発した。

あらたな異世界への扉への気づきは、このひとことが始まりだった。

自然は特別な人のためのものではない。「だれもがやれてしまうようなことで自然とつきあえるというのは、大事なこと」とつねづね思っていただけに、このひとことには意表を突かれた。そして、どんなに身近な自然でも、どんなに手軽な方法でも、相手が自然であれば、思わぬ世界に通じることのできる可能性が、そこにある。

「そうか。貝殻拾いにはまだ、あらたなおもしろさがあるかもしれない」

そう思う。

この編集者のひとことをきっかけに、もう一度、貝拾いを本格的に再開してみようと僕は思った。ただ、少年時代のころのように、ひたすらに、たくさんの種類を拾い集めることを目標にしても意味はない。

なぜ貝殻を拾うのか。

貝殻を拾って、なにかが見えてくるのか。

そんなことを考えてみる。

これまた思わぬことに、あらたな貝殻拾いのヒントは、少年時代に拾い集めた貝殻コレクションの中に隠されていた。

少年時代に拾い集めた貝殻のうち、「これは」と思う種類……たとえばめったに拾うことのできなかったタカラガイの仲間など……は、紙箱に入れられ、僕の行く先々にともにあった。一方、そうして選ばれることのなかった貝殻は、実家の軒下に放置されることになった。もう一度、貝殻拾いを見直してみようと思ったとき、僕は、そうして放置され、半ば*雨ざらしになっていた貝殻をかきわけ、いくつか特徴的な貝殻を取り上げ、沖縄に持って帰ることにした。

このとき、まず気づいたことがある。それは、「貝殻は丈夫だ」ということだ。少年時代に拾い上げ、その後、軒下に放置されていたのにもかかわらず、貝殻の形は崩れておらず、色もそれほどあせていなかった。耐水インクで貝殻に直接書き込んであったデータもまだ読み取れた。さらに雨ざらし状態から「救出」してきた貝殻のひとつを、沖縄に戻ってまじまじと見たら、気になる二枚貝がひとつあることを発見してしまう。

擦り切れた二枚貝の片方の殻で、白くさらされた貝殻は、さらにねずみ色にうっすらと染まっていた。二枚貝にしては殻の厚い貝だ。書き込まれたデータには一九七五年一二月一三日*沖ノ島とあったが、僕自身にはこのような貝殻を拾い上げた記憶はまったくなかった。少年時代につけていた貝殻採集の記録ノートを見返してみたが、当日の記録にも、該当する貝の記述はなかった。「うすよごれた二枚貝」として、さほど当時の僕は注目しなかったということだろう。

少年時代は拾い上げたことさえ認識していなかったこの貝は、あらた

大切なことはメモしておこうネ！

2022 年 度

解 答 と 解 説

《2022年度の配点は解答欄に掲載してあります。》

＜適性検査Ⅰ解答例＞

1　問題1　思わぬ世界

問題2　大人になる前に興味や関心をもったことを研究の対象にし，大人になってもなおぎ問をもち続け，問い直している点。

問題3　（学校からの解答例はありません）

解答例

　わたしは，保育園のときからカメが好きで，図工の作品などもずっとカメのものを作ってきた。中学に入ったらカメをかってもいいと言われているので，カメをかうのをとても楽しみにしている。今も家にいる金魚の世話をまかされているし，ベランダで野菜を育てている。カメの世話も自分でするつもりだ。そのためにカメのかい方の本をたくさん読んでかい方を勉強している。

　このように，わたしは動物や植物の世話をするのが好きなので，文章2のように，実際に生き物にふれて，生態を観察したい。まずは，中学で生物部に入って，色んな動物について勉強したい。カメだけでなく，生物部にいる動物の生態を調べ，その動物が健康に育つ環境を作り，生き物が元気に育つ助けになりたい。また，生物分類技能検定という試験の勉強をして，合格したい。そして，将来は生物の研究をしたいと思っている。研究者になるには英語もできなければいけないので，英語もがんばろうと思う。

○配点○

1　問題1　10点，問題2　30点，問題3　60点　　　計　100点

＜適性検査Ⅰ解説＞

1　（国語：読解，作文）

基本　問題1　文章2の一線部「心躍る景色」の前に「そうやって疑った先に，思いがけず」とある。「そうやって疑う」は，その前の文の「状況を説明しうる仮説を公平に捉え，自分に都合の良い結果さえも疑」うである。これは，本文の具体例では，カラスが私に向かって答えたかもしれないという仮説を様々な方法で検証していることだといえる。これを文章1に当てはめると，貝拾いという誰でもできることを検証し直すということである。文章2のその結果の「心躍る景色」とは，仮説が正しいという確証を持てたという新たな気づきがあったということだ。これを文章1に当てはめると，「『思わぬ世界』に通じることのできる可能性が，そこにある」だといえる。本文最初にある「異世界への扉」は，その扉がどこに通じているのかが書かれていないので，適当とはいえない。

重要　問題2　文章1は，少年時代に貝拾いで拾った貝殻をもう一度検証するといろいろな気づきがあったということが書かれている。文章2も，大人になる前に経験した自分の鳴き声のまねをカラスがしたという経験が正しいのかを研究している話である。これらの具体例を共通のことと

して「一般化」して書けばよい。どちらも共通するのは，「大人になる前に興味を持ったこと」を「研究し続けている」という点である。これらをまとめればよい。

問題3　問題文に「文章1・文章2のいずれかの，筆者の研究や学問への向き合い方をふまえ，どちらをふまえたかを明らかにして」とあるので，文章1，2のちがいをまず読み取る。例えば，文章1では，少年時代に拾った貝殻を図鑑などで分布を調べ研究している。文章2では，実際にカラスに様々な実験をすることで，カラスの生態を明らかにしようとしている。このようなちがいをふまえ，自分はどちらを参考にしたいかを書けばよい。自分のことを書くには，文章に書いてあること(一般的なこと)を自分のこと(具体的なこと)に落としこんで書く必要がある。特に興味があるものがない場合は，「まだ興味があるものがないが，これからの6年間で探したい」という展開でよい。それを探すときに，どのように問題に向き合いたいかを具体的に書けばよい。

─★ワンポイントアドバイス★─

具体的なこと⇔一般的なことを区別すると文の構造が見えてくる。文全体の構造をおおまかに理解することで，筆者の主張を見つけやすくなるよ。

＜適性検査Ⅱ解答例＞

1　問題1　(1)　4.06cm

　　　　　(2)　〔直角三角形〕　20個

　　　　　　　〔正三角形〕　10個

　　　　　　　〔円〕　7個

　　　　　　　〔説明〕

　　　　　　　　1本のモールは，直角三角形を6個，正三角形を3個作るように切る。

　　　　　　　　1本のモールは，直角三角形を6個，正三角形を2個，円を1個作るように切る。

　　　　　　　　1本のモールは，直角三角形を6個，正三角形を1個，円を2個作るように切る。

　　　　　　　　1本のモールは，直角三角形を2個，正三角形を4個，円を4個作るように切る。

　　　問題2　(1)　ィ

　　　　　　　　　　　　　　　　　　　　　　　●

　　　　　　　1 → 2 → 3 → 1 → 2 → 5 → 6 → 4

　　　　　(2)　2，3，4

2　問題1　(1)

	1970年	1986年	2000年	2015年
アフリカ	1.0	2.9	3.0	8.7
東南アジア	1.0	5.3	8.5	32.4
南アメリカ	1.0	4.0	8.3	21.8

(2)　（学校からの解答例はありません）
解答例

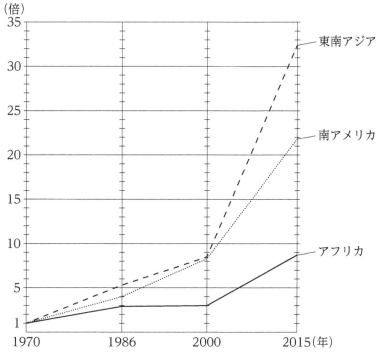

(3)　〔地域〕　東南アジア

　　〔特ちょう〕　便数が増え続けている。

　　〔理由〕　他の地いきに比べて経ざいが急速に発てんしていることに加え、日本から近いため。

問題2　〔選んだ地域〕　B

　　〔地域の様子〕　大きな団地がある。

　　〔そう考えた理由〕　朝と夕方に通きんや通学のための便が多い。深夜に帰たくする人のための便がある。

　　〔何を調べた資料が必要か〕　年れいごとの人口。

　　〔何が分かれば確かめられるか〕　通きんしたり、通学したりする年れいの人が多く住んでいる。

問題3　（学校からの解答例はありません）

解答例

　交通の発達によって，地球温だん化が進むことが考えられる。なぜなら，交通が発達することで車や鉄道の台数や本数がふえ，二酸化炭素のはい出量がふえると考えられるからだ。これを解決するためには，ハイブリッドカーや電気自動車を使用することや，鉄道やバスをなるべく使わずに徒歩や自転車で移動することが考えられる。

③ 問題1 (1) 〔選んだもの〕 ウ
　　　　　 〔理由〕
　　　　　　　 実験1から，色がついているよごれを最もよく落とすのは，アとウであること
　　　　　　 が分かる。そして，実験2から，アとウを比べると，ウの方がより多くでんぷんの
　　　　　　 つぶを減少させることが分かるから。
　　　　　 (2) 5分後のつぶの数をもとにした，減少したつぶの数のわり合は，水だけの場合
　　　　　　 よりも液体ウの場合の方が大きいから。
　　 問題2 (1) せんざいの量を28てきより多くしても，かんそうさせた後のふきんの重さは
　　　　　　 減少しないので，落とすことができる油の量は増加していないと分かるから。
　　　　　 (2) 〔サラダ油が見えなくなるもの〕 A　B　C　D
　　　　　　 〔洗剤〕 4滴
○配点○
① 問題1　15点，問題2　15点
② 問題1　20点，問題2　10点，問題3　10点
③ 問題1　14点，問題2　16点　　計100点

＜適性検査Ⅱ解説＞

① （算数：図形作成，条件整理）

やや難　問題1　与えられたモールを切り分けて，直角三角形，正三角形，円を作り，カードのデザインを
　　　　 完成させていく問題。ただ切り分けるのではなく，「できるだけ多くのカード」を作るために，
　　　　 できるだけ余りのモールが出ないように切り分ける方法を考えていく。
　　　　　 まずは，問題文を正確に読み取ることが重要となる。
　　　　　 図1のカードのデザインを見ると，ロケットのデザインは，直角三角形4個，正三角形3
　　　　 個，円1個からできていることがわかる。また，図2より，それぞれの図形を1個作るのに
　　　　 必要なモールの長さは，直角三角形は3+4+5=12cm，正三角形は3×3=9cm，円は3×
　　　　 3.14=9.42cmということがわかる。このことから，1枚のカードを作るために必要なモール
　　　　 の長さの合計は，12×4+9×3+9.42×1=48+27+9.42=84.42cm。
　　　　　 さらに，本文より，現在，箱の中にある図形の数は，直角三角形が8個，正三角形は100÷
　　　　 9=11あまり1より，11個。また，問題のはじめでは，6本のモールがあったが，そのうちの2
　　　　 本はすでに切り分けられている。
　　　　 (1) 1mのモール6本が全てつながっていたと仮定して，はしから順番に切り分けて行った
　　　　　　 時に，作ることのできるカードの枚数を考える。
　　　　　　　 モールの長さの合計は，6m=600cmであり，1枚のカードを作るために必要なモール
　　　　　 の長さの合計は84.42cmであることから，600÷84.42=7あまり9.06となり，最大7枚
　　　　　 のカードを作ることができる。7枚のカードを作ったとき，9.06cmのモールが余る。す
　　　　　 でに2本のモールは使っていて，余りの長さは100−12×8=4cm，100−9×11=1cm
　　　　　 の合計5cmが余っている。よって，残り4本のモールの余りの長さの合計が9.06−
　　　　　 5=4.06cmとなったとき，7枚のカードが作れる。したがって，答えは4.06cm。

(2) 7枚のカードを作るためのモールの切り分け方を考える。

まず，今までの情報を次の表のように整理することができる。

	直角三角形	正三角形	円	合計
1枚のカード作成に必要な図形の個数	4個	3個	1個	
1枚のカード作成に必要なモールの長さ	12×4=48cm	9×3=27cm	9.42cm	84.42cm
7枚のカード作成に必要な図形の個数	4×7=28個	3×7=21個	1×7=7個	
箱の中にある図形の個数	8個	11個	0個	
これから必要な図形の個数	28−8=20個	21−11=10個	7−0=7個	

4本のモールを使って，直角三角形20個，正三角形10個，円7個を作る。この中でも直角三角形の個数が一番多いことから，直角三角形を効率的に作る方法を考える。1本のモールから，直角三角形は最大8個作ることができる。直角三角形を8個作ると，余りのモールは100−12×8=4cm，7個作ると余りのモールは16cm，6個作ると余りのモールは28cm，5個作ると余りのモールは40cmとなる。正三角形は9cm，円は9.42cmのモールが必要となることから，この中で最も余りのモールが少なくなるのは，直角三角形を6個作った場合で，その時の余りのモール28cmを使って，①正三角形3個を作ると余りのモールは1cm，②正三角形2個，円1個を作ると余りのモールは0.58cm，③正三角形1個，円2個を作ると余りのモールは0.16cmとなる。

この3通りのうち3つを使って3種類の図形をつくって，4本目のモールで残りの図形を作ることができるかを調べる。

①～③から3つを組み合わせる方法は，10通りあり，答えはそのうちの1通りを選んで解答する。

詳しい結果は，次の表のその1～10である。

例えば，その1のときの答えは，次のようになる。

1本のモールは，直角三角形を6個，正三角形を3個作るように切る。

1本のモールは，直角三角形を6個，正三角形を2個，円を1個作るように切る。

1本のモールは，直角三角形を6個，正三角形を1個，円を2個作るように切る。

1本のモールは，直角三角形を2個，正三角形を4個，円を4個作るように切る。

	その1				その2				その3				その4			
	1本目	2本目	3本目	4本目	1本目	2本目	3本目	4本目	1本目	2本目	3本目	4本目	1本目	2本目	3本目	4本目
直角三角形	6個	6個	6個	2個	6個	6個	6個	2個	6個	6個	6個	2個	6個	6個	6個	2個
正三角形	3個	2個	1個	4個	3個	3個	3個	1個	2個	2個	2個	4個	1個	1個	1個	7個
円	なし	1個	2個	4個	なし	なし	なし	7個	1個	1個	1個	4個	2個	2個	2個	1個

	その5				その6				その7				その8			
	1本目	2本目	3本目	4本目	1本目	2本目	3本目	4本目	1本目	2本目	3本目	4本目	1本目	2本目	3本目	4本目
直角三角形	6個	6個	6個	2個	6個	6個	6個	2個	6個	6個	6個	2個	6個	6個	6個	2個
正三角形	3個	3個	2個	2個	3個	3個	1個	3個	2個	2個	3個	3個	2個	2個	1個	5個
円	なし	なし	1個	6個	なし	なし	2個	5個	1個	1個	なし	5個	1個	1個	2個	3個

	その9				その10			
	1本目	2本目	3本目	4本目	1本目	2本目	3本目	4本目
直角三角形	6個	6個	6個	2個	6個	6個	6個	2個
正三角形	1個	1個	3個	5個	1個	1個	2個	6個
円	2個	2個	なし	3個	2個	2個	1個	2個

やや難

問題2　転がす立体は，正六面体である。この正六面体に書かれた数字を図4を見ながら整理する。1〜6の各数字を中心とした時に，となりに書かれた数字は次の図①のようになる。問題文より，転がしているとき，一つ前のマスにはもどれないことから，例えば，1→2と移動したあとにくる数字は，2が真ん中の図を見て，2のとなりの面は，1以外に5と3があるので，5か3に移動することがわかる。

続いて，図②のように，マスにカタカナをふる。図4の立体を7回転がして，イのマスから●のマスまで移動させたとき，立体の転がし方は次の表①のようにパターンAからパターンFまでの6通りとなる。

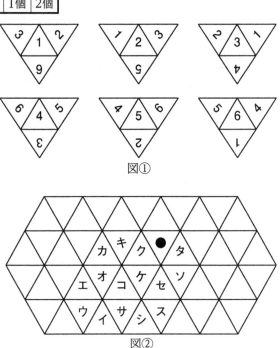

図①

図②

表①

	1回転	2回転	3回転	4回転	5回転	6回転	7回転	パターン
イ	ウ	エ	オ	カ	キ	ク	●	A
イ	ウ	エ	オ	コ	ケ	ク	●	B
イ	サ	コ	オ	カ	キ	ク	●	C
イ	サ	コ	ケ	セ	ソ	タ	●	D
イ	サ	シ	ス	セ	ケ	ク	●	E
イ	サ	シ	ス	セ	ソ	タ	●	F

また，それぞれのパターンの各マスの数字は，次の表②のようになる。

表②

	1回転	2回転	3回転	4回転	5回転	6回転	7回転	パターン
1	2	3	1	6	5	2	3	A
1	2	3	1	2	5	6	4	B
1	3	2	1	6	5	2	3	C
1	3	2	5	4	6	5	4	D
1	3	4	5	2	3	1	2	E
1	3	4	5	2	1	3	2	F

(1) 1通りについて，マスに接する面の数字を順に書けばいいので，パターンAからFまでのうち，どれかひとつを選んで解答する。

(2) 表②より，7回転目にくる数字は，2，3，4であることがわかる。

2 **（社会：資料分析）**

重要

問題1 (1) 各地域の1986年，2000年，2015年の値を，1970年の値で割れば，答えが求められる。経済成長が著しいほど，1970年からの倍率が大きくなる。

1970年の段階では，東南アジアは3つの地域で最も1人当たりの国民総所得の額が低かったが，その後，著しい経済発展を遂げ，1986年から2000年の間にアフリカを抜き，今では2倍以上の差をつけている。南アメリカも金額では3地域のトップを保っており，東南アジアほどではないにしろ，経済発展を遂げていることがわかる。

いずれの地域も2000年以降の伸びが急激であり，ここから産業構造が変化し，工業化が進展していることが予想できる。

(2) グラフを作成するにあたっては，どの地域も1970年が1.0となる。その後，傾きが急になるほど，経済発展の度合いが著しいことになる。実数で比較するよりも，発展の度合いがわかりやすいのが特徴である。

(3) （アフリカを選ぶ場合）

1970年から便数に大きな変化がない。アフリカへは距離があり，かつては航空機の航続距離の問題から，直行便を飛ばすことが出来なかった。またビジネスの需要も少なく，利用者も安定していない。したがって，乗り継ぎを利用する場合と大差がないことから，積極的な路線開設が行われてこなかった。かつてはエジプトへの直行便があったが，現在は，エチオピアのみである。

（東南アジアを選ぶ場合）

便数が伸び続けている背景として，距離が近いことに加え，安価な労働力を目当てとして先進国の企業の進出による工業化が急速に進んでおり，日本からのビジネスの需要増が挙げられる。また日本の空港での乗り継ぎにより，アメリカからの乗客に対応するケースもある。シンガポール，バンコクなどの空港は，ハブ空港としても機能している。

（南アメリカを選ぶ場合）

現在では，南アメリカを最終目的とする航空便はなくなっている。かつてはサンパウロなどに航空便があったが，いずれも採算性の問題で路線が廃止されている。南アメリカまでは距離が長く，現在でも直行便を飛ばすことは条件が限られている。かつては日系人の往来などがあったが，現在では衰退しているため，需要が減少しているといえる。

問題2 （Bを選ぶ場合）

朝，B地域から駅へ，夕方，駅からB地域への便数が多いことから，郊外の団地であることがわかる。利用者は通勤・通学客となるので，年齢ごとの人口や世帯数，地図などを見ることにより，地域を知ることが出来る。

（Dを選ぶ場合）

本数を見る限り，C駅からD地域への便が先に出ている。また平日の便数が多いことから，D地域にはビジネス街や工業団地などがある，もしくはD地域は住宅地でその中に学校がある地域と予想できる。比較的運行時間が長いのも特徴であるといえる。昼間夜間人口を示した資料や地図などを活用することにより，地域を知ることが出来る。

（Ｆを選ぶ場合）

　便数が少なく，若干ではあるが土日の方が，便数が多いことから，小規模なテーマパークや観光地などに対応した路線であることが考えられる。バスの運行時間が9時〜17時ということ，Ｆ地域から駅の便が午後しかないのが，特徴である。地図などで地域を知ったうえで，観光ガイドなどを活用することで地域を知ることが出来る。

問題3　交通の発達により発生する課題は，地域によって大きく異なる。例えば，自家用車の保有率が高くなることにより，鉄道やバスが減便や廃線になることがある。また新幹線，高速道路の開通，空港の開港などにより，騒音問題が生じることもある。近年では新幹線の開通により，在来線の第三セクター化や廃線が問題になっている。また瀬戸内海なのでは架橋により高速道路化がなされると同時に，航路が廃止となり，移動費が増加している地域も存在する。高規格化・高速化などが必ずしも地域住民にとって「便利になる」ことでないことを理解する必要がある。

3　（理科：実験結果の整理）

重要

問題1　(1)　実験1は見た目のようすの変化でよごれの落ち方がおよそどのようなものかを調べている。また実験2はでんぷんの量の変化によりよごれの落ち方を数字で見えるような形で調べている。

　まず，実験1の5分後の結果から，よごれがほぼ見えなくなっているアとウが一番よく落とす洗剤の可能性があるとわかる。その上で実験2のアとウを比べる。洗剤につける前のでんぷんの量はどちらも同じ1772粒と考えているので，残った粒が少ないウのほうが，より多くのよごれを落とすことができたとわかる。

　実験1と2の両方の結果から考える問題なので，まず実験1でアとウに絞った上で実験2でより細かく結果を見て判断すべきである。

(2)　「よごれの程度の変化」の考え方だが，太郎さんのいうように粒の数の減った量は変化の一つのあらわれである。ただ，同じ100粒減ったとしても10000粒あるところから100粒減って9900粒になっても約10000粒であまり変わらないといえる。それに対して，110粒あるところから100粒減って10粒になると，ほとんど無くなってしまったといえる。

　このように，もとの量から減った量（または残った量）の割合を考えることも「よごれの程度の変化」をみていることになる。水だけのときと洗剤ウを使ったときについて，よごれの変化，つまり5分後の量を1とした減った量の割合を考えると下の表のようになる。

	5分後	60分後	減った量	減った割合
水だけ	804	484	320	約0.40
液体ウ	476	166	310	約0.65

　この問題では，具体的にどのような割合で減ったのかを計算して書くことまでは求められていない。ただ，減った割合を比べれば分かると自信をもって書くためにはおよその量でいいので計算しないと見えにくいだろう。

問題2　(1)　実験3では，手順1でサラダ油を5gしみこませ，手順2・3で油をふきんから落としている。その上で手順4でふきんについた水を全て乾燥させている。ここから手順5で測った重さはふきんの重さに手順2・3で落としきれなかった油の重さを加えたものであるとわかる。

　　これを踏まえて結果を見ると，24滴加えたところで一番軽くなり，28滴加えると逆に重くなっている。そして，32滴以上加えても28滴加えたときと重さはほぼ同じである。この問題は「洗剤を多く加えれば加えるほど，汚れはよりよく落ちる」ことが成り立たないことを説明する問題なので，28滴以上加えても汚れの落ち方が変わらないことをまず示す必要がある。その上で，24滴と比べると多くしたことで逆効果になったことまで言えると，なおていねいである。

(2)　実験4の直前の先生の発言だが，水と油は混ざり合わず，油のほうが水よりも軽いので油は水の上に浮いている。ただ，洗剤が溶けた水であれば洗剤のはたらきによって油が水の中に溶けてしまい，油が見えなくなる。その上でその水よう液を捨てれば油も一緒に流されることになる。

　　サラダ油100滴が2.5gなので，1滴あたり2.5÷100＝0.025gである。これより，0.4gのサラダ油は0.4÷0.025＝16滴にあたる。ここから，16滴以上の油をとかすことができる試験管を選べばよいので，ABCDがあてはまる。

　　0.4gの油を落とすのに必要な最低限の洗剤の量は，試験管Dに溶けている洗剤の量であると考えられる。液体Aは，はじめ洗剤1gと水19gであるが，これを試験管Aとビーカーで半分に分けたのでそれぞれ洗剤0.5gと水9.5gになる。つまり，洗剤の量がはじめの半分になる。同じように考えると液体Bに水を加えて試験管Bとビーカーで半分に分けるとそれぞれに洗剤が0.25g含まれる。さらに，試験管Cには0.125g，試験管Dには0.0625g含まれるとわかる。洗剤1滴の重さは2÷100＝0.02gなので，0.0625gの洗剤は0.0625÷0.02＝3.125滴に相当する。スポイトを使うと洗剤は1滴ずつしか加えられないので，切り上げて4滴加えれば必要な量の洗剤を得られる。

★ワンポイントアドバイス★

　まず，それぞれの実験で何が分かったのかを正しくつかみたい。その上で，問題2(2)で切り上げをするように問題で求められていることは何であるかを正しく読み取るようにしよう。

＜適性検査Ⅲ解答例＞

1　問題1　つばさをふり下ろすとき。たくさんの空気をおし下げて，自分の体を持ち上げるから。

　問題2　(1)　オオゴマダラは，と中まで点と点のきょりがあまり変わらず，だいたい同じ速さで飛んでいるが，その後はとてもゆっくりおりている。

　　　　　(2)　イシガケチョウが急こう下するように飛んでいるのは，はねが小さくとがっており，風のえいきょうを受けにくいから。

　　　　　(3)　イシガケチョウは速く飛ぶことによって天てきからにげやすくなる。

　問題3　(1)　考えと理由

　　　　　　・風のえいきょうを受けないようにしめ切った部屋で行う。風のえいきょうによって飛ぶきょりに差が出るから。

　　　　　　・同じ強さの風をあてて飛ばす。あてる風の強さによって同じ種でも飛ぶきょりが変わるから。

(2) 理由とその説明
・綿毛の広がり方によって，綿毛が受ける風の力がちがうから。
・種の重さがちがうため，飛んだときに落ちる力がちがうから。
(3) 次の条件に当てはまる種を4個選び，同時に風をあてて飛ばす。
・綿毛が広がっていて，重い種
・綿毛が広がっていて，軽い種
・綿毛がとじていて，重い種
・綿毛がとじていて，軽い種
結果：綿毛が広がっていて軽い種が最も遠くまで飛ぶ。

問題4　すでに同じ種類の植物が多く育っているので，新たに発芽できる場所が少なく，先に発芽した同じ植物の日かげになってしまうなど，同じ種類の中での競争がある。

2　問題1　だんごとにできあがる立体図形の体積を求める。
5だん目の体積は
$(12×2×2)×2＋32×4×2＝352(cm^3)$
4だん目の体積は
$(16×2×2)×2＋32×12×2＝896(cm^3)$
3だん目の体積は
$(20×2×2)×2＋32×20×2＝1440(cm^3)$
2だん目の体積は
$(24×2×2)×2＋32×28×2＝1984(cm^3)$
1だん目の体積は
$(28×2×2)×2＋32×36×2＝2528(cm^3)$
よって，求める体積は7200(cm^3)となる。

問題2　できない
1だん目の山折り，谷折りはできる。しかし，2だん目の山折り線が，1だん目で，すでに山折りした部分と交わるので，2だん目の山折り線を90度に折ることができないから。

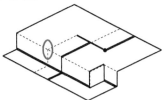

問題3　(1)　図A

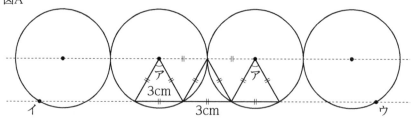

図Aは，4本の茶づつを入れて，横から見た図である。茶づつは，側面の面積の6分の1だけ紙とくっついているので，アの角度は60度である。そうすると，図Aのように，合同な三角形ができるので，茶づつの半径は紙が茶づつとくっつ

いていない部分の長さと等しくなり，3cmとなる。

　　　紙が茶づつとくっついているところとくっついていないところの長さは

　　　$3×2×3.14÷6×4+3×3＝21.56(cm)$

　　　また，図Aのイからウまでの直線の長さは，

　　　$3×7＝21(cm)$である。

　　　よって，求めたい部分の長さは

　　　$0.56÷2＝0.28(cm)$となる。

(2)　図B　　　　　　　　　　　　　　　　　図C

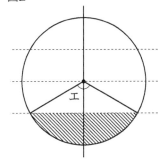
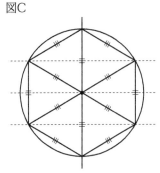

　　　図Bは直径の4分の1の長さだけしずんだものを横から見た図である。どの横線も直径の長さを4等分した線で，すべて平行である。ここで，エの角度を求めるために，図Cのように線を引くと，合同な正三角形が6個できる。

　　　よって，エの角度は120度であることがわかる。

　　　茶づつの円周は

　　　$141.3÷15×3＝28.26(cm)$

　　　だから茶づつの半径は

　　　$28.26÷3.14÷2＝4.5(cm)$

　　　よって，4本の茶づつの体積の和は

　　　$4.5×4.5×3.14×15×4＝3815.1(cm^3)$

　　　となる。

＜適性検査Ⅲ解説＞

1　（理科：生物の活動）

基本　問題1　カモメは，つばさをいきおいよくおろすことで，空を飛ぶ力を生み出している。つばさをおろすときは，空気を押し下げて自分の体を持ち上げるため，たくさんの空気を押し下げられるように，大きく広げてつばさを動かす。一方，つばさを持ち上げるときは，空気を逃がすために，小さく折りたたむようにつばさを動かす。

重要　問題2　(1)　図2のグラフから，5点目までは点の間かくが等しいことがわかる。グラフの横軸は，横方向に移動したきょりをしめしているので，5点目までは同じ速さで移動していると考えられる。一方，6点目からは，点の間かくが短く，また下方向に点の位置が変わっていることから，この間は横方向には移動せずに，ゆっくりと下に降りていると考えられる。

　　　　　(2)　図3と会話文から，イシガケチョウのはねは，オオゴマダラのはねよりも小さいことがわかる。また，図2のグラフを見ると，イシガケチョウのグラフはオオゴマダラとく

らべ，点の数が少ない。これは，イシガケチョウの方がオオゴマダラよりも，移動するのにかかる時間が少なく，速く移動して下に降りることをしめしている。イシガケチョウは，はねが小さいことから風のえいきょうを受けにくく，速く移動することができると考えられる。

(3) イシガケチョウでは，(2)のとおり，速く移動することができるため，天てきにおそわれたときにすばやく逃げることができる。

問題3 (1) 実験を行うときには，くらべること以外の条件をそろえる必要がある。この実験では，種による飛ばされやすさのちがいを調べるため，それぞれの種を全く同じ条件で飛ばさなければならない。そこで，まず，同じ強さの風をあてて種を飛ばす必要がある。あてる風の強さがちがうと飛ぶきょりが変わるため，飛んだきょりにちがいがあるときに，そのちがいが風の強さによるものか，種のちがいによるものか分からなくなってしまう。次に，あてる風以外の風のえいきょうを受けないようにする。そのために，しめ切った部屋などで行うことが必要である。あてる風の強さを同じにしても，ほかの風があれば，種が飛ぶきょりが変わってしまう。

(2) 綿毛の広がり方と種の重さのちがいによって，飛ばされるきょりが変わる。綿毛の広がりが大きいほど，風のえいきょうを受け，遠くに飛ぶ。また，種は重いほど落ちる力が強く，軽い方が遠くに飛ぶ。

(3) 綿毛の広がり方について確かめるためには，綿毛が広がっている種と綿毛がとじている種をくらべる。種の重さについて確かめるためには，重い種と軽い種をくらべる。そこで，以下の4種類の種を選び，同じ強さの風をあててきょりを調べる。

①綿毛が広がっていて，重い種
②綿毛が広がっていて，軽い種
③綿毛がとじていて，重い種
④綿毛がとじていて，軽い種

綿毛の広がり方によるちがいを調べるためには，①と③，②と④をくらべる。また，種の重さによるちがいを調べるためには，①と②，③と④をくらべる。

また，綿毛は広がりが大きいほど風のえいきょうを受け遠くに飛び，種は軽いほど落ちる力が弱いことから，②綿毛が広がっていて，軽い種が最も遠くまで飛ぶと考えられる。

問題4 すぐ近くに落ちた場合，その場所にその植物が生育しているため，植物がそこで生育できる条件がそろっている可能性は高い。しかし，その場所に，すでに植物がたくさん生育していると，種が落下した場所が植物の日かげになってしまい，新たに発芽したり成長したりすることができなくなる可能性が考えられる。

2 （算数：立体図形）

問題1 図2の展開図を組み立てると，図Aの波線で囲まれた平面で高さ2cmの立体が5段重なった立体ができる（右図は5段目）。よって，各段の体積をそれぞれ求め，その体積を合計したものが求める立体の体積となる。各段の立体は，図Bの①の立体が2つと②の立体が組み合わさった立体だと考えることができる。5段目の体積は，方眼紙の一目盛りが2cmなので

図A

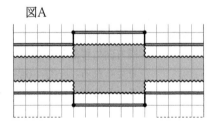

$$(12×2×2)×2+32×4×2=352(cm^3)$$

　　　①の体積　　②の体積

　　同じように4段目の体積は，$(16×2×2)×2+32×12×2=896(cm^3)$

　　3段目の体積は，$(20×2×2)×2+32×12×2=1440(cm^3)$

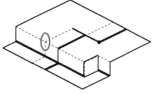

図B

　　　2段目の体積は，$(24×2×2)×2+32×20×2=1984(cm^3)$

　　　1段目の体積は，$(28×2×2)×2+32×36×2=2528(cm^3)$

　　　よって，求める立体の体積は，$352+896+1440+1984+2528=7200(cm^3)$

問題2　縦の切れこみと横の切れこみは，それぞれの切れこみに対して山折り線，谷折り線を90度で折ることができるため，それぞれの切れこみで段を作ることができる。しかし，右図のように1段目（縦の切れこみ）で山折りした部分に，横の切れこみの山折り部分が交わるため，横の切れこみの山折り線を90度に折ることができず，2段目をつくることはできない。

問題3　(1)　下図は，4本の茶づつを入れて，横から見た図である。茶づつは，側面の面積の6分の1だけ紙とくっついているため，アの角度は，$360÷6=60$度である。このため，下図のように合同な三角形ができる。また，茶づつとくっついていない紙の部分の山折り線から山折り線までの長さは3cmであるため，茶づつの半径は3cmである。半径が3cmなので，茶づつが紙とくっついているところの長さは，$3×2×3.14÷6=3.14$（cm）である。よって，切れこみの長さは，図Aの波線でしめされる部分であり，$3.14×4+3×3=21.56(cm)$となる。一方，下図のイからウまでの直線の長さは，$3×7=21(cm)$である。このため，$21.56-21=0.56(cm)$の長さが余分であり，この部分が山折り，谷折りをして折りこまれる。このとき，紙は重なって折りこまれるため，山折り線から谷折り線までの長さは$0.56÷2=0.28(cm)$である。

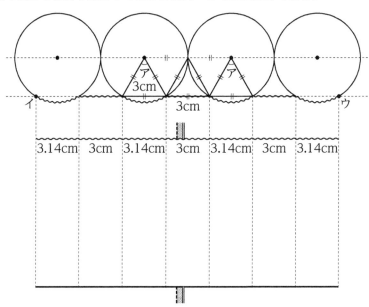

(2) 紙がたわんで茶づつがしずんだ深さが，底
面の円の直径の長さの4分の1であることか
ら，茶づつが紙とくっついている部分は，図
Cの斜線の部位の表面になる。一方，図Dの
ように線を引くと，合同な正三角形が6個で
きる。よって，図Cのエは正三角形2個分の
角度と同じになり，エの角度は，60×2＝
120度であることがわかる。このことから，斜線の部位の円の長さは，360÷120＝3
で，茶づつの円周の3分の1の長さであることがわかる。茶づつが紙とくっついている
部分の面積は141.3cm²，茶づつの高さは15cmなので，茶づつの円周は，

図C 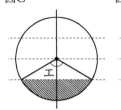 　　図D

141.3÷15×3＝28.26(cm)

これより，茶づつの半径は，

28.26÷3.14÷2＝4.5(cm)

よって，4本の茶づつの体積の和は

4.5×4.5×3.14×15×4＝3815.1(cm³)

★ワンポイントアドバイス★

立体図形の問題は，平面の図から立体像を想像して解く必要がある。立体像を考
えるのが苦手な人は，問題演習をするときに実際に紙で立体を作り，立体をイ
メージする練習をしてみよう。

2021年度

★★★★★★★★★★★★★★★★★★★★★★

入 試 問 題

2021
年
度

2021年度

都立小石川中等教育学校入試問題

【適性検査Ⅰ】 （19ページから始まります。）

【適性検査Ⅱ】 （45分）　＜満点：100点＞

> 問題を解くときに，問題用紙や解答用紙，ティッシュペーパーなどを実際に折ったり切ったりしてはいけません。

1　**花子**さん，**太郎**さん，**先生**が，2年生のときに習った九九の表を見て話をしています。

花子：2年生のときに，1の段から9の段までを何回もくり返して覚えたね。

太郎：九九の表には，たくさんの数が書かれていて，規則がありそうですね。

先生：どのような規則がありますか。

花子：9の段に出てくる数は，一の位と十の位の数の和が必ず9になっています。

太郎：そうだね。9も十の位の数を0だと考えれば，和が9になっているね。

先生：ほかには何かありますか。

表1

	1	2	3	4	5	6	7	8	9
1	1	2	3	4	5	6	7	8	9
2	2	4	6	8	10	12	14	16	18
3	3	6	9	12	15	18	21	24	27
4	4	8	12	16	20	24	28	32	36
5	5	10	15	20	25	30	35	40	45
6	6	12	18	24	30	36	42	48	54
7	7	14	21	28	35	42	49	56	63
8	8	16	24	32	40	48	56	64	72
9	9	18	27	36	45	54	63	72	81

太郎：表1のように4個の数を太わくで囲むと，左上の数と右下の数の積と，右上の数と左下の数の積が同じ数になります。

花子：4×9＝36，6×6＝36　で，確かに同じ数になっているね。

先生：では，次のページの表2のように6個の数を太わくで囲むと，太わくの中の数の和はいくつになるか考えてみましょう。

花子：6個の数を全て足したら，273になりました。

先生：そのとおりです。では，同じように囲んだとき，6個の数の和が135になる場所を見つけることはできますか。

太郎：6個の数を全て足せば見つかりますが，大変です。何か規則を用いて探すことはできないかな。

花子：規則を考えたら，6個の数を全て足さなくても見つけることができました。

表2

	1	2	3	4	5	6	7	8	9
1	1	2	3	4	5	6	7	8	9
2	2	4	6	8	10	12	14	16	18
3	3	6	9	12	15	18	21	24	27
4	4	8	12	16	20	24	28	32	36
5	5	10	15	20	25	30	35	40	45
6	6	12	18	24	30	36	42	48	54
7	7	14	21	28	35	42	49	56	63
8	8	16	24	32	40	48	56	64	72
9	9	18	27	36	45	54	63	72	81

[問題1]　6個の数の和が135になる場所を一つ見つけ，解答らんの太わくの中にその6個の数を書きなさい。

　　また，花子さんは「規則を考えたら，6個の数を全て足さなくても見つけることができました。」と言っています。6個の数の和が135になる場所をどのような規則を用いて見つけたか，図1のAからFまでを全て用いて説明しなさい。

図1

A	B	C
D	E	F

先生：九九の表（表3）は，1から9までの2個の数をかけ算した結果を表にしたものです。ここからは，1けたの数を4個かけて，九九の表にある全ての数を表すことを考えてみましょう。次の〔ルール〕にしたがって，考えていきます。

表3　九九の表

	1	2	3	4	5	6	7	8	9
1	1	2	3	4	5	6	7	8	9
2	2	4	6	8	10	12	14	16	18
3	3	6	9	12	15	18	21	24	27
4	4	8	12	16	20	24	28	32	36
5	5	10	15	20	25	30	35	40	45
6	6	12	18	24	30	36	42	48	54
7	7	14	21	28	35	42	49	56	63
8	8	16	24	32	40	48	56	64	72
9	9	18	27	36	45	54	63	72	81

〔ルール〕

⑴　立方体を4個用意する。

⑵　それぞれの立方体から一つの面を選び，「●」を書く。

③ **図2**のように全ての立方体を「●」の面を上にして置き，左から順に**ア**，**イ**，**ウ**，**エ**とする。

④ 「●」の面と，「●」の面に平行な面を底面とし，そのほかの4面を側面とする。

⑤ 「●」の面に平行な面には何も書かない。

⑥ それぞれの立方体の全ての側面に，1けたの数を1個ずつ書く。ただし，数を書くときは，**図3**のように数の上下の向きを正しく書く。

⑦ **ア**から**エ**のそれぞれの立方体から側面を一つずつ選び，そこに書かれた4個の数を全てかけ算する。

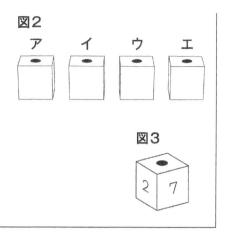

先生：例えば**図4**のように選んだ面に2，1，2，3と書かれている場合は，2×1×2×3＝12を表すことができます。側面の選び方を変えればいろいろな数を表すことができます。4個の数のかけ算で九九の表にある数を全て表すには，どのように数を書けばよいですか。

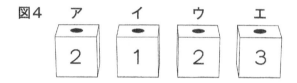

太郎：4個の立方体の全ての側面に1個ずつ数を書くので，全部で16個の数を書くことになりますね。

花子：1けたの数を書くとき，同じ数を何回も書いてよいのですか。

先生：はい，よいです。それでは，やってみましょう。

　　太郎さんと花子さんは，立方体に数を書いてかけ算をしてみました。

太郎：先生，側面の選び方をいろいろ変えてかけ算をしてみたら，九九の表にない数も表せてしまいました。それでもよいですか。

先生：九九の表にある数を全て表すことができていれば，それ以外の数が表せてもかまいません。

太郎：それならば，できました。

花子：私もできました。私は，立方体の側面に1から7までの数だけを書きました。

〔問題2〕〔ルール〕にしたがって，**ア**から**エ**の立方体の側面に1から7までの数だけを書いて，九九の表にある全ての数を表すとき，側面に書く数の組み合わせを1組，解答らんに書きなさい。ただし，使わない数があってもよい。

　　また，**ア**から**エ**の立方体を，次のページの**図5**の展開図のように開いたとき，側面に書かれた4個の数はそれぞれどの位置にくるでしょうか。数の上下の向きも考え，解答らんの展開図に4個の数をそれぞれ書き入れなさい。

図5 展開図

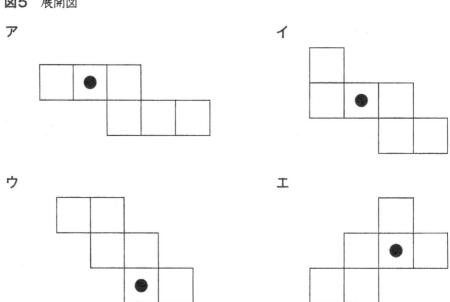

2 おじいさんに買い物をたのまれた**あさこ**さんと**けんじ**さんは，**おじいさん**の家にもどってきて買い物の時の様子を話しています。

おじいさん：おかえり。おつかいに行ってくれてありがとう。

あ　さ　こ：ただいま。品物がたくさん並んでいて楽しかったよ。

け　ん　じ：お店の中を見て歩くだけでも楽しかったね。お店の人はあんなにたくさんの種類の品物の在庫をきちんと管理しているね。難しくないのかな。

おじいさん：おもしろいところに気が付いたね。二人が買い物をしたような，品物を仕入れてお客さんに売るお店を小売店というよ。小売店では売る前の品物を在庫として保管しておかなければいけないね。実はレジでバーコードを読み取っていたのは，金額を計算するばかりではなく，在庫の管理とも関係があるんだ。

あ　さ　こ：電たくのような機能だけなのかと思った。どんな関係があるのかな。

おじいさん：レジでバーコードを読み取る機械はPOSシステムという仕組みの一部なんだよ。POSシステムは，いつ，どこで，何が，どれくらい売れたのかをコンピュータで管理して，売り切れを防いだり，売れ残りを少なくしたりできるよ。インターネットを使えば，たくさんの小売店を経営する会社でもまとめて管理できるね。

あ　さ　こ：とても便利だね。POSシステムができる前にはどうやってまとめていたのかな。

け　ん　じ：ノートや紙に書いてまとめていたんじゃないかな。

おじいさん：そうだね。POSシステムができる前には，売り上げや在庫の数をノートに書いて管理するという作業をしていたんだ。

け　ん　じ：それは大変そうだね。POSシステムは，お店の人にとっては会計の管理や在庫管理の手間が省けたり，誤りが少なくなったりするんだね。

あ　さ　こ：私たち消費者にとっても会計が正確になって便利だね。消費者や小売店以外の仕事にとっても何かよいことがありそうだね。

[問題1] あさこさんはPOSシステムを使うと，「消費者や小売店以外の仕事にとっても何かよい
　　ことがありそうだ」と言っています。どのような仕事にどのようなよいことがあるか，あなたの
　　考えを書きなさい。

け　ん　じ：POSシステムはいろいろな仕事にとって便利な仕組みなんだね。

おじいさん：そのとおり。インターネットなどの情報通信技術が進歩し，その技術がみんなに利用
　　　　　　され，社会に広まるようになったよ。

あ　さ　こ：情報化が進んでいくことで，私たちの身近な生活にとっては，どのようなよいことが
　　　　　　あるのかな。

け　ん　じ：インターネットを使った買い物なんてどうかな。お店に行かないで買い物ができて便
　　　　　　利だし，利用する人が増えていると聞いたことがあるよ。

おじいさん：消費支出のあった世帯数とインターネットを使って買い物をした世帯数についての資
　　　　　　料があるよ。

あ　さ　こ：それぞれの世帯数から，どれくらいの世帯がインターネットを使って買い物をしたか
　　　　　　の割合が分かるね。さっそく資料1を作ってみたよ。

おじいさん：よくできたね。他にも調べてみたければ，インターネットで調べてみてはどうかな。
　　　　　　このパソコンを貸してあげよう。

け　ん　じ：ありがとう。さっそく調べてみよう。この資料2なんてどうだろう。一か月ごとの一
　　　　　　世帯当たりの支出総額とインターネットを利用した支出総額についての資料だよ。

あ　さ　こ：おもしろそうだね。資料1と資料2を合わせて見ていくと，社会の変化について何か
　　　　　　分かるかもしれないね。

資料1　消費支出のあった世帯のうち、インターネットを利用した支出のあった世帯の割合

	インターネットを利用した支出のあった世帯の割合（％）
2003年	7.2
2007年	14.8
2011年	18.4
2015年	25.1
2019年	39.2

（経済産業省「家計消費状況調査」より作成）

資料2　一か月ごとの一世帯当たりの支出総額とインターネットを利用した支出総額

	一か月ごとの一世帯当たりの支出総額（円）	一か月ごとの一世帯当たりのインターネットを利用した支出総額（円）	一世帯当たりの消費支出に対するインターネットを利用した消費支出の割合（％）
2003年	266432	1526	
2007年	261526	3059	
2011年	247223	4103	
2015年	247126	7742	
2019年	249704	12683	

（経済産業省「家計消費状況調査」などより作成）

〔問題2〕 (1) 前のページの**資料2**の「一世帯当たりの消費支出に対するインターネットを利用した消費支出の割合」について，2003年，2007年，2011年，2015年，2019年の数値を百分率で求めなさい。計算には「一か月ごとの一世帯当たりの支出総額」と「一か月ごとの一世帯当たりのインターネットを利用した支出総額」を用いなさい。答えは，百分率で表した数の小数第二位を四捨五入して，小数第一位まで求めなさい。

(2) (1)で求めた割合の数値をもとに，解答用紙のグラフの左の目盛りを使って折れ線グラフをかきなさい。

(3) 「インターネットを利用した支出のあった世帯の割合」のグラフと(2)であなたがかいたグラフを見比べて分かる変化の特ちょうを述べなさい。ただし，「インターネットを利用した支出のあった世帯の割合」を「世帯の割合」，「一世帯当たりの消費支出に対するインターネットを利用した消費支出の割合」を「支出の割合」と書いてもかまいません。

(4) (3)のように変化したのはなぜなのか，その理由についてあなたの考えを書きなさい。

け　ん　じ：社会の情報化が進んでいくと，買い物以外では，どのような便利なことが考えられるかな。

あ　さ　こ：兄の通う大学ではインターネットを使った授業があるよ。

おじいさん：情報通信技術の進歩で，私たちの生活は便利になっているんだね。でも，社会の情報化とは情報通信技術の進歩ばかりではないよ。情報化がさらに進んだ新しい社会では，私たち一人一人の行動が情報として集められて活用されたり，より多くの情報を処理することができる人工知能が発達したり，モノとインターネットがつながるようになったりするね。

あ　さ　こ：それぞれ私たちの生活とどのように関わるのかな。

おじいさん：例えば，けい帯電話の位置情報を集めることで，目的地の混雑具合が事前に分かったり，コンピュータが，さつえいした情報を処理しながら自動車を運転したり，家からはなれていてもエアコンを操作できたりするようになるよ。

あ　さ　こ：社会の情報化が進んで私たちの未来が大きく変わるのね。もしかしたら今の社会がかかえる課題を解決する技術も出てくるかもしれないね。

け　ん　じ：社会の情報化が，生活を便利にするばかりでなく，社会の課題解決にどのように役立つのか考えてみよう。

〔問題3〕 現在の社会がかかえる具体的な課題を一つ挙げ，おじいさんが言う「情報化がさらに進んだ新しい社会」では，その課題をどのように解決することができると考えられるか，あなたの考えを書きなさい。

なお，解答らんには，121字以上150字以内で段落を変えずに書きなさい。「，」や「。」もそれぞれ字数に数えます。

3 花子さん，太郎さん，先生が磁石について話をしています。

花子：磁石の力でものを浮かせる技術が考えられているようですね。

太郎：磁石の力でものを浮かせるには，磁石をどのように使うとよいのですか。

先生：次のページの**図1**のような円柱の形をした磁石を使って考えてみましょう。この磁石は，一

方の底面がN極になっていて，もう一方の底面はS極になっています。この磁石をいくつか用いて，ものを浮かせる方法を調べることができます。

花子：どのようにしたらものを浮かせることができるか実験してみましょう。

図1　円柱の形をした磁石

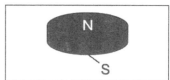

二人は先生のアドバイスを受けながら，次の手順で**実験1**をしました。

実験1

手順1　図1のような円柱の形をした同じ大きさと強さの磁石をたくさん用意する。そのうちの1個の磁石の底面に，図2のように底面に対して垂直にえん筆を接着する。

図2　磁石とえん筆

手順2　図3のようなえん筆がついたつつを作るために，透明なつつを用意し，その一方の端に手順1でえん筆を接着した磁石を固定し，もう一方の端に別の磁石を固定する。

図3　えん筆がついたつつ

手順3　図4のように直角に曲げられた鉄板を用意し，一つの面を地面に平行になるように固定し，その鉄板の上に4個の磁石を置く。ただし，磁石の底面が鉄板につくようにする。

図4　鉄板と磁石4個

手順4　鉄板に置いた4個の磁石の上に，手順2で作ったつつを図5のように浮かせるために，えん筆の先を地面に垂直な鉄板の面に当てて，手をはなす。

手順5　鉄板に置いた4個の磁石の表裏や位置を変えて，つつを浮かせる方法について調べる。ただし，上から見たとき，4個の磁石の中心を結ぶと長方形になるようにする。

図5　磁石の力で浮かせたつつ

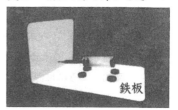

太郎：つつに使う2個の磁石のN極とS極の向きを変えると，図6のようにあ～えの4種類のえん筆がついたつつをつくることができるね。

花子：あのつつを浮かせてみましょう。

太郎：鉄板を上から見たとき，次のページの図7のアやイのようにすると，図5のようにあのつつを浮かせることができたよ。

図6　4種類のつつ

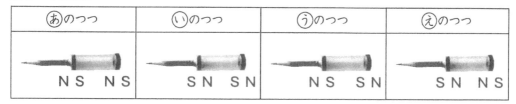

あのつつ	いのつつ	うのつつ	えのつつ
N S　N S	S N　S N	N S　S N	S N　N S

図7　上から見た⑦のつつと、鉄板に置いた4個の磁石の位置と上側の極

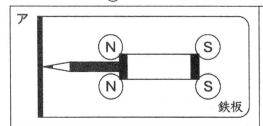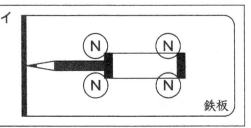

花子：⑦のつつを浮かせる方法として，**図7のアとイ**の他にも組み合わせがいくつかありそうだね。

太郎：そうだね。さらに，⑥や⑨，⑧のつつも浮かせてみたいな。

［問題1］　(1)　**実験1**で**図7のアとイ**の他に⑦のつつを浮かせる組み合わせとして，4個の磁石をどの位置に置き，上側をどの極にするとよいですか。そのうちの一つの組み合わせについて，解答らんにかかれている8個の円から，磁石を置く位置の円を4個選び，選んだ円の中に磁石の上側がN極の場合はN，上側がS極の場合はSを書き入れなさい。

　　　　(2)　**実験1**で⑧のつつを浮かせる組み合わせとして，4個の磁石をどの位置に置き，上側をどの極にするとよいですか。そのうちの一つの組み合わせについて，(1)と同じように解答らんに書き入れなさい。また，書き入れた組み合わせによって⑧のつつを浮かせることができる理由を，⑦のつつとのちがいにふれ，**図7のア**か**イ**をふまえて文章で説明しなさい。

花子：黒板に画用紙をつけるとき，図8のようなシートを使うことがあるね。

太郎：そのシートの片面は磁石になっていて，黒板につけることができるね。反対の面には接着剤がぬられていて，画用紙にそのシートを貼ることができるよ。

花子：磁石となっている面は，N極とS極のどちらなのですか。

先生：磁石となっている面にまんべんなく鉄粉をふりかけていくと，鉄粉は図9のように平行なすじを作って並びます。これは，図10のようにN極とS極が並んでいるためです。このすじと平行な方向を，A方向としましょう。

太郎：接着剤がぬられている面にさまざまな重さのものを貼り，磁石となっている面を黒板につけておくためには，どれぐらいの大きさのシートが必要になるのかな。

花子：シートの大きさを変えて，**実験2**をやってみましょう。

　二人は次の手順で**実験2**を行い，その記録は次のページの**表1**のようになりました。

図8　シートと画用紙

図9　鉄粉の様子

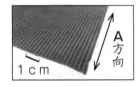

図10　N極とS極

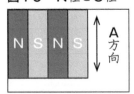

実験2

手順1　表面が平らな黒板を用意し，その黒板の面を地面に垂直に固定する。

手順2　シートの一つの辺がＡ方向と同じになるようにして，1辺が1cm，2cm，3cm，4cm，5cmである正方形に，シートをそれぞれ切り取る。そして，接着剤がぬられている面の中心に，それぞれ10cmの糸の端を取り付ける。

手順3　**図11**のように，1辺が1cmの正方形のシートを，Ａ方向が地面に垂直になるように磁石の面を黒板につける。そして糸に10gのおもりを一つずつ増やしてつるしていく。おもりをつるしたシートが動いたら，その時のおもりの個数から一つ少ない個数を記録する。

手順4　シートをＡ方向が地面に平行になるように，磁石の面を黒板につけて，手順3と同じ方法で記録を取る。

手順5　1辺が2cm，3cm，4cm，5cmである正方形のシートについて，手順3と手順4を行う。

図11　実験2の様子

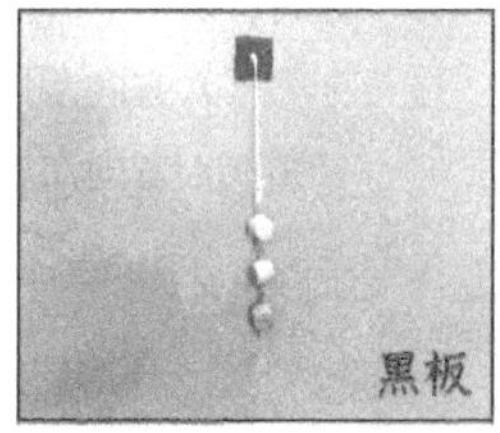

黒板

表1　実験2の記録

正方形のシートの1辺の長さ（cm）	1	2	3	4	5
Ａ方向が地面に垂直なときの記録（個）	0	2	5	16	23
Ａ方向が地面に平行なときの記録（個）	0	2	5	17	26

太郎：さらに多くのおもりをつるすためには，どうするとよいのかな。

花子：おもりをつるすシートとは別に，シートをもう1枚用意し，磁石の面どうしをつけるとよいと思うよ。

先生：それを確かめるために，**実験2**で用いたシートとは別に，一つの辺がＡ方向と同じになるようにして，1辺が1cm，2cm，3cm，4cm，5cmである正方形のシートを用意しましょう。次に，そのシートの接着剤がぬられている面を動かないように黒板に貼って，それに同じ大きさの**実験2**で用いたシートと磁石の面どうしをつけてみましょう。

太郎：それぞれのシートについて，Ａ方向が地面に垂直であるときと，Ａ方向が地面に平行であるときを調べてみましょう。

　二人は新しくシートを用意しました。そのシートの接着剤がぬられている面を動かないように黒板に貼りました。それに，同じ大きさの**実験2**で用いたシートと磁石の面どうしをつけて，**実験2**の手順3～5のように調べました。その記録は**表2**のようになりました。

表2　磁石の面どうしをつけて調べた記録

正方形のシートの1辺の長さ（cm）	1	2	3	4	5
Ａ方向が地面に垂直なシートに、Ａ方向が地面に垂直なシートをつけたときの記録（個）	0	3	7	16	27
Ａ方向が地面に平行なシートに、Ａ方向が地面に平行なシートをつけたときの記録（個）	1	8	19	43	50
Ａ方向が地面に垂直なシートに、Ａ方向が地面に平行なシートをつけたときの記録（個）	0	0	1	2	3

〔問題２〕　⑴　１辺が１cmの正方形のシートについて考えます。Ａ方向が地面に平行になるように磁石の面を黒板に直接つけて，**実験２**の手順３について２ｇのおもりを用いて調べるとしたら，記録は何個になると予想しますか。**表１**をもとに，考えられる記録を一つ答えなさい。ただし，糸とシートの重さは考えないこととし，つりさげることができる最大の重さは，１辺が３cm以下の正方形ではシートの面積に比例するものとします。

　　　　⑵　次の①と②の場合の記録について考えます。①と②を比べて，記録が大きいのはどちらであるか，解答らんに①か②のどちらかを書きなさい。また，①と②のそれぞれの場合についてＡ方向とシートの面のＮ極やＳ極にふれて，記録の大きさにちがいがでる理由を説明しなさい。

　　　　　①　Ａ方向が地面に垂直なシートに，Ａ方向が地面に平行なシートをつける。
　　　　　②　Ａ方向が地面に平行なシートに，Ａ方向が地面に平行なシートをつける。

【適性検査Ⅲ】 (45分)　＜満点：100点＞

1　　れいなさんとかずきさんは，**おばあさん**といっしょに動物園に来ています。

れ　い　な：動物ふれあいコーナーに行く前に，まずは冷たいものを飲みに行こうよ。

か　ず　き：クーラーボックスの水に，大きい氷とペットボトルの飲み物が入っているね。

れ　い　な：大きい氷が入っているけれど，よく見ると小さく割った氷も入っているね。大きい氷
　　　　　　だけでなく，小さく割った氷も入れるのはなぜだろう。

おばあさん：大きい氷と小さい氷で役割がちがうからですよ。

〔問題１〕　おばあさんは，「大きい氷と小さい氷で役割がちがうからですよ。」と言っています。大
　きさの異なる氷を入れる理由についてあなたの考えを説明しなさい。説明には図を用いてもかま
　いません。

次に，**れいな**さんとかずきさんは，**おばあさん**といっしょに食べ物があるお店に向かいました。

れ　い　な：ここにはおでんと，とん汁があるみたいだよ。

か　ず　き：料理によって大根の切り方がちがうね。

図１　おでんに入れる
　　　　輪切りにした大根

図２　とん汁に入れる大根の切り方
　　　　（図１の形の大根を点線に沿って切り，
　　　　イチョウ切りにした。）

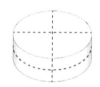

れ　い　な：とん汁に入れる大根はイチョウ切りにしてあるので，大根の中にまで味がしみる時間
　　　　　　が短くなりそうだね。

か　ず　き：では，おでんの大根は，味がしみるまでの時間が長いのかな。

おばあさん：おでんに入れた大根には工夫をして，短時間で中にまで味をしみやすくしていると思
　　　　　　いますよ。

〔問題２〕　れいなさんは，「とん汁に入れる大根はイチョウ切りにしてあるので，大根の中にまで味
　がしみる時間が短くなりそうだね。」と言っています。

⑴　大根の切り方で，**図１**に比べて**図２**の方が，味がしみる時間が短くなるのはなぜだと思いま
　すか。あなたがそう考える理由について説明しなさい。

⑵　おばあさんは，「おでんに入れた大根には工夫をして，短時間で中にまで味をしみやすくして
　いると思いますよ。」と言っています。大根そのものに対して，どのような工夫をすると短時間
　で中にまで味がしみやすくなると思いますか。⑴で答えたあなたの考えをふまえ，**図１**の大根
　の形を残したまま行う工夫と，その工夫を行う理由について説明しなさい。

⑶　⑵で答えた工夫によって味がしみていることを確かめる実験を一つ考え，その方法をくわし
　く説明しなさい。ただし，「食べて味を確かめる」以外の方法で実験を考えなさい。説明には図
　を用いてもかまいません。

れいなさんとかずきさんは，**飼育員**のいる動物ふれあいコーナーに向かいました。

れ　い　な：いろんな大きさのウサギがいるね。「親子のウサギを展示中(てんじ)」ってかべに書いてあるよ。

か　ず　き：体の小さな子ウサギは，体の大きな親ウサギに負けないくらいたくさんえさを食べているね。

飼　育　員：よく気付きましたね。親ウサギよりも子ウサギの方が，体重に対して食べるえさの量が多いのですよ。たくさん食べて，たくさんエネルギーをとるのですね。

れ　い　な：子ウサギがたくさん食べるのは，体を成長させるのに必要だからですよね。

飼　育　員：そうですね。成長するためでもありますが，他にも理由があります。ウサギは体重や年れいにかかわらず，体の表面の1cm²中からは，ほぼ同じくらいの熱が体の外に出ています。**表1**はイヌの資料ですが，体重が小さければ体の表面の面積も小さいのが分かりますね。ウサギでも同じことが言えます。体重が小さければ，体の表面の面積も小さいです。この資料から，体重1kg当たりの体の表面の面積を計算すると，小さいときに体重に対して食べるえさの量が多くなる理由が分かりますよ。

表1　イヌの体重と体の表面の面積

	体重	体の表面の面積
小さいイヌ	3.19kg	2423cm²
大きいイヌ	18.2kg	7662cm²

（シュミット・ニールソン「スケーリング」より作成）

〔問題3〕　飼育員は，「体重1kg当たりの体の表面の面積を計算すると，小さいときに体重に対して食べるえさの量が多くなる理由が分かりますよ。」と言っています。

(1)　**表1**から，小さいイヌと大きいイヌについて，それぞれの体重1kg当たりの体の表面の面積を計算しなさい。答えは小数第二位を四捨五入(ししゃごにゅう)して，小数第一位まで求めなさい。

(2)　飼育員は，「ウサギは体重や年れいにかかわらず，体の**表**面の1cm²中からは，ほぼ同じくらいの熱が体の外に出ています。」とも言っています。このことと(1)の答えをふまえ，親ウサギよりも子ウサギの方が，体重に対して食べるえさの量が多い理由について，あなたの考えを書きなさい。

れ　い　な：表面の面積に注目すると，いろいろおもしろいことが分かったね。

か　ず　き：ふだんからよく見るものでも，気付いていなかったんだね。

おばあさん：他には，どのようなものがあるか，考えてごらんなさい。

〔問題4〕　氷や食品以外のあなたの身の回りにあるもので，表面の面積を変えることで効率が良くなる工夫を一つ挙げなさい。答えは次の①，②の順に書きなさい。

①　表面の面積を変えることで効率が良くなる工夫

②　効率が良くなる理由

2　算数の授業後の休み時間に，**はるか**さん，**ゆうき**さん，**先生**が話しています。

はるか：整数の計算に興味があって，いろいろ調べているんだ。

ゆうき：計算というと，たし算とかひき算とかかな。

はるか：そう。例えば，２＋１＝３でしょう。これを，２に「１を加える」という規則を当てはめることによって，２が３になったというように見方を変えることもできるよね。

先　生：いいことに気付きましたね。整数に，ある規則を当てはめると別の整数になるという考え方はとても重要です。

ゆうき：では，自分たちで規則を考えて，ある整数を別の整数にすることを考えてみます。

はるか：おもしろそうだね。

ゆうき：規則を一つ考えてみたよ。好きな１けたの整数を言ってみて。

はるか：８はどうかな。

ゆうき：まず，８を「１個の８」というように言葉で表すんだ。そして，その言葉の中に出てくる数字を左から順に並べると「18」という二つの数字の並びができるよね。これを２けたの整数と見ることにしよう。こうして１けたの整数８が，規則を当てはめることによって２けたの整数18になったよ。

はるか：おもしろい規則だね。もとの整数は１けたでなくてもいいのかな。

ゆうき：そうだね。**表１**のようにいくつか例を挙げてみよう。

表１　ゆうきさんが考えた規則を当てはめた例

もとの整数	言葉で表したもの	規則を当てはめてできた整数
３５	１個の３と１個の５	１３１５
１１５	２個の１と１個の５	２１１５
１１２２１	２個の１と２個の２と１個の１	２１２２１１

はるか：なるほど。もとの整数の中で同じ数字が続いていたら，それらをまとめて考えるんだね。

ゆうき：そのとおりだよ。

先　生：ゆうきさんが考えたので，この規則を〔規則Ｙ〕と名付けましょう。ある整数に〔規則Ｙ〕を当てはめてできた整数に，また〔規則Ｙ〕を当てはめるとさらに整数ができますね。

はるか：なるほど，そうですね。ある整数から始めて，〔規則Ｙ〕を何回も当てはめると，つぎつぎに整数ができますね。

ゆうき：そのようにしてできた整数には，どのような特ちょうがあるのかな。

はるか：おもしろそうだね。調べてみよう。

〔問題１〕　(1)　３～５の中から一つの整数を選び，その整数から始めて〔規則Ｙ〕を５回当てはめたときにできる整数を答えなさい。

　(2)　ある１けたの整数から始めて〔規則Ｙ〕を何回か当てはめると，56けたの整数
31131122211311123113321112131221123113111231121123222112
ができました。このとき，もとの１けたの整数は何か答えなさい。また，その理由を説明しなさい。

はるか：整数に〔規則Ｙ〕を当てはめたとき，もとの整数のけた数と〔規則Ｙ〕を当てはめてできた整数のけた数にはどのようなちがいがあるのかな。

ゆうき：例えば，２けたの整数25に〔規則Ｙ〕を１回当てはめると，４けたの整数1215ができるから，〔規則Ｙ〕を当てはめてできた整数のけた数は必ず増えるのかな。

先　生：でも，3けたの整数444に〔規則Y〕を1回当てはめると，2けたの整数34になるから，必ずしもけた数が増えるわけではありませんね。

はるか：そうですね。では，もとの整数と〔規則Y〕を当てはめてできた整数のけた数が等しくなることはあるのでしょうか。

先　生：ありそうですね。さらに言うと，もとの整数と〔規則Y〕を当てはめてできた整数が等しくなることもありますね。

ゆうき：そのような整数があるのですか。考えてみます。

〔問題2〕 ⑴　ある2けたの整数に〔規則Y〕を1回当てはめると，もとの整数と等しい整数になりました。この整数は何か答えなさい。

　　　　⑵　4けたの整数に〔規則Y〕を1回当てはめて，もとの整数と等しい整数にすることはできますか。解答らんの「できる」または「できない」のうち，どちらかを○で囲み，「できる」を選んだ場合はその整数を答え，「できない」を選んだ場合はその理由を説明しなさい。

はるか：〔規則Y〕のいろいろな特ちょうが分かってきたね。

ゆうき：先生，1けたの整数1から始めて〔規則Y〕をくり返し当てはめてみたら，おもしろいことに気付きました。

先　生：それは何ですか。

ゆうき：1から始めて〔規則Y〕を何回当てはめても，できたどの整数にも0という数字は現れないということが分かったんです。

先　生：それはなぜだか考えてみましょう。

はるか：〔規則Y〕を当てはめてできた整数の左から奇数番めの数字と偶数番めの数字に分けて考えてみたらどうかな。

ゆうき：なるほど。では，1から始めて〔規則Y〕を何回か当てはめてできた整数について考えてみよう。例えば，その整数が111221だったとするよ。このとき，左から5番めの「2」と6番めの「1」が表しているものは，〔規則Y〕を1回当てはめる前の整数に，2個の1が続いているということだよ。

はるか：つまり，〔規則Y〕を当てはめてできた整数の左から奇数番めの数字は，その1つ右どなりのけたの数字の個数を表しているから，0になることはないね。

先　生：そうですね。では，左から偶数番めの数字についてはどうでしょうか。

はるか：左から偶数番めに0があったとすると，〔規則Y〕を1回当てはめる前の整数は必ず0をふくむことになるね。

ゆうき：そうするとその整数に〔規則Y〕を1回当てはめる前の整数も0をふくんでいなければならないね。

はるか：同じようにして〔規則Y〕を当てはめる前の整数にさかのぼっていくと，やがて最初の整数までもどるけれど，最初の整数を1としたのだから，おかしなことになるね。

先　生：よく分かりましたね。実は，1から始めて〔規則Y〕をくり返し当てはめたとき，4という数字が現れないことも分かりますよ。

〔問題3〕　先生は，「1から始めて〔規則Y〕をくり返し当てはめたとき，4という数字が現れない」と言っています。その理由を説明しなさい。

の先頭に来るときには、前の行の最後の字と同じますめに書きます（ますめの下に書いてもかまいません。）。

○。と」が続く場合には、同じますめに書いてもかまいません。この場合、。」で一字と数えます。

○段落をかえたときの残りのますめは、字数として数えます。

○最後の段落の残りのますめは、字数として数えません。

度は変な音が出た。

「今度はちょっと欲張ってきましたね」

音でなんでもわかってしまうのだなと恥ずかしくなった。

「ありがとうございました」

お稽古の最後に、敬意を込めて先生に深く頭を下げた。お礼の言葉は日常でも使っているが、先生に向かって、「学ばせてくださってありがとうございました」という気持ちを込めて発するその言葉は、普段とは意味合いが違っていた。

その夜はずっと鼓のことを考えていた。ぽーんと気持ちよく鳴った音だけではなく、先生の言葉に込められた「日本らしさ」ということ。鼓を触ったことのない人間が、今日一人減って、それが私だということ。短い時間だったけれど、私の中に何かが宿った気がした。思った以上に忘れられない経験として、自分の中に刻まれていた。

鼓から飛んでいった私だけの「音」の感覚が、今も身体に残っている。ぽーん、と響いた、私だけの音。あの音にもう一度会いたいと、東京に戻った今も、たまに手首をぶらぶらさせながら想い続けている。

（村田沙耶香「となりの脳世界」による）

（注）

小鼓―――日本の伝統的な打楽器の一つ。

謡―――日本の古典的芸能の一つである能楽の歌詞をうたうこと。

お能―――能楽。室町時代に完成した。

（図1）

図1

【問題1】 ⑦ 個性とありますが、これは、 文章2 ではどのような形で表されていますか。会話文以外の部分から、五字以上十字以内でぬき出しなさい。

【問題2】 ⑦ 今度は変な音が出た。とありますが、それはなぜですか。十五字以上二十字以内で説明しなさい。ただし、 文章1 の表現も用いること。

【問題3】 文章2 のお稽古の場面では、 文章1 の「知る、好む、楽しむ」のどの段階まで表されていると言えるでしょうか。あなたの考えを四百字以上四百四十字以内で書きなさい。ただし、次の条件と

（きまり）にしたがうこと。

条件 次の三段落構成にまとめて書くこと

① 第一段落では、「知る」、「好む」、「楽しむ」のどの段階まで表されていると考えるか、自分の意見を明確に示す。

② 第二段落では、①の根拠となる箇所を 文章2 から具体的に示し、 文章1 と関係付けて説明する。

③ 第三段落では、①で示したものとはちがう段階だと考える人にも分かってもらえるよう、その人の考え方を想像してそれにふれながら、あなたの考えを筋道立てて説明する。

（きまり）

○題名は書きません。

○最初の行から書き始めます。

○各段落の最初の字は一字下げて書きます。

○行をかえるのは、段落をかえるときだけとします。

○、や。や「などもそれぞれ字数に数えます。これらの記号が行

と頷いた。

「息を吸ったり吐いたりすると、もっといい音が出ます。吸う、ぽん」

息を吸い込んで打つと、ぽん、という音がもっと大きくなった。

「村田さんらしい鼓の音というのが必ずあって、同じ道具を打っても人によって違う音が出ます。ここにいらっしゃる方がそれぞれ手に取ったら、それぞれ違う音が出ます」

上手な人はみんな完璧な音を打っていて、それは同じ音色なのだろうと勝手に想像していたので、驚くと同時に、自分らしい音とはどんな音なのか、と胸が高鳴った。

「今、村田さんが打った鼓を、何もすることなしに私が打ってみます」

先生が打つと、美しい響きに、部屋の空気がびりびりと気持ちよく震えた。凜とした振動に呼応して、部屋の空気が変化して一つの世界として完成された感覚があった。

「鼓には五種類の音があります」

説明をしながら先生が鼓を打つ。さっきまで自分が触っていた鼓から、魔法のように複雑に、いろいろな音が飛び出す。

「今日みたいに湿気がある日は、小鼓にとってはとってもいい日なんです」

たまたま来た日がよく音が出る日だという偶然が、なんだか自分が小鼓とご縁があったみたいでうれしくなった。

今度は掛け声をかけて鼓を打ってみた。

「掛け声も音の一つです」

少し恥ずかしかったが、自分の身体も楽器の一つだと思うと、少し勇気が出た。先生の＊謡に合わせて、

「よー」

と掛け声を出し、ぽん、と打った。もっと大きく響かせたいと思っても、なかなかお腹から力が出なかった。声に気をとられて、鼓の音もまた間抜けになってしまった。

「音が出ないのも楽しさの一つです。少しのアドバイスで音が鳴るようになります、素直な人ほどぽんと鳴ります」

先生の言葉に、とにかく素直に！　としっかり心に刻み付けた。

「村田さんが来てくれて一番の喜びは、これで鼓を触ったことがない人が一人減ったということです。日本の楽器なのに、ドレミは知っていても小鼓のことはわからないという人が多い。鼓を触ったことのない人が減っていくというのが、自分の欲というか野望です」

先生の中にごく自然に宿っている言葉が、何気なくこちらに渡されてくる。先生の言葉も、鼓と同じように、生徒によって違う音で鳴るのだろうと感じた。

「＊お能の世界は非日常の世界なのですけれど、やはり日常に全て通じているんです」

最後にもう一度、鼓を構えて音を鳴らした。

とにかく素直に、素直に、と自分に言い聞かせて、身体の全部を先生の言葉に任せるような感覚で、全身から力を抜いた。

ぽん！

今日、自分ひとりで出した中で一番の大きな音が、鼓からぽーんと飛んでいった。

「とても素直な音ですね」

先生の言葉にうれしくなってしまい、もっと鳴らそうと思うと、⑪今

鼓を持ち上げて、右肩に掲げた。

はこの形にして、くるりとまわして、と言われるままにおそるおそる小

とはいえ、どう持っていいのかもわからない。手をこうやって、親指

「まずは固定観念なしでいっぺん打っていただきます」

ないまま頭の中で必死にメモをとる。

打撃面が見えない、というのがどういうことなのか咄嗟には理解でき

「構えると打撃面が見えないというのが、小鼓の特徴です」

あった。

目の前に小鼓を置いていただくと、「本物だあ」という無邪気な感動が

を縦と横に組み合わせただけの打楽器です」

して、表と裏があります。桜の木でできた胴という部分があり、麻の紐

「まずは簡単に小鼓について説明します。鼓は馬の皮でできておりま

いよいよ部屋を移動して＊小鼓に触ってみることになった。

着物をきちんと着付けてもらい、緊張しながらお稽古の場にのぞんだ。

以前からあこがれのあった小鼓を京都で習ってみることになった筆者は、

文章2

客体——はたらきかけるさいの、目的となるもの。対象。

端的——遠回しでなく、はっきりと表すさま。

私はカウンセリングのときに——筆者はカウンセリングを仕事としてい

る。

愛好するということは、これを楽しむこ

とには及ばない。

「イメージ通りに打ってみてください」

勢いよく腕を振って、小鼓を手のひらでばしりと叩いた。テレビなど

でよく見る映像の真似っこだ。イメージと勢いに反して、ぺん、という

間抜けな音が出た。

「いろいろやってみてください」

何度打っても、ぺん、ぱん、という、机を叩いているような間の抜け

た音しか出ない。

打撃面が見えない、という意味が打ってみてわかった。自分の手のひ

らがどんな動きをしているのか、鼓のどの辺を打っているのか自分では

わからないのだ。

「案外、鳴らないものでしょう」

先生の言葉に、「はい」としみじみ頷いた。

「手をぶらぶらにして」

言われた通りに手首から力を抜く。先生が腕をもって一緒に打ってく

ださった。

ぽん！　ぽん！

さっきとは比べ物にならない大きな音が出て驚いた。周りの空気がぶ

るぶる震える感じがする。騒音の振動とはまったく違う、部屋の空気が

びりっと引き締まるような震えだ。

「鼓はいかに力を抜くことができるかということが大事です。鼓は、

実はこの打った面ではなく、こっちの後ろから音が出ていきます。

ちょっと私の言うことを聞いていただけると、すぐ鳴るんです」

本当にその通りで、魔法みたいだったので、感動して何度も「はい！」

【適性検査Ⅰ】（四五分）〈満点：一〇〇点〉

1 次の 文章1 と 文章2 とを読み、あとの問題に答えなさい。
（*印の付いている言葉には、本文のあとに（注）があります。）

文章1

中国を最近、訪問した。中国の人たちと話し合っていて、孔子の教えが今も生きていることが感じられた。それにつけても思い出したのは、＊桑原武夫先生の『論語』である。桑原先生の名解説で、『論語』が「孔子とその一門とのいきいきとした＊言行録」として捉えられ、いわゆる＊道学者としてではなく、人間、孔子の姿を生き生きと浮かびあがらせてくる書物であることが示される。

「子曰く、之を知る者は之を好む者に如かず、之を好む者は之を楽しむ者に如かず」の後半である。ここには、知る、好む、楽しむ、という三つの動詞があげられており、その重みが異なることを＊端的に示している。

いろいろ好きな言葉があるが、ここに掲げたのは、＊雍也第六二十の「子曰く、之を知る者は之を好む者に如かず、之を好む者は之を楽しむ者に如かず」の後半である。ここには、知る、好む、楽しむ、という三つの動詞があげられており、その重みが異なることを＊端的に示している。

最近は情報化社会という表現がもてはやされて、誰もが新しい情報をできるだけ多く、そして早くキャッチすることに力をつくしている。確かに「知る」ことは大切だ。しかし、そのことに心を使いすぎると、それに疲れてしまったり、情報量の多さに押し潰されてしまって、それに主体的にかかわっていく力がなくなってしまう。

「好む」者は、つまり「やる気」をもっているので、積極性がある。人間の個性というものは、何が好きかというその人の積極的な姿勢のなかに現れやすい。情報は与えられてくるので、人を受動的にする。人間の個性というもの

はカウンセリングのときに、何か好きなものがあるかを問うことがよくある。好きなことを中心に、その人の⑦個性が開花してくる。

孔子は、「好む」の上に「楽しむ」があるという。これはなかなか味わいのある言葉である。桑原先生の解説によれば、「『楽』は＊客体の中に入ってあるいはそれと一体化して安住することであろう。最初の二つの段階を経て、第三段階の安らぎの理想像に達するとする」ということになる。

「好む」は積極的だが、下手をすると気負いすぎになる。それは「近所迷惑」を引き起こすことさえある。「楽しむ」はそれを超え、あくまで積極性を失ってはいないが安らぎがある。これはまさに「理想像」である。これを提示するのに、「知」、「好」、「楽」の段階を置いたところに孔子の知恵が感じられる。

（河合隼雄『出会い』の不思議」による）

（注）孔子——古代中国の思想家。
桑原武夫先生の『論語』——フランス文学者である桑原武夫氏による『論語』の解説書。
雍也第六、二十——『論語』の章の一つ。
言行録——言ったことや行ったことを書き記したもの。
道学者——道徳を説く人。
『論語』——中国の古典。

文章2

「子曰く、之を知る者は
之を好む者に如かず、
之を好む者は
之を楽しむ者に如かず」——孔子が言う、知るということだけでは、これを愛好することに及ばない。まだ、これを愛好することだけでは、

大切なことはメモしておこうネ！

2021 年 度

解 答 と 解 説

《2021年度の配点は解答欄に掲載してあります。》

＜適性検査Ⅰ解答例＞

1 問題1 自分らしい音

問題2 もっと鳴らそうと気負いすぎたから。

問題3 （学校からの解答例はありません）

解答例

私は，文章2のおけい古の場面は，「好む」の段階まで表されていると考える。

文章2で，筆者は以前からあこがれていたこつづみのおけい古に参加する。これは，文章1にある「好む」者は積極性があるという部分を表している。興味があるから，筆者は京都までおけい古に行ったのだ。そして，筆者は，もっと大きくひびかせたいと思うあまり，うまく音を出すことができない。これは文章1にある「好む」は積極的だが，下手をすると気負いすぎになる，ということを表していると思う。

文章2の「私の中に何かが宿った」，「自分の中に刻まれていた」を文章1の「客体の中に入って一体化」だととらえ，「楽しむ」段階だと考える人もいるかもしれない。しかし，「楽しむ」の段階は，「積極性を失ってはいないが安らぎがある」状態だ。文章2の筆者は，まだ気負いすぎてうまく音が出せない状態なので，「安らぎがある」とはいえない。以上から，文章2では「好む」の段階だと考える。

○配点○

1 問題1 10点，問題2 20点，問題3 70点 計 100点

＜適性検査Ⅰ解説＞

1 （国語：読解，作文）

基本 問題1 「個性」とは，「その人個人の特ちょう的な性格」という意味である。文章2では，筆者が小鼓を初めて習いに行ったときのことが書かれている。筆者は4ページ上段にあるように，「上手な人はみんな完璧な音を打っていて，それは同じ音色なのだろう」と思っていた。しかし，先生は，「村田さんらしい鼓の音」があり，「同じ道具を打っても人によって違う音が出る」と言った。この一人ひとり違う音が出るということが，「個性」の表れだと言える。会話文以外から探すと，すぐ後の「自分らしい音」が正解である。

重要 問題2 ㋑のようになった原因は，直前にあるように，「もっと鳴らそうと思」ったからである。直後の先生の言葉にも「欲張ってきましたね」とある。「もっと鳴らそうと欲張りすぎたから」という理由を文章1の言葉を使って説明すればよい。文章1で同じような表現を探すと，最後の段落に，「下手をすると気負いすぎになる」とあるので，「欲張りすぎ」を「気負いすぎ」に変えて，説明すればよい。「なぜ」と理由を聞かれているので，「から。」という文末にすること。

問題3 段落構成およびそこに書く内容は提示されているので，あたえられた条件にそって書くことが重要である。第一段落では，自分の意見を明確に書く。第二段落では，その根拠を「具

体的に」書く。具体的とは実際の行動や思考ということなので，文章1の言葉を文章2で書かれている行動や思考で説明すればよい。第三段落では，自分と違った意見を認めつつ，そうではないという反論をする。引用を多くすると字数が足りなくなってしまうので，引用は必要最小限にする。○○だという意見があるが，△△なので，わたしは□□だと考える。という形になるよう文章を組み立てていけばよい。

★ワンポイントアドバイス★

自分の意見を書く問題は，理論的に自分の意見を書くことが重要だ。その考えに至る過程，根きょを示せるように記述の練習をしよう。文字数の感覚をつかむことも大切だ。

＜適性検査Ⅱ解答例＞

1 問題1

14	21	28
16	24	32

〔説明〕

AとCの和はBの2倍になっていて，DとFの和はEの2倍になっている。

したがって，BとEの和の3倍が，6個の数の和と同じになる。

135÷3＝45なので，BとEの和が45になる場所を見つければよい。

問題2 〔アの側面に書く4個の数〕　1　2　3　5

〔イの側面に書く4個の数〕　1　3　4　5

〔ウの側面に書く4個の数〕　1　2　3　7

〔エの側面に書く4個の数〕　1　3　4　7

〔アの展開図〕

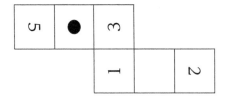

〔イの展開図〕

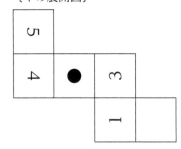

〔ウの展開図〕   〔エの展開図〕

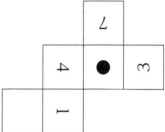

2 問題1 運送業では，必要な時に必要な品物を，小売店に運べるようになるので，人件費
　　　　　やガソリン代を節約できる。

　　問題2　(1)　2003年　0.6%
　　　　　　　　2007年　1.2%
　　　　　　　　2011年　1.7%
　　　　　　　　2015年　3.1%
　　　　　　　　2019年　5.1%

　　　　　(2)　（学校からの解答例はありません）
　　　　　　　解答例

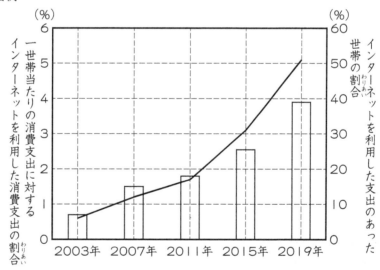

　　　　　(3)　「世帯のわり合」の変化よりも，「支出のわり合」の変化の方が大きい。特に「支
　　　　　　　出のわり合」の変化は2011年より後で大きくなっている。

　　　　　(4)　インターネットで買い物ができる店の数や，売っている品物の種類が増えた
　　　　　　　ことで，買い物が便利になった。そのため，買い物をする人の数が増えただけ
　　　　　　　でなく，買い物で使う金額も増えたと考えられる。

問題3 （学校からの解答例はありません）

解答例　人口が大都市に集中し，地方の過そ化が問題となっている。過そ化が進むと，医者がいない地域ができる。情報化が進んだ新しい社会では，これらの地域の人がインターネットでしん察を受けられるようになる。また，かん者の情報を電子化しておけば，初めてかかる医者でも適切なしん察ができるようになると考える。

③ 問題1　(1)

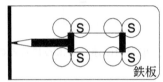

(2)

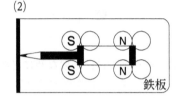

〔理由〕

　図6から，えはあに対して，つつの右側のじ石の極は変わらないが，左側のじ石の極は反対である。図7のイより，鉄板に置く4個のじ石のうち，右側の2個のじ石の上側の極は変えずに，左側の2個のじ石の上側をN極からS極に変えるとよいから。

問題2　(1)　2個

(2)　〔大きい場合〕　②

〔理由〕

　①はA方向がそろっていないので，N極とS極が引き合う部分と，N極どうしやS極どうしがしりぞけ合う部分がある。それに対して，②はA方向がそろっているので，ほとんどの部分でN極とS極が引き合う。そのため，①より②のほうが引き合う部分が大きいから。

○配点○

① 問題1　12点，問題2　18点

② 問題1　6点，問題2　24点，問題3　10点

③ 問題1　14点，問題2　16点　　　計100点

＜適性検査Ⅱ解説＞

① （算数：規則性・数の性質）

基本　問題1　花子さんの「規則を考えたら，6個の数を全て足さなくても見つけることができました。」という言葉が問題を解く上でのヒントとなる。与えられた表2の太枠で囲まれた6個の数について考えてみる。上段と下段で数の性質が異なるので，上段と下段を分けて考える。

上段の「36，42，48」の3個の数の和は126であり，中央の数「42」の3倍であることがわかる。下段の「42，49，56」の3個の数についても，上段と同様に，3つの数の和は中央の数の3倍である。したがって，上段と下段の中央の数の和の3倍が6個の数の和であることがわかる。

図1

A	B	C
D	E	F

このことから，6個の数の和が135になるのは，右の図1において，B，Eの和の3倍が135なので，B，Eの和は135÷3＝45である。よって，6個の数のう

ちB，Eの和が45であるような6個の数を見つけてくるとよい。

問題2　アからエの立方体の側面に1から7までの数だけを書いて，九九の表にある全ての数を表すことに注意する。九九の表の最も小さい数である1を表すためには，4個の選ぶ数は全て1でなければならない。したがって，アからエのそれぞれの立方体の側面には必ず1が少なくとも1個は書かれている。

　九九の表の最も大きい数である81を表すためには，4個の選ぶ数は全て3でなければならない。したがって，アからエのそれぞれの立方体の側面には必ず3が少なくとも1個は書かれている。次に8の段の数である64を表すことを考える。8という数は用いることができないので，8の段の64を表すためには，2を2個と4を2個選ぶとよい。したがって，アからエの立方体の側面には2と書かれたものが2個，2と書かれた立方体とは別に4と書かれたものが2個必要である。

　あとは，5の段と7の段の数を表すことを考える。5の段の25を表すためには，5を2個と1を2個選ぶとよい。したがって，アからエの立方体のうち少なくとも2個の立方体の側面に2と書かれたものがある。同様に，7の段の49を表すためには，7を2個と1を2個選ぶとよい。したがって，アからエの立方体のうち少なくとも2個の立方体の側面に7と書かれたものがある。

　ただし，5と7の書き方は，2と5，2と7，4と5，4と7と組み合わせておかないと5の段と7の段の全ての数を表すことができなくなる。立方体の側面に書く数の組み合わせが決まれば，展開図のどの面にどの向きで書くかということに注意して書き入れるとよい。展開図の数字を書く場所が異なっていても，数字の種類と向きが同じであれば正答である。

2　（社会：資料分析）

問題1　問題文に「消費者や小売店以外」とあるので，それ以外の業種について書けばよい。商品が消費者の手に届くまでの流れを考えると，原料や材料を生産する生産者，商品を作る製造業，それらを運ぶ流通業などがある。そして，POSシステムのメリットは，「会計の管理や在庫管理の手間が省けたり，誤りが少なく」なることである。どんな業種でもこのメリットは変わらない。つまり，在庫が管理できることにより，商品がいつ，どれくらい売れているかがわかるようになる。そうすると，商品の生産量を調整できるようになり，材料，商品があまってしまうことを防いだり，人員を調整して，人件費を減らしたりすることができる。これらのメリットをそれぞれの業種について具体的に書けばよい。

　別解としては，「製造業では，必要な量だけ生産すればよいので，工場の人員の調節などがしやすく，人件費やその他の費用を減らすことができる」などがある。

問題2　(1)　「一世帯当たりの消費支出に対するインターネットを利用した消費支出の割合」を百分率で求めたいので，「一世帯当たりのインターネットを利用した支出総額」÷「一世帯当たりの支出総額」×100で％を求め，その上で小数第2位で四捨五入して小数第1位まで求めるとわかる。

2003年：　$1526 \div 266432 \times 100 = 0.57\cdots\% \to 0.6\%$

2007年：　$3059 \div 261526 \times 100 = 1.16\cdots\% \to 1.2\%$

2011年：　$4103 \div 247223 \times 100 = 1.65\cdots\% \to 1.7\%$

2015年：　$7742 \div 247126 \times 100 = 3.13\cdots\% \to 3.1\%$

2019年：$12683 \div 249704 \times 100 = 5.07\cdots\% \to 5.1\%$

(2) (1)の計算結果を使って折れ線グラフを作成するので，難しいものではない。問題文にある通り，解答用紙のグラフの左のメモリを使って，丁寧に書こう。

(3) 問題に「グラフを見比べてわかる変化の特ちょう」とあるので，変化がどのようにちがっているかを書けばよい。どちらのグラフも増加している。それだけでは特ちょうとはいえないので，増加の割合を比べてみる。「世帯の割合」は，7.6，3.6，6.7，14.1と増加しており，「支出の割合」は，0.6，0.5，1.4，2と増加している。ここから読み取れることを書けばよい。さらに，（4）ではその理由を書かなければいけないので，理由を分せきしながらグラフを見ていく。2つのグラフの増加の割合の大きさ，年ごとの増加量など，観点を決めて2つのグラフを比べると，特ちょうが見えてくる。

(4) 2つのグラフから読み取れることは，どちらのグラフも増加しているが，2011年以降，インターネットで買い物をする人も，買い物をする量も大はばに増えているということである。また，会話文に2つの資料を「合わせて見ていくと，社会の変化について何か分かるかもしれない」とあるのをヒントに，社会の変化を考えると，この10年で，通信技術が進歩し，スマートフォンがふきゅうした。どこでもインターネットがつながるようになり，使う人が増えたと言える。この社会の変化に合わせて，インターネットで買い物をできる店やインターネットで扱う品物が増えたということが考えられる。インターネットで買い物がしやすくなれば，買い物をする人が増えて，その金額も増えると推測できる。このように，グラフの特ちょうを自分の知識と合わせて，原因を考えていくことが重要である。

　　別解としては，「世帯で一台だったコンピュータから，一人一台スマートフォンを所有するようになり，インターネットで買い物をする人が増えたから」などがある。

問題3　まず何を書けばよいのかをなるべく簡潔にまとめると，「現在の社会がかかえる具体的な課題」を「どのように解決するか」ということである。どちらを先に設定してもよいが，あまり難しい課題を設定してしまうと解決策が見つからない場合がある。なるべく身近な例で，「近未来に実現しそうなこと」，「実現したら便利だと思うこと」をいくつか挙げて，それが「なぜ今はまだ実現していないのか」を考えれば，「具体的な課題」が見えてくるという組み立て方も一つの方法だ。情報化によって社会生活がどのように変わったか(変わっていくか)という問題はよく出題されるので，色々な知識を身につけておこう。

3 （理科：実験・観察）

重要

問題1 (1) 図7のア，イと，つつに使う2個のじ石の極が同じであることから，⑥のつつを浮か
せるために鉄板に置くじ石の上側の極の条件は図aとなる。したがって図7のアとイを
除く図b，図cが答えとなる。

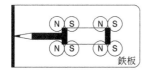
図a

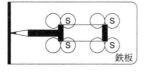
図b

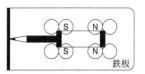
図c

(2) 図6より，②は⑥に対してつつの右側のじ石の極は変わらないが，左側のじ石の極は
N極とS極が反対であることがわかる。⑥のつつを浮かせるために鉄板に置くじ石の上
側の極の条件は問題1(1)解説の図aであったことから，鉄板に置くじ石のうち右側の2
個のじ石の上側の極は変えずに，左側のじ石の上側の極をN極からS極に変えればよい
ことになる。したがって，次のいずれかが答えとなる。

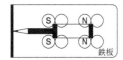
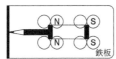
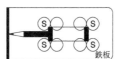
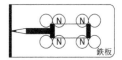

問題2 (1) まず表1より，一辺が2cmのとき10gのおもりを2個つりさげられることがわかる。
2gのおもりに置き換えると10個となる。一辺が3cm以下の正方形では，つりさげられ
る最大の重さはシートの面積に比例することから，一辺が2cm，つまり面積が$4cm^2$の
とき，2gのおもりは10個つりさげられ，一辺が1cm，つまり面積が$1cm^2$のときは比例
関係から10個÷$4cm^2$＝2.5個。つまり，2gのおもりを2個つりさげることができること
になる。

(2) 表2より，②の方が，記録が大きいことがわかる。また①は2枚のシートのA方向が
90度ずれているため，N極とS極が引き合う部分だけでなく，N極どうしやS極どう
しがしりぞけ合う部分もあることになる。一方，②はA方向が同じであるので，N極と
S極が引き合う。そのため②ではほとんどの部分でじ石が引き合うことになる。つま
り，①より②の方が引き合う部分が多いため，よりたくさんのおもりをつりさげること
ができる。

★ワンポイントアドバイス★

会話文をしっかりと読み取り，問題文の流れを理解することが問題を解く上で重
要である。会話文中に，問題を解くためのヒントが隠されている。

＜適性検査Ⅲ解答例＞

1 問題1 　大きい氷を小さくわることで，水に接する氷の表面の面積の合計が増えるため，
　　　　　短い時間で水を冷やすことができる。また，わっていない大きな氷は，とけてなくな
　　　　　るまで時間がかかるから，長い時間冷やすことができる。

問題2 (1) 図1に比べて，図2の方が，大根1個当たりのにじるにふれる表面の面積が増え
　　　　　るから。

(2) 大根にようじであなをあけること。にじるにふれる大根の面積を増やすため。

(3) 同じ大きさの輪切りにした大根を2つ用意し，1つにはようじでいくつもあな
　　　をあけておき，もう1つはそのままの形を使う。なべに，しょくべにをとかした
　　　水を入れる。そのなべで，用意した2つの大根を同じ時間にる。にた後に切り，
　　　大根の中に色がしみこんでいる面積を比かくする。

問題3 (1) 小さいイヌ　759.6cm²
　　　　　大きいイヌ　421.0cm²

(2) 子ウサギの方が，体重1kg当たりの体の表面の面積が大きい。そのため，体重
　　　1kg当たりでは，子ウサギの方が体の外に出る熱が多い。子ウサギは，多く食べ
　　　ることで，体の中の熱を多く作り出し，ほぼ一定の体温を保っている。

問題4 ① まきをわる。
　　　 ② 空気にふれる面積を増やし，燃えやすくする。

2 問題1 (1) 選んだ整数　3
　　　　　できる整数　1 1 1 3 1 2 2 1 1 3

(2) もとの1けたの整数　2
　　　理由　最初に考えた1けたの整数に[規則Y]を何回当てはめても，できる整数
　　　　　　の一の位は，必ずもとの1けたの整数といっちするから。

問題2 (1) 2 2

(2) できない
　　　4けたの整数に[規則Y]を1回当てはめて4けたの整数ができるのは，○○○
　　　□，○○□□，○○□□の3通りであるが，○○○□は3○1□となって，この二
　　　つはいっちしていない。○○□□は1○3□となって，この2つはいっちしていな
　　　い。○○□□は2○2□となるが，その場合，もとの整数は，2222で，[規則Y]
　　　を1回当てはめることによって2けたの整数42となってしまうから。

問題3 ・左からぐう数番めの数字が4にならない理由
　　　　　会話ではるかさんとゆうきさんが説明している0が現れない理由と同じである。

　　　 ・左からき数番めの数字が4にならない理由
　　　　　左からき数番めの数字に4が現れるためには，[規則Y]を1回当てはめる前の整
　　　　数に，同じ数字が◎◎◎◎のようにならぶ部分がふくまれなければならない。と
　　　　ころで，[規則Y]では，ぐう数番めの数字は，数字の種類を表すから，○□△□の
　　　　ようにならぶことはない。もし，○□△□のようにならんだとすると，[規則Y]を
　　　　1回当てはめる前の整数には，○個の□を△個の□がならんでいることになるが，
　　　　これは(○＋△)個の□とまとめられるからである。このことから，同じ数字が◎
　　　　◎◎◎のようにならぶ部分がふくまれることはない。

○配点○
1 問題1　10点，問題2　20点，問題3　20点，問題4　10点
2 問題1　15点，問題2　15点，問題3　10点　　計100点

＜適性検査Ⅲ解説＞

1 （算数：表面積）

基本 問題1　水に接する氷の表面の面積の合計が大きくなると，水の温度を受け取る部分の面積が大きくなるため氷はとけやすくなる。そのため，小さい氷は早くとけやすく，大きい氷はとけるのに長い時間がかかる。

重要 問題2　(1)　イチョウ切りにすることで切り口を入れた分だけ図1の状態よりも表面の面積が増えている。にじるにふれる部分の面積が大きいほうが味はしみやすくなる。

(2)　短時間で味をしみやすくするためには，にじるにふれる部分の面積を増やす工夫をすればよい。例えば，大根の表面にようじであなをあけることで，その穴の側面の分だけにじるにふれる部分の面積を増やすことができる。

(3)　おでんに入っている味のしみた大根がにじるの色に変化していることを利用する。まず，条件を揃えるために同じ大きさの輪切りにした大根を2つ用意する。比較をするために，片方はそのままの形で使い，もう片方は(2)で答えた通りようじでいくつもあなをあけておく。この2つをなべでにることで比べるのだが，色の変化を確かめるためになべには色のついた水を入れる必要がある。例えば，しょくべにを入れた水を利用した場合には，味がしみているほうがしょくべにの赤い色がしみこむはずである。

問題3　(1)　それぞれの体重1kg当たりの体の表面の面積は，小さいイヌが2423÷3.19＝759.56……となるので759.6cm²，大きいイヌが7662÷18.2＝420.98……となるので421.0cm²となる。

(2)　(1)より，大きいイヌより小さいイヌの方が体重1kg当たりの体の表面の面積が大きいことがわかる。問題文で飼育員は「体重が小さければ体の表面の面積も小さいのが分かりますね。ウサギでも同じことが言えます」と言っている。このことから，親ウサギよりも子ウサギの方が体重1kg当たりの体の表面の面積が大きいことがわかる。さらに，「ウサギは体重や年れいにかかわらず，体の表面の1cm²中からは，ほぼ同じくらいの熱が体の外に出ています。」とあるため子ウサギの方が親ウサギよりも体の外に出る熱が多いことがわかる。このことから，親ウサギよりも子ウサギの方が，体重に対して食べるえさの量が多いことがわかる。

問題4　まきを燃やすことを考える。まきは空気にふれている部分が燃える。そのためまきの体積が大きくてもまきの中身の部分は燃えない。まきをわって空気にふれる部分の面積を増やすことで燃える部分を増やすことができる。

2 （算数：規則・整数）

問題1　(1)　3を選んだ場合，1回目は1個の3なので13となる。2回目は1個の1と1個の3なので1113となる。3回目は3個の1と1個の3なので3113となる。4回目は1個の3と2個の1と1個の3なので132113となる。5回目は1個の1と1個の3と1個の2と2個の1と1個の3なので1113122113となる。4を選んだ場合，5を選んだ場合は次の表のとおりである。

選んだ整数	1回目	2回目	3回目	4回目	5回目
3	13	1113	3113	132113	1113122113
4	14	1114	3114	132114	1113122114
5	15	1115	3115	132115	1113122115

(2) (1)の結果より，3を選んだ場合は何回目でもできる整数の1の位が3になっている。○と△をある整数とすると規則Yは○個の△で○△という整数を作る。これより，何度か規則を繰り返して，1の位の3とその左に何個か3があったとしても○個の3が右側には並んでいるので○3という整数になる。このため，与えられた56けたの整数の1の位に注目すると2となっているため，もとの1けたの整数は2である。

問題2 (1) 2けたの整数を○△とする。○と△が異なる整数の場合1○1△となり2けたにはならない。これより，2けたの整数は○○となる。規則を1回当てはめると2○となるのでこれがもとの整数と等しくなるのは22である。

(2) 4けたの整数に規則を1回当てはめて再び4けたの整数にするにはそれぞれのけたに現れる数字の種類は2種類である。また，その4けたの整数は○□□○と並ぶと6桁になってしまうため並べ方にも注意をすると，○○○□，○○□□，○○□□の3通りしかない。ここで○○○□は3○1□となり○○○と3○1は○がどんな整数であっても一致することはない。同じように，○○□□は1○3□となりいっちするとき千の位は1であるが，その場合○＝1なので1□□□と113□は□がどんな整数でも一致することはない。最後に，○○□□は2○2□となる。もとの整数といっちするには○＝2，□＝2である。しかし，その場合の最初の整数は2222なので規則に当てはめると42となってしまいいっちしない。

問題3 左から偶数番目の数字が4であったとすると，規則を1回当てはめる前の整数は必ず4を含むことになる。これを繰り返して最初の整数までもどったとき，最初の整数は1としたので必ず4を含むことにむじゅんする。よって，左から偶数番目の数字は4にはならない。

次に，左から奇数番目について考える。奇数番目が4ということは規則を1回当てはめる前の整数には4個の◎が並んでいる。このとき4◎という整数になる。しかし，4個の◎が並ぶとき◎◎◎◎であるが偶数番目に同じ整数が連続して並ぶことはない。具体的には○□△□と並ぶことはない。このとき，規則を1回当てはめる前の整数は○個の□，△個の□と並んでいるが，この場合(○＋△)個の□がならんでいることになってしまう。これより◎◎◎◎と並ぶことはありえない。よって，左から奇数番目の数字は4にはならない。

★ワンポイントアドバイス★

身近なことがらにも算数の考えた方がかくれていないか，ひごろから考える習慣を身につけよう。複雑に見える問題でも実際に作業をしてみることで道すじが見えてくる。

2020年度

★★★★★★★★★★★★★★★★★★★★★

入 試 問 題

2020年度

2020年度

都立小石川中等教育学校入試問題

【適性検査Ⅰ】 （22ページから始まります。）
【適性検査Ⅱ】 （45分）　＜満点：100点＞

1　先生，花子さん，太郎さんが，校内の6年生と4年生との交流会に向けて話をしています。

先生：今度，学校で4年生との交流会が開かれます。6年生59人は，制作した作品を展示して見て
　　　もらいます。また，4年生といっしょにゲームをします。

花子：楽しそうですね。私たち6年生は，この交流会に向けて一人1枚画用紙に動物の絵をかいた
　　　ので，それを見てもらうのですね。絵を展示する計画を立てましょう。

先生：みんなが絵をかいたときに使った画用紙の辺の長さは，短い方が40cm，長い方が50cmです。
　　　画用紙を横向きに使って絵をかいたものを横向きの画用紙，画用紙を縦向きに使って絵をか
　　　いたものを縦向きの画用紙とよぶことにします。

太郎：図1の横向きの画用紙と，図2の縦向きの画用紙は，それぞれ何枚ずつあるか数えてみよう。

図1　横向きの画用紙　　　　図2　縦向きの画用紙

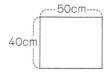　　　

花子：横向きの画用紙は38枚あります。縦向きの画用紙は21枚です。全
　　　部で59枚ですね。

太郎：先生，画用紙はどこにはればよいですか。

図3　パネル

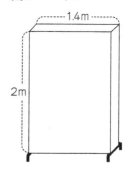

先生：学校に，図3のような縦2m，横1.4mのパネルがあるので，そこ
　　　にはります。絵はパネルの両面にはることができます。

花子：分かりました。ところで，画用紙をはるときの約束はどうします
　　　か。

先生：作品が見やすいように，画用紙をはることができるとよいです
　　　ね。昨年は，次の〔約束〕にしたがってはりました。

〔約束〕
⑴　次のページの図4のように，画用紙はパネルの外にはみ出さないように，まっすぐにはる。

⑵　パネルの一つの面について，どの行（横のならび）にも同じ枚数の画用紙をはる。また，
　　どの列（縦のならび）にも同じ枚数の画用紙をはる。

⑶　1台のパネルに，はる面は2面ある。一つの面には，横向きの画用紙と縦向きの画用紙を
　　混ぜてはらないようにする。

⑷　パネルの左右のはしと画用紙の間の長さを①，左の画用紙と右の画用紙の間の長さを②，

パネルの上下のはしと画用紙の間の長さを③，上の画用紙と下の画用紙の間の長さを④とする。

⑤ 長さ①どうし，長さ②どうし，長さ③どうし，長さ④どうしはそれぞれ同じ長さとする。

⑥ 長さ①～④はどれも5cm以上で，5の倍数の長さ（cm）とする。

⑦ 長さ①～④は，面によって変えてもよい。

⑧ 一つの面にはる画用紙の枚数は，面によって変えてもよい。

図4　画用紙のはり方

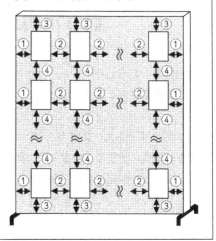

花子：今年も，昨年の〔約束〕と同じように，パネルにはることにしましょう。

太郎：そうだね。例えば，前のページの**図2**の縦向きの画用紙6枚を，パネルの一つの面にはってみよう。いろいろなはり方がありそうですね。

〔問題1〕〔約束〕にしたがって，前のページの**図3**のパネルの一つの面に，**図2**で示した縦向（たてむ）きの画用紙6枚をはるとき，あなたなら，はるときの長さ①～④をそれぞれ何cmにしますか。

花子：次に，6年生の作品の，横向きの画用紙38枚と，縦向きの画用紙21枚のはり方を考えていきましょう。

太郎：横向きの画用紙をパネルにはるときも，〔約束〕にしたがってはればよいですね。

花子：先生，パネルは何台ありますか。

先生：全部で8台あります。しかし，交流会のときと同じ時期に，5年生もパネルを使うので，交流会で使うパネルの台数はなるべく少ないほうがよいですね。

太郎：パネルの台数を最も少なくするために，パネルの面にどのように画用紙をはればよいか考えましょう。

〔問題2〕〔約束〕にしたがって，6年生の作品59枚をはるとき，パネルの台数が最も少なくなるときのはり方について考えます。そのときのパネルの台数を答えなさい。

また，その理由を，それぞれのパネルの面に，どの向きの画用紙を何枚ずつはるか具体的に示し，文章で説明しなさい。なお，長さ①～④については説明しなくてよい。

先生：次は4年生といっしょに取り組むゲームを考えていきましょう。何かアイデアはありますか。

花子：はい。図画工作の授業で，次のページの**図5**のような玉に竹ひごをさした立体を作りました。

この立体を使って，何かゲームができるとよいですね。

太郎：授業のあと，この立体を使ったゲームを考えていたのですが，しょうかいしてもいいですか。

花子：太郎さんは，どんなゲームを考えたのですか。

図5　玉に竹ひごをさした立体

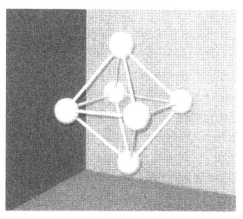

図6　記号と数を書いた立体

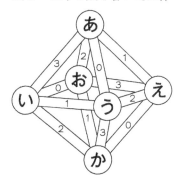

太郎：図6のように，6個の玉に，**あ**から**か**まで一つずつ記号を書きます。また，12本の竹ひごに，0，1，2，3の数を書きます。**あ**からスタートして，サイコロをふって出た目の数によって進んでいくゲームです。

花子：サイコロには1，2，3，4，5，6の目がありますが，竹ひごに書いた数は0，1，2，3です。どのように進むのですか。

太郎：それでは，ゲームの〔ルール〕を説明します。

〔ルール〕

⑴　**あ**をスタート地点とする。

⑵　六つある面に，1～6の目があるサイコロを1回ふる。

⑶　⑵で出た目の数に20を足し，その数を4で割ったときの余りの数を求める。

⑷　⑶で求めた余りの数が書かれている竹ひごを通り，次の玉へ進む。また，竹ひごに書かれた数を記録する。

⑸　⑵～⑷をくり返し，**か**に着いたらゲームは終わる。

　　ただし，一度通った玉にもどるような目が出たときには，先に進まずに，その時点でゲームは終わる。

⑹　ゲームが終わるまでに記録した数の合計が得点となる。

太郎：例えば，サイコロをふって出た目が1，3の順のとき，**あ**→**え**→**お**と進みます。その次に出た目が5のときは，**か**に進み，ゲームは終わります。そのときの得点は5点となります。

花子：5ではなく，6の目が出たときはどうなるのですか。

太郎：そのときは，**あ**にもどることになるので，先に進まずに，**お**でゲームは終わります。得点は4点となります。それでは，3人でやってみましょう。

　　まず私がやってみます。サイコロをふって出た目は，1，3，4，5，3の順だったので，サイコロを5回ふって，ゲームは終わりました。得点は8点でした。

先生：私がサイコロをふって出た目は，1，2，5，1の順だったので，サイコロを4回ふって，ゲームは終わりました。得点は　**ア**　点でした。

花子：最後に私がやってみます。

サイコロをふって出た目は，イ，ウ，エ，オ の順だったので，サイコロを4回ふって，ゲームは終わりました。得点は7点でした。3人のうちでは，太郎さんの得点が一番高くなりますね。

先生：では，これを交流会のゲームにしましょうか。

花子：はい。太郎さんがしょうかいしたゲームがよいと思います。

太郎：ありがとうございます。交流会では，4年生と6年生で協力してできるとよいですね。4年生が楽しめるように，準備していきましょう。

〔問題3〕〔ルール〕と会話から考えられる ア に入る数を答えなさい。また，イ，ウ，エ，オ にあてはまるものとして考えられるサイコロの目の数を答えなさい。

2 あさこさんとけんじさんは日本の貿易について調べることにしました。そこで，たくさんの資料を持っているおじいさんの家にやって来ました。

あ　さ　こ：日本がどんなものを輸出したり，輸入したりしているのかを調べましょう。

け　ん　じ：金額や品物についての資料は見つかったけれど，くわしすぎて分かりにくいな。

おじいさん：輸出も輸入も，金額でそれぞれの10%以上のものだけを書き出してみると，どれが重要なのかが分かるんじゃないかな。

あ　さ　こ：資料1ができたよ。日本からイギリスへ輸出している乗用車の金額は，日本からイギリスへの輸出額全体である15392億円の17.8%にあたるということだね。資料1に挙げた国がどこにあるかが分かるように次のページの資料2も作ったよ。

資料1　日本と主な国の貿易額と貿易品目（2017年）

相手国	貿易額（億円）		貿易品目（数値の単位は%）
イギリス	輸出額	15392	乗用車 17.8、電気機器 11.5、金（非貨幣用）10.1
	輸入額	7930	医薬品 18.9、一般機械 16.8、乗用車 16.4
サウジアラビア	輸出額	4189	乗用車 34.6、一般機械 13.7、鉄鋼 10.7、バスとトラック 10.7
	輸入額	31150	原油 92.3
オーストラリア	輸出額	17956	乗用車 36.5、軽油 13.4
	輸入額	43650	石炭 36.7、液化天然ガス 27.9、鉄鉱石 12.8
アメリカ合衆国	輸出額	151135	乗用車 29.6、一般機械 22.5、電気機器 13.7
	輸入額	80903	一般機械 15.9、電気機器 13.3
ブラジル	輸出額	3805	一般機械 23.7、自動車部品 17.0、電気機器 13.9
	輸入額	8041	鉄鉱石 39.4、鶏肉 12.7

※「貿易品目」は貿易している品物。輸出品と輸入品の両方を指している。
※「輸出額」は日本からの輸出額。「輸入額」は日本への輸入額。

（「データブック　オブ・ザ・ワールド2019」より作成）

け　ん　じ：資料1にある一般機械というのは何のことかな。

おじいさん：カメラなどの精密機械や，テレビなどの電気機器のように，特別な分類をされていない機械全体のことだよ。

あ　さ　こ：前のページの**資料1**では，貿易額を，輸出額と輸入額に分けて書いてあるね。

おじいさん：輸出額と輸入額を合わせた金額を貿易総額と呼ぶよ。

あ　さ　こ：貿易総額に対する輸出額の割合^{わりあい}を，イギリスについて計算してみると66.0%になるね。他の国についても計算してみると，ちがいが見えてくるかな。

け　ん　じ：他の国についても計算してみたよ。国によってだいぶちがうんだね。

おじいさん：計算した結果を参考にして，**資料1**に挙げた5か国を，自分の考えでグループAとグループBの二つに分けてごらん。

あ　さ　こ：イギリスについて**資料3**のような円グラフを作ってみたよ。数字だけよりも，グラフにした方が分かりやすいね。

おじいさん：資料やグラフ，グループ分けの基準などから考えると，日本の貿易の特ちょうが説明できるのではないかな。

資料2　資料1に挙げた国の位置を示した地図

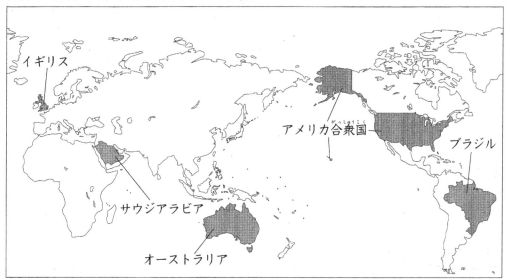

資料3　イギリスの貿易総額に対する輸出額の割合^{わりあい}

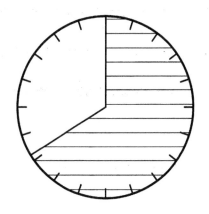

※横線を引いた部分は輸出額を、横線を引いていない部分は輸入額を表す。

〔問題1〕　(1)　4ページの**資料1**に挙げた5か国のうち，イギリス以外の4か国について，貿易総額に対する輸出額の割合を計算しなさい。答えは小数第二位を四捨五入して，小数第一位まで求めなさい。

　　　　　(2)　(1)で計算した数値とあさこさんが求めた数値を使って，5か国をグループAとグループBに分けなさい。また，そのように分けた理由を書きなさい。

　　　　　(3)　グループAとグループBから1か国ずつ選んで，前のページの**資料3**で示したイギリスの例に従って，解答用紙に円グラフを作りなさい。

　　　　　(4)　ここまでの資料と解答を参考にして，輸出と輸入から見えてくる日本の貿易の特ちょうについて，あなたの考えを書きなさい。

け　ん　じ：ところで，アメリカ合衆国の通貨は「アメリカドル」だね。

あ　さ　こ：1アメリカドルを日本円に両替すると，いくらになるのかな。

おじいさん：時代によってちがっているけれど，この数年は，1アメリカドルはだいたい100円くらいだね。1アメリカドルが100円と両替できるとき，「1アメリカドル＝100円」と書くことにしよう。

け　ん　じ：「1アメリカドル＝100円」のときに，日本で2000000円の値段がついている自動車をアメリカ合衆国へ輸出すると，輸送にかかる費用などを考えなければ，その自動車はアメリカ合衆国では20000アメリカドルの値段がつくということだね。

あ　さ　こ：では，同じように考えると，アメリカ合衆国で20000アメリカドルの値段がついている機械を，アメリカ合衆国から輸入するときには，その機械は「1アメリカドル＝100円」のとき，日本では2000000円の値段がつくということになるね。

おじいさん：そうだね。

け　ん　じ：「1アメリカドル＝100円」が「1アメリカドル＝50円」になったり，「1アメリカドル＝200円」になったりすることはあるのかな。

おじいさん：あるかもしれないね。

あ　さ　こ：「1アメリカドル＝50円」になるということは，少ない日本円で，「1アメリカドル＝100円」のときと同じだけのアメリカドルと両替できるのだから，円の価値が高くなったと考えていいのかな。

おじいさん：そうだね。「1アメリカドル＝100円」が「1アメリカドル＝50円」になった状態を「円高」と呼ぶよ。

け　ん　じ：だったら，「1アメリカドル＝200円」になった状態は「円安」と呼ぶのかな。

おじいさん：そうだよ。

〔問題2〕　日本で2000000円の値段がついている自動車は，アメリカ合衆国ではアメリカドルでいくらの値段がつくことになるでしょうか。

　　　　　また，アメリカ合衆国で20000アメリカドルの値段がついている機械は，日本では円でいくらの値段がつくことになるでしょうか。

　　　　　「1アメリカドル＝90円」のときと，「1アメリカドル＝110円」のときについてそれぞれ計算し，小数第一位を四捨五入して整数で求め，解答用紙の表を完成させなさい。

あ　さ　こ：貿易について少しずつ分かってきたね。

け　ん　じ：貿易は，原料や製品の輸出や輸入だけなのかな。

あ　さ　こ：そうだね。たくさんの人が海外から日本にやって来ているし，たくさんの人が日本から海外へ行っているね。

け　ん　じ：旅行中に使うお金は，輸出額や輸入額には入らないのかな。

あ　さ　こ：観光業はサービス業だよね。サービス業には貿易は無いのかな。

おじいさん：サービス貿易という考え方はあるよ。けれども，4ページの**資料1**にはその金額はふくまれていないよ。

け　ん　じ：それなら，まずは原料や製品の貿易だけを考えることにしようか。

あ　さ　こ：その方が分かりやすそうだね。

おじいさん：分かりやすいところから考え始めるのは，よいことだね。

け　ん　じ：「円高」の状態と「円安」の状態とでは，どちらの方が，日本にとって有利なのかな。

あ　さ　こ：どちらの状態にも，日本にとって有利なところと不利なところがありそうだね。

〔問題3〕　原料や製品の貿易について考えるとき，「円高」と「円安」のどちらの状態が日本にとって望ましいとあなたは考えますか。どちらかの状態を選び，選んだ理由を書きなさい。また，あなたが選んだ状態のときにはどのような問題点があると考えられますか。問題点を挙げ，あなたが考える具体的な解決策を書きなさい。

　　なお，解答らんには，121字以上150字以内で段落を変えずに書きなさい。「，」や「。」もそれぞれ字数に数えます。

3　花子さん，太郎さん，先生が車の模型について話をしています。

花子：モーターで走る車の模型を作りたいな。

太郎：プロペラを使って車の模型を作ることができますか。

先生：プロペラとモーターとかん電池を組み合わせて，図1のように風を起こして走る車の模型を作ることができます。

花子：どのようなプロペラがよく風を起こしているのかな。

太郎：それについて調べる実験はありますか。

先生：電子てんびんを使って，**実験1**で調べることができます。

花子：**実験1**は，どのようなものですか。

先生：まず，次のページの**図2**のように台に固定したモーターを用意します。それを電子てんびんではかります。

太郎：はかったら，54.1gになりました。

先生：次に，次のページの**図3**のようにスイッチがついたかん電池ボックスにかん電池を入れます。それを電子てんびんではかります。

図1　風を起こして走る車の模型

車の模型の進む向き

図2 台に固定したモーター

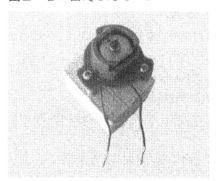

図3 ボックスに入ったかん電池

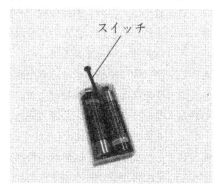

花子：これは，48.6gでした。

先生：さらに，プロペラを**図2**の台に固定したモーターにつけ，そのモーターに**図3**のボックスに入ったかん電池をつなげます。それらを電子てんびんではかります。その後，電子てんびんにのせたままの状態でスイッチを入れると，プロペラが回り，電子てんびんの示す値（あたい）が変わります。ちがいが大きいほど，風を多く起こしているといえます。

太郎：**表1**のA〜Dの4種類のプロペラを使って，**実験1**をやってみましょう。

表1 4種類のプロペラ

	A	B	C	D
プロペラ				
中心から羽根のはしまでの長さ（cm）	5.4	4.9	4.2	2.9
重さ（g）	7.5	2.7	3.3	4.2

スイッチを入れてプロペラが回っていたときの電子てんびんの示す値は，**表2**のようになりました。

表2 プロペラが回っていたときの電子てんびんの示す値（あたい）

プロペラ	A	B	C	D
電子てんびんの示す値（あたい）（g）	123.5	123.2	120.9	111.8

〔問題1〕　**表1**のA〜Dのプロペラのうちから一つ選び，そのプロペラが止まっていたときに比べて，回っていたときの電子てんびんの示す値（あたい）は何gちがうか求めなさい。

花子：7ページの図1の車の模型から，モーターの種類やプロペラの種類の組み合わせをかえて，図4のような車の模型を作ると，速さはどうなるのかな。

太郎：どのようなプロペラを使っても，①モーターが軽くなればなるほど，速く走ると思うよ。

花子：どのようなモーターを使っても，②プロペラの中心から羽根のはしまでの長さが長くなればなるほど，速く走ると思うよ。

太郎：どのように調べたらよいですか。

先生：表3のア～エの4種類のモーターと，表4のE～Hの4種類のプロペラを用意して，次のような実験2を行います。まず，モーターとプロペラを一つずつ選び，図4のような車の模型を作ります。そして，それを体育館で走らせ，走り始めてから，5m地点と10m地点の間を走りぬけるのにかかる時間をストップウォッチではかります。

図4　車の模型

表3　4種類のモーター

モーター	 ア	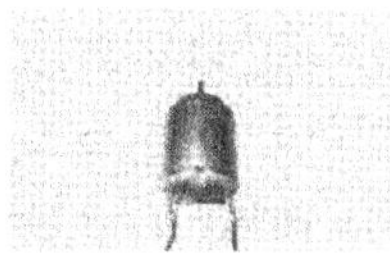 イ	 ウ	 エ
重さ（g）	18	21	30	44

表4　4種類のプロペラ

プロペラ	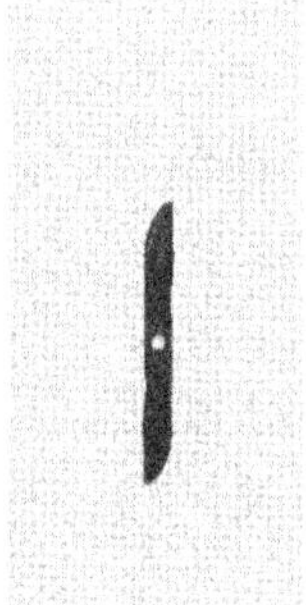 E	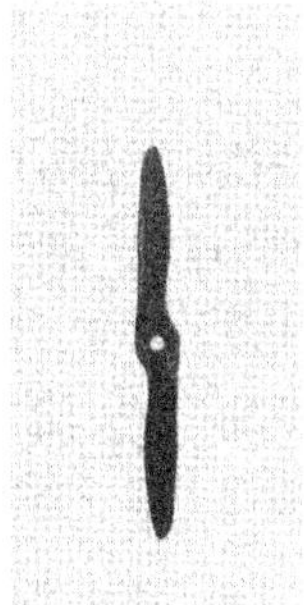 F	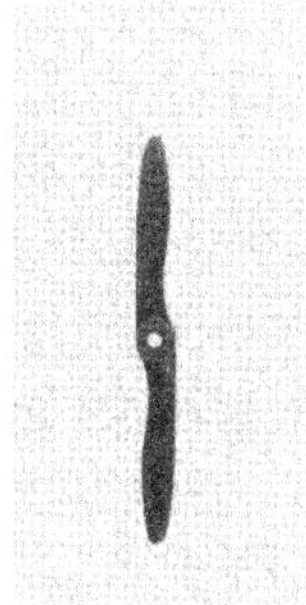 G	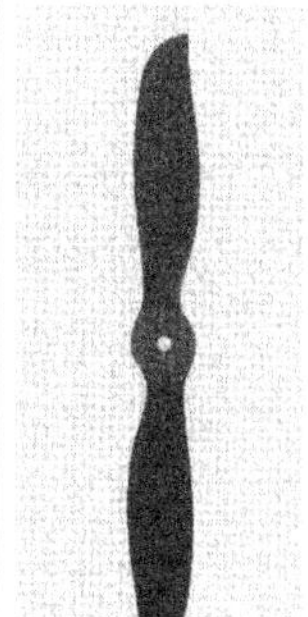 H
中心から羽根のはしまでの長さ（cm）	4.0	5.3	5.8	9.0

花子：モーターとプロペラの組み合わせをいろいろかえて，実験2をやってみましょう。

実験2で走りぬけるのにかかった時間は，次のページの表5のようになりました。

表5 ５ｍ地点から１０ｍ地点まで走りぬけるのにかかった時間（秒）

		モーター			
		ア	イ	ウ	エ
プロペラ	E	3.8	3.1	3.6	7.5
	F	3.3	2.9	3.2	5.2
	G	3.8	3.1	3.1	3.9
	H	4.8	4.0	2.8	4.8

〔問題２〕 (1) **表5**において，車の模型が最も速かったときのモーターとプロペラの組み合わせを書きなさい。

(2) **表5**から，①の予想か②の予想が正しくなる場合があるかどうかを考えます。

太郎さんは，「①<u>モーターが軽くなればなるほど，速く走ると思うよ。</u>」と予想しました。①の予想が正しくなるプロペラは**E〜H**の中にありますか。

花子さんは，「②<u>プロペラの中心から羽根のはしまでの長さが長くなればなるほど，速く走ると思うよ。</u>」と予想しました。②の予想が正しくなるモーターは**ア〜エ**の中にありますか。

①の予想と②の予想のどちらかを選んで解答らんに書き，その予想が正しくなる場合があるかどうか，解答らんの「あります」か「ありません」のどちらかを丸で囲みなさい。また，そのように判断した理由を説明しなさい。

太郎：モーターとプロペラを使わずに，ほを立てた車に風を当てると，動くよね。

花子：風を車のななめ前から当てたときでも，車が前に動くことはないのかな。調べる方法は何かありますか。

先生：**図5**のようにレールと車輪を使い，長方形の車の土台を動きやすくします。そして，**図6**のように，ほとして使う三角柱を用意します。次に，車の土台の上に**図6**の三角柱を立てて，**図7**のようにドライヤーの冷風を当てると，車の動きを調べることができます。

図6 ほとして使う三角柱

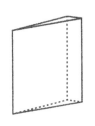

図5 レールと車輪と車の土台

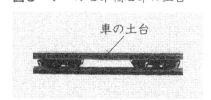

図7 車とドライヤー

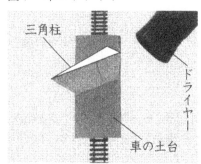

太郎：車の動きを調べてみましょう。

図8　実験3を真上から表した図

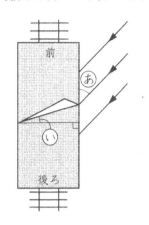

二人は先生のアドバイスを受けながら，次のような1～4の手順で**実験3**をしました。

1　工作用紙で前のページの**図6**の三角柱を作る。その三角柱の側面が車の土台と垂直になるように底面を固定し，車を作る。そして，車をレールにのせる。

2　**図8**のように，三角柱の底面の最も長い辺のある方を車の後ろとする。また，真上から見て，車の土台の長い辺に対してドライヤーの風を当てる角度を㋐とする。さらに，車の土台の短い辺と，三角柱の底面の最も長い辺との間の角度を㋑とする。

3　㋐が20°になるようにドライヤーを固定し，㋑を10°から70°まで10°ずつ変え，三角柱に風を当てたときの車の動きを調べる。

4　㋐を30°から80°まで10°ごとに固定し，㋑を手順3のように変えて車の動きを調べる。

　実験3の結果を，車が前に動いたときには○，後ろに動いたときには×，3秒間風を当てても動かなかったときには△という記号を用いてまとめると，**表6**のようになりました。

表6　**実験3**の結果

| | | ㋑ | | | | | | |
		10°	20°	30°	40°	50°	60°	70°
㋐	20°	×	×	×	×	×	×	×
	30°	×	×	×	×	×	×	×
	40°	×	×	×	×	△	△	△
	50°	×	×	×	△	○	○	○
	60°	×	×	△	○	○	○	○
	70°	×	△	○	○	○	○	○
	80°	△	○	○	○	○	○	○

花子：風をななめ前から当てたときでも，車が前に動く場合があったね。

太郎：車が前に動く条件は，どのようなことに注目したら分かりますか。

先生：㋐と㋑の和に注目するとよいです。

花子：次のページの**表7**の空らんに，○か×か△のいずれかの記号を入れてまとめてみよう。

[問題3]　(1)　**表7**の★に当てはまる記号を○か×か△の中から一つ選び，書きなさい。

(2)　**実験3**の結果から，風をななめ前から当てたときに車が前に動く条件を，あなたが作成した**表7**をふまえて説明しなさい。

表7 車の動き

		⑭と⑪の和					
		60°	70°	80°	90°	100°	110°
⑭	20°					▨	▨
	30°						▨
	40°						
	50°						
	60°	▨	★				
	70°	▨	▨	▨			
	80°	▨	▨	▨			

【適性検査Ⅲ】 （45分）　　＜満点：100点＞

1　あすかさんはお姉さんの**やよい**さんと話をしています。

あすか：あら，いつの間にか緑茶の色が変わっているよ。

やよい：きゅうすでいれた緑茶はしばらく置いておくと茶色くなるね。すっかり冷えてしまったけれど，味はどうかな。

あすか：熱いときとの味のちがいはよく分からないな。でも，ペットボトルの緑茶は工場から届_{とど}くまで時間がかかっているのに，売っているときは茶色くなっていないね。なぜだろう。

やよい：冷蔵庫_{れいぞうこ}にペットボトルの緑茶があるから見に行きましょう。ラベルの成分表示を見てごらん。ビタミンCと書いてあるでしょう。ビタミンCには，色や風味の変化を防ぐ役割_{やくわり}があるの。

［問題１］　やよいさんは，「ビタミンCには，色や風味の変化を防ぐ役割_{やくわり}がある」と言っています。ビタミンCが色や風味の変化を防いでいる仕組みについて，あなたの考えを書きなさい。また，そのことを確かめる実験を考え，説明しなさい。答えは次の①～③の順に書きなさい。説明には図や表を用いてもかまいません。

①　ビタミンCが色や風味の変化を防いでいる仕組み

②　①を確かめる実験のくわしい方法

③　予想される結果

あすか：ペットボトルの緑茶を温めたらどうなるのだろう。

やよい：やってごらん。

あすか：火にかけてもよいガラスの容器にペットボトルの緑茶を入れ，温めていたら，色が茶色く変わったよ。こうばしいにおいはしたけれど，少し苦い味がしたよ。

やよい：ペットボトルの緑茶だからビタミンCが入っていたはずなのに，温めるとなぜ色も味も変わってしまったのかな。ペットボトルのまま温めて売られている緑茶は茶色くもないし，苦くもないのに不思議ね。

写真１　ペットボトルの緑茶を温めている様子

[問題２]　火にかけてもよいガラスの容器にペットボトルの緑茶を入れて温めると，色や味などの性質が変化します。その変化の仕組みについて，あなたの考えを書きなさい。

あすか：緑茶を温めると色や味が変わるなら，緑茶の葉を温めても色や味が変わるのかな。

やよい：おもしろいことに気がついたね。お茶について書かれたこの本を見ながら同じことをやってみましょう。

あすか：紅茶の葉も緑茶の葉もチャノキという木の葉から作られるのね。知らなかった。

やよい：紅茶の葉と緑茶の葉は，ちがう種類の木から採れると思っていたでしょう。

あすか：うん。

やよい：チャノキの葉をつんだ後にすぐ加熱したものが緑茶の葉で，チャノキの葉を加熱しないで暖かくしめった部屋にしばらく置いておき，最後に加熱すると紅茶の葉になるのね。

あすか：そのときに葉に何かを混ぜるのかな。

やよい：薬品とか，何かを混ぜなくても紅茶の葉になるよ。

あすか：しばらく置いておく間に，葉にどんなことが起きているのだろう。

[問題３]　やよいさんは，「暖かくしめった部屋にしばらく置いておき」と言っています。このとき，葉にどのようなことが起きていると思いますか。チャノキの葉が紅茶の葉になる仕組みについて，あなたの考えを書きなさい。また，そのことを確かめる実験を考え，説明しなさい。答えは次の①～③の順に書きなさい。説明には図や表を用いてもかまいません。

　　①　暖かくしめった部屋でチャノキの葉が紅茶の葉になる仕組み

　　②　①を確かめる実験のくわしい方法

　　③　予想される結果

あすか：自分で作っても紅茶の味がするね。それなら，緑茶の葉を暖かくしめった部屋にしばらく置いておいたら紅茶の葉になってしまわないのかな。

やよい：緑茶の葉は作る過程で一度加熱しているから，そうならないよ。

あすか：変化が起こらないような工夫がしてあるんだね。

やよい：それから，遠くまで運ぶのに時間がかかるなどして品質が変わってしまうのも困るね。

あすか：食品には，変化が起こらないように保存料を加えているものもあるね。

やよい：食品以外にも，長い期間，変化が起こらないように工夫されているものはたくさんあるよ。

[問題４]　身の回りにある食品以外のものについて，時間がたつにつれて，ものの色などの性質が自然に変化していくのを防ぐためにされている加工や工夫を一つ挙げなさい。また，なぜそのような加工や工夫によって，ものの色などの性質が変化するのを防ぐことができるのか，説明しなさい。

2　おじいさんが，ゆうきさんとはるかさんに二人で遊べるカードゲームを教えています。

おじいさん：今日はちょっと変わったゲームをしょうかいしよう。

ゆ う き：どんなゲームなの。

おじいさん：ここに同じ大きさ，同じ形で，一方の面は赤色，もう一方の面は青色でぬられているカードがたくさんあるよ。今，これらのカードを全て赤色の面を表にして，どのカー

ども重ならないように机の上に置いておこう。

　まず一人が，これらのカードの中から好きな10枚を選んで，青色の面が表になるように裏返し，残ったカードはそのままにしておく。この人をＡさんと呼ぼう。もう一人はその様子が分からないようにアイマスクをしておこう。この人をＢさんと呼ぼう。

は　る　か：Ｂさんには，どの10枚が裏返されたのか分からないんだね。

おじいさん：そうだよ。そしてＢさんは，アイマスクをしたまま机の上のカード全体を二つのグループに分けるんだよ。ただし，それぞれのグループのカードの枚数は同じでなくてもかまわないんだ。１枚とその他でもいいし，20枚とその他でもいいよ。

ゆ　う　き：その後どうするの。

おじいさん：Ｂさんは，二つのグループに分けた後，どちらかのグループを選んで，そのグループのカードのうち，好きな枚数だけ裏返すことができるよ。１枚も裏返さなくてもいいし，全部裏返してもいいよ。

は　る　か：勝敗はどうやって決まるの。

おじいさん：Ｂさんは裏返す操作を終えたら，アイマスクを外す。そのとき，二つのグループのそれぞれにふくまれる青色の面が表になっているカードの枚数がいっちしていたらＢさんの勝ち，そうでなければＡさんの勝ちとしよう。

は　る　か：もし，Ｂさんがたまたま青色の面が表になった10枚のカードとその他のカードの二つのグループに分けて，その10枚のカードを全て裏返したらどうなるの。その場合，全て赤色の面が表になってしまうけれど。

おじいさん：よい質問だね。その場合は，二つのグループのそれぞれにふくまれる青色の面が表になっているカードの枚数がどちらも０枚となるね。だから，枚数がいっちしているとしてＢさんの勝ちとしよう。

ゆ　う　き：よし，分かった。では，やってみよう。

[問題１]　このゲームで，ＡさんとＢさんのどちらが有利だと言えますか。解答らんのＡさん，Ｂさんのどちらかを選んで○で囲みなさい。また，そのように考えた理由を説明しなさい。説明には図を用いてもかまいません。

は　る　か：楽しかったね。

ゆ　う　き：そうだね。他にもゲームはないの。

おじいさん：さっきと同じカードを４枚使った別のゲームを教えよう。アイマスクをする人をＣさん，しない人をＤさんと呼ぼう。Ｃさんは，ゲームが終わるまでずっとアイマスクをしているよ。

　Ｃさんがアイマスクをしてから，Ｄさんは４枚のカードを机の上に一列に並べる。それぞれのカードは赤色の面と青色の面のどちらを表にして置いてもかまわないが，赤色が２枚，青色が２枚となるように置いてはいけないよ。ここまでがゲームの準備だよ。

は　る　か：いよいよゲームが始まるんだね。

おじいさん：そうだよ。このゲームでは，Ｃさんがカードを裏返す操作を通じて，４枚のカードの

うち２枚が赤色，残りの２枚が青色という組み合わせにしようとするんだ。この組み合わせになった状態を「赤２青２」と呼び，そこでゲームは終わるよ。

は　る　か：だから最初に赤色が２枚，青色が２枚となるように置いてはいけないんだね。

ゆ　う　き：どんな手順でゲームを行うの。

おじいさん：最初にＣさんは，４枚のカードの中から好きな枚数のカードを選んで裏返す。この時点で「赤２青２」になったらＣさんの勝ちだよ。もし，「赤２青２」にならなかったら，次にＤさんは，４枚のカードを並べかえることができるよ。ただし，表裏は変えてはいけないよ。

ゆ　う　き：Ｃさんにはどのカードがどの位置に移ったのか分からないということだね。

おじいさん：そうだね。そうしたら次はＣさんの番だ。Ｃさんはさっきと同じように，好きな枚数のカードを選んで裏返すことができるよ。この時点で「赤２青２」になったらＣさんの勝ちだよ。もし，「赤２青２」にならなかったら，またＤさんは４枚のカードを並べかえるんだ。最後にＣさんはもう一度だけカードを裏返すことができるよ。

は　る　か：Ｃさんが３回裏返しても「赤２青２」にならなかったらどうなるの。

おじいさん：その場合は，Ｄさんの勝ちとなるんだ。

ゆ　う　き：よし，やってみよう。

〔問題２〕　このゲームで，ＣさんがＤさんに確実に勝つためには，Ｃさんは３回以内の裏返す操作で，それぞれ何枚裏返せばよいですか。裏返す枚数を答えなさい。また，その操作によって確実に勝つことができる理由を説明しなさい。説明には図を用いてもかまいません。

ゆ　う　き：楽しかったね。

は　る　か：そうだね。もっとゲームがしたいなあ。

おじいさん：次は別のカードを使ってゲームをしよう。ここに，同じ形で同じ大きさの４枚のカードがあるよ。そのカードには①，②，③，④の記号が書かれているよ。このゲームはこれら４枚のカードと１枚のコインを使うんだ。今，４枚のカードを**図１**のように一列に置くよ。

図１

ゆ　う　き：まず何をするの。

おじいさん：一人が相手に分からないようにして，４枚のカードのうち１枚の下にコインを置き，もう一人がどこにコインがあるかを当てるんだ。コインを置く人をＥさん，当てる人をＦさんと呼ぼう。

は　る　か：Ｆさんは，コインがあると思ったカードをめくるんだね。

ゆ　う　き：当たらなかったらどうするの。

おじいさん：Ｆさんはめくったカードを元にもどし，Ｅさんは，Ｆさんに分からないようにしてコ

インの位置を移動させなければならないんだ。ただし，もともと置いてある位置の両どなりのどちらかのカードの下にしか移動させられないよ。

ゆ　う　き：①や④のカードの下にコインがあった場合はどうするの。

おじいさん：①のカードの下にコインがある場合は②に，④のカードの下にコインがある場合は③にしか移動させられないね。

は　る　か：Ｅさんがコインを移動させ終わったら，次はＦさんの番だね。さっきと同じように，どのカードの下にコインがあるか当てるんだね。

おじいさん：そうだよ。もし当たらなければ，Ｅさんの番になって，さっきと同じようにコインを移動させることになるよ。

ゆ　う　き：勝敗はどうやって決まるの。

おじいさん：Ｆさんのめくる操作が４回行われる間に，下にコインがあるカードを当てられたらＦさんの勝ち，そうでなければＥさんの勝ちだよ。

は　る　か：よし，やってみよう。

[問題３]　Ｆさんのめくる操作が４回行われる間に，どのような順番でどの記号のカードをめくれば，Ｆさんが確実に勝つことができますか。めくるカードの順番を，①，②，③，④の記号で答えなさい。

○各段落の最初の字は一字下げて書きます。

○行をかえるのは、段落をかえるときだけとします。

○、や。や「などもそれぞれ字数に数えます。これらの記号が行の先頭に来るときには、前の行の最後の字と同じますめに書きます。（ますめの下に書いてもかまいません。）

○。と」が続く場合には、同じますめに書いてもかまいません。この場合、。」で一字と数えます。

○段落をかえたときの残りのますめは、字数として数えます。

○最後の段落の残りのますめは、字数として数えません。

はそれでとてもおもしろかったし、そうすることで、不思議に広く深く、静かなものの見方ができるようになるだろう。

いきものは全部、いろいろあるんだな、あっていいんだな、ということになる。つまりそれが、生物多様性ということなのだと思う。

（注）　思考実験——（起こりにくいことが）もし実際に起こったらどうなるか、考えてみること。

（日高敏隆「世界を、こんなふうに見てごらん」による）

エポフィルス——カメムシの仲間。水中に住みながら空気呼吸をする。

節足動物——ガやクモなど、足にたくさんの節をもつ動物。

体節を連ねる外骨格の動物——体のじくに沿って連なった、からやこうでおおわれている動物。

腔腸動物——クラゲやサンゴなど、口から体内までの空所をもつ、かさやつつのような形をした水中の動物。

生物多様性——いろいろなちがった種類の生物が存在すること。

生態系——生物とまわりの環境とから成り立つ、たがいにつながりのある全体。

【問題1】　⑦藤丸、⑦藤丸さんというように、同一の人物について、書き分けがされていますが、その理由について、四十五字程度で分かりやすくまとめなさい。

【問題2】　⑦いろんないきものの生き方をたくさん勉強するといいと思う。とありますが、筆者がそう思うのは、どのようなものの見方ができるようになるからでしょうか。　文章1　の表現を用いて、解答らんに合うよう四十字程度で答えなさい。

【問題3】　次に示すのは、　文章1　と　文章2　についての、ひかる

さんとかおるさんのやりとりです。このやりとりを読んだ上で、あなたの考えを四百字以上四百四十字以内で書きなさい。ただし、左の条件と【きまり】にしたがうこと。

ひかる——　文章1　を読んで、「ちがい」ということについて、いろいろと考えさせられました。

かおる——「ちがい」という言葉が直接使われてはいませんが、文章2　にもそういったことが書いてあると思います。

ひかる——わたしも、みんなはそれぞれちがっていると感じるときがあります。

かおる——学校生活のなかでも、「ちがい」を生かしていった方がよい場面がありそうですね。

条件　　次の三段落構成にまとめて書くこと

①第一段落では、「ちがい」について、まとめる。

②第二段落では、「ちがい」がなく、みんなが全く同じになってしまった場合、どのような問題が起こると思うか、考えを書く。

③第三段落には、①と②の内容に関連づけて、これからの学校生活のなかで「ちがい」を生かしていくとしたら、あなたはどのような場面で、どのような言動をとるか、考えを書く。

【きまり】

○題名は書きません。

○最初の行から書き始めます。

問なのだと思う。

実際に、昼間飛ぶガもいる。それは夜飛ぶガの苦労はしていないはずだ。それでも夜飛ぶなら、昼間飛ぶよりどこがいいのだろう、などと考えているとますますなぜ夜飛ぶのか、わからなくなってくる。それぞれに、それぞれの生き方があるのだ、といういいかげんな答えしか残らない。

それなりに苦労しているんだ、としかいいようがない。

しかし、それなりに、どういう苦労をしているのだろうということを、いろいろ考えてみるのがおもしろい。それは哲学的な*思考実験に似ている。

*エポフィルスにせよ、ガにせよ、苦労するには苦労するだけの原因があり、仕組みがある。それは何かということを探るのだ。

たとえば*節足動物は、なぜ節足動物になってしまったか、ということから考える。たまたま祖先がそうだったから、彼らは*体節を連ねる外骨格の動物になっていった。

すると体の構造上、頭の中を食道が通り抜けることになり、脳を発達させると食道にしわ寄せがいくようになった。ではどうしたらいいか。樹液や体液、血液といった液状のエサを採ることにした。それが、その形で何とか生き延びる方法だった。節足動物といういきものは、そういう苦労をしている。

動物学では、現在の動物の形が必ずしも最善とは考えない。

そうならざるをえない原因があり、その形で何とか生きているのだと考える。

なぜそういう格好をして生きているのか、その結果、どういう生き方をしているのか。そういった根本の問題を追究するのが動物学という学問なのだと思う。

いろいろないきものを見ていくと、こんな生き方もできるんだなあ、そのためにはこういう仕組みがあって、こういう苦労があるのか、なるほど、それでやっと生きていられるのか、ということが、それぞれにわかる。

わかってみると感激する。その形でしか生きていけない理由を、たくさん知れば知るほど感心する。

その感激は、原始的といわれるクラゲのような*腔腸動物でも、高等といわれるほ乳類でもまったく同じだ。

このごろ、よく、*生物多様性はなぜ大事なのですかと聞かれる。ぼくは、簡単に説明するときはこんなふうにいう。

*生態系の豊かさが失われると人間の食べものもなくなります。食べものも、もとは全部いきもので、人間がそれを一から作れるわけではないのですから、いろんなものがいなければいけないのです、と。

ただそれは少し説明を省略したいい方で、ほんとうは、あらゆるいきものにはそれぞれに生きる理由があるからだと思っている。

理由がわかって何の役に立つ、といわれれば、別に何の役にも立ちませんよ、というほかない。しかし役に立てるためだったら、こんな格好をしていないほうがいいというものがたくさんある。

人間も、今こういう格好をしているが、それが優れた形かどうかはわからない。これでも生きていけるという説明はつくれるけれども。

だからこそ動物学では、海の底のいきものも人間も、どちらが進化していてどちらが上、という発想をしない。

Ⓦいろんないきものの生き方をたくさん勉強するといいと思う。ぼく

自分の理解が及ばないもの、自分とは異なる部分があるものを、すぐに「気味が悪い」「なんだかこわい」と締めだし遠ざけようとしてしまうのは、私の悪いところだ。ううん、人類全般に通じる、悪いところかもしれない。本村はまたも反省した。人間に感情と思考があるからこそ生じる悪癖だと言えるが、「気味が悪い」「なんだかこわい」という気持ちを乗り越えて、相手を真に理解するために必要なのもまた、感情と思考だろう。どうして「私」と「あなた」はちがうのか、分析し受け入れるためには理性と知性が要求される。ちがいを認めあうためには、相手を思いやる感情が不可欠だ。

植物みたいに、脳も愛もない生き物になれれば、一番面倒がなくて気楽なんだけど。本村はため息をつく。思考も感情もないはずの植物が、人間よりも他者を受容し、*飄々と生きているように見えるのはなんとも皮肉だ。

それにしても、藤丸さんはすごい。と本村は思った。私がうだうだ考えているそばで、藤丸さんはサツマイモの葉っぱをあるがまま受け止め、イモの皮の色がそこに映しだされていることを発見した。なんてのびやかで、でも鋭い観察眼なんだろう。きっと、①藤丸さんは、だれかを、なにかを、「気味悪い」なんて思わないはずだ。一瞬そう感じることがあったとしても、「いやいや、待てよ」と熱心に観察し、いろいろ考えて、最終的には相手をそのまま受け止めるのだろう。おおらかで優しいひとだから。

*感嘆をこめて藤丸を見ていると、視線に気づいた藤丸が顔を上げ、照れたように笑った。

（三浦しをん「愛なき世界」による）

（注）
*葉柄——葉の一部。柄のように細くなったところ。（図1）

*擬人化して——人間以外のものを人間と同じに見立てて。

*隔絶した——かけはなれた。

*微塵も——すこしも。

*葉脈——葉の根もとからこまかく分かれ出て、水分や養分の通路となっている筋。（図2）

*最前——さきほど。さっき。

*飄々と——こだわりをもたず、自分のペースで。

*感嘆をこめて——感心し、ほめたたえたいような気持ちになって。

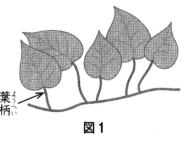

図1

図2

文章2

ぼくは昔からガという虫が好きだ。そもそも、なぜ昼間飛ばないで夜飛ぶのだろうというところに興味がある。

昼間飛んだらいいじゃないか。暗いと敵がいなくて安全だというが、夜に出てきてエサを探す敵もいる。暗ければ安全とは決していえないだろう。

【適性検査Ⅰ】 （四五分）　〈満点：一〇〇点〉

1 次の 文章1 と 文章2 とを読み、あとの問題に答えなさい。

（*印の付いている言葉には、本文のあとに（注）があります。）

文章1

> T大学で植物学の研究をしている本村紗英は、研究室の仲間や出入りの洋食店店員である藤丸陽太とともに、構内の植え込みの一角に植えられているサツマイモの収穫を手伝うことになった。自分もこれまで何度となく目にしていた植え込みにサツマイモが植えられているとは思いもしなかったことに気づき、本村はもっと植物というものに敏感にならなければ、と考える。

反省した本村は、しゃがみこんで植え込みのサツマイモの葉を眺めた。地表に近い場所で、大小の葉が一生懸命に太陽へ顔を向けている。

ひしめきあいながらも、互いの邪魔にならぬようにということなのか、*葉柄の長さはさまざまだ。長い葉柄を持ち、周囲の葉から飛びだした葉柄は短いけれど、ほかの葉のあいだからうまく顔を覗かせているもの。葉柄は短いけれど、ほかの葉のあいだからうまく顔を覗かせているもの。

けなげだ、とつい*擬人化して感情移入してしまう。頭がいいなあ、と感心もする。植物に脳はないから、頭もお尻もないわけだが、それでもうまく調和して、生存のための工夫をこらす。人間よりもよっぽど頭がいいなと思うことしきりだ。

だが、植物と人間のあいだの断絶も感じる。本村は人間だから、なんとなく人間の理屈や感情に引きつけて、植物を解釈しようとする癖が抜

けない。けれど、脳も感情もない植物は、本村のそんな思惑とはまったく*隔絶したところで、ただ淡々と葉を繁らせ、葉柄の長さを互いに調節し、地中深くへと根をのばす。より多く光と水と養分を取りこみ、次代に命をつなぐために。言葉も表情も身振りも使わずに、人間には推し量りきれない複雑な機構を稼働させて。

そう考えると、どれだけ望んでも本村には永遠に理解できない、気味悪く得体の知れぬ生き物のように、植物が思われてくるのだった。サツマイモの葉っぱのほうは、本村が「ちょっとこわいな」と思っていることなど、もちろんまるで感知していないだろう。これからイモを掘られるとは*微塵も予想せず、この瞬間も元気に光合成を行っている様子だ。

本村とは少し距離を置き、⑦藤丸もしゃがんでサツマイモの葉を眺めていた。「うお」と藤丸が小さく声を上げたので、本村は顔をそちらに向けた。

「葉っぱの筋がサツマイモの皮の色してる。すげえ」

藤丸は独り言のようにつぶやき、よりいっそう葉に顔を近づけて、何枚かを熱心に見比べている。

本村は手もとの葉を改めて眺めた。言われてみれば、たしかに。ハート型の葉に張りめぐらされた*葉脈は、ほのかな*臙脂色だった。「こういう色のイモが、土のなかで育ってますよ」と予告するみたいに。

血管のような葉脈を見ていたら、*最前感じた気味の悪さは薄らいだ。たしかに植物は、ひととはまったくちがう仕組みを持っている。人間の「常識」が通じない世界を生きている。けれど、同じ地球上で進化してきた生き物だから、当然ながら共通する点も多々あるのだ。

2020 年 度

解 答 と 解 説

《2020年度の配点は解答欄に掲載してあります。》

＜適性検査Ⅰ解答例＞

1 問題1　ふじ丸は作者から見た言い方で，ふじ丸さんは本村さんから見た言い方だという
　　　　ちがいをはっきりさせるため。

　　問題2　のびやかで，するどい観察眼を持ち，相手をそのまま受け止めるような，おおら
　　　　かでやさしい（ものの見方）

　　問題3　（学校からの解答例はありません）

　　解答例

　　　文章1では，自分とのちがいを受け入れるという向き合い方がかかれている。一方，
　　文章2では，あらゆるいきものがそれぞれにちがっているという「多様性」が必要で
　　ありすばらしいものとして大切にしている。

　　　私は，このような「ちがい」や「多様性」がない場合，新たな発想が生まれなくな
　　ってしまうという問題が起こると思う。なぜなら，自分とちがう考えがあればこそ，
　　お互いに話し合い，さらにそれらがみがかれてより良い発想になると思うからだ。

　　　そのような機会は，今後の学校生活でも起こると思う。例えば，みんなでひとつの
　　ものを作り上げる文化祭などでは，みんなが同じアイデアしか持ち合わせていなけれ
　　ば，そこから新しいものは生まれない。すると，見に来る人たちに目新しさや面白さ
　　は感じてもらえない。だからそのような場面では，みんなが自分のアイデアを気楽に
　　言い合えるような空気を作るようにしたい。より多くのちがいがあることが，新しい
　　発想を生み，結果としてみんながひとつになれると思う。

○配点○

1 問題1　10点，問題2　20点，問題3　70点　　　　計　100点

＜適性検査Ⅰ解説＞

1 （国語：読解，作文）

基本

　問題1　解答例にあるように，「藤丸」は作者の視点から物語全体を客観的に表す際の言い方であり，
　　　　一方，「藤丸さん」は本村が藤村に対する尊敬をこめた心の中の呼び方である。文章Aは，主
　　　　人公である本村の感情を作者が客観的な立場から観察する形でストーリーが進んでいく。し
　　　　かし，文章中での本村の感情は，本村自身の心の中のセリフのような思いを，「　」や（　）を
　　　　使わずに作者から見た様子のうちに組み込まれているのでわかりにくい。

　問題2　設問で聞かれていることは「どのようなものの見方ができるようになるから」かである。
　　　　文章2の下線部㋒の直後に注目すると，「ぼくはそれでとてもおもしろかったし，そうするこ
　　　　とで，不思議に広く深く，静かなものの見方ができるようになるだろう。」とある。

　　　　あとは文章1の中からこのことと同じようなことを表現している箇所を探すと，いきものは全
　　　　部，いろいろあるんだな，あっていいんだな，ということになる。

　　　　最終的には相手をそのまま受け止めるのだろう。

問題3　段落構成およびそこで書く内容はすでに提示されているのだが，しっかりと設問の求めていることを把握することが重要である。第1段落では「ちがい」に対する向き合い方をまとめること，第2段落では「ちがい」がなく，みなが同じになってしまった場合，どのような問題が起こると思うか，第3段落では学校生活の中で「ちがい」を生かして活動していくとしたら，どのような場面で，どのような言動をとるか，というように，かなり細かく指定されている。よってキーワードが使われていても，求められた内容とズレがある場合は大きな減点や得点にならないということになる。

─ ★ワンポイントアドバイス★ ─

2つの文章が与えられる問題では，「共通点と相違点」を意識して読むことが大切である。その共通点に作問者のメッセージが込められている。

＜適性検査Ⅱ解答例＞

1　問題1　①　25cm　　②　10cm　　③　15cm　　④　10cm

　　問題2　〔必要なパネルの台数〕　4台

　　　　　〔説明〕

　　　　　横向きの画用紙は，パネル1面に最大で8まいはることができるので，1面に8まいずつはると，4面で32まいはることができる。残りの6まいは，1面ではれるので，合わせて5面使う。

　　　　　たて向きの画用紙は，パネル1面に最大で9まいはることができるので，1面に9まいずつはると，2面で18まいはることができる。残りの3まいは，1面ではれるので，合わせて3面使う。

　　　　　したがって，すべての画用紙をはるのに8面使うから，パネルは4台必要である。

　　問題3　〔アに入る数〕　4点　　〔イに入る数〕　2　　〔ウに入る数〕　3

　　　　　〔エに入る数〕　2　　〔オに入る数〕　4

2　問題1　(1)

	サウジアラビア	オーストリア
輸出額の割合	11.9　%	29.1　%
	アメリカ合衆国	ブラジル
輸出額の割合	65.1　%	32.1　%

　　　　　(2)　グループA　アメリカ合しゅう国，イギリス

　　　　　　　グループB　オーストラリア，サウジアラビア，ブラジル

　　　　　　　理由　輸出額の方が多いグループAと，輸入額の方が多いグループBに分けた

　　　　　(3)　サウジアラビア　　オーストラリア　　アメリカ合衆国　　ブラジル

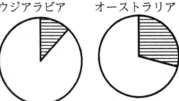

(4)　おたがいに機械などを貿易している国に対しては輸出額の方が多いが，原料
や燃料を輸入している国に対しては輸入額の方が多い。

問題2　(1)

	自動車	機械
1アメリカドル＝90円	22222　アメリカドル	1800000　円
1アメリカドル＝110円	18182　アメリカドル	2200000　円

問題3　(例)日本は製品を輸出入どちらもしているが，原料は輸入しかない。これは日本
に原料がないからだ。だから，他国の価格を円に換えると安くなる円高の方が輸入し
やすく望ましいと思う。しかし，製品の輸出のとき他国での価格が高くなり，売り上げ
が減る恐れがある。これは製品の製造を国内ではなく他国で行えば解決できると思う。

③　問題1　〔選んだプロペラ〕　A
　　　　　〔示す値のちがい〕　13.3g
　　問題2　(1)　〔モーター〕　ウ　〔プロペラ〕　H
　　　　　(2)　〔選んだ予想〕　①の予想　〔予想が正しくなる場合〕　あります・ありません
　　　　　　　〔理由〕E，F，G，Hのどのプロペラのときでも，アとイのモーターの結果を比
　　　　　　　べると，アのモーターの方が軽いのに，かかった時間が長くなってい
　　　　　　　るから。
　　問題3　(1)　×
　　　　　(2)　車が前に動く条件は㋐が50°から80°までのときで，さらに㋐と㋑の和が
　　　　　　　100°か110°のときである。

〇推定配点〇
①　問題1　各2点×4，問題2　10点，問題3　12点
②　問題1　24点，問題2　各3点×2，問題3　10点
③　問題1　6点，問題2　14点，問題3　10点

＜適性検査Ⅱ解説＞

① （算数：ゲーム - 場合の数）

基本　問題1　〔約束〕に従って考える問題である。ここでは(1)～(6)を
使って考えるが，この問題1は問題2を解くためのヒントとし
て出されたものである。難しくはないがしっかりと情報を把
握しておくことが次の問題を解くにあたり重要である。
図4を参考にすると，縦長のパネルに縦向きの画用紙6枚を貼
るのは，縦に3枚，横に2枚で考えるのがわかりやすいだろ
う。
　（①と②について）横に2枚並べるのだから，①は2か所，②は1
か所となる。パネルの横幅から紙の横幅の長さの合計を引き，
①と②の合計を求める。
　　140－40×2＝60cm…間の長さの合計（①×2か所＋②×1
か所）
　①～④は5の倍数でなければならないので，①が最短の場合は
5cmとなる。①が5cmの場合，①は左右合わせて2か所なので

表1	①	②
あ	5cm	50cm
い	10cm	40cm
う	15cm	30cm
え	20cm	20cm
お	25cm	10cm
か	30cm	×

表2	③	④
き	5cm	20cm
く	10cm	15cm
け	15cm	10cm
こ	20cm	5cm
さ	25cm	×

60－5×2＝50cm…②の長さとなる。

同様に①を10cm，15cmと5の倍数で考えると，①と②の組み合わせは表1のあ〜おのどれかであれば正解になる。

（③と④について）縦に3枚並べるので，③，④ともに2か所となる。同様の手順で求めると，200－50×3＝50cm…間の長さの合計（③×2か所＋④×2か所）

③を5cmとすると（50－5×2）÷2＝20cm…④の長さとなる。他の組み合わせとしては，表2のき〜さのいずれかであれば正解。

他に「縦に2枚，横3枚」の組み合わせでも考えられる。この場合は①と②の組み合わせは表3の1組のみで，③と④の組み合わせは表4のす〜にのいずれかであれば正解となる。

なお，「縦に1枚，横6枚」と「縦6枚，横1枚」は不可能である。適性検査は時間との勝負なので，例えば①が5cmで②が50cmとバランスが悪くても，条件に合っていればOKだと考え，次の問題に取り掛かることが重要である。

表3	①	②
し	5cm	5cm

表4	③	④
す	5cm	90cm
せ	10cm	80cm
そ	15cm	70cm
た	20cm	60cm
ち	25cm	50cm
つ	30cm	40cm
て	35cm	30cm
と	40cm	20cm
な	45cm	10cm
に	50cm	×

問題2 問題1で基本的な貼り方のルールは理解した上で，「パネルの台数を最も少なく」という条件に合うよう，まずはパネルの1面に貼ることができる画用紙の最大の枚数を考える。

（画用紙が横向きの場合）

横140÷50＝2枚→140－50×2＝40cm…①×2＋②×1→約束(6)の条件に合うOK

縦200÷40＝5枚→すき間が取れないので×，

4枚→200－40×4＝40cm…③×2＋④×3→約束(6)の条件に合うOK

2×4＝8枚…画用紙を横向きに並べるときのパネル1面の最大枚数

38÷8＝4余り4→4面と残り4枚→横向きに貼る面は5面必要

（画用紙が縦向きの場合）

横140÷40＝3枚→約束(6)の条件に合っているからOK

縦200÷50＝4枚→すき間が取れないので×，3枚→約束(6)の条件に合っているからOK

3×3＝9枚…画用紙を縦向きに並べるときのパネル1面の最大枚数

21÷9＝2余り3→2面と残り3枚→縦向きに貼る面は3面必要

5＋3＝8…全部で8面必要　パネルは両面使えるので　8÷2＝4　よって4台必要である。

やや難

問題3 さいころのそれぞれの目が 出たときの余りを求め，進む竹ひごの数字を出しておくと右の表のようになる。

アは，サイコロの目が1→2→5→1の順に出た。よって進んだ竹ひごの数字は1→2→1→1となりうの玉に2回目に到着して終了となるので，1＋2＋1＝4点。よって，アには4が入る。

イ，ウ，エ，オについては，4回でゲームが終わったということは，

A…4回目でかの玉に到着した場合→4つの玉の合計が7となる

B…4回目で一度通った玉に戻るような目が出た場合（3回目と4回目の数字が同じ）

サイコロの目	計算	竹ひごの数字
1	（20＋1）÷4＝5あまり1	1
2	（20＋2）÷4＝5あまり2	2
3	（20＋3）÷4＝5あまり3	3
4	（20＋4）÷4＝6	0
5	（20＋5）÷4＝6あまり1	1
6	（20＋6）÷4＝6あまり2	2

　　→3つの数の合計が7となる

のどちらかで7点を得たことになる。

Aの場合…0，1，2，3の4つの数字を4つ使って合計が7になる組み合わせは

　(0，1，3，3)，(0，2，2，3)，(1，1，2，3)，(1，2，2，2)の4つが考えられる。

　これらを並べ替えると

　(0，1，3，3)…不可能(同じ数字が連続しないようにすると，**か**に到着しない)

　(0，2，2，3)…不可能(同じ数字が連続しないようにすると，**か**に到着しない)

　(1，1，2，3)…不可能(同じ数字が連続しないようにすると，**か**に到着しない)

　(1，2，2，2)…不可能(そもそも2が3つもあるので，必ず連続ができてしまうから×)

Bの場合…0，1，2，3の4つの数字を3つ使って合計が7になる組み合わせは(1，3，3)，(2，2，3)，の2つが考えられる。このとき，4回目は3回目の数字と同じになるサイコロの目かあまたは2回めに通った玉に行くようなサイコロの目を考えればよい。

　(1，3，3)…不可能(同じ数字が連続しないようにすると3回で**か**到着)

　(2，2，3)

　3回目と4回目が同じ場合…2→3→2→2の順で竹ひごを通ればよい。よってサイコロの目は
　　　　　　　　　　　　　　下の表aのいずれかなら正解となる。

　あに戻る場合…2→3→2→0の順で竹ひごを通ればよい。よってサイコロの目は，下の表b
　　　　　　　　　　のいずれかなら正解となる。

表a

イ	ウ	エ	オ
2	3	2	2
2	3	2	6
2	3	6	2
2	3	6	6
6	3	2	2
6	3	2	6
6	3	6	2
6	3	6	6

表b

イ	ウ	エ	オ
2	3	2	4
2	3	6	4
6	3	2	4
6	3	6	4

2　(社会：日本の貿易の特徴 - 割合計算・資料分析)

基本

問題1　(1)　会話中に「輸出額と輸入額を合わせた金額を貿易総額と呼ぶ」と書いてある。また，イギリスについて計算した例では，「66.0％」となっているので，求める割合は，輸出額÷(輸出額＋輸入額)×100で％を求め，その上で小数第2位で四捨五入して小数第1位まで求めるとわかる。また，どの数値の単位も「億円」なので，これは省いて計算して構わない。

　　　サウジアラビア：4189÷(4189＋31150)×100＝11.853…％→11.9％

　　　オーストラリア：17956÷(17956＋43650)×100＝29.146…％→29.1％

　　　アメリカ合衆国：151135÷(151135＋80963)×100＝65.133…％→65.1％

　　　ブラジル　　　：3805÷(3805＋8041)×100＝32.120…％→32.1％

(2)　イギリスを含め，5つの国の数値を分類すると，輸出額の占める割合が半分以上と半分以下に分けるのが最も適切である。すると「輸出額の占める割合の方が多い国→イギリス，アメリカ合衆国」，「輸入額の占める割合の方が多い国→サウジアラビア，オース

トラリア，ブラジル」という分類ができる。どちらをAまたはBにしても構わない。

(3) (1)の計算結果を使って円グラフを作成するので，難しいものではない。ただし，輸出額を斜線や塗りつぶしではなく「横線」にするという指示に従うこと，国名のらんがあるのでグラフタイトルは不要だが，アメリカ合衆国はきちんと「合衆国」まで書くことなどにも気をつけよう。

(4) (2)と(3)から，輸出入額のことについてグループ分けが関連することはわかるはずである。しかし，例えば「～などの国からは輸出額の割合の方が多く，…などの国からは輸入額の割合の方が多い」などのような解答では日本の貿易の特徴を考えたとはいえない。ここでは資料1に戻って，貿易品目の内訳をみて，それぞれのグループの各国に共通することを分析しよう。

重要 問題2 単位換算の問題である。1ドルが100円のときに円をドルにするには，金額(円)に100円のひとまとまり(1ドル)がどれくらい入っているかを求めればよいので「円÷100(ドル)」，反対にドルを円にするには100円のまとまり(1ドル)がそのドル分あると考えるので，「ドル×100(円)」をすればよい。もし迷っても，会話中に「1アメリカドル＝100円」のときに，日本で2000000万円の値段がアメリカでは20000ドル，アメリカで20000ドルの値段が日本では2000000円」とあるので，ここから計算方法を確認することもできる。あとは指示されているように計算結果を処理すればよい。

自動車(輸出)
1ドル90円のとき：2000000÷90＝22222.22…→22222ドル
1ドル110円のとき：2000000÷110＝18181.81…→18182ドル
機械(輸入)
1ドル90円のとき：20000×90＝1800000円
1ドル110円のとき：20000×110＝2200000円

やや難 問題3 設問では「原料や製品の貿易だけを考える」としていることに注意する。問題1でわかることとして，輸入額の方が多い国と輸出額の方が多い国がある。また，問題1(4)でみた「日本の貿易の特徴」も含めて考えよう。「円高」と「円安」がどのように有利や不利と関わるかを考えるのだから，輸入と輸出について比べることも必要である。ただし，自分が望ましいとして選んだ方の問題点と解決策も書かなければならない。

③ (理科：実験・観察)

基本 問題1 プロペラを回す前の重さは，(台に固定したモーターの重さ)と(かん電池を入れた電池ボックス)と(表1の中から選んだプロペラの重さ)の合計である。表2のA～Dの値からこの求めた合計を引いたものが答えとなる。
(台に固定したモーターの重さ)＋(かん電池を入れた電池ボックス) 54.1＋48.6＝102.7g
(学校による解答例)
A：123.5－(102.7＋7.5)＝13.3g
(その他の解答例)
B：123.2－(102.7＋2.7)＝17.8g
C：120.9－(102.7＋3.3)＝14.9g
D：111.8－(102.7＋4.2)＝4.9g

重要 問題2 (1) 表の中で走り抜けるのにかかった時間が最も短いものを選ぶと2.8秒である。これはモーターがウでプロペラがHの組み合わせのときである。

(2) ポイントは、「条件をそろえる」ということである。モーターについて調べるときは同じプロペラでモーターごとの違い、プロペラについて調べるときは同じモーターごとのプロペラの違いをみる。

①の予想が正しいとしたら、プロペラがE，F，G，Hのどれを選んだときでも、モーターは最も軽いアのときにかかった時間が最も短くなるはずである。しかし、それぞれ最も短いのはEはイ，Fはイ，Gはイとウ，Hはウとなっているのだから、予想は正しくないということになる。

同様に、②の予想が正しいとしたら、モーターがア，イ，ウ，エのどれを選んだときでも、プロペラは最も軽いEのときにかかった時間が最も短くなるはずである。しかし、それぞれ最も短いのはアはF，イはF，ウはG，エはHとなっているのだから、予想は正しくないということになる。

問題3 (1) 表6の数字を使い、計算して表7を埋めればよい。よって★は×となる。

(2) 表6では階段状になっているが、表7でまとめ直すことで、あについては、50°より下、あとⒾの和については100°より右でという2つの条件がそろっているとき、前に進んでいることがわかりやすくなる。このとき、解答例のように表7からわかる範囲を指定するとより良い解答となる。

		あとⒾの和					
		60°	70°	80°	90°	100°	110°
	20°	×	×	×	×		
	30°	×	×	×	×	×	
	40°	×	×	×	△	△	△
あ	50°	×	×	×	△	○	○
	60°		★→×	×	△	○	○
	70°			×	△	○	○
	80°				△	○	○

━ ★ワンポイントアドバイス★ ━
複数のものの中から1つ選んで比較するときは計算しやすいものを選ぶことで時間短縮！

＜適性検査Ⅲ解答例＞ ━━━

1 問題1 ① 空気の成分が緑茶の成分と結び付くことで、色や風味が変わる。ビタミンCは、空気の成分と結び付くことで緑茶の成分が変化するのを防ぐ。

② きゅうすで入れた緑茶を形や大きさが同じである三つのふた付きの容器に入れる。
・容器Aには容器の半分まで緑茶を入れる。緑茶にはビタミンCを加え、ふたをとじる。
・容器Bには容器の半分まで緑茶を入れる。緑茶にはビタミンCを加えず、ふたをとじる。

・容器Cは容器のふちのぎりぎりまで緑茶を入れ、空気が入らないようにしてふたをとじる。またビタミンCは加えない。

三つの容器をしばらく置いておく。

③　容器A、容器Cの緑茶は色が変化しない。容器Bの緑茶は色が茶色くなる。

問題2　温めると、周りにある空気の成分とビタミンCが次から次へと結び付き、ビタミンCが少なくなっていく。そうすると空気の成分が緑茶の成分と結び付いて色や味などの性質が変化する。

問題3　①　空気の成分と緑茶の葉の成分が結び付くことでこう茶の葉になる。あたたかくしめっていると、空気の成分と緑茶の葉の成分が結び付きやすくなる。

②　下のA～Hの条件で実験を行う。

	部屋の温度	葉の状態	空気
A	上げる	しめらせる	あり
B	上げる	しめらせる	なし
C	上げる	かんそうさせる	あり
D	上げる	かんそうさせる	なし
E	下げる	しめらせる	あり
F	下げる	しめらせる	なし
G	下げる	かんそうさせる	あり
H	下げる	かんそうさせる	なし

葉をしめらせるときは、きりふきで葉に水分をふきかける。

「空気なし」は、とう明なふくろに葉を入れ、空気をぬいてとじる。

③　Aが最もこう茶の葉に近い色に変化する。B、D、F、Hは変化しない。

問題4　ポスターにフィルムをはる。

日光の成分の中にはポスターの色を変えてしまうものがある。その成分をきゅうしゅうするフィルムをはることで、ポスターにとどかなくなるから。

2　問題1　Bさん

理由：適当に選んだ10まいとそれ以外のグループに分け、選んだ10まいを全てうら返せば、青色の面が表になっているカードのまい数がそれぞれのグループで同じになり、必ずBさんが勝てるから。

問題2　1回め　2枚、2回め　1枚、3回め　2枚

理由：最初にDさんが置く赤と青のカードのまい数の組み合わせとして考えるのは、「0まい、4まい」または「1まい、3まい」である。

Cさんが1回めに2まいうら返したとき

・最初に「0まい、4まい」だった場合は「2まい、2まい」となってCさんが勝つ。

・最初に「1まい、3まい」だった場合は「1まい、3まい」のままである。

Cさんが2回めに1まいうら返すと「2まい、2まい」となってCさんが勝つか、「0まい、4まい」となる。

Cさんが3回めに2まいうら返せば、「2まい、2まい」となって、3回以内のそう作でCさんが確実に勝つことができるから。

問題3　②→③→③→②

○配点○

1　問題1　15点，問題3　25点，他　各10点×2

2　問題3　10点，他　各15点×2　　　計　100点

＜適性検査Ⅲ解説＞

1　（理科－実験）

基本
　問題1　①　「ビタミンCは色や風味の変化を防ぐ役割がある」ということは、裏返せば何かが緑茶を変化させるということになる。そうすると、緑茶が触れるものを考えれば、空気と反応すると考えるのがよいだろう。そこで、ビタミンCが緑茶と空気が反応することを防ぐ働きがあると考えればよい。

重要
　　　　②　実験のポイントは，"そもそも空気と緑茶が反応することで色や風味が変わるのか"ということも含めて確かめる必要があることだ。まず，容器B〔緑茶と空気のみ（ビタミンCはナシ）〕と容器C〔緑茶のみ（ビタミンC・空気はナシ）〕を比べることで，"空気と緑茶が反応することで色や風味が変わるのか"ということを確かめる。次に，容器A〔緑茶と空気とビタミンC〕と容器B〔緑茶と空気のみ（ビタミンCはナシ）〕を比べることで，"空気とビタミンCがあることで緑茶の色や風味が変化を防ぐ役割があること"を確認する。

　　　　③　3つの中で緑茶が空気の反応を防ぐビタミンCがないので、容器Bのみ変化すると予想される。

　問題2　温めると色や風味が変化するということは、加熱することでビタミンCがなくなる、または効果が消えると考えられる。例えば解答例のように、空気と結びつくことでビタミンCが減っていくとか、ビタミンCは熱で分解されるなどと予想をしよう。

　問題3　①　緑茶は空気に触れて変化するので、他の条件である暖かくしめった状態が加わることで紅茶の葉になると考えられる。

やや難
　　　　②　1のように、紅茶を作る過程で「暖かくしめった部屋にしばらく置くこと」によって変化が起きているのだから、これらの要素を細かく条件分けをして確かめる実験をすればよい。よって、「しばらく置く」（しばらく空気に触れさせる）以外に、「暖かい」→温度、「しめった」→湿度という条件についても比較が必要となる。よって、この3つの条件をそれぞれ、温度の高と低、空気のありとなし、葉の乾きと湿りを組み合わせると、解答例のように9つの組み合わせでの実験をすることとなる。

　　　　③　では、実験する際のそれぞれの条件ごとに比較した結果が書けるとすばらしいが、紅茶のようになったものを挙げるだけでも構わない。

重要
　問題4　設問では「ものの色などの性質が自然に変化」となっているので、色に限定する必要はないが、時間の経過で変色するものから考える方が探しやすいだろう。時間が経つことで色が変化するものとしては、絵や写真などが挙げられる。「自然と変化する」ということは、空気に触れることで変化してるいると考えれば、何らかのカバーなどされたものを考えれば、解答例のようなポスターや、接着フィルムのついた写真アルバム、樹脂やエナメルなどで表面をコーティングしたものなどを挙げればよい。

2 （算数：論理的思考）

やや難　問題1　Bさんは，カード全体を2つのグループに分けるときに，片方のグループの枚数を10枚，もう片方のグループを残りの枚数と分ける。このとき，例えば10枚のグループに青色のカードが7枚と赤色のカードが3枚あるということになる。もう片方のグループには3枚の赤色のカードがあることになる。そこで，10枚のグループのカードを全て裏返せば，そのグループのカードの色は逆転し，青色のカードが3枚と赤色のカードが7枚となる。

つまり，

Bさんが選んだ10枚を全てひっくり返したときの青色の枚数（ひっくり返す前は赤色）

→（Bさんが選んだ10枚）−（Bさんが選んだ10枚の中にある青色の枚数）

Bさんが選んだ10枚ではない方のグループの中にある青色の枚数

→（Aさんが選んだ10枚）−（Bさんが選んだ10枚の中にある青色の枚数）

となるので，どちらも同じ式になる。よってBさんが10枚と残りの枚数にグループ分けをして，10枚のグループのカードを全てひっくり返せば，どちらのグループの青色のカードの枚数は必ず同じ枚数になりBが勝つことになる。

重要　問題2　ゲームが始まる状態を場合分けしてから情報を整理する。「赤4青0」も「赤0青4」も結果は同じなので，漢字を書くと大変だし，重複すると情報が増えすぎてしまうので，数字のみで情報を整理する方がよいだろう。今回は3回の操作で確実に勝つ方法だから、全ての場合についてかきだしていけばよい。その際、樹形図を使うなどして、情報を整理するのがよいだろう。

●(0と4)からスタートの場合

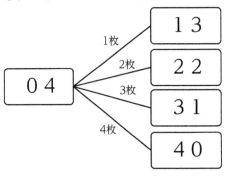

●(1と3)からスタートの場合

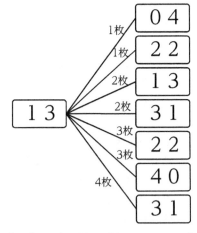

　このように樹形図で表すと、(0と4)、(1と3)、(2と2)が繰り返される。この中で確実に(2と2)を作れるのは(0と4)で2枚裏返すときである。(1と3)で2枚裏返すともう一度(1と3の組み合わせ)となり、ここで1枚または3枚裏返せば(0と4)か(2と2)を作ることができる。よって、少なくとも3回目までには(2と2)を作ることができる。

　よって、「1回め2枚、2回め1枚、3回め2枚」、「1回め2枚、2回め3枚、3回め2枚」のどちらかであれば確実に勝てることになる。

問題3　当たらなかった場合、コインは「移動させなければならない」のがポイントである。

　よって、いかにコインを確実に両端に追い詰めるかを考えればよい。1回目に①を選んで外れた場合、移動は②→①、②→③、③→②、③→④、④→③の5通りで移動先は①〜④の

全ての可能性がある。一方、1回めに②を選んで外れた場合、移動は①→②、③→②、③→④、④→③の4通りで、②、③、④の3通りしかない。次に①、②、④を選ぶと、今度はせっかく減らした行き先が増えてしまう。よって可能性を減らしていくには、次に③を選ぶべきである。③を選んで外した場合、移動先は②→①、②→③、④→③となり①か③のどちらかになる。3回目に①と③の間の②を選べば、①→②、③→②、③→④となり2回めが1つずつ左にずれるので無駄になってしまう。③を選ぶと、移動先は①→②のみとなる。4回めで②を選べば勝つことができる。

　よって答えは「②→③→③→②」または左右逆転した「③→②→②→③」の順でめくればよい。

★ワンポイントアドバイス★

検査Ⅲで求められる力は「論理性」！
少しでも手間を減らすよう、まずは情報整理→筋道立てて考える！！

大切なことはメモしておこうネ！

2019年度
★★★★★★★★★★★★★★★★★★★★★★

入　試　問　題

2019年度

都立小石川中等教育学校入試問題

【適性検査Ⅰ】 （25ページから始まります。）
【適性検査Ⅱ】 （45分）　　＜満点：100点＞

> 問題を解くときに，問題用紙や解答用紙，ティッシュペーパーなどを実際に折ったり切ったりしてはいけません。

[1]　先生，太郎さん，花子さんが，学校生活最後のお楽しみ会の準備をしています。

先生：お楽しみ会では，クラスのみなさんでできる遊びを行いましょう。遊び方をしおりにまとめて，クラスのみなさんに配ろうと思います。1枚の紙の片面から左とじのしおり（図1）を作りましょう。

太郎：1枚の紙の片面からしおりを作ることができるのですか。

花子：しおりの作り方（図2）によると，1枚の紙を┄┄で折り，━━━━━を切って，折りたたむと，しおりを作ることができるみたいよ。

図1　左とじのしおり

図2　しおりの作り方

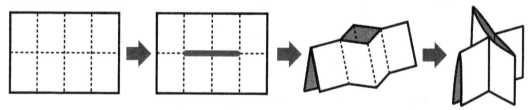

先生：お楽しみ会では二つの遊びを行います。しおりができたら，表紙を1ページとして，最初の遊びの説明を2ページから4ページに，次の遊びの説明を5ページから7ページにのせましょう。8ページは裏表紙になります。

太郎：折りたたみ方によって，しおりの表紙がくる位置や5ページがくる位置が変わってくるね。

花子：それに，文字の上下の向きも変わってくるね。しおりにしたときにすべてのページの文字の向きがそろうように書かないといけないね。

先生：そうですね。では，1枚の紙を折りたたみ，しおりにする前の状態（次のページの図3）で，しおりの表紙や5ページがどの位置にくるのか，またそれぞれ上下どの向きで文字を書けばよいのかを下書き用の用紙に書いて確かめておきましょう。

〔問題1〕　1枚の紙を折りたたみ，左とじのしおり（図1）を作るとき，しおりの表紙と5ページは，しおりにする前の状態（図3）ではどの位置にくるのでしょうか。また，それぞれ上下どちらの向きで文字を書けばよいですか。

解答用紙の図の中に，表紙の位置には「表」という文字を，5ページの位置には「五」という

文字を**図4**のように文字の上下の向きも考え，書き入れなさい。

図3　しおりにする前の状態

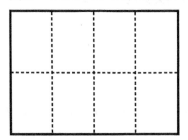

図4　文字の書き方

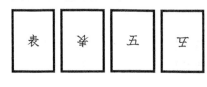

先生：しおりの2ページから4ページには，「白と黒の2色でぬられた模様を漢字や数字で相手に伝える遊び方」の説明をのせます。

花子：どのような遊びですか。

先生：例えば，伝える人は模様（**図5**）を漢字で表現（**図6**）します。答える人は，伝えられた表現から模様を当てるという遊びです。横の並びを「行」といい，縦の並びを「列」といいます。

図5　白と黒の2色でぬられた模様

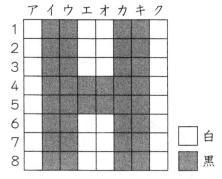

□ 白
■ 黒

図6　漢字で表現した模様

	ア	イ	ウ	エ	オ	カ	キ	ク
1	白	黒	黒	白	白	黒	黒	白
2	白	黒	黒	白	白	黒	黒	白
3	白	黒	黒	白	白	黒	黒	白
4	白	黒	黒	黒	黒	黒	黒	白
5	白	黒	黒	黒	黒	黒	黒	白
6	白	黒	黒	白	白	黒	黒	白
7	白	黒	黒	白	白	黒	黒	白
8	白	黒	黒	白	白	黒	黒	白

太郎：全部で64個の漢字を使って模様を表現していますね。64個も答える人に伝えるのは大変ではないでしょうか。

先生：そうですね。ではここで，数字も取り入れて，1行ずつ考えていくと（ 約束1 ），より少ない漢字と数字の個数で模様を表現することができますよ。

約束1

①上から1行ごとに，左から順にますの漢字を見る。

②漢字が白から始まるときは「白」，黒から始まるときは「黒」と最初だけ漢字を書く。

③白または黒の漢字が続く個数を数字で書く。

花子：図6の模様については，1行めは白から始まるから，最初の漢字は「白」になりますね。左から白が1個，黒が2個，白が2個，黒が2個，白が1個だから，

　　　　　白12221

という表現になります。漢字と数字を合わせて6個の文字で表現できますね。2行めと3行めも1行めと同じ表現になりますね。

先生：そうですね。4行めと5行めは，白から始まり，白が1個，黒が6個，白が1個ですから，

　　　　白161

　　　という表現になります。

図7　約束1 を使った表現

太郎：6行めから8行めも1行めと同じ表現になりますね。そうすると，漢字と数字を合わせて44個の文字で前のページの図6の模様を表現できました（図7）。前のページの 約束1 を使うと図6よりも20個も文字を少なくできましたね。漢字と数字の合計の個数をもっと少なくすることはできないのかな。

```
白12221
白12221
白12221
白161
白161
白12221
白12221
白12221
```

先生：別の約束を使うこともできますよ。今度は，1列ずつ考えていきます（ 約束2 ）。

約束2

　①ア列から1列ごとに，上から順にますの漢字を見る。

　②文字が白から始まるときは「白」，黒から始まるときは「黒」と最初だけ漢字を書く。

　③白または黒の漢字が続く個数を数字で書く。

花子：図6の模様については，図8のように表現できるから，漢字と数字を合わせて20個の文字で模様を表現できました。 約束1 に比べて 約束2 を使ったほうが，24個も文字を少なくできましたね。

　　　伝える人は， 約束2 を使って答える人に模様を伝えるのがよいと思います。

図8　約束2 を使った表現

```
白 黒 黒 白 白 黒 黒 白
8  8  8  3  3  8  8  8
         2  2
         3  3
```

先生：どのような模様であっても 約束2 で表現するのがよいのでしょうか。別の模様でも考えてみましょう。

[問題2]　図9はある模様を 約束1 で表現したものです。この模様を 約束2 で表現したとき，漢字と数字の合計の個数がいくつになるのかを答えなさい。

　　　また， 約束1 と 約束2 のどちらを使ったほうが表現する漢字と数字の合計の個数が少なくできるのか答えなさい。さらに，少なくできる理由を説明しなさい。考えるときに図10を使ってもよい。

図9　約束1 を使った表現

```
白8
黒71
黒17
白116
白215
白116
黒17
黒8
```

図10

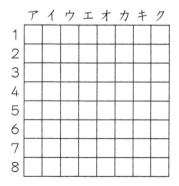

先生：しおりの５ページから７ページには，図11のような「磁石がついているおもちゃ（てんとう虫型）を鉄製の箱の表面で動かす遊び方」の説明をのせます。

図12のように鉄製の箱の表面にはますがかかれていて，使う面は前面と上面と右面だけです。

図１１　　　　　図１２

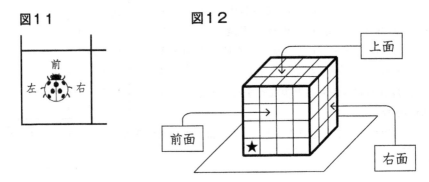

太郎：どのような遊びですか。

先生：表１にあるカードを使って，「★」の位置から目的の位置まで，指定されたカードの枚数でちょうど着くようにおもちゃを動かす遊びです。最初に，おもちゃを置く向きを決めます。次に，おもちゃを動かすカードの並べ方を考えます。同じカードを何枚使ってもかまいませんし，使わないカードがあってもかまいません。では，まずはカードの枚数を気にしないでやってみましょう。例えば，目的の位置を「う」の位置とします（図13）。表１をよく読んで，おもちゃの動かし方を考えてみてください。

表１

カード番号	カード	おもちゃの動かし方
①		同じ面で１ます前に動かす
②		同じ面で２ます前に動かす
③		そのますで右に９０度回転させる
④		そのますで左に９０度回転させる
⑤		面を変えながら１ます前に動かす

図１３

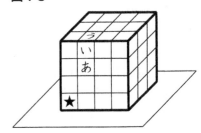

太郎：私は，最初におもちゃを図14のように置いて，このように考えました。

図１４

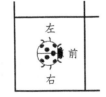

（カード番号　①　④　②　①　⑤　）

先生：そうですね。「あ」の位置でまず  のカードを使って「い」の位置に動かし，それから のカードを使って面を変えながら1ます前に動かすことで「う」の位置にたどりつきます。

花子：私は，最初におもちゃを図15のように置いて，このように考えました。

図15

（カード番号　②　①　③　①　④　⑤　）

先生：そうですね。花子さんの並べ方では，「い」の位置でまず のカードを使っておもちゃの向きを変え，それから のカードを使って面を変えながら1ます前に動かすことで「う」の位置にたどりつきます。

花子：お楽しみ会ではカードの枚数を指定して遊びましょう。

太郎：お楽しみ会の日が待ち遠しいですね。

[問題3]　図16のように「★」の位置から「え」の位置を必ず通るようにして，「お」の位置までおもちゃを動かします。表1のカードを10枚使って，おもちゃを動かすとき，使うカードの種類とカードの並べ方を考えなさい。

　最初に，「★」の位置に置くおもちゃの向きを図17から選び，解答用紙の（　）内に○をつけなさい。

　次に，おもちゃを動かすカードの並べ方を，前のページの表1にある①から⑤のカード番号を使って左から順に書きなさい。

図16　　　　　　　　　　図17

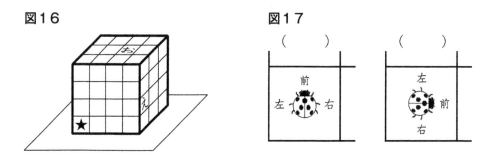

（　　　）　　　（　　　）

2　東京都の人口について調べることにしたあさこさんとけんじさんは，たくさんの資料を持っているおじいさんの家にやってきました。

※問題1とそれにかかわる資料は6ページと8ページにあります。

あ　さ　こ：東京都の人口について調べることにしたけれど，東京都のことだけを調べればいいのかな。

け　ん　じ：東京都の人口が他の道府県と比べて多いのか，少ないのかも調べないといけないだろうね。

あ　さ　こ：次のページの資料1を見つけたよ。おおよそ30年ごとに，全国の人口に対する各都道府県の人口の割合が図で示されているね。

け　ん　じ：人口が多い都道府県がどこかは，ずいぶんと変わってきているね。1893年では，2.5%

以上5.0％未満の都道府県が15もあって，東京都もその中にふくまれているけれど，人口が一番多いのは東京都ではないかもしれないね。

おじいさん：資料1だけでは分からないけれど，1893年では，人口が一番多い都道府県は新潟県<ruby>新潟県<rt>にいがたけん</rt></ruby>だよ。

あ　さ　こ：知らなかったな。

け　ん　じ：人口密度<ruby>密度<rt>みつど</rt></ruby>で考えると，面積のせまい東京都の方が，人が多く集まっているだろうけれど，人口としては東京都は一番ではなかったんだね。

あ　さ　こ：東京都と大阪府<ruby>大阪府<rt>おおさかふ</rt></ruby>は，1925年の図からずっと5.0％以上の色でぬられているね。1893年から1925年の間に人が集まりだしたんだね。

資料1　全国の人口に対する各都道府県の人口の割合<ruby>割合<rt>わりあい</rt></ruby>

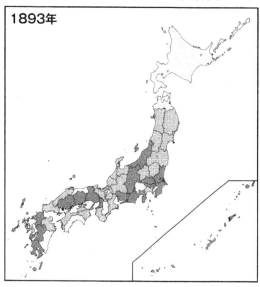

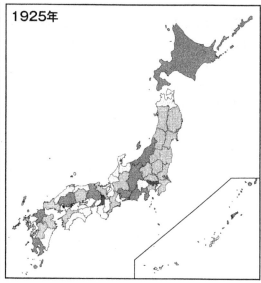

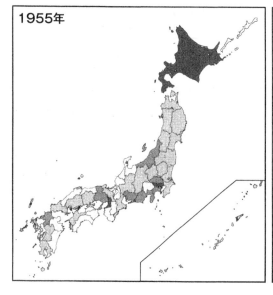

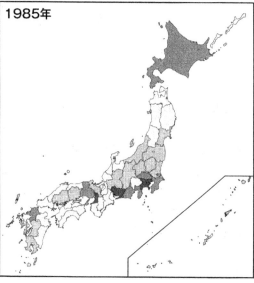

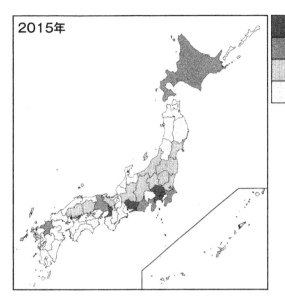

※色分けは，1893年から2015年まで共通である。

※北方領土の人口については，北海道の人口にふくまれていない年もある。

（総務省統計局「日本の長期統計系列」，「国勢調査結果」より作成）

資料2 人口の割合が全国の人口に対して5.0％以上の都道府県である人口とその割合

	全国の人口（人）	都道府県の人口（人）		割合（％）
1925年	59736822	東京府（東京都）	4485144	
		大阪府	3059502	5.1
1955年	90076594	東京都	8037084	
		北海道	4773087	5.3
		大阪府	4618308	5.1
1985年	121048923	東京都	11829363	
		大阪府	8668095	7.2
		神奈川県	7431974	6.1
		愛知県	6455172	5.3
2015年	127094745	東京都	13515271	
		神奈川県	9126214	7.2
		大阪府	8839469	7.0
		愛知県	7483128	5.9
		埼玉県	7266534	5.7

（総務省統計局「国勢調査結果」より作成）

け ん じ：割合が5.0％以上の都道府県は，同じくらいの人口になっているのかな。

おじいさん：割合が5.0％以上の都道府県について，それぞれの人口と割合の数値が**資料2**にあるよ。

け ん じ：1925年にある東京府って何だろう。

おじいさん：1943年までは今の東京都を東京府と呼んでいたよ。この後は，分かりやすいように東京都と呼ぶことにしよう。

け ん じ：**資料2**には東京都の割合が書かれていないよ。

あ さ こ：人口が書かれているから，どれくらいの割合なのかは計算できるね。

〔問題1〕 (1) 6～7ページの**資料1**をもとにして，1893年から2015年までの間に，全国の人口に
対する各都道府県の人口の割合の様子に，どのような変化があったかを説明しなさい。

(2) 前のページの**資料2**を使って，1925年から2015年までの，全国の人口に対する東京都の人口
の割合を，百分率で求めなさい。答えは百分率で表した数の小数第二位を四捨五入し，小数第
一位まで求めなさい。

あ　さ　こ：どの都道府県の人口が多かったのかについて，その変化が分かったね。

け　ん　じ：それ以外に変わってきたものはないかな。

おじいさん：それでは，資料3を見てごらん。

け　ん　じ：人口は分かるけれど，一般世帯というのがよく分からないな。

おじいさん：一般世帯とは，同じ家に住んで，生活するためにかかるお金などを共有しているひと
まとまりの人の集まりのことだよ。一人で住んでいる人も一つの世帯として数える
よ。一般世帯以外の世帯もあるけれど，世帯のほとんどは一般世帯だから一般世帯だ
けを世帯として考えていこう。

あ　さ　こ：全国と東京都の人口の数値が，**資料2**とちがっているね。

おじいさん：**資料3**の数値は，一般世帯に住む人だけのものだよ。

け　ん　じ：**資料3**から1世帯当たりの人数が計算できるね。

あ　さ　こ：計算するだけでなく，グラフにすると分かりやすくなるね。

資料3　全国と東京都の一般世帯の人口と世帯数

	全国		東京都	
	人口（人）	世帯数（世帯）	人口（人）	世帯数（世帯）
1925年	54336356	11122120	3545925	765326
1955年	86390720	17383321	7543743	1665499
1985年	119333780	37979984	11666760	4488493
2015年	124296331	53331797	13315400	6690934

（総務省統計局「国勢調査結果」より作成）

〔問題2〕 (1) 1955年，1985年，2015年について，全国と東京都の1世帯当たりの人数を計算しな
さい。答えは小数第二位を四捨五入して，小数第一位まで求めなさい。

(2) (1)で計算した数値を使って，解答用紙のグラフを完成させなさい。また，グラフの○，×の
記号が，全国，東京都のどちらを表しているかが分かるような工夫をしなさい。

け　ん　じ：1世帯当たりの人数は，全国も東京都も減ってきていることは同じだね。

あ　さ　こ：でも数値をくわしく見ると，少しちがっていないかな。

おじいさん：二人ともきちんとグラフを見ているね。変化の仕方が似ていることに気付くことも大
切だし，数値のちがいに気を配ることも大切だね。

け　ん　じ：変化の様子が同じように見えるということは，1世帯当たりの人数が減った理由も同

　　　　じだということかな。

おじいさん：そう考えていいだろうね。

あ　さ　こ：だけど，数値がちがっているということは，東京都には，全国とはちがう特別な理由
　　　　　　があるのかな。おじいさん，特別な理由があるかどうか分かるような資料は無いの。

おじいさん：それでは，**資料4**を見てごらん。

け　ん　じ：全国と東京都の，年令別の人口の割合を表した図だね。

あ　さ　こ：何才の人が多いかが比べられるね。

資料4　１９２５年と２０１５年の全国と東京都の年令別の人口の割合

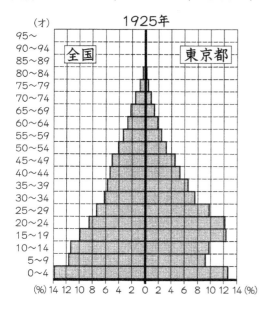

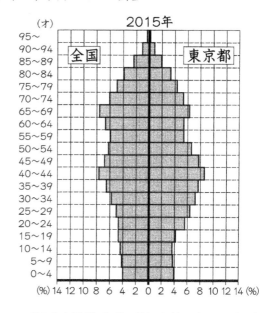

（総務省統計局「国勢調査結果」より作成）

［問題３］　1925年から2015年の間に，１世帯当たりの人数が変化したことについて，**資料4**も参考
　　にして，あなたが考える，全国に共通する理由と，東京都にとって特別な理由を書きなさい。

あ　さ　こ：東京都に人口が集中してきたことが分かったね。

け　ん　じ：昔と今とでは，東京都の様子も大きく変わっただろうね。

おじいさん：これからの東京都をどう変えていくべきかを考えるためにも，今までどう変わってき
　　　　　　たのかを考えてごらん。

あ　さ　こ：良い方向に変わってきているものは，より一層（いっそう）のばすことが大切だね。そして，問題
　　　　　　がありそうなものは，直していくことが大切だね。

け　ん　じ：これからの東京都をどう変えていけばいいのかな。

おじいさん：これからの東京都を創（つく）っていくのは，君たちだよ。しっかりと考えてほしいな。

け　ん　じ：責任重大だね。

あ　さ　こ：でも，やりがいがあるね。がんばって考えましょう。

［問題４］　東京都に人口が集中したことで，東京都はどう変わってきたと考えられますか。また，

これから東京都をどう変えていったら良いですか。これまでの会話や解答を参考にして，変えていく具体的な方法もふくめて，あなたの考えを書きなさい。

なお，解答らんには，121字以上150字以内で段落を変えずに書きなさい。「、」や「。」もそれぞれ字数に数えます。

3　太郎さん，花子さん，先生が先日の校外学習について話をしています。

太郎：校外学習の紙すき体験で，和紙は水をよく吸うと教えてもらったね。

花子：和紙と比べて，プリント用の紙，新聞紙，工作用紙などのふだん使っている紙は，水の吸いやすさにちがいがありそうだね。和紙と比べてみよう。

二人は先生のアドバイスを受けながら，和紙，プリント用の紙，新聞紙，工作用紙について，実験1をしました。

実験1　水の吸いやすさを調べる実験

1　実験で使う紙の面積と重さをはかる。
2　容器に水を入れ，水の入った容器全体の重さを電子てんびんではかる。
3　この容器の中の水に紙を1分間ひたす。
4　紙をピンセットで容器の上に持ち上げ，30秒間水を落とした後に取り除く。
5　残った水の入った容器全体の重さを電子てんびんではかる。
6　2の重さと5の重さの差を求め，容器から減った水の重さを求める。

太郎：実験1の結果を表1のようにまとめたよ。

花子：容器から減った水の重さが多いほど，水を吸いやすい紙といえるのかな。

太郎：実験で使った紙は，面積も重さもそろっていないから，水の吸いやすさを比べるにはどちらか一方を基準にしたほうがいいよね。

花子：紙の面積と紙の重さのどちらを基準にしても，水の吸いやすさについて，比べることができるね。

表1　実験1の結果

	和紙	プリント用の紙	新聞紙	工作用紙
紙の面積（cm²）	40	80	200	50
紙の重さ（g）	0.2	0.5	0.8	1.6
減った水の重さ（g）	0.8	0.7	2.1	2

［問題1］　和紙の水の吸いやすさについて，あなたが比べたい紙をプリント用の紙，新聞紙，工作用紙のうちから一つ選びなさい。さらに，紙の面積と紙の重さのどちらを基準にするかを書き，あなたが比べたい紙に対して，和紙は水を何倍吸うかを表1から求め，小数で答えなさい。ただし，答えが割りきれない場合，答えは小数第二位を四捨五入して小数第一位までの数で表すこととする。

花子：紙すき体験では，あみを和紙の原料が入った液に入れて，手であみを前後左右に動かしながら原料をすくったね。

太郎：和紙の原料は，コウゾやミツマタなどの植物のせんいだったよ。

花子：図1を見ると，和紙は，せんいの向きがあまりそろっていないことが分かるね。

太郎：ふだん使っている紙は，和紙とどのようにちがうのですか。

先生：学校でふだん使っている紙の主な原料は，和紙とは別の植物のせんいです。また，機械を使って，あみを同じ向きに動かし，そこに原料をふきつけて紙を作っています。だから，和紙と比べると，より多くのせんいの向きがそろっています。

花子：ふだん使っている紙のせんいの向きを調べてみたいです。

先生は，プリント用の紙，新聞紙，工作用紙のそれぞれについて，一つの角を選び，A方向・B方向と名前をつけて，図2のように示しました。

太郎：それぞれの紙について，せんいの向きがA方向とB方向のどちらなのかを調べるには，どのような実験をしたらよいですか。

先生：**実験2**と**実験3**があります。**実験2**は，紙の一方の面だけを水にぬらした時の紙の曲がり方を調べます。ぬらした時に曲がらない紙もありますが，曲がる紙については，曲がらない方向がせんいの向きです。

花子：それぞれの紙について，先生が選んだ一つの角を使って同じ大きさの正方形に切り取り，**実験2**をやってみます。

実験2の結果は，図3のようになりました。

図1　和紙のせんいの拡大写真

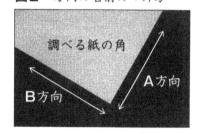

図2　方向の名前のつけ方

図3　実験2の結果

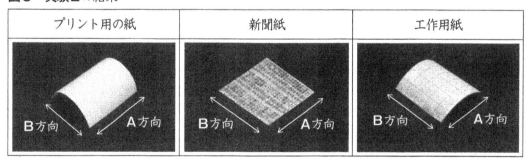

花子：実験3はどのようなものですか。

先生：短冊の形に切った紙の垂れ下がり方のちがいを調べます。紙には，せんいの向きに沿って長く切られた短冊の方が垂れ下がりにくくなる性質がありますが，ちがいが分からない紙もあります。

太郎：短冊は，同じ大きさにそろえた方がいいよね。

花子：A方向とB方向は，紙を裏返さずに前のページの図2で示された方向と同じにしないといけないね。

　二人は，図2で先生が方向を示した紙について，図4のようにA方向に長い短冊Aと，B方向に長い短冊Bを切り取りました。そして，それぞれの紙について実験3を行いました。その結果は，図5のようになりました。

太郎：実験2と実験3の結果を合わせれば，プリント用の紙，新聞紙，工作用紙のせんいの向きが分かりそうですね。

図4　短冊の切り取り方

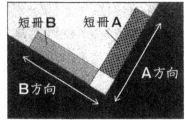

図5　実験3の結果

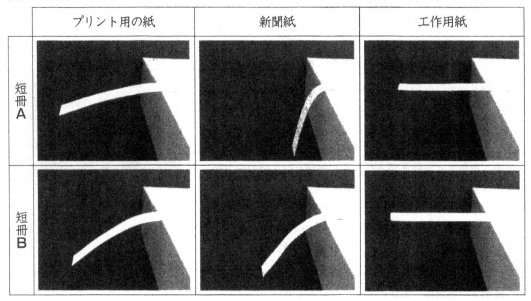

[問題2]　プリント用の紙，新聞紙，工作用紙のうちから一つ選び，選んだ紙のせんいの向きは，図2で示されたA方向とB方向のどちらなのか答えなさい。また，そのように答えた理由を実験2の結果と実験3の結果にそれぞれふれて説明しなさい。

太郎：私たちが校外学習ですいた和紙を画用紙にはって，ろう下のかべに展示しようよ。

先生：昔から使われているのりと同じようなのりを使うといいですよ。

花子：どのようなのりを使っていたのですか。

先生：でんぷんの粉と水で作られたのりです。それをはけでぬって使っていました。次のような手順でのりを作ることができます。

〔のりの作り方〕

1　紙コップに2gのでんぷんの粉を入れ，水を加える。

2　割りばしでよく混ぜて，紙コップを電子レンジに入れて20秒間加熱する。

> 3　電子レンジの中から紙コップを取り出す。
> 4　ふっとうするまで2と3をくり返し，3のときにふっとうしていたら，冷ます。

太郎：加える水の重さは決まっていないのですか。

先生：加える水の重さによって，紙をはりつけたときのはがれにくさが変わります。

花子：なるべく紙がはがれにくくなるのりを作るために加える水の重さを調べたいです。

先生：そのためには，加える水の重さを変えてできたのりを使って，**実験4**を行うといいです。

太郎：どのような実験ですか。

先生：**実験4**は，和紙をのりで画用紙にはってから1日おいた後，**図6**のようにつけたおもりの数を調べる実験です。同じ重さのおもりを一つずつ増やし，和紙が画用紙からはがれたときのおもりの数を記録します。

花子：おもりの数が多いほど，はがれにくいということですね。

先生：その通りです。ここに実験をするためのでんぷんの粉が5回分ありますよ。はけでぬるためには，加える水の重さは1回あたり50g以上は必要です。また，紙コップからふきこぼれないように，150g以下にしておきましょう。

太郎：のりしろは5回とも同じがいいですね。

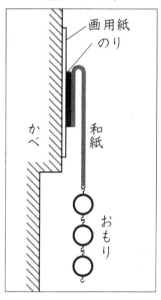

図6　実験4のようす
（横からの図）

画用紙
のり
かべ
和紙
おもり

　二人は，1回めとして，加える水の重さを50gにしてできたのりを使って，**実験4**を行いました。そして，2回めと3回めとして，加える水の重さをそれぞれ60gと70gにしてできたのりを使って，**実験4**を行いました。その結果は，**表2**のようになりました。

表2　1回めから3回めまでの**実験4**の結果

	1回め	2回め	3回め
加える水の重さ（g）	50	60	70
おもりの数（個）	44	46	53

花子：さらに加える水を増やしたら，どうなるのかな。たくさん実験したいけれども，でんぷんの粉はあと2回分しか残っていないよ。

先生：では，あと2回の実験で，なるべく紙がはがれにくくなるのりを作るために加える水の重さを何gにすればよいか調べてみましょう。のりを作る手順は今までと同じにして，4回めと5回めの**実験4**の計画を立ててみてください。

太郎：では，4回めは，加える水の重さを100gにしてやってみようよ。

花子：5回めは，加える水の重さを何gにしたらいいかな。

太郎：それは，4回めの結果をふまえて考える必要があると思うよ。

花子：なるほど。４回めで，もし，おもりの数が　(あ)　だとすると，次の５回めは，加える水の重さを　(い)　にするといいね。

先生：なるべく紙がはがれにくくなるのりを作るために，見通しをもった実験の計画を立てることが大切ですね。

〔問題３〕　⑴　５回めの**実験４**に使うのりを作るときに加える水の重さを考えます。あなたの考えにもっとも近い　(あ)　と　(い)　の組み合わせを，次の**A**～**D**のうちから一つ選び，記号で書きなさい。

　　　A　(あ) 35個　　(い) 80g

　　　B　(あ) 45個　　(い) 110g

　　　C　(あ) 60個　　(い) 90g

　　　D　(あ) 70個　　(い) 130g

　　⑵　あなたが⑴で選んだ組み合わせで実験を行うと，なぜ，なるべく紙がはがれにくくなるのりを作るために加える水の重さを調べることができるのですか。３回めの**実験４**の結果と関連付けて，理由を説明しなさい。

【適性検査Ⅲ】 （45分）　＜満点：100点＞

1　のぞみさんとみずほさんが洗_{せん}たく物をたたみながら会話をしています。

　の　ぞ　み：この服はしわだらけになっているね。

　み　ず　ほ：そうだね。でもこのタオルはあまりしわになっていないね。

　の　ぞ　み：なぜしわになりやすいものとなりにくいものがあるのかな。

　み　ず　ほ：布はせんいでできているから，それが関係ありそうだね。

　の　ぞ　み：せんいにもいろいろな種類があるね。

　み　ず　ほ：もめん，ウール，他にあるかな。

　の　ぞ　み：ウールは羊の毛だね。かいこのまゆからとった絹_{きぬ}もあるね。

　み　ず　ほ：しわとせんいの関係を調べてみようか。

図1　しわになった服

図2　いろいろなせんいと断面（拡大図_{かくだいず}）

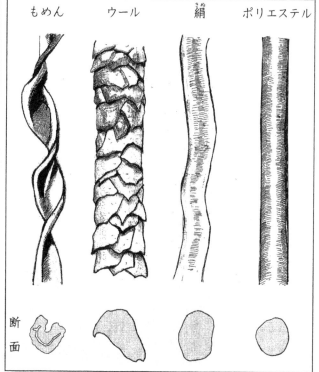

　〔問題1〕　みずほさんは「布はせんいでできているから，それが関係ありそうだね。」と言っています。服やタオル以外の布製品でしわになりやすいものとなりにくいものの例を一つずつ挙げ，しわになる仕組みについて，あなたの考えを書きなさい。説明には図を用いてもかまいません。

　の　ぞ　み：しわになった服にはアイロンをかけよう。

　み　ず　ほ：アイロンをかけると折りめもしっかりついて気持ちがいいね。

　の　ぞ　み：そういえば，例えばスカートのひだは，糸でぬっていなくても折りめがしっかりついていて，くずれにくいものがあるね。

みずほ：そうだね。もともとは平らな布から作っているから，はじめから折れ曲がっているわ
　　　　けではないのにね。

の　ぞ　み：折っただけだと，すぐにもどってしまうよね。折りめがしっかりついている布には，
　　　　何かの加工がしてあるのかな。

みずほ：加工のしやすさには，その布のせんいの種類によってちがいがあるのかな。

〔問題2〕　(1)　布に折りめをつけ，その形がくずれにくいようにするための加工があります。どの
　　　ような仕組みになっていると思いますか。あなたの考えを図にかいて説明しなさい。

　　(2)　せんいの種類によっては，布に折りめをつける加工のしやすさにちがいがあります。なぜ，
　　　そのようなちがいがあるのだと思いますか。せんいの特ちょうのちがいにふれ，あなたの考え
　　　を書きなさい。説明には図を用いてもかまいません。

の　ぞ　み：アイロンをかけて折りめをつけたり，しわをのばしたりすることができるよね。考え
　　　　てみたら不思議だよね。

みずほ：何が不思議なの。

の　ぞ　み：だって，しわになったものを引っ張るだけではしわはとれないでしょう。

みずほ：蒸気を当てながらアイロンをかけるとさらにきれいになるね。

の　ぞ　み：水を使うということは，一つのポイントかもしれないね。

みずほ：水がしわをのばす役割をしているのかな。

図3　アイロンから出る蒸気

〔問題3〕　みずほさんは「水がしわをのばす役割をしているのかな。」と言っています。

　(1)　この考えが正しい，として，なぜ水を使うとしわがのびるのか，あなたの考えを書きなさい。

　(2)　水を使うとしわがのびることを確かめる方法を考え，説明しなさい。

　(3)　(2)の方法だけでは，アイロンをかけたときに「水がしわをのばす役割をしている」とは言え
　　ません。しわをのばす役割として他に何が考えられますか。一つ答えなさい。

　(4)　(3)で考えたものだけではしわはのびないことを確かめるために，どのような実験をすればよ
　　いですか。答えは次の①〜③の順に書きなさい。

　　①確かめるための実験の方法　　②予想される結果　　③予想される結果から分かること

み　ず　ほ：服に使われている布には，もめんやウールのせんいでできているものがあるね。

の　ぞ　み：その理由を調べてみようか。

み　ず　ほ：もめんはよく水を吸う性質があって，染（そ）めるのも簡単（かんたん）みたいだよ。

の　ぞ　み：もめんはせんいの中が空どうになっているんだね。だから水をよく吸うのかな。でも，そのためにかわきにくいという特ちょうもあるみたい。

み　ず　ほ：もめんは植物から作られているね。

の　ぞ　み：薬品で作ったせんいからできた布もあるよね。この服はポリエステルを使っているよ。

み　ず　ほ：どうして布を作るときにポリエステルみたいなせんいを使うんだろうね。

の　ぞ　み：そういうせんいは私（わたし）たちにとって便利な性質をもった布を作れるからじゃないかな。

〔問題４〕　のぞみさんは「私たちにとって便利な性質をもった布を作れる」と言っています。あなたはどのような布を作ればいいと思いますか。答えは次の①〜③の順に書きなさい。

①どのような便利な性質をもった布か。

②その布はどのような性質をもつせんいでできているか。

③その布の欠点は何か。

2　姉のよしこさんと妹のくみこさんがおじいさんと話をしています。

> **問題を解くときの注意点**
>
> ○この問題では 0 ～ 9 の数字の表し方を下のようにする。
>
>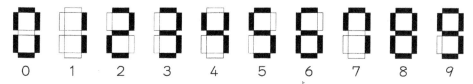
>
> ○0 ～ 9 の数字をかくときに黒くぬる長方形を「わく」と呼（よ）ぶことにする。
>
> ○問題に出てくるとう明なカードは，どれもぴったり重なるものとする。また，このとき「わく」もぴったり重なるものとする。
>
> ○図の中の……は谷折りする部分である。
>
> ○とう明なカードで作られた図形の一番右下のカードは，固定されているものとする。
>
> ※問題を解くときに，問題用紙や解答用紙，ティッシュペーパーなどを実際に折ったり，切ったりしてはいけません。

く　み　こ：お姉さんと磁石（じしゃく）でくっつくタイルで遊んでいて，そのときに気になることがあったんだ。

よ　し　こ：どんなことか教えて。

く　み　こ：そのタイルには数字が書いてあって，タイルをとなり合わせにくっつけて図形を作り，つなぎめで折るようにして順番に重ねていったの。そのとき見えなくなった数字の向きはどうなっていたのかな。

おじいさん：気になることをとう明なカードを使って考えてみよう。

くみこさんがタイルで作った図形をとう明なカードを使って作りました。(図1)

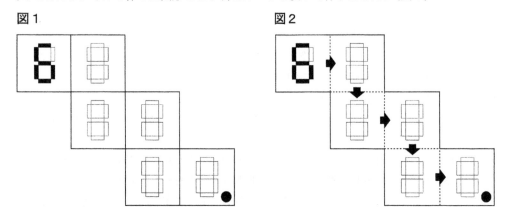

図1　　　　　　　　　　　　　　図2

く　み　こ：左上のカードに，図1のように6をかこう。図2のように矢印の方向に左上のカード
　　　　　　から谷折りして重ねると6の向きはどうなっていくのかな。

よ　し　こ：左上のカード以外には，黒くぬられていない7個の「わく」があるね。

おじいさん：それぞれのカードはテープではってあり，カードのつなぎめが折れてカードが重なる
　　　　　　ようになっているよ。全てのカードを重ねたときに一番下になるカードには，目印の
　　　　　　ため右下を黒くぬっておこう。

よ　し　こ：10枚のカードを使って，図2の並べ方で図形を作ってみたら，図3になったよ。100
　　　　　　枚のカードを使って図形を作り，全て谷折りして重ねていくとどうなるかな。

おじいさん：そんなにたくさんのとう明なカードは持っていないぞ。

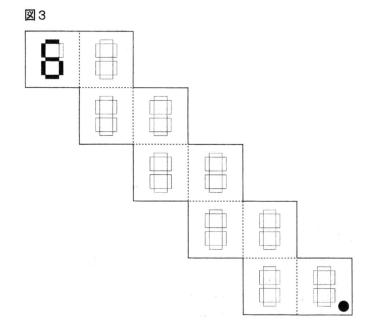

図3

[問題1]　(1)　くみこさんの説明どおりに図1の図形のカードを図2のように全て谷折りして重ね
　　　　　　ると，数字6はどのように見えますか。解答用紙の「わく」を黒くぬりつぶして答えなさい。
　　　　(2)　図3では10枚のカードですが，同じように100枚のカードで図形を作り，全て谷折りして重ね

ると，数字6はどのように見えますか。解答用紙の「わく」を黒くぬりつぶして答えなさい。また，そのように考えた理由を説明しなさい。説明には図を用いてもかまいません。

次に，おじいさんが図4のような図形をとう明なカードで作り，それぞれのカードに数字をかきました。

図4

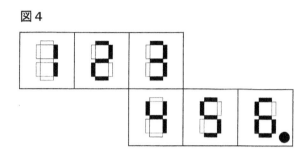

おじいさん：1がかかれているカードから，図5のように矢印の方向に谷折りして重ねていく。全てのカードを重ね終わったものの右の辺と下の辺に，図6のように，はさみで2か所に切れこみを入れる。そのときに重なった全てのカードを切るように注意しよう。元の図形にもどすと，それぞれのカードにはどのような切れこみが付くか分かるかな。

く　み　こ：はさみで切ることで，図形に模様ができるね。

図5　　　　　　　　　　　　　　　　　　　　図6

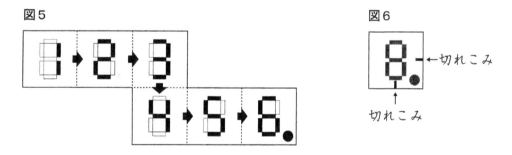

[問題2]　おじいさんの説明どおりに図形を重ねて，図6のように，はさみで2か所に切れこみを入れ，元の図形にもどすと，切れこみはどのように付いていますか。解答用紙の図にかきなさい。また，そのように考えた理由を説明しなさい。

おじいさんが新しいとう明なカードを持ってきました。そのカードには，図7のように「わく」がかかれています。

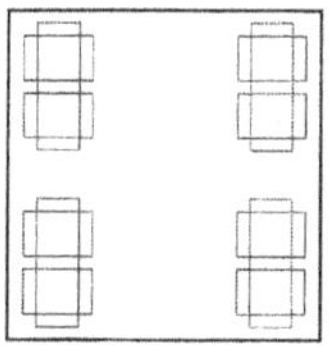

く　み　こ：これを使って何をするの。

おじいさん：図7のカードを使って，次のページの図8のような図形を作ろう。図5と同じようにカードを重ねていく。全てのカードを重ねたとき，9ができるようにしよう。

よ　し　こ：それぞれのカードにぬられていない「わく」がたくさんあるけれど，どこをぬってもいいのかな。

おじいさん：1枚のカードには，1個の「わく」しかぬれないことにしよう。左上のカードの1個

図7

の「わく」は黒くぬっておくよ。

く　み　こ：カードを重ねていくと，ぬられている「わく」が移動していくように見えて難しいね。

図8

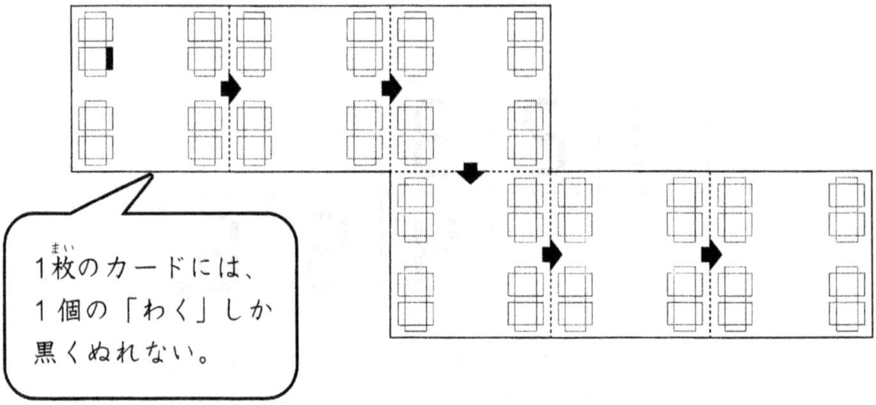

1枚のカードには、
1個の「わく」しか
黒くぬれない。

〔問題3〕　おじいさんの説明どおりに全てのカードを重ねたとき9ができるように解答用紙の「わく」を黒くぬりつぶしなさい。ただし，左上のカードはぬってはいけません。

条件　次の三段落構成にまとめて書くこと

①第一段落では、**友だちの発言**の中で誤解をしていると思う点を指摘する。

②第二段落では、①で示した点について、文章１ と 文章２ にもとづいて説明する。

③第三段落には、①と②とをふまえ、**ひかる**さんがこれから本を読むときに心がけようと思っている点を書く。

〔きまり〕

○題名は書きません。

○最初の行から書き始めます。

○各段落の最初の字は一字下げて書きます。

○行をかえるのは、段落をかえるときだけとします。

○、や。や「などもそれぞれ字数に数えます。これらの記号が行の先頭に来るときには、前の行の最後の字と同じますめに書きます。(ますめの下に書いてもかまいません。)

○。と」が続く場合には、同じますめに書いてもかまいません。この場合、。」で一字と数えます。

○段落をかえたときの残りのますめは、字数として数えます。

○最後の段落の残りのますめは、字数として数えません。

容の深い次元の高いものに興味を発展させ*昇華してゆくものと、私は考えています。

二番目の総合性に関連していえば、個々の分野ではすばらしく深い*精緻な本が多いのですが、それらは分化し細分化されたまま、その本質や全体像が明示されていない*うらみがありました。日本の科学技術の*泣き所の一つに、やはり総合力のなさや*学界の*断層の問題が多くの方から指摘されています。したがって、こまかな個々の分野は他の方におまかせして、私はあまり他の方がおやりにならない総合性をめざしてみたいと考えているものです。

第三の発展性については、今日の科学技術の*様相を、ただ現状だけとか、いまいえる限りといったように*静的に提示するだけでは十分でありません。なぜそのようになってきたかという姿勢の延長としての未来、どう臨むのが好ましいのかという態度、そうした科学観や社会への*視点、未来への*洞察といった点が、これからの科学の本、しかも、⑦これからの将来に生きる子どもたちのための本としては不可欠であると私は考えています。そのことは、好むと好まざるとにかかわらず、作者に態度を明確にすることを迫るでしょう。

(注)
残念なきわみ――非常に残念。
昇華してゆく――高めてゆく。
精緻な――くわしくて細かい。
うらみ――残念な点。
泣き所――弱点。
断層――意見などの食いちがい。
様相――ありさま。
学界――学問の世界。
静的に――変化のない、あるいは少ないものとして。
洞察――見通し。

(かこさとし『地球』解説 による)

くすぐり――笑わせようとすること。

［問題1］ ⑦*真っ当な面白さにぶつかるとありますが、「真っ当な面白さにぶつかる」と、子どもはどうなるとかこさんは考えているでしょうか。 文章2 の中から探し、解答らんに合うように二十四字以上三十五字以内で答えなさい。（、や。も字数に数えます。）

［問題2］ ⑦これからの将来に生きる子どもたちのための本とありますが、そのためにかこさんはどのような態度で本を書いているのでしょうか。 文章1 のかこさんの発言の中から探し、解答らんに合うように二十四字以上三十五字以内で答えなさい。（、や。も字数に数えます。）

［問題3］ 次に示すのは、 文章1 と 文章2 を読んだ後の、ひかるさんとある友だちとのやりとりです。このやりとりのあと、ひかるさんが示したと思われる考えを、四百字以上四百四十字以内で書きなさい。ただし、次のページの条件と（きまり）にしたがうこと。

ひかる―― 文章1 と 文章2 を読んで、科学の本を読んでみたくなりました。

友だち――たしかに、かこさんが、むずかしそうな専門知識までを調べた上で本を作っていることはよくわかりました。でも、それだと、私たち子ども向けの本としてはつまらない本になってしまうと思います。

ひかる――それは誤解のような気がします。それに、私はかこさんの考えを知って、本を読むときに心がけたいこともできました。

友だち――そうですか。ひかるさんの考えをくわしく教えてください。

かこ　子どもさんに興味を持ってもらえればと思ってね。キャラクターを絵本に登場させたり、ギャグを*羅列したりという方法もあるでしょうけれど、僕はそういうやり方はあまり好きではありません。子どもさんといえど、⑦*真っ当な面白さにぶつかると「もうやめなさい」とこちらが言いたくなるぐらいに熱中して、突き進んじゃう。それは子どもたちと接して見せつけられたものですから。

本来、人間の持つ「生きよう」という意気込み、興味、好奇心を*喚起すれば、あとは子どもたちが自分の力でぐいぐい開拓していく。それが真っ当な科学教育なり、科学絵本の行く道だろうと思うんです。アニメにしたり漫画化すればいいだろうという、*ちゃちな教育姿勢では、子どもさんの本当の意味での発達というか、伸びていくための「*エンジン」にはならない、というのが僕の説ですね。

——具体的には、子どもたちはノミのことは知っていても、そのノミが身体の一〇〇倍以上も高く、遠くへ飛ぶことは知らない。その事実を見せることで子どもたちの関心や興味をひき、そこから高さや距離へ広げていくというお考えだったのでしょうか。

かこ　それが子どもさんの*琴線に触れるのではないかと思いました。なんとかしてそういう琴線に触れるような、真っ当なもので押しながら、絵本にいろいろなものをちりばめていくというのが、当時の僕の考え方でしたね。

（注）
拝読した——読ませていただいた。
動的に——変化するものとして。

（かこさとし［談］・林公代［聞き手］「科学の本のつくりかた」による）
論文——意見や研究の結果を、筋道を立ててのべた文章。

プレートテクトニクス論——地球のつくりに関する理論。
妥当——実情によく当てはまっていること。
学会——学問研究のための学者の団体やその会合。
仰せつかって——命じられて。　ことに——中でも。特に。
技術のことをかじった端くれ——技術のことを少しでも学んだ者。
原理原則——基本的な決まり。
羅列したり——ならべたり。　真っ当な——まともな。
喚起すれば——よび起こせば。
匹敵する——同じ程度の。
ちゃちな——いいかげんで内容がない。　エンジン——原動力。
琴線に触れる——心の奥底を刺激し感動させる。

文章2

とかく科学の本というと、肩がこる、知識が覚えられる、学校の成績に少しでも役立つ——というような意識が先にたちがちですが、私の場合、(1)おもしろくて、(2)総合的で、(3)発展的な内容を、これからの科学の本の軸にしたいと心がけています。

おもしろいというのは、一冊の本をよみ通し、よく理解してゆく原動力になるだけでなく、もっとよく調べたり、もっと違うものをよんだりするというように、積極的な行動にかりたてるもっとも大事なエネルギーとなるものです。よい本だけれど一頁よんだらねむくなったとか*残念なきわみなので、私は内容がよければよいほど、おもしろさというものが必要だと考えています。しかし、おもしろさと一口にいっても、子どもだからとて、いや子どもだからこそ、いつも下品でゲラゲラ*くすぐりだけをよろこぶわけではありません。必ずしだいに内

かこ　はい、どうぞ。この本を作った一九七〇年代は人間の宇宙への進出がどんどん進んだ時代で、私は学者さんのご努力に応える意味で、しっかりとまとめなければいかんと思ってやりました。

——そもそも、なぜ宇宙の本を書こうと思われたのでしょう。この本の前に『海』（一九六九年）や『地球』という科学絵本が出ていますが、その延長線上で「次は宇宙だ」と思われたのですか。

かこ　まあ単純に言えばそういうことです。しかし、ただ宇宙は大きく、星があって、というだけの物語では本当の理解ということにはならない。どうして宇宙船は落ちてこないのかなど、まず原理原則を子どもさんにわかるようにしてもらおうと考えました。

——まさしく、そこがこの本の特徴ですね。

かこ　はい。（宇宙のように）遠くの場所へ行く乗り物は、速い速度を出さないといけない。それをわかってもらうために、まずは身近な昆虫なり、動物の速さから始めて、次に人間が作るものでは、鉄砲玉や大砲も速いだろうと。それらをうんと速くすると、遠くへ遠くへ行って、ついに着地しないで地球をぐるっと回ってくるんじゃないかと。

——それが地球を回る人工衛星と同じなんだよと。

かこ　そういう説明の仕方をすれば子どもたちも理解してくださるだろうと考えて、速さについて順を追ってゆっくりと記述しながら、だんだんと遠い宇宙へ一緒に旅をするということを心がけました。だから、一番身近なところで始めるために、たくさんのノミがぴょんぴょん跳ねるところから始めたのです。

——小さなノミが自分の大きさの何倍もジャンプするという事実から、想像力がふくらみます。

ていたのでははなはだ申しわけないし、それ以上に出版の意義がなくなる。科学の本であれば、＊ことに慎重であるべきです。ただ現状を述べただけなら、どなたでも現在の資料を集めればできるでしょうけれども、多少＊技術のことをかじった端くれとしては、それだけの見通しを持って皆さんに提供しないと申しわけない、というのが僕の書くときの心がけです。

——でも論文から、その理論が二〇年後通用するかどうか評価するのは難しいことではないですか。

かこ　科学者としては当たり前のことです。そういう「実証的」なことをちゃんとやっておかないと、必ずどこかで問題が起こります。

——どんな話でも必ず事実を調べるのは、実証的・科学的な態度ですね。

かこ　それから、たとえば生き物を描くときに、ウサギがオオカミをかみ殺すことは逆であり、あり得ない。やっぱりオオカミがウサギを追いかけ回すのでなければならないだろう。私はたとえ童話であっても、「自然法則」に逆らわない範囲で、子どもさんに楽しんでいただくものを書きたい。それを逆にするようなことは、とても私には書けません。

——童話でも、自然法則がその下敷きにあるべきだと。

——実は先生にお話をうかがうにあたり、『宇宙』を読み直しましたが、壮大な宇宙の時間と空間をどうやってとらえればいいかが順序だてて描かれていて、これに＊匹敵する宇宙の本は今もないと改めて確信します。一九七八年のご出版ですから、約四〇年も読み継がれている本ですね。科学絵本がどのように生み出されるか、『宇宙』を例に具体的にお聞きしていいでしょうか。

【適性検査Ⅰ】　（四五分）　〈満点：一〇〇点〉

1　次の 文章1 は、絵本作家のかことしさんと、聞き手である林公代さんとの対話です。（──は林さんの発言を表します。）これと、あとに続く 文章2 を読んで、あとの問題に答えなさい。（*印の付いている言葉には、本文のあとに （注） があります。）

文章1

──先生の本を *拝読したところ、科学絵本を出すにあたって既に出版されている科学の本をお調べになり、他の本に欠けていて、かこ先生が実現したい点を三つ見出されたと書かれていました。「大事な原則を先に書き、例外を後にすること」、「過去から未来への科学の営みを *動的にとらえること」、「個々の科学だけでなく、科学の全体像を提供すること」です。改めて、先生が科学絵本を書かれるとき何を大事になさっているか、お聞かせいただけますか。

かこ　今の三つのことをベースにして、さらに言うと、読んでくださる方は大人ではなくて子どもさんですから、少なくとも二〇年は私よりも長生きするはずです。だから、その子どもさんが成人したときに、「なんだ、昔読んだ本と内容がちょっと違うじゃないか」なんてことになったら、大変問題になります。ですから、二〇年後にも通用するという見通しを持って書かなければいかんと。

──二〇年後ですか。

かこ　はい。ところが学者さんというのは非常に慎重で、仮説としてはいろいろとおっしゃるのですけれど、*論文には確実でないことはなかなかお書きにならないですよ。だから論文などから読み取って、

「二〇年後にはこうなるはずだ」ということを見越して書かないといけない。ですから僕は、絵本を作るときの学説とは少々違うものも大胆に取り上げてね。

──科学絵本のために、論文まで読み込まれていたのですか。

かこ　そうです。一番苦心したのは、『地球』（一九七五年）という科学絵本で取り上げた *プレートテクトニクス論です。絵本を書いていた当時はまだ仮説でしたが、これ以外にいい理論がなかったのです。いろいろな地球内部のことを説明するにはプレートテクトニクス論が一番 *妥当であろうと。日本の *学会ではプレートテクトニクス論が一九八〇年代まで、なかなか受け入れられなかったそうです。日本で唯一、この理論を積極的に取り上げたのが、東京大学の竹内均さんです。

──日本で一九八〇年代にようやく受け入れられた理論を、先生は一九七五年に絵本として出版されていたとは驚きです。竹内さんといえば、東大名誉教授で、のちに科学雑誌の編集長になられた方ですね。

かこ　はい。竹内均さんに最新の理論を聞いて、僕は納得して絵本にしたのです。竹内さんが、出来上がった『地球』をご覧になって、「絵本でも（プレートテクトニクス理論を）描く時代になったのか」とも、このすごく喜んでくださいました。当時、竹内さんは教育番組を多数持っておられて、その質問役を *仰せつかって。

──なるほど。先生は科学絵本をお書きになるたびに、毎回たくさんの論文を読み込まれて、二〇年後も通用する理論だと見極めてから書かれるのですか。

かこ　子どもさんは「これが正しい」と思って読んでくださるのに、違っ

大切なことはメモしておこうネ！

2019 年 度

解 答 と 解 説

《2019年度の配点は解答欄に掲載してあります。》

＜適性検査Ⅰ解答例＞

1　問題1　本を読み通すだけでなく，積極的に調べたり，ちがう本を読んだりする（ようになる。）

問題2　本の内容が二十年後にも通用するという見通しをもって書くようにする（という態度。）

問題3　友だちは難しいことはつまらないと考えている。しかしそれは子どもが感じるおもしろさの意味を誤解しているのだと思う。

　　　文章1でかこさんは，興味や好奇心を喚起するような「真っ当なおもしろさ」にぶつかれば子どもは熱中して突き進むと言っている。また，文章2でもおもしろさというのは，積極的な行動にかりたてるエネルギーであると書いている。つまりおもしろさとは，単に笑えるということではなく，興味を持ち熱中してその次元を高めていくことだ。

　　　このことから，私は本を読むときに二つ心がけたいと思う。一つは，じっくり読むことだ。途中で少し立ち止まり，いろいろな見方や考え方をしてみる。小説などは熱中して一気に読んでしまうこともある。でも，時間を置いて改めて読む。すると違う考えに気づくかもしれない。もう一つはたくさんの本を読むことだ。本当に興味を持つことは数多くはないと思う。たくさんの本を読まなければ，本当に面白いと思えることとの出会いのチャンスを逃してしまうと思うからだ。

○配点○

1　問題1　10点，問題2　20点，問題3　70点　　　計　100点

＜適性検査Ⅰ解説＞

1　（国語，作文）

　　今年度の出題では文章1と文章2は同じ筆者のものであり，文章1がインタビューであったのに対し，文章2は作品の解説である。同じ人物によって書かれた文章であり，よく出題される「同じテーマで違う視点」とは異なる出題であった。2つの文章を対比し，同じことを違う言葉で表している部分に注目して読むことが求められた。最後の作文につながるカギであり，問題1，問題2は作文を書くための手がかりであるといえる。

問題1　言い換えの問題である。文章1の中で設問の答えを探し，文章2の中から同じようなことを表している（言い換えている）部分をまとめる。設問の指示に合うよう，文末を「～ようになる」と書き換えて答えればよい。

　　　文章1　設問か所　真っ当な面白さにぶつかる→「もうやめなさい」とこちらが言いたくな
　　　　　　　　　　　　　　　　　　　　　　　　　　　るぐらいに熱中して突き進む
　　　文章2　第2段落　おもしろいというのは，→積極的な行動にかりたてるエネルギー
　　　　⇒(具体的には)一冊の本をよみ通し，よく理解してゆく原動力になるだけでなく，
　　　　　　　　　　　　　もっとよく調べたり，もっと違うものを読んだりするというように…

問題2　まず設問の「これからの将来～ため」というのがキーワードになる。同様のことを書いて
　　　いる箇所として，「二十年後／未来」という言葉が挙げられる。その周辺に「子どもたちのた
　　　め」に作者がどのようにするべきと考えているかを探し，文末を設問の指示に合わせよう。
　　　文章2　第3段落「これからの将来に生きる子どもたちのための本」
　　　文章1　1ページ目上段　20年は私たちより長生きするはず，子どもたちが成人→将来・未来
　　　　　　「ですから」→二十年後にも通用するという見通しを持って書かなければならない。
　　　　　　　　　　　　　　　　　　　　　　　　　　　　　　　　　書くという態度。

問題3　今年の問題も段落構成について細かい条件が出ている。①～③で各段落の内容が指定され
　　　ているのである。つまり，形式的な段落構成は自分で考える必要はなく，段落の論理性，文
　　　章の内容で採点するということである。特に今年度は①第1段落が今までのような「要旨」で
　　　はなく，友達の誤解を通して，作者のメッセージをくみ取る，②第2段落で作者のメッセージ
　　　をまとめる，③では②をふまえて自分がひかるさんの立場に立って本を読むときに心がける
　　　ことを書く。②と③が論理的につながっているかが最も大切となる。

　　　　　　　　━★ワンポイントアドバイス★━
　　　　　　　　　適性検査の作文は「文章の伝えたいことを読み取れるか」，「論理的に考えられるか」
　　　　　　　　　をみるためのもの。「対話」をするつもりで書こう！

＜適性検査Ⅱ解答例＞

1　問題1　〔しおりにする前の状態〕

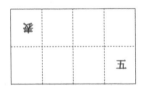

　　問題2　約束2で表現したときの漢字と数字の合計の個数……44個
　　　　　　漢字と数字の合計の個数が少ない約束 ………………… 約束1
　　　　　　〔理由〕　このも様では，文字と数字でも様を表現するとき，列よりも行で表現し
　　　　　　　　　　　たほうが，同じ色がより多く連続するため。
　　問題3　〔「★」の位置に置くおもちゃの向き〕　　〔カードの並べ方〕

　　　　　　　　　　　　　　　　　　　　　①②⑤④①②⑤①③①

2　問題1　(1)　人口のわり合は，1893年にはどの都道府県も同じくらいだったが，東京都と

大さか府でだんだんと高くなり，現在は太平洋ベルトで高い。

(2)

	1925年	1955年	1985年	2015年
	7.5%	8.9%	9.8%	10.6%

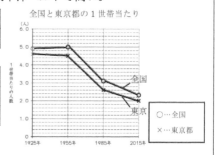

全国と東京都の1世帯当たり

問題2 (1)

	1955年	1985年	2015年
全国	5.0人	3.1人	2.3人
東京都	4.5人	2.6人	2.0人

(2) 右グラフ

問題3 [共通する理由] 一家族当たりの子どもの人数が減ったり，祖父母と同居する家族が減ったりしたから。

[特別な理由] しゅう職や進学のために東京都にやって来たわかい人たちが，ひとりぐらしをしているから。

問題4 (例)東京都に人口が集中しすぎることで出勤や通学時のラッシュなどがものすごい状況になっている。国の機関や多くの会社が集中していることが東京に人口が集中し，地方は人口が衰退している原因だから，それらが東京都からさまざまな地方に散らばれば，東京都の人口過多も地方の衰退も解決でき，それぞれが活性化できると思う。

3 問題1 [比べたい紙] プリント用の紙

[基準にするもの] 紙の面積

[和紙は水を何倍吸うか] 2.3倍

問題2 [選んだ紙] 新聞紙

[せんいの向き] B方向

[理由] 実験2の結果ではどちらの方向にも曲がっていないのでせんいの向きは判断できないが，実験3の結果より短ざくBの方のたれ下がり方が小さいから，せんいの向きはB方向だと考えられる。

問題3 (1) A

(2) 4回めのおもりの数が3回めより少ないので，なるべく紙がはがれにくくなるのりを作るために加える水の重さが，3回めの70gと4回めの100gの間にあると予想できるから。

○配点○

1 問題1 6点，他 各12点×2

2 問題1 9点，問題2 13点，問題3 8点，問題4 10点

3 問題1 6点，他 各12点×2 計 100点

＜適性検査Ⅱ解説＞

1 (算数：平面図形の対称，データの圧縮，立体図形上の移動)

問題1 冊子作りの問題。1枚の紙を折って冊子を作るにあたり，まず上半分を折り返すので(次ページの図)上の部分(色のついた部分)の文字は下の部分(色の無い部分)と上下逆さまになる。冊子の形になったら表紙をどこにするかを決める。問題の図2において冊子の形になったもの(図)が与えられているので，(次ページの図)矢印で示したA，B，C，Dのどこかを表紙とす

るのが考えやすい。表紙の位置が決まれば次にページを考える。問題で先生の発言の中に「表紙を1ページとして，最初の遊びの説明を2ページから4ページに…」とあるので，表紙の裏は2ページになることに注意をしなければならない。

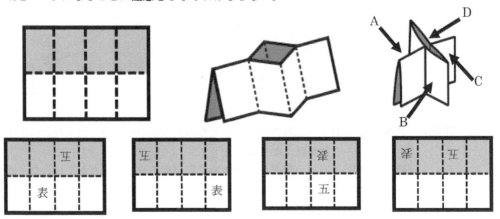

重要 問題2　FAXのデータ圧縮を題材にした問題である。図5→図6にあるように，模様の色を漢字に直し，与えられた「行」や「列」の使い分けや，約束1および約束2で提示されたルール従って数字に変えていけばよい。約束1であれば図7，約束2であれば図8のようになる。この作業を自分でやってみて仕組みを確認した上でさかのぼって考える。図9の約束1の表現→漢字の表現に戻した上で約束2を使った表現に直して，漢字と数字の個数を比べればよい。また，理由を考えるには，漢字の表現を色分けした模様まで直す方が，特徴がつかみやすい。問題自体は難しくないが，仕組みの素早い理解と手早い作業がポイントになる。色分けをすれば横につながる箇所が多いことがすぐわかるので，約束1の方が少ない文字数で表すことができるとわかる。下の図から個数はわかる。

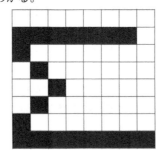

やや難 問題3　「★」から「え」を通り「お」まで進むには最短で10ます進まなければならない。しかし表1のカードで③と④のように方向転換をするカードはますを進むことができない。「★」から「え」，「え」から「お」の間に各1回の計2回の方向転換で到着するためには8枚のカードで10ます進まなければいけないことになるので②のカードを2回使わなければいけないことになる。

おもちゃの向き	カードの並べ方
	「★」から「え」→①②⑤④①，②①⑤④①，①②④①⑤，②①④①⑤， ①④①②⑤，②④①①⑤　の中からどれか
	「え」から「お」→②⑤①③①のみ
	「★」から「え」→①③②②⑤のみ
	「え」から「お」→①④②⑤②のみ

2 （社会：人口問題―割合計算・資料分析）

問題1　(1)　統計地図の問題である。割合ごとにその地域の色が濃くなっている。資料1をみると，はじめは日本全体がほとんど2.5％～5.0％，1.5％以上～2.5％の色であったが，年が経つごとに色のばらつきが目立つようになっている。2015年には地方県の多くが最も色が薄くなり（1.5％），大都市（東京都，大阪府，愛知県）およびその周辺の都府県が最も濃い5.0％以上になっている。

(2)　1925年：4485144÷59736822×100＝7.50…→7.5％
1955年：8037084÷90076594×100＝8.92…→8.9％
1985年：11829363÷121048923×100＝9.77…→9.8％
2015年：13515271÷127094745×100＝10.634…10.6％

基本

問題2　(1)　「1世帯当たりの人数」ということは（人口÷世帯数）で求める。ただし，気をつけなければならないのは，「四捨五入して小数第1位まで」の処理である。全国の1955年であれば4.96…人を四捨五入すると「5人」としがちであるが，小数点以下を忘れずにつけて「5.0人」と答えること。

全国
1925年：54336356÷11122120＝4.88…→4.9人
1955年：86390720÷17383321＝4.96…→5.0人
1985年：119333780÷37979984＝3.14…→3.1人
2015年：124296331÷53331797＝2.33…→2.3人

東京都
1925年：3545925÷765326＝4.63…→4.6人
1955年：7543743÷1665499…4.52→4.5人
1985年：11666760÷4488493＝2.59…→2.6人
2015年：13315400÷6690934＝1.99…→2.0人

(2)　指示はないが1925年に〇と×があるので折れ線グラフを作成することがわかる。「〇，×の記号が，全国，東京都のどちらを表しているかがわかるよう工夫」とあるので，解答例にあるように，グラフに線を引いて全国または東京都と書きこむか，右側にあるように凡例を作ればよい。（※どちらかだけでよい。）また，グラフのタイトルも忘れず作成しよう。

問題3　人口ピラミッドの問題である。人口ピラミッドは人口の年齢別の構成比をみるためのグラフである。共通する理由については，1925年から2015年にかけての人口ピラミッドの形が「富士山型からつぼ型」への変化，つまり「少子高齢化」したことに関連させて答えればよい。一方，特別な理由については，それぞれのピラミッドの形の左右の違いを見る。1925年では

全国に比べ東京都の5歳～14歳の人口割合が小さく，15歳～24歳の割合が大きいことがわかる。また，2015年では65歳以上の割合が全国では大きいのに比べ東京都では小さく，20歳～54歳の人口の割合が全国では小さいのに比べ東京都では大きいことがわかる。つまり1925年は中学を卒業して東京都へ，2015年は大学入学または大学卒業後の就職で東京都に来ていると考えられる。このことから東京では若い人たちの単身世帯が多いと予想ができる。

問題4　設問では「東京都に人口が集中したことで，東京都はどう変わってきたと考えられるか」，「また，これから東京都をどう変えていったら良いか」の2点について具体的な方法を含め問われている。また，会話には「東京都に人口が集中することで～のように変わってきた。この問題は……をすることで―――というように変えていけばよいと思う。」または「東京都に人口が集中することで～のように変わってきた。このことで，……という問題が生じるが―――をすることで変えていけばよいと思う。」というような形でまとめればよい。

③ （理科：紙の性質，比較実験）

基本　問題1　会話中の太郎の発言に「面積も重さもそろっていない」とあるように，比べるためには面積または重さをそろえなければならない。面積であれば1cm²あたり，重さなら1gあたりで比較してもよいが，例えば和紙とプリント用紙の面積をそろえるなら80cm²でそろえるのが手早くできる。また，数値は「比べたい紙に対して，和紙は何倍～」となっているので，（和紙の減った水の量÷選んだ紙の減った水の量）で求める。比べたい紙を選ぶ際には1つだけ選べばよいのだから，そろえやすい数字のものを選ぶべきである。下の表にあるように，プリント用の紙か新聞紙を面積を基準に比べるのがよいだろう。あとは数値の処理を間違えないよう気をつけること。

（和紙とプリント用の紙を面積を基準にする場合）→80cm²でそろえる

和紙の減った水の量…0.8×2＝1.6g，プリント用の紙…0.7g

1.6÷0.7＝2.2857…→2.3倍

	プリント用の紙	新聞紙	工作用紙
面積を基準	80cm²でそろえる 1.6÷0.7＝2.285…→2.3倍	200cm²でそろえる 4÷2.1＝1.904…→1.9倍	200cm²でそろえる 4÷8＝0.5倍
重さを基準	1gでそろえる 4÷1.4＝2.857…→2.9倍	0.8gでそろえる 3.2÷2.1＝1.523…→1.5倍	1.6gでそろえる 6.4÷2＝3.2倍

問題2　先生の発言に「ぬらした時に（中略）曲がる紙については，曲がらない方向がせんいの向き」とある。つまりせんいに平行な方向には曲がらず，せんいに垂直方向には曲がることがわかる。実験2と実験3を照らし合わせると以下になる。（※矢印はせんいの方向）

実験2　　　　　　　　　　実験3

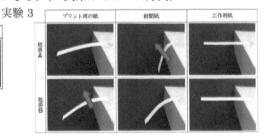

実験2と実験3からわかること

	プリント用の紙	新聞紙	工作用紙
実験2	A方向	不明	B方向
実験3	短冊Bに対し垂直方向 →A方向	短冊Aに対し垂直方向 →B方向	不明

問題3　(1)・(2)　1回め50g，2回め60g，3回め70gと水の量を10gずつ増やすと，だんだんおもりの数が増えているので，今のところ水の重さが増えるにつれてはがれにくくなっているといえる。

4回めは水を100gまで一度に30g増やしている。ここで2つの場合について分けて考える。4回目のおもりの数が3回目より増えている場合，水の量が増えるほどはがれにくくなることになるので，5回めではさらに水の量を増やせばよい。このとき選ぶのはDとなる。

4回目のおもりの数が3回目より減っている場合，70gと100gの間にもっともはがれにくくなる水の量があるはずなので，5回めでは水の量を70gと100gの間にすればよい。このとき選ぶのはAとなる。

── ★ワンポイントアドバイス★ ──

複数のものの中から1つ選んで比較するときは計算しやすいものを選ぶことで時間短縮！

＜適性検査Ⅲ解答例＞

1　問題1　ハンカチはしわになりやすいが，毛布はしわになりにくい。ハンカチがしわになりやすいのは，き地の厚さがうすいからである。き地の厚さがうすいとせんいが元にもどろうとする力が弱く，折りめが残ってしわとなる。

問題2　(1)　布の折りめのところに加熱によって固まる薬品をぬる。アイロンなどで加熱すると薬品が固まり，接着ざいのような役目をする。

(2)　薬品が付きやすいせんいで作った布と付きにくいせんいで作った布がある。薬品が付きにくい布は折りめをつける加工がしにくい。

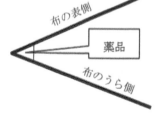

問題3　(1)　せんいの中に水がしみこみ，せんいがふくらむことによって，しわの形で固まっていたせんいの一本一本がまっすぐになるから。

(2)　しわになっているハンカチを水の中に入れるとしわがのびる。

(3)　熱を加えること。

(4)　①しわになっているハンカチをストーブの近くに置いておく。

②しわはのびない。

③熱を加えただけでは，しわはのびない。

問題4　①ふだんは風を通さずあたたかいが，あせをかくと空気をよく通してすずしくな

る布。

②水分をふくむとのびて細くなり，せんいとせんいの間にすき間ができる。かんそうするとちぢんで太くなり，すき間がなくなるせんい。

③雨でぬれると，空気をよく通してしまうので寒い。

2 問題1 (1)

(2)

理由　4回谷折りして重ねると，元の6にもどる。折る回数はカードのまい数より1少ない。100まいのカードのときは99回谷折りするので，99÷4＝24余り3となり，求める形は3回谷折りしたときの形である。

問題2

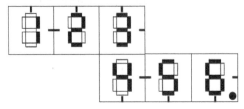

理由　5と6がかかれたカードに付く切れこみは，つなぎめを対しょうのじくとして線対しょうである。同じように4と5，3と4，2と3，1と2もつなぎめを対しょうのじくとして線対しょうに切れこみが付くから。

問題3

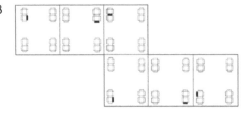

○配点○

1　問題3　25点，問題4　15点，他　各10点×2
2　問題3　10点，他　各15点×2　　　計　100点

＜適性検査Ⅲ解説＞

1　（理科：仮定・考察）

この大問では実際に正しいかではなく，与えられた会話や資料から考察し，そこからの仮定とその理由が論理的に説明されているかが求められている。解答例で挙げられている例が実際とは違うこともある。当解説では解答例を元に，プラスアルファのアドバイスを行うよう心掛けている。

基本　問題1　設問の例と同様なことがらを生活の中で具体的にみつけ，そこから自分なりの仮定を立てる問題である。会話の中で提示されている「しわになる／ならない」⇒「服／タオル」とそれぞれの共通点を考えればよい。また，「布はせんいでできているから，それが関係ありそうね」という発言があり，図2のいろいろなせんいと断面が与えられているのだから，その中の

ものを使った布製品を考えること。例えば，布はせんいを織って作られているから，もめんやウールのようにせんいがねじれていたり表面がガサガサしているものは，使っているうちに絡み合いしわになるのではないかと考えられ，一方，絹やポリエステルはつるっとしているためしわになりにくいのではないかなどという仮定ができるだろう。

問題2　(1)　設問に「加工」と書いてあるので，「ただ単に折る」以外の何かをしていると考えよう。折り目がそのままになるような方法としては，解答例のように薬品などによって折り目を固める方法が思いつきやすい。実際にアイロンがけなどによりしわを伸ばし折り目を付けた（プレス）後に，折り目の裏側に薬品（樹脂）をぬって自然乾燥をさせるという加工もおこなわれている。また，髪の毛のパーマをつけるための薬品（パーマ液）のようなものを布全体に染み込ませてから折り目をつける方法もある。

　　　(2)　解答例のように薬品を使う加工の場合，薬品が付きにくい布のほかに，しみ込んでしまうと，折り目の裏側にとどまらないのでうまくいかないと考えられる。また，布自体が固い素材もうまくいかないと考えられる。

問題3　(1)　設問に「この考えが正しいとして」とあるので，水（水蒸気）が含まれることによってしわがのびる様子を生活の中などから考える。水が含まれると布自体は水を含み全体的に膨れ，ぎゅっと絞るとねじれたあとがつく。このことから水分を吸って膨らむことによってしわが引きのばされるのだと考えられる。

　　　(2)　ここでは「水を使うとしわがのびることを確かめる」のであるから，水を含ませる，または水の中に入れると答えればよい。

　　　(3)　アイロンについて考えればよい。アイロンは蒸気を出すことにより布の中に水（水蒸気）を送り込むと同時に熱と重みでゆっくり布をのばすように使う。よって，ここでは熱が答えとなる。また，図3に蒸気が出ている写真が提示されている。ここからも蒸気が出るということは水分だけでなく熱が必要となることがわかる。

　　　(4)　①は水分なしにしわがのびるかを観察すればよい。例えば，温度を高く設定した部屋などに置いておくなど，水分を加えず熱を加える方法を考えればよい。アイロンが熱＋水分を使っていることから，この両者を必要とするだろうと考えられるので，②は「しわがのびない」，③は「熱だけではしわはのびない」となる。

問題4　小石川らしい問題で，発想力と論理力が合わせて要求される。①自体はさまざまな発想ができるが，②，③が論理的に分析されているかが試される。

② （算数：線対称，規則性）

重要

問題1　実際に谷折りの線を軸にして線対称の移動をくり返してみよう。左右の移動，上下の移動が偶数回になれば元に戻るのだから4回の谷折りすることで元の模様になる。図2で何となく気づき，図3を行うことで確信がもてるはずである。折る回数はタイルの枚数よりも1枚少ない。よって，タイルが増えても（枚数－1）で折る回数を求め，（折る回数÷4）をした余りで模様の形は求められる。

問題2　図5を利用し，5回折り返し終わった位置である●のある箇所に図6の切れ込みを描入れ，右の図のように順番に線対称に移動していけばよい。この問題自体は難しくないが，問題3のキーワードとなる「線対称」を気づかせるためのヒントとしての設問であるといえる。

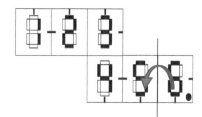

重要 ▶ 問題3　まず,「9」がどの位置にできるかを確認する。
　　　　　9の位置は右の図の○のように移動していくの
　　　　　で,　○の中に重複しないようにわくを黒く塗っ
　　　　　ていけばよい。

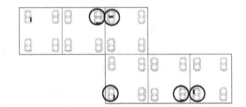

★ワンポイントアドバイス★

検査Ⅲで求められる力は「論理性」!
筋道立てて考えよう!!

平成30年度

入　試　問　題

平成30年度

都立小石川中等教育学校入試問題

【適性検査Ⅰ】 （21ページから始まります。）
【適性検査Ⅱ】 （45分）　＜満点：100点＞

1　太郎さんと花子さんがさいころについて話をしています。

図1　さいころ

太　郎：面が六つあるさいころは，それぞれの面に1から6までの目がかい
　　　　てあるね（図1）。それぞれの面をスケッチしてみたよ（図2）。

図2　さいころの面のスケッチ

花　子：このさいころは，向かい合う面の目の数の和が，7になるように作られているよ。

太　郎：本当だ。1の目の面と向かい合う面の目の数は6だね。確かに，足すと7になるね。

〔問題1〕　図1のさいころを立方体の展開図から作るとき，解答用紙の展開図のそれぞれの面に1
　から5までの目をかきなさい。ただし，展開図にかく1から5までの目は図2のさいころの面の
　スケッチを用いること。

〔展開図〕

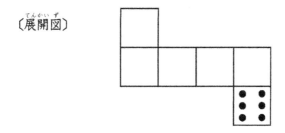

花　子：さいころの面にかかれた目の数の1から6までの整数を使って，答えが7になる式を作る
　　　　ことができるかな。

太　郎：例えば，1＋2＋4＝7 や，1＋1＋1＋1＋1＋1＋1＝7 など，いろいろな式が作
　　　　れそうだよ。

花　子：それでは，今回は次のようなルールで考えてみよう。

〔ルール〕
①　1から6までの整数からいくつかの整数を使って，計算結果が7になるような式を作る。
　　ただし，同じ整数は一度しか使うことができない。
②　計算記号はたし算の＋，かけ算の×，わり算の÷から選んで使う。
　　ただし，同じ計算記号は一度しか使うことができない。
③　計算に（　）は使わない。

花　子：まずは整数を三つ，計算記号を二つ使って，式を作ってみようよ。□に整数を，○に計算記号を入れてね（図3）。

太　郎：こんな式を作ってみたよ（図4）。同じ整数や同じ計算記号が使えないと，式を作るのはなかなか難（むずか）しいんだね。

花　子：そうね。では次に，整数を四つ，計算記号を三つ使う場合はどうなるかな。ただし，たし算の＋は，計算記号を入れる○の二つめに入れる場合を考えてみてね（図5）。

図3　整数を三つ、計算記号を二つ使う場合の式

図4　太郎さんが作った式

$$\boxed{1} \;\oplus\; \boxed{2} \;\otimes\; \boxed{3} \;=\; 7$$

図5　整数を四つ、計算記号を三つ使う場合の式

〔問題2〕　〔ルール〕にしたがって，1から6までの中から異（こと）なる整数を四つと，計算記号を三つ全て使って，計算結果が7になるような式を作りなさい（図5）。

　　解答用紙の式の□には整数を，○には計算記号を入れ，たし算の＋は計算記号を入れる○の二つめに入れることとする。

　　また，どのように考えて式を作ったのかを説明しなさい。

花　子：向かい合う面の目の数の和が7になることを同時に見ることができないかな。

太　郎：鏡を使ってみたらどうだろう。3枚の鏡を，どの2枚の鏡も面と面が垂直（すいちょく）になるようにはり合わせて，その鏡の上にさいころを1個置いてみたよ。

花　子：本当だ。2組の向かい合う面については，それぞれ向かい合う面を同時に見ることができるね。見る方向によっては，3枚の鏡にさいころが映（うつ）って，実際に置いた1個のさいころと鏡に映って見える7個のさいころを合わせて，見かけ上8個のさいころがあるように見えるね（次のページの図6）。不思議だね。

太　郎：鏡の上に置いたさいころの置き方をいろいろ変えてみると，おもしろいことに気づいたよ。

花　子：おもしろいことってどのようなことなのかな。

太　郎：さいころを1の目の面が上に，2と3の目の面が手前になるように鏡の上に置いて，見かけ上8個のさいころの見えている面の目の数を合計してみて。

花　子：見えている面の目の数を合計すると60になったよ。

太　郎：そうだね。では1の目の面を上にしたままで，さいころの置き方を変えて合計してみようよ。

〔問題3〕　1の目の面を上にしたままで，手前に見えている二つの面の目の数が2と3の組み合わせとならないようにさいころの置き方を変える。このとき，さいころの手前に見える二つの面の目の数の組み合わせを一つ答え，その場合の見かけ上8個のさいころの見えている面の目の数の

合計を求めなさい。

　また，太郎さんが気づいたおもしろいことを，「1の目の面を上にした」と「目の数の合計」という言葉を使って説明しなさい。

図6　3枚の鏡をはり合わせてさいころを1個置いたときの見え方

（実際の写真を一部加工したもの）

[2]　**あさこ**さんと**けんじ**さんが**おじいさん**の家に遊びに来て，近くのスーパーマーケットで買い物をしています。

あ　さ　こ：夕飯のためのお買い物はこれで全部かしら。

け　ん　じ：野菜と，肉と，魚と。うん，たぶんこれでだいじょうぶだと思うよ。

あ　さ　こ：野菜は日本産ね。

け　ん　じ：この肉はオーストラリア産と書いてあるよ。魚はチリ産だって。

あ　さ　こ：食べ物はいろいろなところからやって来るのね。調べてみましょうよ。

け　ん　じ：きっとおじいさんなら資料を持っているよ。

　あさこさんとけんじさんはおじいさんの家に帰って，食べ物がどんなところからやって来ているのかを調べたいと話しました。

おじいさん：いいところに気が付いたね。では，まず，この**資料1**から考えてごらん。

け ん じ：魚介類というのは，魚のことかな。

おじいさん：魚や貝など，水にすむ生き物全体を指しているよ。

あ さ こ：国内生産量は分かるけれど，国内消費仕向量というのは分からないわ。

おじいさん：国内消費仕向量とは，1年間に国内の市場に出回った食料の量だよ。だから，1年間に国内で消費された食料の量とほぼ同じと考えていいね。

け ん じ：国内生産量と国内消費仕向量から，どれだけの食料が国内で生産されているかの割合が計算できるね。

おじいさん：そうだね。その数値のことを，食料自給率と呼んでいるよ。食料自給率には重さをもとに計算したものや，金額をもとに計算したものなど，たくさんの考え方があるけれど，今は，重さをもとにしたもので考えてみよう。

資料1 米、野菜、肉類、魚介類の国内生産量と国内消費仕向量（単位は千t）

国内生産量

	1970年	1985年	2000年	2015年
米	12689	11662	9490	8429
野菜	15328	16607	13704	11909
肉類	1695	3490	2982	3268
魚介類	8794	11464	5736	4177

国内消費仕向量

	1970年	1985年	2000年	2015年
米	11948	10849	9790	8600
野菜	15414	17472	16826	14814
肉類	1899	4315	5683	6035
魚介類	8631	12263	10812	7672

（農林水産省「平成27年度食料需給表」より作成）

〔問題1〕 (1) **資料1**から，米，野菜，肉類，魚介類の食料自給率について，解答用紙のグラフを完成させなさい。また，グラフの□，○，×，△の記号が，米，野菜，肉類，魚介類のどれを表しているかが分かるような工夫をしなさい。

(2) 米，野菜，肉類，魚介類のうちから一つを選んで，1970年から2015年までの食料自給率の変化の様子を具体的な数値を用いて説明しなさい。

あ　さ　こ：国内生産で足りない分は，輸入しないといけないわね。

け　ん　じ：食料の輸入について，何か考えなければいけないことはないかな。

おじいさん：フードマイレージという言葉を知っているかな。

け　ん　じ：聞いたことがない言葉だな。

おじいさん：原料となる農産物やできあがった食料をどれくらい運んだかを表す数値だよ。農産物や食料の重さと運んだ距離（きょり）をかけ合わせるので，単位は重さと距離をかけ合わせたt・km（トンキロメートル）が使われるよ。

あ　さ　こ：お米２tを３km運ぶと，６t・kmになるのね。

おじいさん：そうだよ。輸送にどれほどのエネルギーが使われるかや，どれほどの二酸化炭素が排出（はいしゅつ）されるかを考えるときの目安に使われる考え方だよ。

あ　さ　こ：数値が大きいほど，たくさんの農産物や食料を遠くまで輸送しているということになるから，エネルギーをたくさん使うし，二酸化炭素の排出量（はいしゅつりょう）も多くなるのね。

おじいさん：そうだね。そして，フードマイレージの数値をなるべく小さくしようとする運動があるよ。

け　ん　じ：地産地消という取り組みがあることを学校で習ったよ。地産地消をすると農産物や食料を運ぶ距離が短くなるから，フードマイレージの数値は小さくなるね。

おじいさん：そうだね。**資料２**を見てごらん。輸入した原料を使う場合と，地元産の農産物を使って地産地消をする場合で，フードマイレージの数値と二酸化炭素排出量がどれほどちがうかが分かるよ。

資料２　大豆１tを原料にして埼玉県（さいたまけん）小川町（おがわまち）で豆腐（とうふ）を作るとき、アメリカ合衆国（がっしゅうこく）から輸入した大豆を使う場合と地元産（ひもとさん）の大豆を使う場合の比較（ひかく）（２００８年）

	輸送距離（きょり）（ｋｍ）	フードマイレージ（トンキロメートル）（ｔ・ｋｍ）	二酸化炭素排出量（はいしゅつりょう）（ｋｇ）
輸入した大豆	１９９６８	１９９６８	２４５.９
地元産の大豆	３	３	０.６

（農林水産省資料より作成）

け　ん　じ：フードマイレージの数値を小さくする方が良さそうだね。

あ　さ　こ：そうかしら。必ずしもそうとは言えないような気がするわ。

おじいさん：そうだね。たとえば次のページの**資料３**を見てごらん。

あ　さ　こ：日本ではなく，イギリスの資料ね。トマトとイチゴを，イギリス国内で生産する場合と，より生産に向いている気候のスペインから輸入する場合とで，必要なエネルギー量と排出される二酸化炭素量を比べているわね。

おじいさん：エネルギー量は，農産物１tを生産したり，輸送したりするためにどれだけのエネルギーが必要かを表しているよ。ＧＪ（ギガジュール）というのは，まだ学校では習っていないだろうけれど，エネルギーの量を表す単位だよ。

け　ん　じ：では，二酸化炭素排出量の単位は，農産物１tを生産したり，輸送したりするために排出される二酸化炭素が何tになるかを表しているんだね。

おじいさん：その通りだよ。前のページの**資料2**と次の**資料3**を参考にして，フードマイレージについて考えてごらん。

資料3 トマト、イチゴ1tをイギリス国内で生産する場合とスペインから輸入する場合の比較（2006年）

| | | 必要なエネルギー量（GJ^{ギガジュール}） | | 二酸化炭素排出量（t） | |
		イギリス国内で生産する場合	スペインから輸入する場合	イギリス国内で生産する場合	スペインから輸入する場合
トマト	生産	34.1	4.4	2.1	0.3
	輸送	0.0	3.6	0.0	0.3
イチゴ	生産	12.9	8.3	0.8	0.3
	輸送	0.0	3.0	0.0	0.3

※「生産」の数値は、それぞれの国で生産する間に必要なエネルギーの量と、排出される二酸化炭素の量を示している。

※「輸送」の数値は、スペインからイギリスへ運ぶ間に必要なエネルギーの量と、排出される二酸化炭素の量を示している。

（イギリス環境・食糧・農村地域省資料より作成）

〔問題2〕 (1) フードマイレージの数値を小さくする方が良い理由について，会話や資料をふまえて，あなたの考えを書きなさい。

(2) フードマイレージの数値を小さくする方が必ずしも良いとは言えない理由について，会話や資料をふまえて，あなたの考えを書きなさい。

あ　さ　こ：今まで農業について考えてきたけれど，次は漁業について考えてみましょう。

け　ん　じ：**資料4**と**資料5**を見つけたよ。

あ　さ　こ：サケ・マス類について，チリでの生産量と，チリ国内での消費量と輸出量，そして日本のチリからの輸入量を表しているのね。

資料4 チリのサケ・マス類の生産量とその使い道の内訳（2012年）

チリのサケ・マス類の生産量	82万t	内訳	国内消費量	33万t
			輸 出 量	49万t

（日本政策投資銀行資料より作成）

資料5 日本のチリからのサケ・マス類の輸入量（2012年）

日本のチリからのサケ・マス類の輸入量	21万t

（財務省「貿易統計」より作成）

け　ん　じ：チリは南アメリカ大陸にある国だね。前のページの**資料４**，**資料５**から，サケ・マス
　　　　　類を通した日本とチリの関係が分かるね。

〔問題３〕　日本がチリからサケ・マス類を輸入することは，チリの産業にどのような影響_{えいきょう}をあたえ
　　ているか，会話や資料をふまえて，あなたの考えを書きなさい。

け　ん　じ：食料の生産や貿易について，いろいろなことが分かったね。

おじいさん：では，これから日本はどうしたら良いと思うかな。

あ　さ　こ：私_{わたし}は今のまま輸入を続けた方が良いと思うわ。

け　ん　じ：ぼくは食料自給率を高めた方が良いと思うな。

おじいさん：意見が分かれたね。どちらの立場にも良いところと問題のあるところがありそうだ
　　　　　ね。とても大切なことだから，しっかりと考えていかなければいけないね。

〔問題４〕　今までの問題や会話をふまえて，あさこさんとけんじさんのいずれかの立場を選び，選
　　んだ理由を書きなさい。また，その立場の問題のあるところを書き，社会としてどのように解決
　　していけば良いか，あなたの考えを書きなさい。
　　　　なお，解答らんには，121字以上150字以内で段落_{だんらく}を変えずに書きなさい。「、」や「。」もそれ
　　ぞれ字数に数えます。

③　太郎_{たろう}さん，花子さん，先生が教室で話をしています。

太　　郎：春になるとスギの花粉が多く飛ぶね。

花　　子：実際はどのくらいの数の花粉が飛んでくるのかな。調べてみたいな。

先　　生：飛んでいる花粉を数えるのは難_{むずか}しいですが，スライドガラスにワセリンという薬品をぬっ
　　　　　て外に置いておくと，そこに花粉が付くので，その数を数えることならできますよ。

太　　郎：花粉は小さいので，数えるときはけんび鏡を使うのですか。

先　　生：そうですね。けんび鏡で見えているはん囲は全体の一部なので，どのような倍率がふさわ
　　　　　しいか考えて観察することが大切ですよ。

　　二人は先生のアドバイスを受けながら，次のような方法で花粉の数を調べました。

　　１　スライドガラスにワセリンをぬる。

　　２　屋上へ行き，平らな台の上にスライドガラスを置き，飛ばされないように固定する。

　　３　24時間後に，スライドガラスを回収_{かいしゅう}する。

　　４　ワセリンに付いた花粉をけんび鏡で観察して，１cm²あたりの花粉の数を計算で求める。

　　次のページの**図１**は二人がけんび鏡で観察した花粉の様子です。

花　　子：二種類の花粉が観察できました。形がちがいますが，それぞれ何の花粉ですか。

先　　生：とっ起のある方がスギの花粉，とっ起のない方がヒノキの花粉です。

太　　郎：スギだけでなく，ヒノキの花粉も飛んでいるのですね。

先　　生：二人は，どのような倍率で観察しましたか。

花　　子：私_{わたし}は広いはん囲を見るために低い倍率で観察しました。花粉の付き方は均一ではないかも
　　　　　しれないので，広いはん囲の花粉の数を数えた方が良いと思います。

太　郎：ぼくは高い倍率で観察しました。倍率を高くすると，それぞれの花粉が大きく見えて良い
　　　　と思います。

図1　けんび鏡で観察した花粉の様子

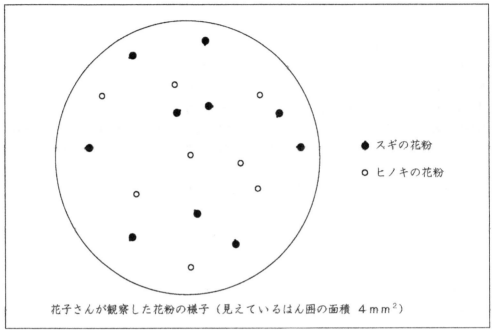

花子さんが観察した花粉の様子（見えているはん囲の面積　4mm²）

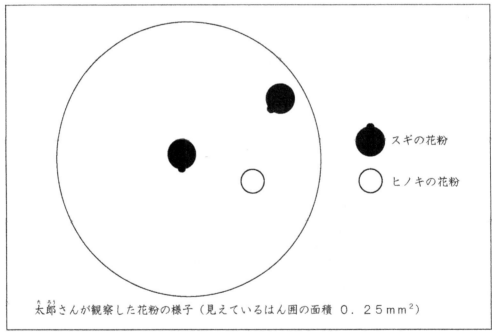

太郎さんが観察した花粉の様子（見えているはん囲の面積　0.25mm²）

〔問題1〕　花子さんと太郎さんの観察のうち，花粉の数を求めるのにふさわしいと思う方を選び，
　　　　スギかヒノキのどちらかについて，1cm²あたりの花粉の数を求めなさい。また，それをどのよ
　　　　うに求めたのかを数と言葉を使って説明しなさい。

太　郎：春は花粉だけでなく，砂も飛んでいるね。

花　子：黄砂のことだよね。この砂も花粉と同じようにけんび鏡で調べられますか。

先　生：この砂が，ユーラシア大陸から飛ばされてくるものです。日本まで飛ばされてくる砂の大きさは花粉よりもずっと小さいので，みなさんがけんび鏡で調べるのは難しいです。環境省などでは，ライダーという特しゅな観測装置で黄砂の観測をしています。

太　郎：どのようにして観測するのですか。

先　生：では，観測の仕組みを説明しましょう。図2のA1のように，地上の観測装置から上空に向けて特別な光を出します。光は上空に向かってまっすぐに進みますが，上空に砂がある場合には，砂に当たってはね返ります。この装置では，はね返ってきた光の量と，光がはね返ってくるまでの時間を計測しています。

太　郎：光が進むのに，時間がかかるのですか。

先　生：そうですよ。例えば，太陽の光が地球まで進むのに8分以上かかります。

図2　上空の砂の様子と観測装置を使った計測結果

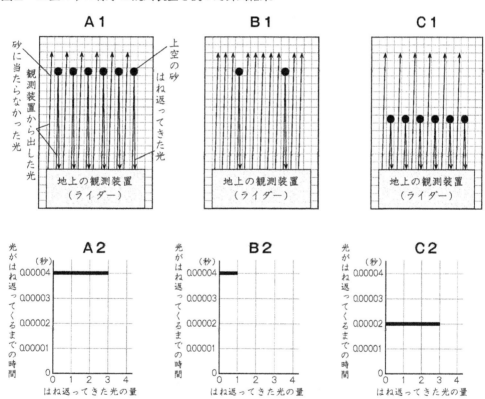

花　子：はね返ってきた光の量と，はね返ってくるまでの時間から何が分かるのですか。

先　生：もう一度，図2を見てください。ここでは光はどんなきょりを進んでも弱くならないものとし，上空の砂は同じ高さに並んでいるものとします。図2のA1のように砂がある場合の計測結果がA2のグラフになります。グラフの横軸の数が大きいほど，砂に当たってはね返ってきた光の量が多いことを示します。

花　子：なるほど。Ｂ１のように砂がある場合の計測結果がＢ２のグラフで，Ｃ１のように砂がある場合の計測結果がＣ２のグラフということですね。

先　生：その通りです。計測結果から上空の砂についてどのようなことが分かるか，説明できますか。

太　郎：はい。はね返ってきた光の量が多いほど　あ　ということが分かります。

花　子：光がはね返ってくるまでの時間が長いほど　い　ということも分かります。

〔問題２〕

(1) 会話の中の　あ　と　い　に当てはまる文章を答えなさい。

(2) ①か②の図のどちらかについて，その計測結果を示すグラフを次の**ア～エ**の中から一つ選び，記号で答えなさい。ただし，①と②のます目は**図２**のます目と同じ大きさを表すものとします。

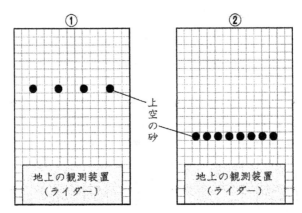

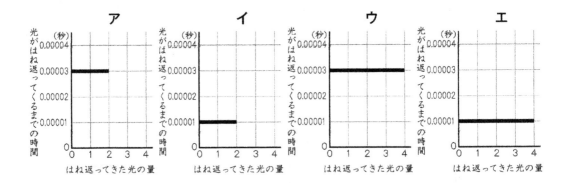

太　郎：黄砂という現象はどのようにして起こるのですか。

先　生：次のページの図３を見ると黄砂が起こる様子が分かりますよ。

太　郎：なるほど。図３のようにして運ばれた砂の一部が日本付近に落ちてくるのですね。

花　子：黄砂は春に起こることが多いと思うのですが，他の季節には起こらないのですか。

先　生：図４を見ると，日本で黄砂が観測された日数が，春に多く，夏になると少なくなっていることが分かりますね。

太　郎：どうして夏になると黄砂が観測された日数は少なくなっているのですか。

図3　黄砂が起こる様子

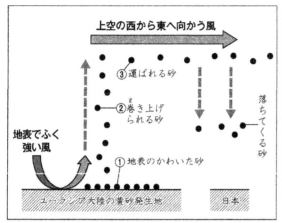

図4　日本で黄砂が観測された平均日数

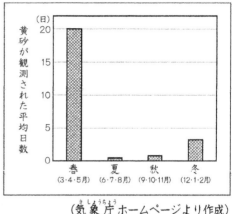

（気象庁ホームページより作成）

先　生：では，日本で黄砂が観測された日数にえいきょうをあたえる要因を，次の三つにしぼって考えてみましょう。

> 〔三つの要因〕
> ①　黄砂発生地（ユーラシア大陸のある地域）の地表にあるかわいた砂の量。（図3①）
> ②　黄砂発生地の地表でふく強い風で，巻き上げられる砂の量。（図3②）
> ③　上空の西から東へ向かう風で，運ばれる砂の量。（図3③）

花　子：黄砂発生地の気象や上空の風について，季節によるちがいを調べれば，黄砂が観測された日数が夏になると少なくなっている理由が分かりそうですね。

太　郎：図書室で調べてみよう。

　二人は図書室で見つけた資料をもとに，春（3月～5月）・夏（6月～8月）・秋（9月～11月）・冬（12月～翌年2月）の季節ごとに平均を求めてグラフを作りました。

太　郎：次のページの図5は黄砂発生地の平均月降水量で，次のページの図6は黄砂発生地の平均の積雪の深さです。このグラフでは春にも積雪があるけれども，実際に雪があるのは春の初めだけです。

花　子：黄砂発生地で，地表の砂を巻き上げるくらい強い風がふいた回数の平均をまとめたものが次のページの図7です。また，上空の西から東へ向かう風の平均の速さをまとめたものが次のページの図8です。風の秒速の数値が大きいほど風が強いことを示します。

先　生：二人がまとめたグラフから，日本で黄砂が観測された日数が，春に比べて夏になると少なくなっている理由が説明できそうですね。

〔問題3〕　次のページの図5～図8の中から二つを選び，日本で黄砂が観測された日数が，春に比べて夏になると少なくなっている理由として考えられることを，それぞれ〔三つの要因〕①～③のうちの一つと関連付けて説明しなさい。

図5 黄砂発生地の平均月降水量

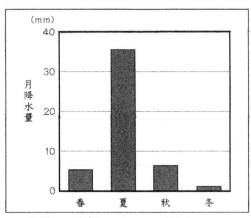

（鳥取大学乾燥地研究センター監修
「黄砂－健康・生活環境への影響と対策」より作成）

図6 黄砂発生地の平均の積雪の深さ

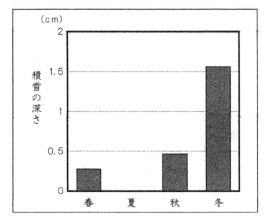

（鳥取大学乾燥地研究センター監修
「黄砂－健康・生活環境への影響と対策」より作成）

図7 黄砂発生地の地表でふく強い風の平均観測回数
（風の強さは1日に8回、3時間おきに観測している。）

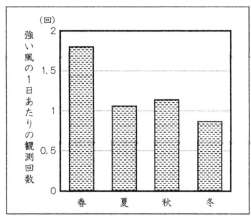

（鳥取大学乾燥地研究センター監修
「黄砂－健康・生活環境への影響と対策」より作成）

図8 上空の西から東へ向かう風の平均の速さ
（秒速を1秒間に進むきょり（m）で表している。）

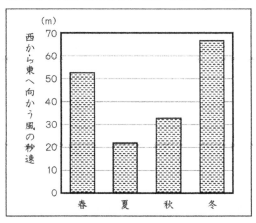

（気象庁ホームページより作成）

【適性検査Ⅲ】 （45分） ＜満点：100点＞

---

1 公園から帰ってきた**みちよ**さんが**お姉さん**と話をしています。

み ち よ：ただいま。

お姉さん：おかえりなさい。うがいと手洗^{て あら}いをしてね。

み ち よ：お姉さん，前から不思議に思っていたのだけれど，固形の石けんは水をつけないと泡立^{あわ だ}たないわよね。なぜかしら。

お姉さん：石けんだけでは泡^{あわ}は作れないけれど，水なら，それだけでも泡ができることがあるわ。

み ち よ：どういうときかしら。

お姉さん：プールでバタ足をしたときや，お風呂^{ふ ろ}で水面をたたいたとき，水面に泡ができるわね。

み ち よ：そういえばそうね。でも，すぐに消えてしまうわ。

お姉さん：石けんの混ざった水でできた泡なら，しばらく消えずに残ったり，空気中にうかんだりするわね。

〔問題1〕 石けんの混ざった水でできた泡は，どのようなつくりになっているでしょうか。泡の断面の図をかきなさい。また，水や石けんなどが図のどこにあるのかも，分かるようにかきなさい。

み ち よ：お姉さんの泡立て用のネットを使うと，石けんがよく泡立つわね。

写真1 泡立^{あわ だ}て用のネットを使って 石けんを泡立てた様子

写真2 石けん液が細かい泡^{あわ}になって 出てくる容器

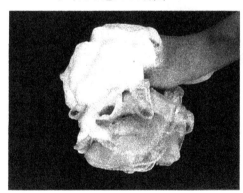 

写真3 写真2の容器から出てきた石けんの泡の様子

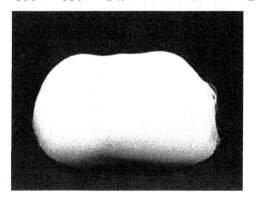

お姉さん：そうね。手で泡立てるよりも，泡が細かくて気持ちがいいわよ。

み ち よ：どうして細かい泡ができるのかしら。

お姉さん：考えてごらんなさい。石けん液が細かい泡になって出てくる容器もあるわよ。

〔問題2〕 石けん液が細かい泡になって出てくる容器があります。この容器では，どのような仕組みで泡ができると思いますか。その仕組みについて，あなたの考えを，図をかいて説明しなさい。

み ち よ：この容器を空<ruby>空<rt>から</rt></ruby>にして，他の石けん液を入れても，細かい泡になって出てくるのかしら。

お姉さん：やってみましょうか。

み ち よ：もともと入っていた石けん液が泡立ったときとは様子がちがうわね。

お姉さん：そうね。泡の数が少なくて，ひとつひとつの泡が大きいわね。

み ち よ：容器と石けん液の組み合わせが変わると，できる泡の様子が変わることがあるのね。

写真4　写真2の容器を空<ruby>空<rt>から</rt></ruby>にして他の石けん液を入れたときに、その容器から出てきた石けんの泡の様子

〔問題3〕 (1) 泡の様子が変わった理由について，あなたの考えを書きなさい。

　　　　　(2) (1)で考えた理由が正しいことを確かめるために，どのような実験をすればよいですか。説明しなさい。言葉だけで説明しにくい場合は，図をかいて説明してもかまいません。

　　　　　(3) (1)で考えたことが正しいとしたら，実験の結果はどのようになりますか。予想される結果を書きなさい。

み ち よ：泡の様子は，使う道具や石けんの種類によって，大きく変わるものなのね。

お姉さん：そうね。石けんはいろいろな場面で使われているから，使う場面に合った泡ができるように工夫<ruby>工夫<rt>くふう</rt></ruby>されているのかもしれないわね。

み ち よ：今日は手洗いのために石けんから泡を作ったけれど，他のものからも泡ができることがあるわ。

お姉さん：泡についていろいろと考えてみるとおもしろいわね。時には，泡がたくさんできて困<ruby>困<rt>こま</rt></ruby>ってしまうこともあるわよね。

〔問題4〕 (1) あなたの身のまわりで，泡がたくさんできて困ってしまうような場面を考え，一つ答えなさい。

　　　　　(2) (1)の場面で，なぜ泡ができるのだと考えられますか。あなたの考えを書きなさい。

(3) (1)の場面で，泡を減らしたり，出なくなるようにしたりするには，どのような工夫
をすればよいですか。そのように考えた理由も説明しなさい。

2 たかしさんとよしこさんが，長方形の紙を折って遊んでいます。

問題を解くときの注意点

○たかしさんとよしこさんが使う紙は，何回でも折れるものとします。

○その紙を折るときや，折った紙を開くときは，紙を回転させたり，向きを変えたりしないも
のとします。

※この問題は考えて解答するものです。問題を解くときに，問題用紙や解答用紙，ティッシュ
ペーパーなどを実際に折ってはいけません。

たかし：よしこさんの作る折り紙の作品はどれもきれいだね。

よしこ：ひとつひとつの折り目をていねいにくっきりとつけるようにすると形が整うわ。長方形の
紙で練習してみましょうか。紙を**図1**のように机に置いたとき，それぞれの方向を左，右，
上，下と呼ぶことにするわね。まずは，紙の右はしを動かないように固定して，長方形の
左半分が右半分にぴったりと重なるように折ってみて。この折り方を**折り方①**と名付けま
しょう。

折り方①：紙の右はしを動かないように固定して，長方形の左半分が右半分にぴった
りと重なるように折る。

たかし：**折り方①**で1回折ってみたよ。**図2**のように，横がもとの長さの半分の長方形になったね。

よしこ：その状態から**折り方①**でもう1回折ったら，**図3**のようにさらに横の長さが半分の長方形
ができたわ。

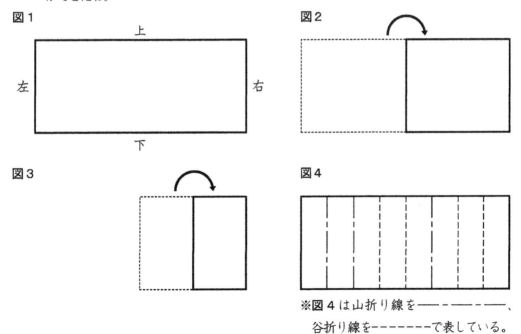

※**図4**は山折り線を ――― ―――、
谷折り線を------で表している。

たかし：きれいに折る方法が分かってきたぞ。さらに**折り方①**でもう1回折ってみるね。どれどれ，きれいに折れているかな。紙を開いて確かめてみよう。

よしこ：ていねいに折ったから，山折り線と谷折り線がきれいについているわね。

たかし：でも，その並び方は前のページの**図4**のようになっていて，不規則に感じるね。

よしこ：左から順に折り目の並び方を，山折り線を「∧」，谷折り線を「∨」という記号を使って書くと，「∧∧∨∨∧∨」となっているわ。規則のようなものは本当にないのかしら。紙を折る回数を1回増やすごとに折り目の並び方がどのように変わるのかを調べてみましょうよ。

〔問題1〕　(1)　1枚の長方形の紙を，**折り方①**で2回折ってから開いたときの折り目の並び方を，山折り線を「∧」，谷折り線を「∨」という記号で表し，左から順に書きなさい。

　　　　　　(2)　1枚の長方形の紙を，**折り方①**で4回折ってから開いたときの折り目の並び方を，山折り線を「∧」，谷折り線を「∨」という記号で表し，左から順に書きなさい。また，そのように考えた理由を，図や記号を用いて説明しなさい。

よしこ：折り方のパターンを増やしてみましょうか。**折り方①**の左と右を入れかえて，**折り方②**としましょう。折り目の並び方はどう変わるかしら。

> **折り方②**：紙の左はしを動かないように固定して，長方形の右半分が左半分にぴったりと重なるように折る。

たかし：試しに新しい長方形の紙を使って，「①→①→②」の順番で折ってみたよ。紙を開いてみるね。あれ，折り目の並び方が，「①→①→①」の順番で折ったときと全く同じだ。

よしこ：それは不思議ね。「①→①→②」以外の順番で折ってみたらどうかしら。

〔問題2〕　1枚の長方形の紙を，**折り方①**と**折り方②**をどちらも1回以上使って3回折ってから開きます。このとき，「①→①→①」の順番で折ったときにできる折り目の並び方と異なる並び方にするためには，どのような順番で折ればよいですか。折り方の順番を，①，②の記号を使って一つ答えなさい。また，そのときの折り目の並び方を，山折り線を「∧」，谷折り線を「∨」という記号で表し，左から順に書きなさい。

　　　さらに，たかしさんとよしこさんは**折り方③**と**折り方④**のルールを次のように決めました。

> **折り方③**：紙の上のはしを動かないように固定して，長方形の下半分が上半分にぴったりと重なるように折る。
>
> **折り方④**：紙の下のはしを動かないように固定して，長方形の上半分が下半分にぴったりと重なるように折る。

よしこ：例えば，新しい長方形の紙を「①→③→①」の順番で折ってから開くと次のページの**図5**のようになるわね。

たかし：山折り線と谷折り線の数はそれぞれいくつあると考えたらいいかな。

よしこ：例えば，**図5**の**ア**で示した縦の線は，谷折り線1本とも考えられるけれど，途中で他の折り線と交差しているから，谷折り線2本とみることにしましょう。そうすると，**図5**の山

　　　　　折り線の数は４，谷折り線の数は６になるわ。

たかし：谷折り線と山折り線の数の差は２になるんだね。

図５

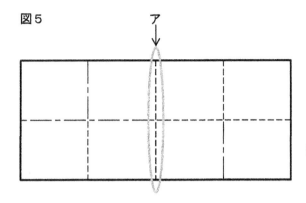

※**図５は山折り線を**━━・━━・━━、

　　谷折り線を━━━━━━━**で表している。**

〔問題３〕　(1)　「①→③→①」の順番で折った紙を，さらに**折り方**①〜④のどれかを使って１回折っ
　　　　　てから開き，山折り線の数と谷折り線の数を数えます。どの折り方を使うのかを①〜
　　　　　④の記号で示し，そのときの山折り線の数と谷折り線の数をそれぞれ答えなさい。

　　　　(2)　新しい長方形の紙を，**折り方**①〜④を使って10回折るとします。ただし，使わない
　　　　　折り方があってもかまいません。このとき，谷折り線と山折り線の数の差が８以上に
　　　　　なるのはどのような場合ですか。一つ答えなさい。また，そのように考えた理由を説
　　　　　明しなさい。説明には，図を用いてもかまいません。

〔問題1〕　⑦　知ることと、知らされること　について、次の問いに答え
なさい。

(1)　「知らされること」とちがって、「知ること」の出発点にはどのよ
うな気持ちがありますか。　文章1　の中の言葉を使って書きなさ
い。

(2)　「知ること」ができたら、どのような気持ちが生まれますか。
文章1　の中の言葉を使って書きなさい。

〔問題2〕　⑦　私自身は、人の話を聞いてすぐに「分かった」と思うこと
はほとんどありません。とありますが、それはなぜですか。　文章2
の中の言葉を使い、解答らんに合わせて書きなさい。

〔問題3〕　あなたは、これから学校生活や日常生活の中で、何を大事に
し、どのように行動していこうと思いますか。　文章1　と　文章2
それぞれの内容に関連づけて、四百字以上四百四十字以内で書きなさ
い。ただし、次の条件と　〔きまり〕　にしたがうこと。

条件　　次の三段落構成にすること。

①第一段落で、　文章1　と　文章2　、それぞれの内容にふれる
こと。

②第二段落には、　①　をふまえ、大事にしたいことを書くこと。

③第三段落には、　②　をふまえ、行動を具体的に書くこと。

〔きまり〕

○題名は書きません。

○最初の行から書き始めます。

○各段落の最初の字は一字下げて書きます。

○行をかえるのは、段落をかえるときだけとします。会話を入れる

場合は行をかえてはいけません。

○、や。や」などもそれぞれ字数に数えます。これらの記号が行
の先頭に来るときには、前の行の最後の文字と同じます目に書き
ます。（ます目の下に書いてもかまいません。）

○。と」が続く場合には、同じます目に書いてもかまいません。
この場合、。」で一字と数えます。

○段落をかえたときの残りのます目は、字数として数えます。

○最後の段落の残りのます目は、字数として数えません。

*ネット空間などにはあふれています。ランキング情報やベストセラー情報などは、その *最たる例です。あるいは情報が *コンパクトにまとめられたテレビ番組もたくさんあります。多くの人が、まるでコンビニへ買い物に行くかのように「答え」の情報に群がり、分かった気になっています。

誰かの話をちょっと聞いただけで「分かった」と思うのは安易な解決法です。立派そうな人の本を読んで「なるほど、その通りだな」と思い、翌日に反対の意見を持つ人の本を読んで「もっともだな」と思ったのでは、意味がありません。自分の頭で考えて、本当に「そうだ、その通りだ」と腹の底から思えるかどうかが大切なのです。

① 私自身は、人の話を聞いてすぐに「分かった」と思うことはほとんどありません。心の底から「分かった」と思えない間は、「そういう考え方もあるのだな」という状態で保留扱いにしておきます。否定もしません。結論を急いで「分かった」と言おうとするのは間違いのもとです。

「腑に落ちる」まで自分の頭で考え抜いているかどうか、私たちはもう少し慎重になったほうがいいと思います。

整えられた「答え」ですませてしまうのは、そのほうが楽だからです。しかし、それは手抜きというものです。世の中のたいていの物事には、じつはすっきりした「答え」がありません。それが人生というものです。

すっきりしているのは、多くの場合、そぎ落とされ、形が整えられているからです。しかし多くの情報がそぎ落とされ、形が整えられていたり、形を整える際に、(*道理ではなく) *無理が入り込んでしまっていたりします。

すっきりしない情報をあちらこちらから収集し、自分の頭のなかで

*検証し、本当に納得することが、「自分の頭で考える」ということです。

*物事を見誤らないための、とても重要な作業です。私は、多少へそ曲がり的な性格ということもあって、子供のころからずっとその姿勢を貫いてきました。

「何となく腑に落ちないな」という感覚が少しでもあれば、安易な妥協はせずに探求を続けることが大切です。別の見方を考えてみる、さらに情報を探してみるなど、いまでは情報を探る方法はたくさんあります。探求を続けるうちに、あるところで、本当に「腑に落ちる」という感覚が得られるはずです。それが納得できたということです。

（出口治明「人生を面白くする 本物の教養」による）

（注）

著名な――よく知られた。有名な。

科学史家――科学の歴史を研究する人。

「腑に落ちる」という感覚――何かが体の底にすとんと落ちるように、心に入ってくる感覚。

バロメーター――本来は気圧を測る計測器。ここでは、もの事のようすを知るもとになるもののこと。

安直に――手軽に。気軽に。

ネット空間――インターネットの世界。

最たる――最も代表的な。

コンパクトに――大切なところがむだなく簡単に。

キモ――ここでは、最も大切な点や事がら。

道理――物ごとの正しいすじみち。

無理――りくつに合わないこと。

検証――ものごとを調査して、事実を証明すること。

れて、知ることによって快さや喜びが伴って来るような、ごく*素朴な姿があまり見られなくなってしまいました。私自身にしましてもそういう傾向は確かにあるのですが、自分の知らないことでも、もう誰かは必ず知っている、もっと手っ取り早いいい方をすれば、たいがいのことは本に書いてあると思ってしまって、特に知ろうとしないのです。さまざまの事典と名のつく本が出るということは、それに誤りがない限り実にありがたいことなのですが、これだけ手もとに持っていれば必要な時にその知識をそこから引き出せるという考え、これは案外恐ろしいことではないかと思います。昔の人は私たちより知識の持ち方は少なかったと思います。また、その知識も誤っていたことが多いかも知れません。*コロンブス以前の、大多数の人々は別の大陸があるかも知れないということは恐らく考えなかったでしょうし、このようにして人間の発見や発明が一般の人たちにも知識をふやしていったことも事実であります。しかし、

⑦ 知ることと、知らされることとの違いを考えてみていただきたいのです。

（串田孫一「考えることについて」による）

[注]
生垣——あまり高くない木を植えならべて作ったかきね。
平素——ふだん。いつも。
色——表情。
断ぜられる——きっぱりと判断なさる。
カルテ——本来は医師が用いる記録のカードのこと。ここでは、経験といった意味をふくむ。
可憐な——かわいらしい。

胴乱——植物採集などに用いる入れ物。
温顔——おだやかであたたかみのある顔。
素朴——ありのままでかざり気が無く自然なこと。
コロンブス——イタリアの航海士。ヨーロッパで初めて現在のアメリカ大陸にたどり着いたとされる。

今——この文章が書かれた、一九五四（昭和二十九）年当時。

文章2

教養の一つの本質は、「自分の頭で考える」ことにあります。*著名な*科学史家の山本義隆氏は、勉強の目的について「専門のことであろうが、専門外のことであろうが、要するにものごとを自分の頭で考え、自分の言葉で自分の意見を表明できるようになるため。たったそれだけのことです。そのために勉強するのです」と語っています。この当たり前のことが、案外置き去りにされている気がします。

「自分の頭で考える」際には、「*腑に落ちる」という感覚が一つの*バロメーターになります。本当に自分でよく考えて納得できたとき、私たちは「腑に落ちる」という感覚を抱きます。この感覚は大変重要です。

ところが、「腑に落ちる」ことも、また少々軽視されているところがあります。たとえば、何か分からないテーマや事柄があったとして、それについて誰かが説明していたら、その説明を聞いただけで、もう分かったつもりになっている、といったことはないでしょうか。とくに最近は*安直に「答え」をほしがる傾向があり、それに応じてきれいに整えられた「答え」や、一見「答え」のように見える情報が、

【適性検査Ⅰ】 （四五分） 〈満点：一〇〇点〉

1 文章1 と 文章2 を読み、あとの問題に答えなさい。（＊印の付いている言葉には、本文のあとに【注】があります。）

文章1

これからまたしばらくのあいだ、私どもの周囲にはいろいろな花が咲いたり、飛び交う蝶の姿が見られるようになります。私が、多少普通の人よりもそういうものに関心を持っていることを知って、近所の子供たちが、時々虫などをつかまえて来て私にその名をたずねるのです。こんな大きな蛾がいたよ、おじさんこれなんていうの？彼は少し手に負えないいたずらっ子で、うちの＊生垣の竹の棒を抜いて、野球のバットにしていたこともありますし、木のぼりをして枝を折ることも専門家です。その子が水色の、大きな蛾を一匹つかまえて来まして、その一枚の翅をつまんで私にその名をたずねるのです。「そんな風につまんでいるとばたばたあばれて翅の粉をみんな落としてしまう、蛾でも蝶でも、こういう風に持たなくちゃあ」そういって私はまず持ち方を教え、それからその蛾はオオミズアオ、あるいはユウガオビョウタンという名であることを教えます。どうも忘れそうなので、紙にその名を書いて渡します。この蛾の幼虫がどんな形をして、どんな植物の葉を食べるか、幸いにして私はそれを知ってはいましたけれども、彼はまだ小学校の三年生、ただ名前を知ればよいのです。というより、彼が知りたいと思ったのはその名前だけなのです。

「知識の獲得には、ある不思議な快さと喜びがある」という古い言葉がありますが、この＊平素はいたずらの専門家である彼も、確かに満足の＊色を顔に浮かべて帰って行きます。私は、こういう風にして幼いものから何かをたずねられた時、たとえ自分が手を離したくない仕事をしている時でも、＊少なくもいやな顔は見せないようにして、そうしてその名を知らない時、あいまいな時には、その子供と一緒に本をしらべるようにしています。

詩人の尾崎喜八さんが、昔、あの植物学者の牧野富太郎氏をかこむ植物同好会の人々と採集に行かれた時の文章に次のような箇所があります。それは、先生、これは何ですか、これは何と申しますかと、次々にたずねられる時牧野博士はそれを＊たちどころに説明されるのですが、それに続いて、次のような文章があります。「先生が日本の植物に対して百の名称を＊断ぜられるとしても、僕はただ先生の記憶の強大さ、知識の広さに驚くだけである。植物学者としての先生の大いなる＊カルテから見れば、それは当然の事のように思われる。しかし一人の＊可憐な小学生が――腰に小さい風呂敷包みの弁当を下げ、肩から小さい＊胴乱をつるした子供が、何か小指の先ほどの植物を探して来て、『先生これ何ですか』ときいた時、『これは松』といいながら、その子の頭へ片手を載せられた時の、あの＊温顔の美しさを僕は忘れない」

私はこの一節が非常に好きなのです。がそこには、知るということ、そのための人間どうしに通うあたたかいものが感じられます。ただ人間としてこれだけのものは知っておかなければならない。そういう気持ちで本を読んだり、学校へ通って勉強をする。それも確かに必要なことなのですが、そこで、もし一方は教える他方はそれを教わるという関係だけならば、それは全く機械的なものになって、ついには試験のために勉強するという、それは＊今ではあたり前のことになってしまった現象も生ま

MEMO

大切なことはメモしておこうネ!

平 成 30 年 度

解 答 と 解 説

《平成30年度の配点は解答欄に掲載してあります。》

＜適性検査Ⅰ解答例＞

1 問題1 （1）「知りたい」という気持ち

（2）不思議な快さや満足

問題2 **筆者は** 「ふに落ちる」 まで **自分の頭で考えぬく** ことを心がけているから。

問題3 文章1では，作者の経験や好きな文章を通じて「知ること」と「知らされること」を比べて，「知りたい」という気持ちと「知ることによる快さや喜び」が大事であると書かれている。また，文章2では「本当に腑に落ちる」まで自分の頭で考えることの大切さが書かれている。

私は文章1のように「知ること」で感じる喜びはとても大事だと思う。合格のための知識を増やすことも大切だけれど，勉強していて面白くないこともある。しかし，自分が不思議に思ったことや面白いと思うことは時間を忘れて調べるし，何よりもわかったあとにとてもうれしくなるからだ。だからそのために「なぜ」と感じた経験を大事にしたい。

「なぜ」と思ったときは，あとまわしにせず，まずは頭の中でゆっくりと考えるようにするべきだと思う。すぐに調べるよりも，まずは自分なりの考えをつくりたい。そうする方が，たとえ自分の考えがまちがっていても，わかったときの「なるほど！」という納得がうれしく感じると思うからだ。

○配点○

1 問題3 60点，他 各20点×2 計 100点

＜適性検査Ⅰ解説＞

1 （国語，作文）

文章1と文章2がある問題では，それら2つの文章は共通するテーマについてそれぞれ違う視点から書かれた文章が与えられる。共通するテーマが作問者からのメッセージであり，そのテーマを考えるのに異なる視点を提示している。つまり，2つの文章それぞれの内容を対比的に読むことが最後の作文につながるカギであり，問題1，問題2は作文を書くためのヒントになる設問なのである。

基本

問題1 傍線部㋐の「知ることと，知らされることの違い」は，「知らされること」について直接説明している部分はないが，文章1の3つめの段落で「知ること」の具体例を挙げ，それと対比することで間接的に説明される。それぞれを図式化すると下のようになり，「自発的な欲求」と「必要性や義務感からの要求」の違いであるといえる。この関係がわかれば(1)，(2)とも解答できるはずである。

「知ること」 →人間どうしに通う温かいもの→知ることによって快さや喜びが伴う

「知らされること」→ 機械的なもの →特に知ろうとしない(調べればよい)

問題2 2段落目のはじめに「自分の頭で考えると」「腑に落ちる」という感覚が一つのバロメータ

ーになると書いてある。

重要 問題3　今年の問題で特徴的なのは，段落構成について細かい条件が出ていることである。①～③で各段落の内容が指定されているのである。つまり，形式的な段落構成は自分で考える必要はなく，文章の論理性，段落の適切なつながり，文章の内容で採点するということである。第一段落で 文章1 ，文章2 それぞれの要旨を簡潔かつ正確にまとめ，第二段落と第三段落で「大事にしたいこと」と「具体的な行動」が論理的に関連されていることが重要である。

─ ★ワンポイントアドバイス★ ─

適性検査の作文は書きたいことを書くのではなく，聞かれていることにまっすぐ答えることが一番大切！

＜適性検査Ⅱ解答例＞

1 問題1

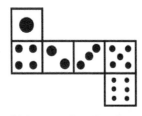 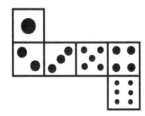 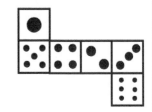

問題2　〔式〕 4 ÷ 2 ⊕ 1 ⊗ 5 ＝ 7
〔説明〕 ⊕の前の部分と後ろの部分に着目して，和が7になる二つの数の組み合わせを考えると，2と5がある。異なる四つの数を使って，4÷2＝2，1×5＝5となるから。

問題3　〔手前に見える二つの面の目の数の組み合わせ〕 2と4 〔合計〕 60
〔太郎さんが気づいたおもしろいこと〕 1の目の面を上にしたままで，さいころの置き方をいろいろ変えても，見かけ上8個のさいころの見えている面の目の数の合計は60になること。

2 問題1　(1)

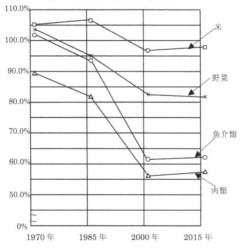

(2) 選んだ食料　魚かい類

　1970年から2015年の間に，ほぼ2分の1になっている。特に1985年から2000年の減少がはげしく，2000年には1985年の約57％になっている。

問題2　(1)　地元産の農産物を使うので，地いきの農業がさかんになるから。

　また，輸送するきょりが短くなるので，輸送中にはい出される二酸化炭素の量が減るから。

(2)　国内で生産するより，生産に向いた機構の地いきで育てて運んだ方が，必要なエネルギー量や二酸化炭素はい出量が減ることがあるから。また，運ぶことで輸送の仕事が増えるから。

問題3　チリのサケ・マス類は輸出されるものが多く，その約4わりが日本向けなので，日本の輸入は，チリの漁業や貿易業をさかんにし，チリの経ざいを活発にしている。

問題4　あさこさんの立場（輸入を続ける）

　それぞれの国や地域に適した食料を生産することで，エネルギー使用量も二酸化炭素排出量も減らすことができる。また、貿易し合うことで国どうしの関係もよくなる。問題としては、距離が遠くなるとその分輸送によるエネルギー使用量や二酸化炭素排出量が増えてしまう。より環境にやさしい輸送手段を開発していくべきだ。

けんじさんの立場（自給率を高める）

　食料自給率を高めることで、輸送にかかるエネルギー使用量や二酸化炭素排出量を減らすことができるし、日本の農業を応援できる。しかし、エネルギーの多くは輸入に頼っているから、石油などを輸入するときの輸送で排出される二酸化炭素は増えてしまう。エネルギーのかからない農業を研究することで解決を目指すべきだ。

3　問題1　〔選んだ観察〕　花子さんの観察

〔選んだ花粉〕　スギの花粉

〔1cm²あたりの花粉の数〕　250個

〔説明〕　見えているはん囲の面積は4mm²で，そこにスギの花粉が10個ある。

　1cm²＝100mm²で，100mm²は4mm²の25倍である。よって1cm²あたりの花粉の数は10個の25倍で250個となる。

問題2　(1)　（あ）　上空のすなの量が多い　（い）　上空のすなが高いところにある

(2)　〔選んだ図の番号〕　①　〔グラフの記号〕　ア

問題3　〔選んだ図〕　図5

〔説明〕　図5によると，春に比べて夏は平均月こう水量が多い。そのため，要因①のかわいたすなの量が少なくなり，日本で黄さが観測された日数が，春に比べて夏になると少なくなっていると考えられる。

〔選んだ図〕　図7

〔説明〕　図7によると，春に比べて夏は地表でふく風の観測回数が少ない。そのため，要因②のまき上げられるすなの量が少なくなり，日本で黄さが観測された日数が，春に比べて夏になると少なくなっていると考えられる。

○配点○

1　問題1　6点，他　各12点×2

2　問題3　6点，問題4　10点，他　各12点×2

3　各10点×3　　　計　100点

＜適性検査Ⅱ解説＞

1 （算数：さいころ展開図，組み合わせ，規則性）

基本 問題1　まず，〔展開図〕を組み立てたときに6の面に向かい合う1の面が展開図のどの位置に来るのかを考える。するとAの位置に1が来るとわかる。次に問題中の図1にあるように，1と2と3の目が三角形になるように2の目の位置と3の目の位置を確定する。4と5については残った位置に4は3の向かい，5は2の向かいになるようにかき入れればよい。

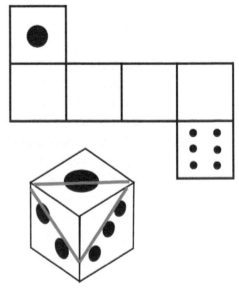

基本 問題2　4つの数字の真ん中に＋があるので，まず＋の前後の□2つずつの数字を計算した結果の組み合わせは「6と1」，「5と2」，「4と3」に絞られる。次に，前後の2つの数字の組み合わせを使って「＋」以外の「×」，「÷」でそれらの数字を考えていけばよい。「6と1」の組み合わせの場合，1を作るには，□×□または□÷□で1になる組み合わせは1×1か同じ数字どうしの割り算しかないので不可能である。よって1は引き算でしかできない。また□÷□で6になる組み合わせも作れないことから，かけて6になる組み合わせとなる。このように絞り込むが，「6と1」では作れないことがわかる。このように絞り込んでいくと「5と2」，「4と3」の組み合わせなら計算式が成立する。解答例に挙げたもの以外に「4×1＋6÷2」，「6÷2＋4×1」なども考えられる。

問題3　1の面が上に来るように置くということは，1の向かい合う6は常に見えないということになる。図6にもあるように，同じ目の面はそれぞれ4面ずつ見えるようになっている。ということは，6以外の数字をそれぞれ4つずつたしたものの合計を考えればよい。よって，1が4面，2が4面……と地道に計算してもよいが，（1＋2＋3＋4＋5）×4＝60というように計算できれば時間も短縮できる。

2 （社会：割合計算，グラフ作成，特徴）

基本 問題1　(1)　食料自給率とは国内で消費された食料のうち国内で生産されたものが占める割合を表したものである。つまり（国内生産量）÷（国内消費仕向量）を計算して求める。ここで気を付けなければならないのは数値の処理の仕方である。解答らんのグラフには細かい目盛りなどはないが，グラフの縦軸の数値が小数第1位までの概数で表されている。また，(2)の設問で「具体的な数値を使って」と書いてある。よって数値は小数第1位まで求めておくとよいだろう。処理の手順としては百分率（％）で表したあとに小数第2位を四捨五入すること。また，設問にあるように，グラフのどの記号がそれぞれ米，野菜，肉類，魚介類を表しているか工夫をすることが求められている。よって，解答例のように矢印で記入してもよいし，右下に凡例（はんれい）を書いてもよい。採点対象がどこまでかはわからないので，グラフタイトルも書いておく方が安心だ。

	1970年	1885年	2000年	2015年
米	106.2	107.5	96.9	98.0
野菜	99.4	95.0	81.4	80.4
肉類	89.3	80.9	52.5	54.2
魚介類	101.9	93.5	53.1	54.4

(2) 上の表にある数値を使い，(1)で作成したグラフの変化の様子を具体的に説明する。その際，①期間，②数値，③「〜倍」や「〜分の○」など比較しての数値を挙げて増減の様子を具体的に説明こと。

問題2 (1) フードマイレージに関する問題である。会話文にもあるように，フードマイレージは原料となる農産物やできあがった食料をどれくらい運んだかを表す数値であり，輸送に関して使われるエネルギーや排出される二酸化炭素について考えるのに使われる。フードマイレージが大きいほど，エネルギー消費量と二酸化炭素排出量は多くなる。資料2では同じ量の豆腐を作るにあたり，輸送距離が長いとフードマイレージは大きくなり，二酸化炭素排出量も増えることが表されている。また，会話文中の「地産地消」についての説明「地産地消をすると農産物や食料を運ぶ距離が短くなるから，フードマイレージの数値は小さくなるね」という箇所がヒントになる。フードマイレージの数値を小さくする方がよい理由として，二酸化炭素排出量を減らせるという点(加えてエネルギーの消費量を減らすこと)が書いてあることが必要である。また，「地産地消」という言葉から，解答例のような良い点を付け加えるのもよい。

(2) この問題では「必ずしもそうとは言えない」理由は資料3からわかる。フードマイレージはあくまでも輸送における二酸化炭素排出量を表しているだけであり，生産の過程で排出される二酸化炭素の量は含まれない。資料3のトマトとイチゴを国内で生産する場合と輸入するそれぞれの場合につき生産と輸送の数値の合計を出すと以下の表のように，輸入する方が数値は小さくなる。これにより国内で消費することが必ずしもエネルギー使用量や，二酸化炭素が排出量を減らすことにはならないかがわかる。

	必要なエネルギー量(GJ)		二酸化炭素排出量(t)	
	イギリス国内で生産する場合	スペインから輸入する場合	イギリス国内で生産する場合	スペインから輸入する場合
トマト	34.1	8.0	2.1	0.6
イチゴ	12.9	11.3	0.8	0.6

問題3 資料4ではチリサケ・マス類の生産は国内で消費をするよりも輸出のために行われていることがわかる。また資料5をみると，輸出用の約40％を日本が輸入していることがわかる。つまり，日本がチリの漁業において大きなお客さんとなっていることになる。さらに問題2の内容ではそれぞれ貿易によって長所を生かし合うことが互いの国にとってよいことをふまえると，日本の輸入がチリの漁業に良い影響を与えていることが答えられる。

問題4 問題文では①いずれかの立場を選び，選んだ理由を書くこと，②その立場の問題のあるところを書き，社会としてどのように解決していけば良いか，考えを書くこと，の2点が聞かれている。解答はこの順番で書けばよい。会話文中であさこさんは「今のまま輸入を続けた方がよい」，けんじさんは「自給率を高めた方がよい」という立場に立っている。あさこさんの立場に立てば問題3でみたように，貿易による良い影響，けんじさんの立場に立てば問題2でみたような地産地消による良い影響が考えられる。また問題点としては両者が二酸化炭素排

出量やエネルギー使用量について話し合っているので，そのことを「社会としてどのように解決するか」を書くのがよいだろう。

	立場	会話や資料から考えられる理由	問題点
あさこ	輸入を続ける	貿易によるメリット	輸送における二酸化炭素排出
けんじ	自給率を高める	地産地消によるメリット	生産における二酸化炭素排出

3 （理科：計算，実験・観察，考察）

基本 問題1 花子さんの「花粉の付き方は均一ではないかもしれないので，広い範囲の花粉の数を数えた方が良い」という発言がヒントになる。1cm²あたりの花粉の数を聞かれているが，花子さんの観察の見えている範囲は4mm²である。つまり図1の花子さんの観察した様子で選んだ花粉の個数を数え，1cm²＝1cm×1cm＝10mm×10mm＝100mm²なので，100÷4＝25倍をすればよい。よって，スギ…10×25＝250個，ヒノキ…8×25＝200個となる。

重要 問題2 まずA1，B1，C1の計測結果から2つずつ3通りを比較する。比較するときのポイントは「共通点と相違点」である。A1とB1の様子を比較するとどちらも観測装置からの距離（高さ）は12目盛なのに対し，上空の砂の個数はA1が6個でB1が2個である。次にA1とB1のグラフをみると，光がはね返ってくるまでの時間は同じ0.00004だが，はね返ってきた光の量はA1が3に対しB1は1である。A1とC1を比較すると，どちらも上空の砂の個数は6個であるが観測装置からの距離（高さ）はA1が12目盛に対しC1は6目盛である。グラフを比べると，はね返ってくる光の量は同じく3だが，光がはね返ってくるまでの時間はA1が0.00004に対しC1は0.00002である。同様にB1とC1も比較すると，図2からは「上空にある砂の高さに比例して光がはね返ってくるまでの時間は長くなり，上空にある砂の量に比例してはね返ってきた光の量は多くなる」ということがわかる。よって(1)では(あ)…「上空のすなの量が多い」，(い)…「上空のすなが高いところにある」が答えとなる。

(2) 〔①を選んだ場合〕 B1と比較をすると，B1と①の高さの比は12：9＝4：3なので，光がはね返ってくるまでの時間も4：3となる。よって4：3＝0.00004：0.00003となる。また，上空の砂の個数の比はB1が2個に対し①は4個なので，はね返ってきた光の量は2倍となり2ということになる。よって選ぶグラフはアということになる。

〔②を選んだ場合〕B1と②の高さの比は12：3＝4：1なので，光がはね返ってくるまでの時間は0.00001となる。また，上空の砂の個数の比はB1が2個に対し②は8個なので，はね返ってきた光の量は4。よって選ぶグラフはエということになる。

やや難 問題3 黄砂が起こる三つの要因として①地表にあるかわいた砂の量，②地表でふく強い風，③運ばれる砂の量，が挙げられている。また設問では「日本で黄砂が観測された日数が，春に比べて夏になると少なくなる理由」を聞かれているので，①～③の要因を参考にしながら図5～図8それぞれの春と夏を比較すると，
図5…春より夏は平均月降水量が非常に多い→地表がかわいてないので夏は黄砂が少ない。
図6…春は0.5cm積雪があるが夏はない→理由が成立しないので×
図7…春の方が夏より地表でふく強い風が多い→春の方が地表から砂が多く巻き上げられるので黄砂は多い。
図8…「西から東へ向かう風」は合っているが，速さは砂の量と直接関係しないので×
よって図5と図7を選べばよい。

★ワンポイントアドバイス★

②のめんどうな割合計算を素早く正確に！そして他の問題に時間をかけられるようにすること！！

＜適性検査Ⅲ解答例＞

1 問題1

上から見た容器の中の様子

空気が入る
石けん液が入る

問題2　羽根のようなものが回転し，空気と石けん液を混ぜ合わせてあわを作っている。

問題3　(1)　容器に新しく入れた石けん液が，もともと入っていた石けん液よりも，こいものまたはうすいものだった。

(2)　石けん液を水でうすめたものや，しばらく放置してこくしたものを何種類か作る。これらを一種類ずつ容器に入れかえて，できたあわの様子がどのように変化するのかを観察する。

(3)　石けん液がある程度のこさのときに，細かいあわになる。こすぎても，うすすぎても，細かいあわはできない。

問題4　(1)　なべ料理をしているときに，あわがたくさん出て，ふきこぼれてしまう。

(2)　加熱したときに，ふっとうしてあわができる。しるには食材から出るあくなどが混ざっていて，ねばり気があるので，あわはすぐには消えない。

(3)　水を加える。

温度を下げたり，しるをうすめてねばり気を少なくしたりするため。

2 問題1　(1)　折り目の並び方　∧∨∨

(2)　折り目の並び方　∧∧∨∨∧∧∧∨∨∨∧∧∧∨∧∨∨

理由　折る回数を増やすごとに新たにできる折り目を，右の図のように◌を付けて表すと，左から∧と∨が交ごにならんでいることが分かるから。

問題2　折り方の順番　①　→　②　→　②

折り目の並び方　∨∧∧∨∨∨∧

問題3　(1)　折り方　①　山折り線の数　10　谷折り線の数　12

(2)　1回目に折り方①で折り，残りの9回のうち3回以上を折り方③で折った場合。

1回目に折ったときについた谷折り線をのぞくと，山折り線と谷折り線の数は同じであると図5から考えられる。よって，1回目に折ったときについた谷折り線を八つ以上に分ければよい。

○配点○

1 問題1　10点，問題3　20点，他　各15点×2

2 問題2　10点，他　各15点×2　　計　100点

＜適性検査Ⅲ解説＞

1 （理科：仮説，実験，説明）

基本

問題1　水だけのときと石けんの混ざった水を対比して考えると，石けんがあわをすぐには消さない効果を持っているということになる。例えば会話の中にある「手洗い」を考えると，石けんを使うことで手がぬるぬるする，またシャボン玉を思い出すと，まずは石けん液の膜を作ってから中に空気を入れて（閉じ込めて）作ることがわかる。よって，水でできた泡の表面に石けんの膜ができたのだと考えられる。

問題2　問題1の流れで，石けん水の泡は水の泡に石けんが膜を作ったものだと考えられるので，細かいあわを作ろうとすると小さな泡をたくさん作ればよいことになる。会話中の「泡立て用のネット」を参考にすると，ネットには多くの細かい網の目があり，そこに膜ができることで細かい泡がたくさん一度に作れると考えられる。これを参考に自分なりの考えを図を書いて説明すればよい。実際の構造は容器の上部を押すと石けん水が吸い上げられ，途中にある空気の層で圧縮された空気と混ざり，その上の細かい網目状の部分（泡立てネット同様）を通過することで細かい泡ができる。実際の構造と違うものが解答例として挙げられているのは図と説明が論理的に整合性を持つのかを採点の対象としたいからだと考えられる。

問題3　会話の中で「固形の石けんは水を付けなければ泡立たない」とある。また，写真4のように，他の石けん液を容器に入れても使っても，出てきた泡の様子は変わっている（泡の数が少なくひとつひとつが大きい）。この原因として考えられることはいくつかあり，石けん自体の原料がちがうとか，様々なことが想像できる。しかし，ここで必要なのはそれを確かめるための実験をして，もしそれが正しければ実験結果がどうなるのかという「仮説→予想→実験」という論理性を見たいといえる。

(1)　他の解答もできるかもしれないが，(2)と(3)を考慮すると，石けん液の濃度を原因と仮定するのが最適だと思われる。

(2)　濃度のちがう石けん液を何種類か作って実験すればよい。ただし，この問題の石けん液は固形の石けんと水を混ぜて作った石けん液を使って作ったものではないので，作り方に注意する必要がある。うすい石けん液は水を加えることで作れるが，濃いものに関しては同じ種類の石けんを足すことはできないので，解答例では水の蒸発によって濃度を濃くしている。

(3)　石けん液の濃度によって結果がちがうということは，最適な濃度があると考えられる。

問題4　身の回りや生活の中で泡が出ることを思い出す。ただし条件に「泡がたくさんできて困ってしまうこと」とあるので気をつけよう。解答例のように料理のあくでできる泡や，ペンキを塗るときなどの気泡などが挙げられる。石けんの泡は，石けんの粘り気によって水の泡の表面が膜でおおわれて，中に空気が閉じ込められた状態である。ペンキなどの塗料も粘りがあるので，中に空気が入ったまま閉じ込められたものである。(3)の工夫としては，問題3からの流れで，粘りをうすめるために水を入れたり，そもそもの泡を作らないため温度を下げて沸騰をおさえるということが挙げられる。

2 （算数：線対称，規則性）

重要

問題1　(1)　折り方①で2回折るということは4等分にするということであり，その折り目は4−1＝3本となる。また，紙の右側を固定して折るのだから，真ん中の折り目を含み①の作業をするたびにその真ん中

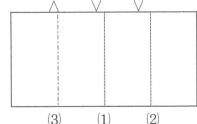

の折り目は谷折り（∨）となる。よって，①の作業を2回する場合，真ん(1)が∨，右どなり(2)が∨，真ん中の折り目が対称の軸となり，開いた折り目は山折りとなるので左側(3)の折り目は∧となる

(2) (1)と図4を参考にしながら考える。

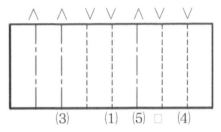

図4では折り方①を3回行うので一度折るたびに2倍になるので，2×2×2＝8等分となる。また8－1＝7本の折り目ができる。右はじが固定されているので，新しくできる折り目は一番右が必ず谷折りになる。つまり(2)の右側(4)が∨となる。次に，(2)が対称の軸となるので(2)の左側(5)は∧となる。最後に全体の真ん中である(1)が対称の軸となるので，左半分の折り目は右半分とすべて逆にすればよい。

同様に折り方①を4回ということは(4)の右が∨，左が∧となり，(2)を対称の軸とすると(5)の右が∧，(5)の左が∨となる。あとは(1)を対称の軸とし，左半分の記号を右反対の逆にすればよい。

∧∧∨∧∧∨∨∨∧∧∨∨∧∨∨

やや難 問題2 1回目は①でも②でも折り目は変わらない。また問題にあるように「①→①→②」と折る場合，2回目までの作業が「①→①」となる場合は変わらないので2回の作業を違う組み合わせで行えばよい。つまり「①→②」，「②→①」，「②→②」とする。3回目の作業では結果が変わらないので，3回目の作業は①でも②でも構わないことになる。よって「①→②→①」，「①→②→②」，「②→①→①」，「②→①→②」，「②→②→①」，「②→②→②」が答えとなる。折り目の記号は問題2までのルールに従って答えればよい。

やや難 問題3 (1) 〔4回目の作業が折り方①または②の場合〕 ①も②もたてに1度折るため折り目が4本増える。また③を一度行っているので新しくできるたての折り目は上下で2倍となるので4×2＝8本となる。折り目は山折り，谷折りともに同じ数ずつなので4本ずつ増えることになる。また，横の折り目は3回の作業で4本あるが，それぞれが2等分されるので，山折り谷折りともに本数は倍となる（新しく2本ずつ増える）。よって谷折り…6＋4＋2＝12本，山折り…4＋4＋2＝10本となる。

〔4回目の作業が折り方③または④の場合〕 たて横ともに3本の折れ線ができる。たて線も横の線もそれぞれ4等分されるので，それぞれ折れ目は4×3＝12本となり合計24本となる。最初の折り方①でできたたての真ん中の谷折り以外は同数となるので，(24－4)÷2＝10となり，谷折り…10＋4＝14本，山折り…10本となる。

(2) (1)から，最初の折り方でできた谷折りの折り目はずっと変わらず，2回目の作業以降でできた折り目は山折りも谷折りも同数になることがわかる。つまり1回目の折り方でできた折り目が8等分されれば差は8本となる。よって最初に①または②をした場合，2回目以降で何回③または④の折り方をすればよいか考えればよい。たてに8等分するためには2×2×2＝8なので，③または④を3回以上行えば差は8以上となる。同様に最初に③または④の折り方をした場合，①または②を3回以上行えばよい。

★ワンポイントアドバイス★

検査Ⅲで求められる力は「論理性」!

平成29年度

入 試 問 題

29年度

平成29年度

★★★★★★★★★★★★★★★★★★★★★★

人権問題

29年度

平成29年度

都立小石川中等教育学校入試問題

【適性検査Ⅰ】（22ページから始まります。）
【適性検査Ⅱ】（45分）　　＜満点：100点＞

1　明日は近所の保育園との交流会です。太郎君と花子さんが教室で保育園児をむかえる準備をしています。太郎君はボールハウスを組み立てています。花子さんはゆかにフロアマットを並べようとしています。

太　郎：花子さん，ボールハウスの骨組みができたよ。

花　子：ボールハウスというと，子どもが中に入って遊ぶ，ボールがたくさん入った箱型の室内遊具ね。このボールハウスは，立方体の形をしているのね。あとはカバーをかぶせるだけで完成ね。

太　郎：同じ長さの棒を2本つなぎ合わせたものを支柱にして，立方体の形を組み立ててみたよ。

花　子：棒と棒をつなぐつなぎ目は，全部で20個あるわね。

太　郎：つなぎ目による支柱の長さのちがいはないものとして，このつなぎ目を点と考えて20個の点の中から異なる3個を選んで直線で結ぶと，いろいろな三角形ができるね。

花　子：本当だわ。点の選び方によって，いろいろな形や大きさの三角形ができて，面白いわね。正三角形もできるわね。

〔問題1〕　図1のように組み立てた立方体の20個ある点にそれぞれ**ア**〜**ト**と名前をつけることにします。

この20個の点の中から異なる3個を選び，直線で結んだときにできる正三角形のうち，大きさが異なるものを二つ答えなさい。

答え方は，例えば，点**ア**と点**イ**と点**サ**を選んだときにできる三角形は「三角形」のあとに，三つの点を表すカタカナを並べて「三角形**アイサ**」と書くこととします。

図1

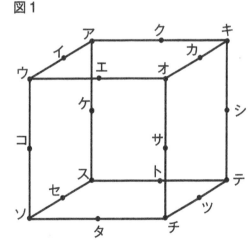

太　郎：花子さん，フロアマットはどんなふうに並べるの。

花　子：フロアマットは，1辺が20cmの正三角形の形をしていて，色は白色と黄色の2種類があるのよ。白色のフロアマットと黄色のフロアマットの両方を必ず使って，大きな正三角形になるようにすき間なく並べようと思うの。並べたフロアマットの模様もきれいに見えるようにしたいわ。

太　郎：まずは16枚のフロアマットを使って大きな正三角形を作るときの設計図（次のページの図2）を書いて考えてみようよ。並べた正三角形のフロアマットの位置には，**あ**〜**た**と名前

をつけるよ。

花　子：そういえば算数の授業で，正三角形は線対称な図
　　　　形だと習ったわね。

太　郎：そのとき，先生は，「正三角形には対称の軸が３
　　　　本ある」とおっしゃっていたよ。

花　子：その性質を，きれいな模様作りに生かせるかし
　　　　ら。

太　郎：そうだね。大きな正三角形で，１本の直線を折
　　　　り目にして二つ折りにしたとき，フロアマットの
　　　　白色と白色，黄色と黄色がそれぞれぴったり重な
　　　　るようにすると，線対称な模様になってきれいかもしれないね。

花　子：例えば，４枚のフロアマットを並べる場合，**あ**と**う**の位置に白
　　　　色のフロアマット，**い**と**え**の位置に黄色のフロアマットを並べ
　　　　ると，対称の軸が１本の線対称な模様になるわ（**図３**）。
　　　　　対称の軸が３本あるような線対称な模様にすれば，きれいに
　　　　見えるわね。

太　郎：16枚のフロアマットを使って大きな正三角形を作るとき，対称
　　　　の軸が３本ある線対称な模様になるようにフロアマットを並
　　　　べるにはどうしたらいいのかな。

図２

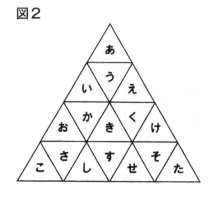

図３

対称の軸
（折り目の直線）

〔問題２〕　16枚のフロアマットを使って大きな正三角形の模様を作るとき，対称の軸が３本ある線
　　　　対称な模様になるようなフロアマットの並べ方は，黄色のフロアマットの枚数に注目すると，１
　　　　枚，３枚，４枚，６枚，７枚，９枚，10枚，12枚，13枚，15枚の場合があります。この10通りの
　　　　場合は，黄色のフロアマットを置く位置のちがいで，１枚，４枚，７枚，10枚，13枚の場合と，
　　　　３枚，６枚，９枚，12枚，15枚の場合の二つのグループに分けることができます。１枚，４枚，
　　　　７枚，10枚，13枚の場合のグループをＡグループ，３枚，６枚，９枚，12枚，15枚の場合のグルー
　　　　プをＢグループとして，どのようなちがいで，ＡグループとＢグループに分けたのかを説明しな
　　　　さい。ただし，ＡグループとＢグループで黄色のフロアマットを置く位置がどのようにちがうか
　　　　が分かるように書くこと。

花　子：ところで，正三角形には同じ長さの辺が３本あるけれど，フロアマットをすき間なく並べる
　　　　と，となり合うフロアマットでぴったり重なる辺ができるわよね。

太　郎：そうだね。例えば４枚のフロアマットを，**あ**，**い**，**う**，**え**の位置に並べて大きな正三角形
　　　　を作ると，**あ**と**う**の位置にあるフロアマットはとなり合っているから，ぴったり重なる辺
　　　　が１本あるね。同じように，**い**と**う**の位置，**う**と**え**の位置にあるフロアマットもそれぞれ
　　　　となり合っているから，ぴったり重なる辺は，全部で３本あるということになるね。これ
　　　　らの辺をそれぞれ１本と数えると，大きな正三角形にはフロアマットの長さ20cmの辺が12
　　　　本ではなく，９本あると見ることができるね。

花　子：ええ。となり合うフロアマットの重なる辺は１本と数えることにして，フロアマットを並
　　　　べてできた大きな正三角形にあるフロアマットの長さ20cmの辺の数を「見かけ上の辺の数」

ということにしましょう。このようにして，並べたフロアマットの数と，「見かけ上の辺の数」には何か関係があるかしら。

太　郎：では，さきほどの設計図で，並べたフロアマットを上から1段目，2段目，3段目，4段目とするよ（**図4**）。このようにして，並べたフロアマットの数と「見かけ上の辺の数」の関係を考えてみよう。例えば，3段目まで並べたときは，フロアマットの数は9枚，「見かけ上の辺の数」は18本だね。

図4

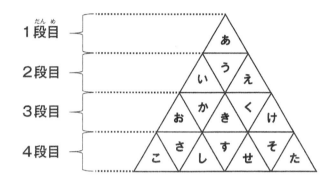

花　子：2段目以降を並べるときは，フロアマットの向きのちがいで，例えば**図4**では，あ，い，え，お，き，け，こ，し，せ，たのような「上向きの正三角形」と，う，か，く，さ，す，そのような「下向きの正三角形」があるわね。並べたフロアマットの数，「上向きの正三角形」の数，「下向きの正三角形」の数，「見かけ上の辺の数」をまとめると**表1**のようになったわ。

表1

	並べたフロアマットの数	「上向きの正三角形」の数	「下向きの正三角形」の数	「見かけ上の辺の数」
1段目	1	1	0	3
2段目まで	4	3	1	9
3段目まで	9	6	3	18
4段目まで	16	10	6	30
⋮	⋮	⋮	⋮	⋮
10段目まで	100	55	45	

太　郎：並べたフロアマットの数からは，「見かけ上の辺の数」はすぐには分からないけれど，「上向きの正三角形」の数，「下向きの正三角形」の数も考えると，並べたフロアマットの数と「見かけ上の辺の数」の関係が分かりそうだよ。この関係を使えば，フロアマットをたくさん並べたときの「見かけ上の辺の数」も簡単に計算できるね。

〔問題3〕　並べたフロアマットの数と「見かけ上の辺の数」の関係を，「上向きの正三角形」と「下向きの正三角形」という言葉を使って説明しなさい。また，その関係を使って**10段目**まで並べたときの「見かけ上の辺の数」を式を書いて求めなさい。

2 おじいさんの家にあさこさんとけんじ君が遊びに来ています。

おじいさん：洗面所のじゃ口から水が垂れているよ。

あ　さ　こ：さっき私が手を洗った後に，きちんと水を止めなかったのね。

おじいさん：水をむだづかいしてはいけないね。

け　ん　じ：でも，地球は「水の惑星」と言われているよ。水はたくさんあるんじゃないのかなあ。

おじいさん：本当に水はたくさんあるのかな。**資料１－１**を見てごらん。「海水」や「地下水」，「湖水」，「河川水」が何を指しているかは分かるね。「氷河など」は，南極大陸の氷などを指しているよ。

あ　さ　こ：地球上の水はほとんどが海水ね。それでは飲んだり，農業や工業に使ったりはできないわね。

おじいさん：河川水を浄水場で処理するよりも複雑な処理をすれば，海水も飲み水や農業用水，工業用水として使えるけれど，とても大変だね。それほど複雑な処理をしなくてもすぐに使える水はどれかな。そして，どれほどの量があるか計算してごらん。

け　ん　じ：**資料１－１**からすぐに使える水を選ぼうと思うけれど，その水は，表から計算で求められる量の全てを使えると考えてもいいのかな。

おじいさん：もちろん全てを使えるわけではないけれど，仮に全てを使えることにしてもすごく少ないことが分かるよ。その水で陸地をおおうと，どれほどの深さになるかを**資料１－２**に書いてある世界の陸地面積を使って計算してごらん。

資料１－１　地球上の水の量

地球上の水の量		138598.5万km³						
水の種類	海水	氷河など	地下水		湖水		河川水	その他
			塩水	淡水	塩水	淡水		
割合（％）	96.5	1.74	0.94	0.76	0.006	0.007	0.0002	0.0468

※「淡水」は塩分をふくまない水。真水。

（「平成２７年版日本の水資源の現況について」より作成）

資料１－２　世界の陸地面積

世界の陸地面積	14724.4万km²

（「理科年表　第87冊」より作成）

〔問題１〕　解答用紙の水の種類のらんに，すぐに使える水の種類には○印を，すぐには使えない水の種類には×印を付け，その理由を書きなさい。また，すぐに使える水の量を計算すると何km³になりますか。答えは百の位を四捨五入して，千の位までのがい数で求めなさい。また，その水を世界の陸地面積と底面積が等しい直方体の容器に入れると，深さは何mになりますか。答えは小数第三位を四捨五入して，小数第二位まで求めなさい。

け ん じ：わあ，思ったより少ないんだね。

おじいさん：**資料2**を見てごらん。人口が1000万人以上の82か国について，きれいな水が手に入る人口の割合（わりあい）を表したものだよ。

あ さ こ：世界には200近くの国があるのに，82か国では半分以下の国のことしか分からないわね。

おじいさん：その82か国の人口を合計すると，70億人近くになるよ。

け ん じ：世界の人口の90％以上だね。

あ さ こ：きれいな水って，どういう水をいうのかしら。

おじいさん：安心して飲めるほどにきれいな水と考えればよいね。日本の家庭の水道水はきれいな水だね。井戸水（いどみず）や川の水にもきれいな水はあるよ。

け ん じ：日本では，全ての人がきれいな水を手に入れられるけれど，そうでない国も多いんだね。

あ さ こ：きれいな水が手に入らないと，困る（こま）ことがあるでしょうね。

け ん じ：より多くの人がきれいな水を手に入れられるようにするために，いろいろな取り組みが行われているだろうね。

おじいさん：全く知らない国のことを想像するのは難しい（むずか）かもしれないけれど，とても大切なことだから，考えなければいけないね。でもその前に，きれいな水が必要な理由を考えてごらん。

資料2 人口1000万人以上の国で、きれいな水が手に入る人口の割合（わりあい）

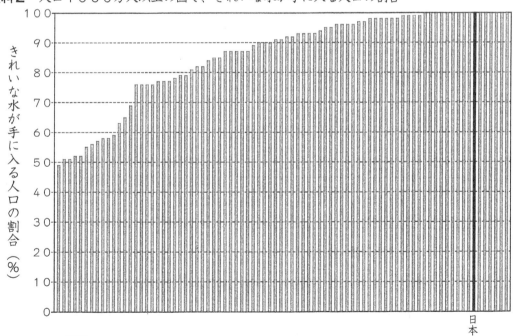

※横軸（よこじく）は国を表しているが、日本以外の国名は省略した。

（ユニセフおよび世界保健機関資料などより作成）

〔問題2〕 なぜきれいな水が必要とされるのか，あなたの考えを書きなさい。

け ん じ：日本は降水量も多いし，水にめぐまれているよね。

おじいさん：本当にそうかな。**資料3**を見てごらん。41か国について年間降水量と一人当たり水資源量の関係を表したものだ。グラフには世界平均もかいてあるよ。

あ さ こ：水資源量というのは，初めて聞く言葉だわ。

おじいさん：降った雨は，蒸発してしまう分もあるので，全てを使えるわけではないね。使える分の降水量に国土面積をかけると，使える水を体積で表すことができるね。それを水資源量と言うんだよ。

あ さ こ：**資料3**の読み方だけれど，世界平均では，年間降水量が800㎜，一人当たり水資源量が7500m³と読めばいいのかしら。

おじいさん：そうだね。それでは，**資料4**を使って日本の一人当たり水資源量を計算して，**資料3**にかき加えてごらん。そして，日本とちがった特ちょうを持った国について，なぜそうなるのかを考えてごらん。その時，日本について計算したことを参考にするといいよ。

資料3 41か国の年間降水量と一人当たり水資源量の関係

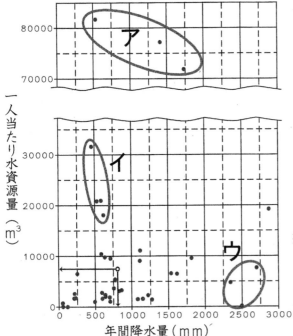

資料4 日本の年間降水量、使用できる割合、国土面積、人口

年間降水量	1668mm
年間降水量のうち使用できる割合	68.3%
国土面積	37.8万km²
人口	12709.5万人

※一つの点（•）は1か国を表している。数値が近い国の点は重なって見えることがある。
（◦）は世界平均を表している。

（資料3、4ともに「平成27年版日本の水資源の現況について」などより作成）

〔問題3〕 (1) **資料4**から日本の一人当たり水資源量を計算し，解答用紙のグラフにかき加えなさい。なお，どれが日本であるかが分かるように示しなさい。

(2) **資料3**の**ア，イ，ウ**のいずれかのグループを選び，世界平均と同じような数値の国々と比べて，なぜそのような特ちょうになるのか，理由を書きなさい。

け ん じ：じゃ口をひねれば水が出るのは当たり前だと思っていたけれど，水が簡単に手に入ることに感謝しなくてはいけないね。

あ さ こ：水の使い道は，飲み水や私たちの生活に使うことだけではないわよね。

け ん じ：農業で使う水もあるし，工業で使う水もあるよね。

おじいさん：水の使い道は，農業用水と都市用水の二つに分けられるよ。そして，都市用水は生活用水と工業用水に分けられているんだ。都市用水の使い道についての資料5を見てごらん。

け ん じ：工業用水が「回収した水」と「補った水」の二つに分かれているよ。

あ さ こ：回収した水というのは，一度使った水をもう一度使うということかしら。

おじいさん：そうだね。そして，それだけでは足りない分を補っているんだ。それを「補った水」と表しているんだよ。

あ さ こ：私たちの生活では，どのような使い方をしているのかしら。

おじいさん：生活用水の家庭での使い道の割合を示した資料6を見てごらん。

け ん じ：水についていろいろと考えてきて，水を大切に使わなければいけないことが分かったね。

あ さ こ：私たちが生活の中でやるべきことと，社会としてどうしたら良いかをそれぞれ考えてみましょうよ。

資料5 都市用水の使い道（単位は億m³）

年	生活用水	工業用水		合計
		回収した水	補った水	
1965	56	65	114	235
1975	116	297	147	560
1985	140	374	127	641
1995	160	417	124	701
2005	156	406	110	672

資料6 生活用水の家庭での使い道の割合

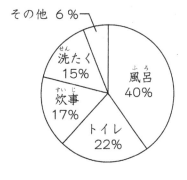

（資料5、6ともに「平成27年版日本の水資源の現況について」より作成）

〔問題4〕 資料5や資料6，さらにここまでの会話や解答をふまえて，水を大切にするために，自分で何ができるか，また社会として何をしたら良いかについて，あなたの考えを書きなさい。

なお，解答らんには，121字以上150字以内で段落を変えずに書きなさい。「、」や「。」もそれぞれ字数に数えます。

3 花子さんと太郎君は時間を計る方法について話し合っています。

花 子：昔の人はどうやって時間を計っていたのかしら。

花子さんと太郎君は，先生に質問しました。

太 郎：先生，昔の人はどのようにして1分間や1時間といった時間を計っていたのですか。

先 生：昔の人は，太陽，ふり子，ろうそくなどを利用して時間を計っていたと言われています。

　　　　これらの動きや性質は，時間を計るのに適しているからです。

太　郎：そうなのですね。

〔問題1〕　先生が示した「太陽，ふり子，ろうそく」の中から一つを選び，それが時間を計るのに
　　適していると考えられる理由を，その動きや性質にふれて説明しなさい。

花　子：時間を計る道具といえば，砂時計は今でも見かけるわね。

太　郎：砂の量や砂を入れる容器の形などによって，砂が落ちるまでにかかる時間が変わるか調べ
　　てみたいな。

花　子：でも，砂時計を自分たちで作るのは大変そうね。先生，どのように実験したらよいですか。

先　生：そうですね。大きさ，形，重さが均一なプラス
　　チック球（図1）を砂に見立てて実験するのは
　　どうでしょうか。いろいろと条件を変えて実験
　　をする前に，まずは落ちたプラスチック球の量
　　とかかった時間との関係を調べておくとよいで
　　すよ。

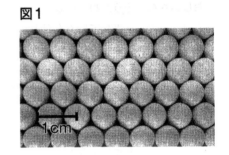

図1

　　先生のアドバイスで花子さんと太郎君は，**実験1**を**図
2**のようにして行い，結果を次のページの**表1**のように
まとめました。

実験1

①円柱形の容器の底の中心に，円形の穴をあけ，板の上に乗せる。

②プラスチック球2000gを円柱形の容器に入れる。

③はかりの上に受け皿を置き，はかりの目盛りを0に合わせる。

④スタンドを用いて，プラスチック球を入れた容器を板の上に乗せたまま，受け皿の真上に固定
　する。

⑤合図と同時に，容器の下の板をはずしてプラスチック球を受け皿の中に落とし，決めた量のプ
　ラスチック球が落ちるのにかかった時間を計る。これをくり返す。

図2

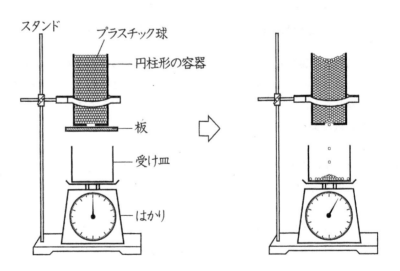

表1

落ちたプラスチック球の量 (g)	かかった時間 (秒)
0	0
100	1.1
200	2.2
300	3.3
400	4.4
500	5.5
600	6.6
700	7.7
800	8.8
900	9.9

落ちたプラスチック球の量 (g)	かかった時間 (秒)
1000	11.0
1100	12.1
1200	13.2
1300	14.3
1400	15.4
1500	16.5
1600	17.6
1700	18.8
1800	20.9

※ただし，容器に入れたプラスチック球は，最後まで落ち切らずに残った。

〔問題2〕 **表1**の結果をグラフにするとどのようになるか，次の**ア〜エ**の中から一つ選び記号で答えなさい。また，選んだグラフについて，落ちたプラスチック球の量とかかった時間との関係を説明しなさい。

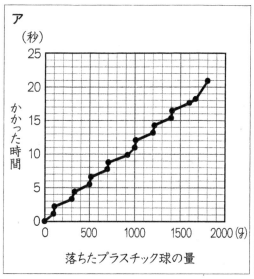

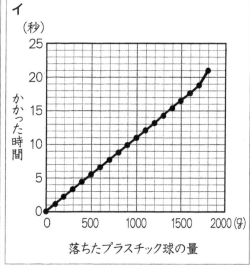

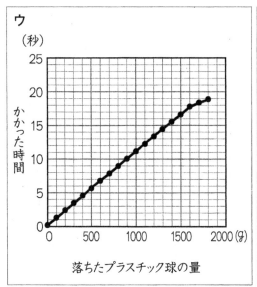 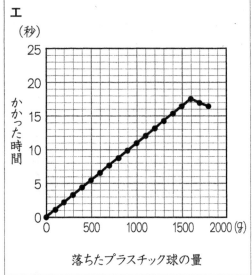

花　子：容器の中に残っているプラスチック球の量が少なくなるまでは，落とすプラスチック球の
　　　　量を決めれば，かかる時間が分かりそうね。

太　郎：そうしたら，どういう条件だとプラスチック球100gが落ちるのにかかる時間が変わるの
　　　　か調べてみよう。

　花子さんと太郎君は，**実験2**を図3の容器を使って行い，結果を次のページの**表2**のようにまと
めました。

実験2

　　実験1と同じ方法で，決めた量のプラスチック球が落ちるのにかかった時間を計る。実験に使
う容器と入れるプラスチック球の量は，次の**条件A～C**をそれぞれ組み合わせて行う（**実験ア～ク**）。

・**条件A**：容器の底面積（20cm²または95cm²）

・**条件B**：容器の底にあけた穴の形（円形または正三角形，穴の面積は等しい）

・**条件C**：入れるプラスチック球の量（1000gまたは2000g）

図3

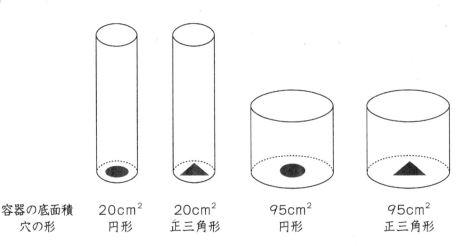

| 容器の底面積 | 20cm² | 20cm² | 95cm² | 95cm² |
| 穴の形 | 円形 | 正三角形 | 円形 | 正三角形 |

表2

実験	条件A 容器の底面積 （cm²）	条件B 容器の 底にあけた 穴の形	条件C 入れる プラスチック 球の量（g）	落ちたプラスチック球の量（g）	かかった時間 （秒）
ア	20	円形	1000	500	1.2
イ	20	円形	2000	1000	2.4
ウ	20	正三角形	1000	500	2.2
エ	20	正三角形	2000	1000	4.4
オ	95	円形	1000	500	1.7
カ	95	円形	2000	1000	3.4
キ	95	正三角形	1000	500	2.7
ク	95	正三角形	2000	1000	5.4

花　子：プラスチック球100gが落ちるのにかかる時間にえいきょうする条件はどれかしら。

太　郎：たくさん実験をしたから分かりにくいね。

先　生：表2の実験ア～クのうち，二つを選んでその結果を比べると分かりますよ。

〔問題3〕　表2と三人の会話を参考にして，プラスチック球100gが落ちるのにかかる時間にえいきょうする条件と，えいきょうしない条件を，条件A～Cから一つずつ選びなさい。また，それぞれの条件を選んだ理由を，実験ア～クのうち二つを比べて説明しなさい。

【適性検査Ⅲ】 （45分）　　＜満点：100点＞

1　るいこさんは友だちの**みか**さんと公園で遊んでいて，あることに気付きました。

る い こ：今日も寒いけれど，こうして日の当たるところにいるとぽかぽかして気持ちがいいわ
　　　　　ね。

み　　か：そうね。ベンチに座（すわ）りましょう。

る い こ：このベンチはとても冷たいわね。

み　　か：金属だからかしら。あそこの木のベンチにしましょう。

る い こ：両方とも日なたにあるのに，どうして金属のベンチの方が冷たく感じられるのかしら。

み　　か：木よりも金属の方があたたまりにくいのかもしれないわね。

る い こ：木のベンチと比べて金属のベンチはぴかぴか光っているわね。そのことが何か関係して
　　　　　いるのかしら。

〔問題1〕　みかさんは，木のベンチと金属のベンチでは座ったときに感じるあたたかさがちがう理
　　　由について，「木よりも金属の方があたたまりにくいのかもしれないわね。」と言っています。み
　　　かさんのこの考えが正しいとします。なぜ，金属は木よりもあたたまりにくいのでしょうか。金
　　　属と木のちがいにふれ，あなたの考えを書きなさい。

る い こ：金属のベンチは木のベンチよりも温度が低いから，さわったときに冷たいと感じるの
　　　　　ね。

み　　か：そうなのかしら。

る い こ：金属はなんだか冷たいというイメージがあるわ。

み　　か：そうね。でも，夏には金属のベンチがとても熱かったことを覚えているわ。

る い こ：そうだったわね。夏には金属のベンチに座ろうと思っても，熱くて座れなかったわね。
　　　　　そういえば，木のベンチは夏でもそんなに熱くならないわね。

み　　か：よく考えるとおかしいわね。さっき，金属はあたたまりにくいという話をしていなかっ
　　　　　たかしら。金属があたたまりにくいなら，夏にも金属のベンチの方が冷たいと感じるは
　　　　　ずだわ。夏に金属のベンチが熱くなるのには，別の理由があるのかしら。

〔問題2〕　みかさんは，「夏には金属のベンチがとても熱かった」と言っています。夏には，木の
　　　ベンチはさわれないほど熱くはなりませんが，金属のベンチはとても熱くなります。なぜ，金属
　　　のベンチは夏にとても熱くなるのだと思いますか。あなたの考えを書きなさい。

　　　るいこさんは家に帰ってから，**お母さん**と話をしています。

る い こ：公園で金属のベンチに座ったらとても冷たかったわ。冬には金属のベンチの方が，木の
　　　　　ベンチよりも温度が低いのね。

お母さん：金属をさわると冷たく感じるのは，温度が低いからともいえないわよ。おもしろいもの
　　　　　を見せるわ。プラスチックのスプーンと，金属のスプーンを持ってみて。スプーンの上
　　　　　に氷をのせるわね。とけ方を比べてみましょう。

る い こ：あ，金属のスプーンにのせた氷は，プラスチックのスプーンにのせた氷よりもとけるの
　　　　　が速いわ。

お母さん：うふふ。今度はこのアイスクリームを，プラスチックのスプーンですくってみて。

る い こ：固くてスプーンがアイスクリームの中にうまく入っていかないわ。スプーンが折れてしまいそう。

お母さん：今度は，金属のスプーンで試してみて。

る い こ：金属のスプーンを使うと，アイスクリームをとかすようにスプーンが入っていくわね。形がちがうわけではないのになぜかしら。

写真1　金属のスプーンとプラスチックのスプーンの上で氷がとける様子

金属のスプーン　　　　　プラスチックのスプーン

　上のように，るいこさんとお母さんはスプーンの上に氷をのせる実験と，アイスクリームをすくう実験をしました。

〔問題3〕　(1)　この二つの実験の結果について共通することを答えなさい。

　　　　　(2)　(1)のようになる理由について，あなたの考えを書きなさい。

　　　　　(3)　あなたの考えを確かめるための実験を考え，説明しなさい。また，その結果はどうなると予想されますか。説明には図を用いてもかまいません。

　　　　　(4)　金属はさわると冷たく感じることがあります。(2)で答えたあなたの考えをもとにして，金属をさわると冷たく感じる理由について説明しなさい。

る い こ：金属にはいろいろと不思議なことがあるのね。

お母さん：金属の特ちょうを知ると，金属を使った方が良いものと使わない方が良いものがあるということが分かってくるのよ。

る い こ：例えばどういうことかしら。

お母さん：この金属のコップに熱湯を入れるわね。どうかしら。

る い こ：熱くて持てないわ。そうか，だから熱いみそしるはおわんに入れるといいのね。

お母さん：道具や器などは，何に使うかによって，金属，木，ガラスなどふさわしいもので作られているのね。

〔問題４〕　これまで考えてきたことをふまえて，金属を使って作った方が良いと思うものを考えなさい。すでにある身近なものでも，自分で新しいものを考えてもかまいません。また，なぜ金属を使うと良いと思うのかについても説明しなさい。説明には図を用いてもかまいません。

2　よしこさん，たかし君，けいこさんが，学校の自由研究の共同作品で何を作るかについて話をしています。

よ し こ：一辺が９cmの正方形のコースターを作りましょう。円を使った模様をかいたらどうかしら。

た か し：大きな紙に，半径が1.5cmの円をぴったりとくっつくように並べてかいたら，図１のようになるよ。そこから一辺が９cmの正方形を切り取ったら，図２のような模様ができるね。

図１
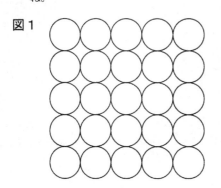

図２
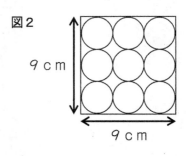

け い こ：もう一工夫して，図１の上に同じ模様を縦と横にそれぞれ円の半径の長さの分だけずらして重ねて，図３のようにしたらどうかしら。そこから一辺が９cmの正方形を切り取ったら，図４のような模様ができるわ。

図３
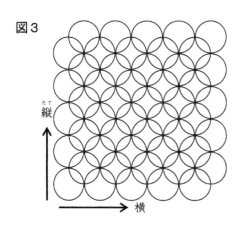

図４
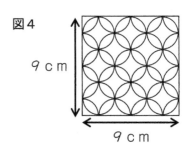

よ し こ：たかし君とけいこさんの考えた模様にそれぞれ色をぬってみましょうよ。

た か し：ぼくは，図２を図５（次ページ）のようにぬってみたよ。

け い こ：私は，図４を図６（次ページ）のようにぬってみたわ。

た か し：ぼくの模様は少し単純(たんじゅん)すぎるかな。コースターは，けいこさんが考えた模様で作ろう。

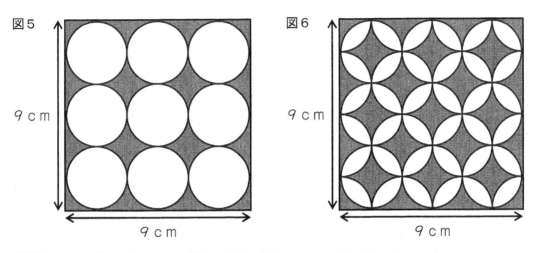

図5　9cm　9cm

図6　9cm　9cm

〔問題1〕　(1)　図6で色をぬった部分の面積を求めなさい。円周率は3.14とします。

　　　　　(2)　図6で色をぬった部分の面積は，図5で色をぬった部分の面積の何倍ですか。また，どうしてそのようになるのかについて説明しなさい。説明には図や式を用いてもかまいません。

　よしこさんは作品を仕上げて，**お父さん**に見せるために家へ持ち帰りました。

よ し こ：見て。友だちと三人でコースターを作ったの。

お父さん：とてもきれいな模様ができたね。

よ し こ：このような円を使った模様を他にも見てみたいわ。

お父さん：たしか，戸だなの中にコースターがあったはずだよ。

　お父さんが戸だなから6枚のコースターを出してくれました。図7の①，②，③のような3種類のコースターが2枚ずつあります。

よ し こ：3種類とも同じ大きさの正方形のコースターなのね。

お父さん：そうだよ。模様についてはどんなことが分かるかな。

図7

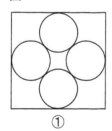 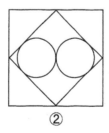 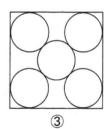

①　　　　　　　　　②　　　　　　　　　③

よしこさんがコースターの模様をながめてみると，次のことが分かりました。

よしこさんが分かったこと

①の模様：①は4個の同じ大きさの円があって，となり合う円がぴったりとくっついている。

また，その４個の円がそれぞれ正方形の１つの辺とぴったりとくっついている。

②の模様：②は外側の正方形に，小さな正方形の４個の頂点がぴったりとくっついている。

その４個の頂点は，それぞれ外側の正方形の１つの辺を　１：１　に分けている。

また，同じ大きさの２個の円がぴったりとくっついており，それぞれの円が小さな正方形の２つの辺とぴったりとくっついている。

③の模様：③は５個の同じ大きさの円があって，となり合う円がぴったりとくっついている。

また，５個の円のうち，外側の４個の円が，それぞれ正方形の２つの辺とぴったりとくっついている。

よしこ：どれも対称な模様ね。

お父さん：そうだね。例えば②の模様は，外側の正方形を縦や横に半分にするような線を対称の軸とした線対称だし，正方形の対角線の交わる点を対称の中心とした点対称だね。

よしこ：①の模様は，正方形の対角線を対称の軸としても線対称になるわ。

お父さん：その通り。③の模様もそうだね。

よしこ：ところで，**図７**の３種類のコースターの中では，円の大きさはどれが一番大きいのかしら。

お父さん：①のコースターを２枚使うと，①と③の円の大きさが同じであることが分かるよ。紙にかいてみるね。①のコースター２枚を**図８－１**のように，はしの円を合わせるように重ねると③の模様が見えてこないかな。

図８－１ 　　　　　　図８－２ 　　　　　　図８－３

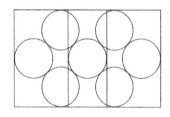 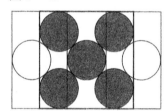 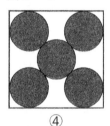

④

よしこ：図８－２のように四角形で囲ってみたら，③と同じ模様の**図８－３**ができたわ。

お父さん：③と模様は同じだけれど，これだけだと円の大きさも同じとはいえないね。

よしこ：図８－３を④としたら，④の四角形が③のコースターと同じ大きさの正方形ならば，①と③の円の大きさも同じといえるのね。

お父さん：そういうことだね。④の四角形の縦の長さは，①の正方形の縦の長さと同じで，④の模様は，この四角形の対角線を対称の軸として線対称なので，④の四角形の縦と横の長さは同じだね。だから，④の四角形は①と同じ大きさの正方形といえるよ。①と同じ大きさなのだから，④の四角形は③とも同じ大きさの正方形だね。

よしこ：それなら，①と③は，円の大きさも同じになるわね。

〔問題２〕　②のコースターの中の円の大きさも，①や③の円の大きさと同じです。なぜ同じになるのかを，図を用いて説明しなさい。

翌日，**ひろし君**が学校に自由研究の作品を持ってきました。

け い こ：ひろし君すごいわ。赤い球や白い球を順序よく重ねて接着することで，ピラミッドのような形を作ったのね。

よ し こ：**図9**の⑦の方向から見ると，上から1段目は1個，上から2段目は4個，上から3段目は9個というように並べて，5段積み重ねてあるわ。⑦の方向から見ると，両はしは赤い球で，残りは白い球なのね。

ひ ろ し：作品名は「ピラミッド」というのだけれど，実はまだ未完成で，本当は白い球の一つ一つにシールをはって完成なんだ。3種類あるシールを，どうはったらきれいな模様になるだろう。シールのはり方をいっしょに考えてくれるかな。

よ し こ：もちろんよ。同じ種類のシールがとなり合わない方が見ばえがいいと思うわ。

た か し：外から見えないところの球はどうするの。

け い こ：しっかりと接着してあるから，はりようがないわ。見えないのだからはらなくていいと思うわ。

よ し こ：みんなの考えをまとめてからシールをはっていきましょう。

　　図9　ひろし君の「ピラミッド」

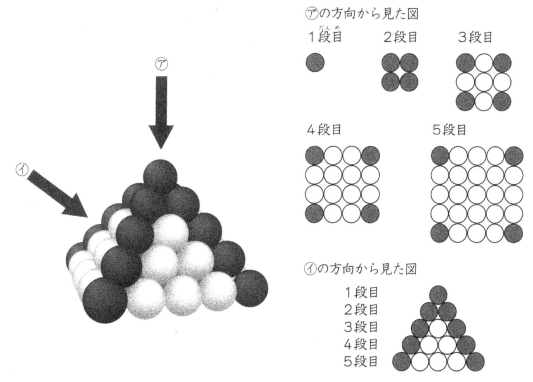

※色の付いた球は、赤い球を表している。

シールのはり方は，次のページのように決まりました。

シールのはり方

- 赤い球にはシールをはりません。
- 「ピラミッド」を**図9**のように床に置いたとき，外から見えないところの球にはシールをはりません。
- 1個の球には，○，×，△の3種類のシールのうち1枚だけをはります。
- くっついている球どうしには，ちがう種類のシールをはらなければいけません。
- **図9**の⑦の方向から見た図のような見え方をする方向が，他にも3方向ありますが，どの方向から見ても，シールをはってできた模様は同じになるようにします。

〔問題3〕 **シールのはり方**に従ってシールをはるとき，**図9**の⑦の方向から見た5段目までの模様を解答用紙の図に○，×，△の記号を使ってかき入れなさい。

ひろし：おかげで，すばらしい「ピラミッド」ができたよ。ありがとう。

よしこ：私たちも楽しかったわ。ところで，この「ピラミッド」の段数をもっと増やして，校舎の高さぐらいにできたらすごいでしょうね。

けいこ：よしこさんの想像はいつもスケールが大きいわね。

ひろし：球は1個が直径4cmで，5段の「ピラミッド」の高さは，およそ15.3cmだよ。

たかし：校舎の高さはちょうど11mあるから，390段の「ピラミッド」であれば校舎の高さをこえているね。

〔問題4〕 ひろし君の「ピラミッド」の段数を増やしていき，390段にしたとします。また，〔問題3〕であなたが考えたシールのはり方を5段目以降も続けていくとします。このとき，上から390段目に並んでいる球のうち，「○がはられた球」，「×がはられた球」，「△がはられた球」，「何もはられていない球」の個数はそれぞれ何個か求めなさい。また，どうしてそのように考えたのかを説明しなさい。説明には，図や式を用いてもかまいません。

うするのかがはっきり分かるように、解答らんに合わせて書くこと。

〔問題3〕 文章1 と 文章2 それぞれの「自由」についてのあなたの考え方に共通する内容をまとめた上で、それについてのあなたの考えを四百字以上四百四十字以内で書きなさい。ただし、次の条件とあとの〔きまり〕に従いなさい。

条件1　三段落構成にし、第一段落には、文章1 と 文章2 に共通している考え方を書き、第二段落および第三段落は、内容やまとまりに応じて、自分で構成を考えて書くこと。

条件2　あなたの考えは、一つにしぼり、理由をふくめて書くこと。

〔きまり〕

○題名は書きません。

○最初の行から書き始めます。

○各段落の最初の字は一字下げて書きます。

○行をかえるのは、段落をかえるときだけとします。会話を入れる場合も行をかえてはいけません。

○、や。や「などもそれぞれ字数に数えます。これらの記号が行の先頭に来るときには、前の行の最後の字と同じます目に書きます。（ます目の下に書いてもかまいません。）

○段落をかえたときの残りのます目は、字数として数えます。

○最後の段落の残りのます目は、字数として数えません。

きますが、さらに「雲」をそもそもの象形文字のレベルにまでさかのぼれば、もっともっと自由な書き分けができる。「いかにも荒々しい雨を持ってきそうな雲」から「ずっとながめていたくなる、心地良い空の雲」まで、幅広い表現ができるからです。そのほうが、伝わりやすいと考えているからです。

僕はいつでも自由に、視覚的な表現を駆使して書に取り組むようにしています。伝えるためなら、*どん欲に表現にこだわるのです。

たとえば、文字の「大きさ」。

当たり前のことですが、大きな声を出したほうが、声が聞こえる範囲は広がり、言葉は伝えやすくなります。当然、書にもそれはあります。大きく力強い文字を書けば、それだけ遠く離れても、見えるし、読める。

①それだけじゃないのが、伝えることのおもしろさでもあるんですね。

ただ、ずっと普通の音量で話していたのに、ある箇所にきたら、ふと声が小さくなる。

「え、何? なんていったの?」と思わず聞き耳を立てることってありますよね。むしろ、声を小さくしたほうが、注意を*喚起する。そんなことは、日常会話でもあるものです。

だから、僕は、あえて字を小さく書くことがあります。ちょっと顔を近づけて、じっとそれを見つめてもらうことで、じんわりと誰かに伝えたい言葉があるからです。

「*筆の入れ方」は、言葉の質感を変えます。

ぐっと鋭く筆を入れたら、線はそのまま鋭さを帯び、書いた言葉も鋭く読む方に刺さってくる。あるいは、丸く入れると、丸い柔らかな言葉

となって響いてくる。

だからこそ、「刃」「強」「岩」といった、*こわもての文字をわざと丸く書いたりすると、ものごとの多面性や多様性を、わかりやすく表したりもできるわけです。

「墨の色」は、あふれる思いのようなものを、表すことができます。

たとえば「愛」という文字を書く際、墨をじわりとにじませ、ほうぼうに広がるように大きく書くことで、「愛」という言葉に収まりきらない愛情みたいなもの。あるいは、特定の誰かではなく、周囲へ、世の中へ、世界へ向けて放射される大きな愛情みたいなものを表せます。

（武田双雲「伝わる技術」による）

【注】
書──書かれた文字。
象形文字──ものの形をかたどって作られた文字。
雅号──芸術家が本名以外につける名。
どん欲──ひじょうに欲が深いこと。
喚起──よび起こすこと。
筆の入れ方──線の書きはじめの筆の使い方。
こわもて──ごつごつして荒々しい印象のこと。

【問題1】 ⑦コトバに縛られてしまう とありますが、このことの具体例を一つ、本文中から探して書きなさい。ただし、二十字以上三十字以内で、解答らんに合わせて書くこと。（、や。などもそれぞれ字数に数えます。）

【問題2】 ①それだけじゃないのが、伝えることのおもしろさでもあるとありますが、そのような「おもしろさ」が表れている筆者の工夫の具体例を一つ、本文中から探して書きなさい。ただし、何のためにそ

コンからもアドレスを*削除してしまうと、今まで何だったんだろう、というほど静かになった。本当に用がある人だけから、*ファックスや郵便で要領よくまとめたものが送られてくる。けっこう*儀礼的なやりとりが多かったんだなぁと、あらためて思う。不思議なことに、そんな生活を始めると、人によく会うのである。会って、少し立ち話をして、そんなバイバイと別れる。なくても大丈夫と、自分で確認するのは、そんな悪いことではないような気がする。

（木皿泉「木皿食堂2　6粒と半分のお米」による）

〔注〕
中華鍋──底の丸い浅い鍋。（図1）

図1

片手鍋──持ち手が一つの鍋。（図2）

図2

寸胴鍋──太さが変わらず、底の深い鍋。（図3）

図3

くん製──肉や魚などをけむりや熱などで加工し、長持ちするようにした食べ物。

ケトル──やかん。

空だき──火にかけた鍋などの中の水がなくなってしまうこと。

フレーム──わく。

かさ張る──場所を取る。

用途──使いみち。

削除してしまう──消してしまう。

ファックス──紙にかいた文字や図を、電話回線などを使って送受信する装置。

儀礼的──礼儀として型どおりにすること。また、型どおりで心のこもっていないようす。

文章2

僕の*書は、よく批判されることがあります。

「あんな絵のようなもの、書ではない」

けれど、そもそも「文字」の多くは、本を正せば、形から着想を得た*象形文字がとても多いですよね。

たとえば、僕が大好きで、自分の*雅号「双雲」にも使っている「雲」という字。

まず上部にある「雨（あめかんむり）」は、いうまでもなく天から雨水が落ちてくる様子からできあがったものです。そこにもくもくと立ちのぼる煙のような雲の姿を表した「云」という象形文字をくっつけることで、「雲」は形作られています。

こんなふうに、文字の多くは、そもそも絵みたいなものです。

つまり、絵みたいなものが、書なのです。

ならば、僕はどんどん視覚的な表現を使うべきじゃないかなと思っています。「伝わる」ことにこだわる僕は、だからこそ絵のような要素を、もっと書にも取り入れたい。そう思い、書に取り組んでいるのです。

だって同じ雲でも、いまにも雷雨をもたらしそうな、黒々とした大きな雲と、さわやかな秋の夕暮れに、薄く流れるように敷き詰められた静かな雲とでは、人が受ける印象はまったく違いますよね。もちろん、線の細さや文字の勢い、かすれや濃淡などでその差を書き分けることはで

29年度－21

【適性検査Ⅰ】（四五分）〈満点：一〇〇点〉

1 文章1 と 文章2 を読み、あとの問題に答えなさい。（＊印の付いている言葉には、本文のあとに【注】があります。）

文章1

うちにある鍋は、そうとう古い。若い頃、実家から出たときに買ったもので、今もそのまま使っている。そのころそろえたのは、鉄製のフライパンと＊中華鍋、大小の＊片手鍋に＊寸胴鍋の五つである。一人暮らしを始めたばかりにしては、けっこう多い気もするが、二十五年間、それだけで巻き寿司やら、ギョーザやら、＊くん製やら、いろいろつくってきたわけで、この先もこの五つで十分だろうと思う。

そう人に話すと、なぜヤカンがないのかと言われた。考えてみれば、私は自分でヤカンを買ったことがない。お茶を入れるときは、小さい方の片手鍋を使っていた。その姿がよほど情けなく思えたのか、母が一万七千円の＊ケトルを買ってくれたが、気がつけば、やっぱり片手鍋で湯をわかしている。

洗いやすいし、沸騰するのがすぐわかって＊空だきすることもないし、使う分だけわかせるし、とっても便利だと思うのだが、母は「もう、情けない」と嘆くのだった。お湯は、ヤカンでわかすものという頭なのだろう。

そういえば、うちはコンロの下についている魚焼きグリルを使わないと季節を感じないというものもある。私自身も、いまさらやめるのもなあという感じで、ずるずる続けている。トースターぐらい買えと怒る。が、私は、そんなものは、＊かさ張るので買いたくない。魚焼きグリルで焼くとパンが生臭くならないのかと心配する人がいるが、そんなことはなく、トースターで焼くより、うまそうに仕上がるのである。買ってきたピザやフライを温め直したりと、とても便利に使っているのだが、みんなはそんなふうに使っていないのだろう。使っていないのなら、魚焼きグリルという名前がよくないのではないかと思う。

○○用と言われると、それ以外のことで使うのは、ちょっと気がひける。犬用の食器と言われれば、新品でも人間が使うのは、ちょっとなぁと思ってしまう。最近は、しょうゆでも＊用途がさまざまで、卵かけご飯用というのもあったりする。普通のしょうゆを切らして、しかたなく卵かけご飯用でさしみを食べたりすると、なぜかもの足りない気がする。私の舌が、そこまで敏感だとは思えない。しょうゆの成分など、さほど変わらないはずなのに、なぜだろう。

私たちは、一旦、⑦コトバに縛られてしまうと身動きができなくなってしまうようだ。こんな状態を「＊フレームがかかっている」と呼ぶ。ものを書く作業は、このフレームをうまく外すことである。つまり世の常識的な考え方から自由にならないと、なかなか人に納得してもらう作品にならないのである。なので、私たち夫婦は、よくでたらめな話をしては、二人でゲラゲラ笑っている。人が聞いたら、ばかばかしいと思える話で、それはお金にはならない創作なのだが、私たちの場合、こんなことが、けっこう重要な作業なのである。

しかし、バレンタインデーのチョコや、節分の巻き寿司など、これがないといまさらやめるのもなあという感じで、ずるずる続けている。

最近、仕事が忙しくなって、なかなか本も読めない状態が続いている。なので、思い切ってメールをやめることにした。ケータイからも、パソ

平 成 29 年 度

解 答 と 解 説

《平成29年度の配点は解答欄に掲載してあります。》

＜適性検査Ⅰ解答例＞

1 　問題1　魚焼きグリルは，魚を焼くためだけのものだと考えている(こと。)

　問題2　注意をかん起し，じんわりと伝える(ために)字を小さく(書くこと。)

　問題3　文章1の筆者は，私たちがコトバに縛られ，常識的と思われている考えにより「フレームがかかった状態」となり，考えや発想に制限がかかってしまうことについて書いている。一方，文章2では，筆者は書道で字を書くときに様々な方法を自由に使うことで「伝える」ことのおもしろさが広がるとしている。どちらの文章も私たちが当たり前や常識だと思っていることから自由になることが新しい発想や表現につながることを表している。

　　　この二つの文章をふまえて，私は自由とは「とらわれないこと」であると考えた。自由とは単に当たり前や常識，すでにあるものの反対をすることではない。反対のことをするということ自体が，ひとつの方向しか見られておらずとらわれていると思う。一つの点にとらわれず広い視野を持って，当たり前も常識もその反対もいろんな方向を見回す。

　　　いろんな方向を向き，いろんな方向から物事を見ることで，見えなかったものやことが見えてくる。そこに自分がいろんなことを選び決める自由が生まれるのだと思う。

○配点○

1 　問題1　20点　　　問題2　20点　　　問題3　60点　　　計　100点

＜適性検査Ⅰ解説＞

1 　(国語，作文)

　問題1　具体例を本文中から探す。そのためには「コトバに縛られてしまう」とはどのようなことかを理解する。ひとつ前の段落を見てみると，「○○用と言われると，それ以外のことで使うのは，ちょっと気がひける」とある。このような例として挙げられているものを本文から探そう。ヤカンやトースターも同じような例として挙げられているが，「コトバに縛られる」という部分を満たすには「魚焼きグリル」が最適だといえる。

　問題2　「それだけじゃないのが，伝えることのおもしろさでもある」の「おもしろさ」の例を挙げるのだから，「それだけじゃない」の「それ」とは何かをまず考え，それに反する具体例を見つければよい。傍線部の1つ前の段落に「言葉は伝えやすくなる」というフレーズがあり，文字についても「離れても，見えるし読める」つまり「見やすさ，読みやすさ」について書いている。「それだけじゃない」というのはつまり「～やすく伝えるだけではない」ということになる。その反対なのだから「～しにくい」ことを探そう。「あえて」というのもキーワードである。

問題3　設問には「文章1」と「文章2」それぞれの「自由についての考え方に共通する内容をまとめた上で」それについてのあなたの考え」を書くよう聞かれている。条件1において段落構成は指定されており，条件2において自分の考えを1つにしぼり，理由も書くことが求められている。あとは〔きまり〕に指定されたことを守ることは必須条件である。

　　「文章1」ではわれわれが普段，コトバや常識的なものにとらわれていることが挙げられ，そこから自由になることで新しい発想や考えが生まれるとしている。「文章2」では書家である筆者が自由な発想で表現をすることで，「伝える」ことの幅を広げていることが書かれている。「文章1」でも「文章2」でも「自由」という言葉は全面的には出てこないので，それぞれの文章をしっかり読み，それぞれの文章から自分が「自由」をどのようにとらえたかをはっきりと書くことが第一関門である。そのうえで，自分が「自由」についてどのように考えたかを書かなければならない。

─★ワンポイントアドバイス★─

作文の一番のヤマ場は「段落構成」を考えること。書き始める前にそれぞれの段落の役割を決めよう。

＜適性検査Ⅱ解答例＞

1　問題1　三角形　イクケ　と，　三角形　イシタ
　　問題2　〔説明〕　Aグループは，3本の対しょうのじくが交わるところにある「き」に黄色の正三角形のフロアマットを置く場合で，Bは「き」に黄色の正三角形のフロアマットを置かない場合であるというちがい。
　　問題3　〔説明〕「下向きの正三角形」の辺は，全て「上向きの正三角形」の辺と重なっているので，「見かけ上の辺の数」は，ならべたフロアマットの数から「下向きの正三角形」の数をひいた「上向きの正三角形」の数の3倍になっている。
　　　　　　〔式〕　100−45＝55　55×3＝165　10段目まで並べたときの「見かけ上の辺の数」
　　　　　　165本

2　問題1

氷河など		×	とかすのと運ぶのに手間がかかるから。
地下水	塩水	×	複雑なしょ理が必要だから。
	淡水	○	い戸をほるだけでよいから。
湖水	塩水	×	複雑なしょ理が必要だから。
	淡水	○	くみ上げるだけでよいから。
河川水		○	くみ上げるだけでよいから。

すぐに使える水の量　10633000　km³　深さ　72.21　m

問題2　安心して飲んだり，料理に使ったりできるようにするため。また，けがをした時に傷をあらえるようにするため。

問題3　(1)　ア

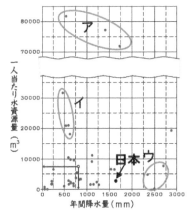

　　　　(2)　選んだグループ　ア　　世界の平均的な国々に比べて，とても面積が広く，さ
　　　　らにとても人口が少ないから。
　問題4　自分でできることは風呂の水などの再利用だと思う。工業用水では回収した水を増
　　　　やすことで補った水の量を減らせたと思うからだ。社会としては各家庭で水の再利用
　　　　がしやすい製品の開発をするべきだ。風呂やトイレは以前より水の使用が少なくてす
　　　　むものが増えたが，水を再利用しやすい製品はあまりないと思うからだ。
③　問題1　〔選んだもの〕　ふり子
　　　　　　〔理由〕　同じ長さのふり子が1往復するのにかかる時間は一定であるので，その動
　　　　　　　　きが時間の長さを計るのに適していると考えられる。
　問題2　〔記号〕　イ
　　　　　　〔説明〕　落ちたプラスチック球の量が1600gまでは，プラスチック球が100g落ちる
　　　　　　　　のにかかった時間は一定(1.1秒)であり，それ以こうは，プラスチック球が
　　　　　　　　100g落ちるのにかかった時間は長くなっている。
　問題3　えいきょうする条件…〔条件〕　A　　〔比べた実験〕　アとオ
　　　　　　〔理由〕　条件Bと条件Cが同じで，条件Aの容器の底面積がちがい，底面積が小さい
　　　　　　　　方が，同じ量のプラスチック球が落ちるのにかかる時間が短いから。
　　　　えいきょうしない条件…〔条件〕　C　　〔比べた実験〕　アとイ
　　　　　　〔理由〕　条件Aと条件Bが同じで，条件Cの容器のプラスチック球の量がちがうが，
　　　　　　　　プラスチック球の量が1000gでも2000gでも，プラスチック球100gが落ちるの
　　　　　　　　にかかる時間は変わらないから。

○推定配点○
① 問題1　8点　　問題2　8点　　　問題3　14点
② 問題1　16点　　問題2　5点　　問題3　グラフ　4点　　　特徴と理由　5点　　　問題4　10点
③ 問題1　答・理由　各3点×2　　問題2　記号　3点　　説明　7点　　問題3　14点
計　100点

＜適性検査Ⅱ解説＞

① （算数：図形の対称，規則性）

基本
　問題1　まず，最もわかりやすい正三角形は立方体のそれぞれの正方形の対角線を1辺とする正三
　　　　角形である。これらには，三角形ウキチ，ウキス，アオソ，アオテ，ソテア，ソテオ，スチ

キ，スチウの8つがあるので，このうちから1つ挙げればよい。次に，大きさの異なる正三角形を探す。これについては，「拡大・縮小の関係」を利用する。つまり，上に挙げた対角線の半分の長さを1辺とする正三角形を上げればよい。例えばウキの長さの半分のイクを1辺とする正三角形であれば，三角形イクケが見つかる。同様に8通りの答えが可能である。また，少し見つけにくいが2つの面にまたがった三角形から考えることもできる。図のようにとなり合う面の中点どうしを空間上で結んだ辺を1辺とする正三角形もある。この場合三角形イシタ，イサト，クツコ，クサセ，カケタ，カコト，エシセ，エケツの8通りが答えられる。

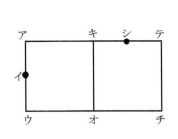
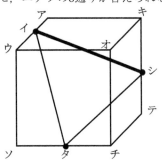

問題2　2つのグループを比べる。このとき表を使って情報をまとめてみることも有効である。

| A | 1 | 4 | 7 | 10 | 13 |
| B | 0 | 3 | 6 | 9 | 12 |

　表を見ると，Bグループは3ずつ増えている(3の倍数)ことがわかり，AグループはそれぞれBグループに1をたした数字(3の倍数＋1)であることがわかる。次に対象の軸が3本という点を考えると，正三角形の場合はそれぞれの頂点から軸がスタートするので，これらのことから，まずBグループは黄色のマットが一切おかれていないのが0枚であり，頂点を含むあ，こ，た，の3枚，またはう，さ，そに3枚置かれている場合が3枚となる。それ以降3方向で対称になるようにするとちょうど対称の軸が交わるきに黄色のマットを置くかどうかで1枚の差がつくことがわかる。これよりAグループはきに黄色いマットを置いた場合，Bグループが置かない場合ということがわかる。

問題3　表1をみるとまず気づくのが「上向きの正三角形」の数と「見かけ上の辺の数」の関係である。「上向きの正三角形」の数を3倍したものが「見かけ上の辺の数」となるのである。つまり，「上向きの正三角形」のマットを並べていけば，自動的に「下向きの正三角形」のマットの置く場所ができることがわかる。ということは，「並べたフロアマットの数」，つまりマットの合計は「上向きの正三角形の数」と「下向きの正三角形の数」の合計である。

　この問題では「並べたフロアマットの数」と「見かけ上の辺の数」の関係を求めるのだから，「並べたフロアマットの数」から「下向きの正三角形」のマットの数をひくことで「上向きの正三角形」のマットの数を求めて3倍すれば「見かけ上の辺の数」が求まることがわかる。よって100－45＝55…上向きの正三角形の数　55×3＝165本となる。

2　(算数，社会：割合計算，資料読み取り・分析)

問題1　会話文を読むと，「海水」は処理をしなければ使えない。また，「氷河など」は溶かさなければならず，すぐに使えるわけではない。つまり「すぐに使える水の種類」というのは「氷河など」以外の「淡水資源」である「淡水の地下水」，「淡水の湖水」，「河川水」ということになる。会話文を読めば難しくない問題である。

　一方，すぐ使える水の量に関しては計算の正確さとスピードが必要である。特に単位に気

をつけなければならない。手順としては地球上の水の量全体にすぐに使える水の割合をかけることですぐに使える水の量が求められ、求めた答えを陸地面積でわることで深さが求められる。ただし、水の量はkm^3、面積はkm^3であるから、計算して出る深さはkmであることに注意する。

淡水の地下水…0.76%、淡水の湖水…0.007%、河川水…0.0002%

→0.76 + 0.007 + 0.0002 = 0.7672%…地球上に占める割合

138598.5万km^3×0.007672 = 10633276.92km^3→10633000km^3…すぐに使える水の量

10633000÷147244000 = 0.722134688km = 72.2173…m→72.21m…深さ(m)

問題2 「きれいな水」というのは言いかえると「安全な水」つまり「衛生的な水」のことである。会話文に「全く知らない国のことを想像するのは……」とあるが、テレビなどでアフリカに井戸を掘るものや、学校に行かず遠くまで水をくみに行く子どものことなどを見たりしたことはないだろうか。そこでくんでいる水は衛生的にきれいとは言えない。また、自分の身近で、川の水を直接飲むことは想像できるだろうか。このように自分の生活からスタートして他者(他国)を想像できるかが問われる。

重要 問題3 (1) 会話文から「使える分の降水量×国土面積」で使える水の体積を求められることがわかる。さらにそれを人口でわれば一人当たり水資源量となる。ただし、この問題も単位に注意をしなければならない。設問にも会話文にも単位についてのことは書いてないが、資料3をみると(m^3)であることに気づかなければならない。

1668mm = 1.668m、 37.8万km^2 = 37.8万×1000×1000 = 378000000000m^2

1.668×0.683 = 1.139244m…使用できる分の降水量(m)

1.139244×378000000000÷127095000 = 3388.28617962→約3388m^3

※今回のような問題では分数を使うことで時間を短縮およびミスを減らすことができる。

$$\frac{1.668×0.683×37.8万×1000×1000}{12709.5万} = \frac{1668×683×37.8}{12709.5} = 3388.28617962$$

(2) 設問ではグループを選んで比較し、その特ちょうに対する理由を答えることが求められている。例えばアのグループを選んだ場合、世界の平均的な国々に比べて降水量は変わらないが、一人当たりの水資源量がとても多いことがわかる。そこでなぜこのような特ちょうになるのかを書かなければいけない。これは(1)の計算をする中で、国土面積が大きければ年間降水量の合計が大きくなること、また、人口が多ければ一人当たりの水資源量が少なくなることに気づくことで理由付けができるのである。

〔アを選んだ場合〕 アのグループは世界の平均的な国々に比べて降水量はあまり変わらないが、一人当たり水資源量がとても多い。これは国土面積がとても広いことと人口が少ないことが影響している。

〔イを選んだ場合〕 イのグループは世界の平均的な国々に比べて降水量はあまり変わらないが、一人当たり水資源量が多い。これは国土面積が広いこと、または人口が少ないことが影響している。

〔ウを選んだ場合〕 ウのグループは世界の平均的な国々に比べて降水量はとても多いにもかかわらず、一人当たり水資源量は変わらない。これは国土面積が狭いことや人口が多いことによって一人当たりの水資源量が少なくなっていと考えられる。

問題4 資料5では都市用水は私たちの生活に関わる生活用水と工業用水について、1965年から2005年までの間にどのように変化したかが提示されている。生活用水については1995年から2005年については少し減っているが全体的には増加している。工業用水については回収した

水と補った水に分けて対比しており，回収した水は増加している一方で，補った水は減少している。また，資料6は生活用水全体に占める家庭での使い道の割合が提示されている。これらと会話文にある「一度使った水をもう一度使う」，「水を大切に」という発言を関連させることで解答の方向性は見えてくる。ただし設問には，①自分で何ができるか，②また社会として何をしたらよいかの2点を聞かれているので気を付けよう。

　　自分でできることについては，資料5と関連させると一度使った水を再利用することで水を大切に使えること，資料6のうち風呂での水の使用が40％も占めていることを関連させることで，風呂の水の再利用などを書けばよい。社会としてするべきことは生活用水の使用を減らすための対策や水の回収をすすめるためにどのようなことが必要かを考えればよい。

3　（理科：砂時計のしくみの観察）

問題1　ふり子の長さが長いほど，ふり子が1往復するのにかかる時間は長くなり，長さが短いほど，ふり子が1往復するのにかかる時間は短くなる。（おもりの重さや，ふれはばはふり子が1往復するのにかかる時間にえいきょうしない。）このふり子の性質が時間を計るのに適している。

　　また，日時計のように，太陽の（見かけ上の）動きと，それによってできる影を利用したり，ろうそくが一定の割合で溶けることを利用することも時間を計るのに適している。

基本

問題2　表1から，プラスチック球が1600g落ちるまでは，100g落ちるのに1.1秒ずつかかっていて，落ちたプラスチック球とかかった時間は比例関係にある。さらに，1600g落ちた後，1700g落ちるまでにかかる時間は18.8−17.6＝1.2（秒）であり，1700g落ちた後，1800g落ちるまでにかかる時間は20.9−18.8＝2.1（秒）であることが読み取れる。選択肢のグラフは，縦じくがかかった時間，横じくが落ちたプラスチック球の量を表している。グラフが右上がりになっているということは，落ちたプラスチック球の量が多いほど，かかった時間が長いということを意味する。また，グラフが直線になっているということは，両者が比例関係になっているということを意味する。

　　このことから，アのグラフは，比例関係にあることを表していないので誤りである。ウのグラフは落ちたプラスチック球が1600gを越えて1700g落ちるまでにかかった時間と1700gを越えて1800g落ちるまでにかかった時間が，それまでの100g落ちるのにかかる時間より短くなっていることを示しているため，誤りである。エのグラフは，プラスチック球が1600g落ちるのにかかった時間より，1700g落ちるのにかかった時間が短くなっているため誤りである。

問題3　A，B，Cのいずれの条件が，プラスチック球100gが落ちるのにかかる時間にえいきょうするかを表から読み取る。3つの条件の中で，条件の2つが同じであり，1つだけが異なっているもの同士で比べないと，原因が何であるか判別できない。

　　実験アと実験オは，条件Aの「容器の底面積」のみが異なっており，条件Bの「容器の底にあけた穴の形」と条件Cの「入れるプラスチック球の量」は同じである。実験アでプラスチック球100gが落ちるのにかかる時間は1.2÷500×100＝0.24（秒）であり，実験オでプラスチック球100gが落ちるのにかかる時間は1.7÷500×100＝0.34（秒）である。

　　実験アと実験イは，条件Cの「入れるプラスチック球の量」のみが異なっており，条件Aの「容器の底面積」と条件Bの「容器の底にあけた穴の形」は同じである。実験アでプラスチック球100gが落ちるのにかかる時間は1.2÷500×100＝0.24（秒）であり，実験イでプラスチック球100gが落ちるのにかかる時間は2.4÷1000×100＝0.24（秒）である。

　　これらのことから，「えいきょうする条件」「えいきょうしない条件」を読み取ることができ

る。また，条件Bについては，実験アと実験ウを比べて，同様に計算すると，「容器の底にあけた穴の形」が正三角形であるより，円形であるほうがプラスチック球100gが落ちるのにかかる時間が短いことが読み取れる。

★ワンポイントアドバイス★

②の独自問題の計算は難しくないけどややこしい。はやく正確な計算が合否を分ける！普段からややこしい計算のトレーニングをしておこう。

＜適性検査Ⅲ解答例＞

1 問題1　金属はぴかぴか光っているが，木は光っていない。金属は木よりもよく光をはね返すからあたたまりにくい。

問題2　金属のベンチには，熱がこもってしまい，出て行きにくいからとても熱くなる。

問題3　(1)　手に持った金属のスプーンは，プラスチックのスプーンより，こおったものをとかしやすい。

　　　　(2)　金属は，ふれたときに熱をよく通すから，体温がスプーンに伝わってすぐにとけた。

　　　　(3)　同じ形をした金属，木，プラスチックのぼうの下半分をお湯の中に入れ，上半分の一番上の部分の温度変化をみる実験。その結果は，金属の温度が最も速く上がると予想される。

　　　　(4)　金属に体温がうばわれるから冷たく感じる。

問題4　冷ぞう庫の冷とう室の底を金属にすると良い。なぜならば，金属は，あたたかいものの熱をうばうので，ものの温度が速く下がるから。このことによって，冷とう室の中の空気の温度があまり上がらないようになる。

2 問題1　(1)　34.83cm²

　　　　(2)　答えは2倍。

　　　　図6を1辺3cmの正方形9個に分けると，それぞれは，右の図のようになる。それをさらに同じ大きさの正方形に4等分すると，Aの面積とBの面積は等しい。なぜなら，それぞれ同じ正方形から，同じ半径の円の4分の1の面積を引いたものだから。

　　　　ここで，図5で色をぬった部分の面積＝A36個分の面積，図6で色をぬった部分の面積＝A36個分の面積＋B36個分の面積となるので，答えは2倍。

問題2

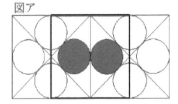

図ア

　　　　①のコースターを2まい横にならべ，それぞれの正方形の対角線を引く。すると，図アの太線の四角形の中に，②のコースターと同じもようができる。

図イ

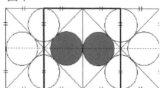

太線の四角形は，図イから分かるように①と同じ大きさの正方形なので，②のコースターと同じ大きさの正方形である。

よって，コースターの中の円の大きさも，①や③の円の大きさと同じ。

問題3

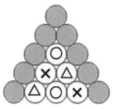

問題4　○がはられた球…520個，×がはられた球…516個，△がはられた球…516個

何もはられていない球…150548個

図ウ

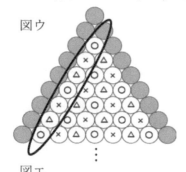

図エ

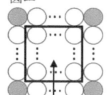

３８８×３８８

図ウのようにシールをはる球の一番左は，上から○×△のならびがくり返し続くので，390だん目は

$(390-2)÷3=129$ あまり1より，○となる。390だん目にあるシールをはる球は，1つの面に388個あり，左から○×△のならびがくり返し続くので，○×△が129組あり，最後は○となる。これが4面あるので，○がはられた球は $130×4=520$ より520個。×と△がはられた球は，それぞれ $129×4=516$ より，516個ある。

また，390だん目の何もはられていない球は，図エより，角にある赤い球と，見えないところにある白い球である。赤い球は4個，白い球は $388×388=150544$ より，150544個あるので，$4+150544=150548$ より，150548個ある。

○推定配点○

① 問題1　10点　　問題2　10点　　問題3　(1)・(2)　各4点×2　　(3)・(4)　各6点×2
　　問題4　10点

② 問題1　(1)　7点　　(2)　8点　　問題2　10点　　問題3　5点　　問題4　20点
　　計　100点

＜適性検査Ⅲ解説＞

1　（理科：もののあたたまり方，対照比較）

基本

問題1　みかさんの「木よりも金属の方があたたまりにくい」という考えは誤りであるが，仮にこの考えが正しいとしてその理由を考える。るいこさんが述べているような，「ぴかぴか光る」といった金属がもつ性質をヒントに，木と金属の違いを考え，理由を示す。この他，たたくと伸びる性質など金属が持つ性質を用いて理由を考えても良い。

問題2　問題1同様に，金属が木よりも熱くなることについて，その理由を考える。

問題3　(1)　手で持った金属のスプーンとプラスチックスプーンに氷をのせる実験では「金属のスプーンにのせた氷は，プラスチックのスプーンにのせた氷よりもとけるのが速い」とあり，金属のスプーンとプラスチックスプーンでアイスクリームをすくう実験では，プラスチックのスプーンは「固くてスプーンがアイスクリームの中にうまく入っていかない」のに対し，「金属のスプーンを使うと，アイスクリームをとかすようにスプーンが入っていく」とあるので，「手で持ったスプーン」と「早くとける」という部分が共通している。

　　　　(2)　手で持つという点が共通しているので，人間の体温がとけることに影響を与えていることが考えられる。

　　　　(3)　問題文の中に出てきた，木やプラスチックと金属について，温度がどのように高くなるかを比べる実験を具体的に説明する。

　　　　(4)　金属が熱を伝えやすいということは，金属にさわった時に手の温度が金属にうばわれてしまうということが考えられる。

問題4　温度の高い方から温度の低い方へと熱は移動する。そして，金属はその熱を伝えるはたらきが大きいということをもとに，身近なものの素材として使えないかを考える。解答例にある冷ぞう庫の他，人間の体温を下げるようなしくみなどを考えても良い。

2　（算数：図形の面積，規則性）

重要

問題1　(1)(2)図5において，1辺が9cmの正方形の面積は，81cm²である。半径が1.5cmの円の面積は，

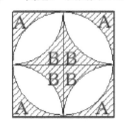

1.5×1.5×3.14＝7.065cm²であり，半径1.5cmの円9個分の面積は，7.065×9＝63.585cm²である。図5の色がぬられている部分の面積は81－63.585＝17.415cm²である。図6を左の図のように，1辺3cmの正方形9個に分けると，それぞれ同じ正方形から，同じ半径の円の4分の1の面積を引いたものだから，Aの面積とBの面積は等しい。他の8個の正方形についても同様のことが言えるから，図6で色がぬられている部分の面積は，図5で色がぬられている部分の面積の2倍であることがわかる。よって，図6で色がぬられている部分の面積は17.415×2＝34.83cm²である。

　　　　（なお，図6で色がぬられている部分の面積は全体の43％であるという公式を知っていれば，81×0.43＝34.83cm²と求めることもできる。）

問題2　会話文の中で，図7の①のコースターと③のコースターを組み合わせて，①の円と③の円の大きさが同じであることが説明されている。同様に，②のコースターとの組み合わせで，①や③の円と大きさが同じになることを説明する。②の模様の中の小さな正方形の辺は，①や③の模様の中にはないので，補助線が必要になることに注意しながら組み合わせを考える。

重要

問題3　1種類目のシールをはる場所を決め，「シールのはり方」の指示に従って，くっついている

球に違う種類のシールをはっていく。解答例に示されているはり方の他，下の図のようなはり方も正解である。

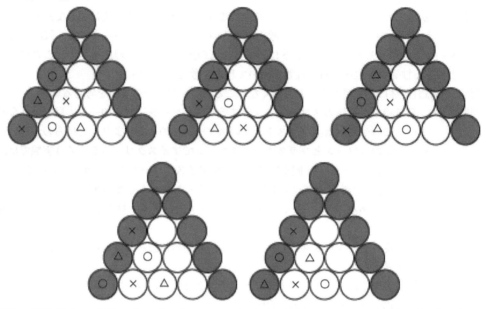

問題4　解答例は，3段目の白い球に〇のシールをはることとしているが，問題3の解説に示したはり方をした場合，3段目の白い球にはったシールと同じ種類のシールをはった球が520個となり，それ以外の球が51個となる。

★ワンポイントアドバイス★

実験系の問題は，「知っているかどうか」ではなく，「もし〜だとすると……」という論理的な思考が求められる。

データ対応

収録から外れてしまった年度の
解答解説・解答用紙を弊社ホームページで公開しております。
巻頭ページ＜収録内容＞下方のＱＲコードからアクセス可。

※都合によりホームページでの公開ができない問題については，
　次ページ以降に収録しております。

平成28年度

都立小石川中等教育学校入試問題

【適性検査Ⅰ】　（21ページから始まります。）
【適性検査Ⅱ】　（45分）　　＜満点：100点＞

1　花子さん，先生，太郎君の3人が教室で話をしています。

花　子：お正月に車で出かけたときに道路が渋滞していましたが，渋滞はどうして起こるのですか。

先　生：信号が無い高速道路でも，前の車がブレーキをふんだり，速さが異なる車があったりすると渋滞が起こることがあります。

太　郎：どういうことですか。

先　生：それでは，渋滞について次のような場合を考えてみましょう。

　　　　次のページの**図1**のように，車が左から右へ進む道路に見立てたますが16個並んでいます。最初，車A，車B，車Cは，それぞれ「走り出す前」のます目の位置に止まっていて，同時に動き出すことをスタートとします。

太　郎：車Aが先頭，車Bが真ん中，車Cが一番後ろという順番ですね。

先　生：そうですね。車A，車B，車Cは，同時にますを進み，そのときのルールは次の三つとします。

〔ルール〕　①　スタートしたら車A，車B，車Cは1回の移動でそれぞれ決まったますの数を進む。

　　　　　　　　1回の移動で，車Aは常に1ます進み，車Bと車Cのそれぞれが進むますの数は，最大で3ますとする。

　　　　　　②　後ろの車は，前の車を追いこすことはできない。

　　　　　　　　後ろの車は，決まったますの数を進んでいなくても，前の車が進んだます目の一つ後ろのます目までしか進めない。

　　　　　　　　後ろの車は，決まったますの数を進んでいてもいなくても，移動後に一つ前のます目に前の車がいることを前の車に追い付いたということにする。

　　　　　　③　全ての車が10ます目を通過して，11ます目以降に来ることをゴールとする。

太　郎：1回の移動で進むますの数が決まっているとは，どういうことですか。

先　生：例えば車Bは1回の移動で3ます，車Cも1回の移動で3ます進むものとしましょう。

太　郎：ということは，1回目の移動で車Aは6ます目から7ます目に進み，車Bは3ます目から3ます進んで6ます目に来て車Aに追い付き，車Cは1ます目から3ます進んで4ます目に来るのですね。

花　子：そうすると，2回目の移動で，車Aは8ます目に進むけれど，車Bは7ます目までしか進めないわね。車Cは車Bに追い付いたので，6ます目までしか進めないということになるわ。

図1

	1ます目	2ます目	3ます目	4ます目	5ます目	6ます目	7ます目	8ます目	9ます目	10ます目	11ます目	12ます目	13ます目	14ます目	15ます目	16ます目
走り出す前	C		B			A										
1回目の移動後				C		B	A									
2回目の移動後						C	B	A								

〔問題1〕 車A，車B，車Cともに**図1**の「走り出す前」のます目の位置からスタートし，車Bは1回の移動で3ます，車Cも1回の移動で3ます進むものとします。

　このとき，ゴールするまでに何回の移動が必要か求めなさい。

　また，このときと同じ回数の移動でゴールできるような，車Bと車Cの1回の移動で進むますの数の組み合わせを一つ答えなさい。ただし，車Bと車Cの1回の移動で進むますの数が両方とも3である場合を除きます。

花　子：渋滞では，車が止まってしまい前の車が進んで間が空かないと進めないこともありました。

先　生：それでは，〔ルール〕①から③に次の〔ルール〕④を加えて問題を考えてみましょう。

〔ルール〕　④　前の車に追い付いた車は，追い付いた回の次の回の移動のときには，1回進むことができないとする。

〔問題2〕 車A，車B，車Cともに**図1**の「走り出す前」のます目の位置からスタートして，ゴールするまでを考えます。

　車Bと車Cそれぞれが1回の移動で進むますの数の組み合わせを一つ自分で決めて，そのときの車Bと車Cのそれぞれが1ます目から10ます目の間で進むことができなかった回数の合計を答えなさい。ただし，車Bと車Cの1回の移動で進むますの数が両方とも1である場合を除きます。

先　生：実際の渋滞は，ブレーキをかけてスピードを落としたり，止まったり，多くの車の動きがからみ合っていて複雑です。そこで分かりやすいように，速さを一定とし，スピードを落としたり止まったりすることを，後ろの車が前の車に追い付いたら追い付いた方の車はその位置に10分間停車することで表し，実際に近い問題を考えてみましょう。

〔問題3〕 18kmの長さの道があります。この道を，車①は10時に出発して60分かけて走り，車②は10時40分に出発して30分かけて走ります。また，車③は車①の後を追いかけて10時10分に出発します。後ろの車が前の車に追い付くと，追い付いた方の車はその位置に10分間停車するものとします。

　このとき，この道を走り終えるまでに車③が車①には2回追い付き，車②には追い付かれないような車③の1時間当たりに進む道のりで表した速さ（時速）を，kmで表した場合にその値が整数となるものを答えなさい。また，どうしてそのように考えたのかを説明しなさい。

　ただし，車①，車②，車③の走る速さはそれぞれ一定で，三つの車の速さは全て異なるものとします。また，二つの車が同時に18km地点に達した場合も，後ろの車が前の車に追い付いたこととしてあつかいます。

下の**グラフ用紙**は，必要であれば利用して構いません。

グラフ用紙

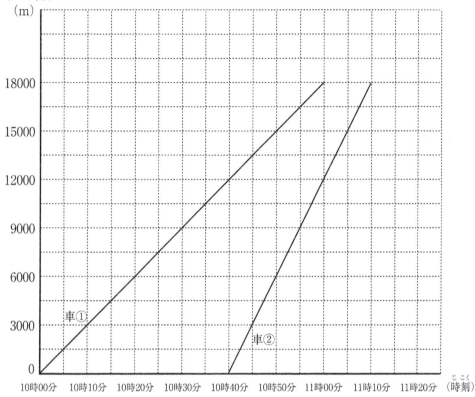

2　自由研究で日本の小売業について調べることにした**あさこ**さんと**けんじ**君は，たくさんの本や資料をもっている**おじいさん**の家へやって来ました。

あ　さ　こ：まずは，世界のいろいろな国について知っておかないとね。

け　ん　じ：他の国と比べれば，日本の特ちょうがはっきりするだろうね。

あ　さ　こ：41か国の「一人あたり国民総所得」と「一人あたり小売売上高」の資料が見つかったけれど，「一人あたり国民総所得」とは何かしら。

おじいさん：国民総所得というのは，国民が1年間に生産したものやサービスを，お金に置きかえて合計したものだよ。

け　ん　じ：「一人あたり国民総所得」は，一人の平均的な収入と考えてもいいのかな。

おじいさん：会社の利益などふくまれているから，全く同じとは言えないけれど，収入が多いか少ないかの目安と考えることはできるね。

あ　さ　こ：小売売上高というのは，1年間に小売店でものを売ったお金の合計ね。

け　ん　じ：買った側からみれば，はらったお金だね。次のページの**資料1－1**を見ると，「一人あたり国民総所得」と「一人あたり小売売上高」は，比例しているみたいだね。

あ　さ　こ：収入が多いほど，たくさん買い物をしているということね。

おじいさん：この**資料1－2**も見てごらん。

け　ん　じ：「食料品店小売売上高の割合」とは，何に対する何の割合なのかなあ。

おじいさん：小売売上高全体に対する，食料品店小売売上高の割合だよ。

資料１－１　４１か国の一人あたり国民総所得と
一人あたり小売売上高の関係（2012年）　　　**資料１－２**　４１か国の一人あたり国民総所得と
食料品店小売売上高の割合の関係（2012年）

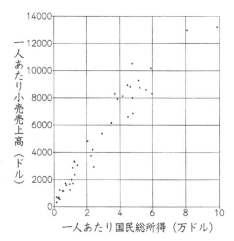
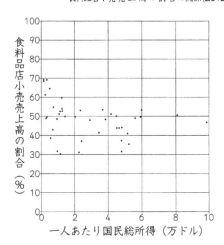

※一つの点（・）は１か国を表している。数値が近い国の点は重なって見えることがある。

（「世界国勢図会２０１４／１５」「データブックオブザワールド２０１３」より作成）

〔問題１〕　**資料１－２**のグラフから読み取れることを書きなさい。

あ　さ　こ：「一人あたり小売売上高」について別の資料が見つかったわ。

参考資料　あさこさんが見つけた資料の一部

	一人あたり小売売上高（ドル）		
	店舗	非店舗	合計
日　　　　本	9369.3	1130.8	10500.1
イ　ギ　リ　ス	6995.9	915.3	7911.2
オーストリア	7480.8	502.3	7983.1
ス　　イ　　ス	12185.4	759.8	12945.2

※見つけた資料は、まだ下に続いています。

け　ん　じ：「一人あたり小売売上高」は，「一人あたりの買い物の金額」と考えていいんだったね。
「店舗売上高」と「非店舗売上高」とあるけれど，非店舗とは何だろう。

おじいさん：店舗はお店だよ。だから，非店舗はお店ではないということだね。

け　ん　じ：そうか。自動販売機はお店ではないから，非店舗だね。

おじいさん：「一人あたり非店舗売上高」が多い方から５か国を選んで，どんな方法で買い物をし
ているかを表にしてごらん。

け　ん　じ：次のページの**資料２**の表ができたよ。買い物の方法は国によって，ずいぶん差があるね。

あ　さ　こ：「通信販売」と「インターネット販売」はどうちがうのかしら。

おじいさん：「通信販売」は，カタログやテレビの宣伝番組を見て，電話や郵便で注文するものだよ。
「インターネット販売」は，インターネットで品物を選んで注文するものだよ。

資料2　一人あたり非店舗売上高の上位5か国の非店舗売上高の買い物の方法（2012年）

（単位はドル）

国　名	自動販売機	通信販売	インターネット販売	その他	合計
日　　　本	272.8	285.0	407.9	165.1	1130.8
アメリカ合衆国	14.6	312.5	565.0	72.3	964.4
イ　ギ　リ　ス	8.9	117.5	760.1	28.8	915.3
ノ　ル　ウ　ェ　ー	6.0	84.2	736.8	39.2	866.2
フ　ィ　ン　ラ　ン　ド	8.6	25.3	737.2	35.3	806.4

（「世界国勢図会2015／16」などより作成）

〔問題2〕　(1)　**資料2**から，日本以外の4か国について，非店舗売上高の買い物の方法を割合で表す解答用紙のグラフを，日本を例にして完成させなさい。ただし，自動販売機については，すでに作成してある。

　　　　　(2)　(1)で作ったグラフを見て，日本をふくめた5か国の中から一つの国を選び，他の4か国と比べて，その国の特ちょうを書きなさい。

あ　さ　こ：日本の小売業の変化について知りたいわ。

おじいさん：日本の小売業の店舗数と販売額の変化についての資料があるよ。

あ　さ　こ：これまでは世界の国々を比べていたけれど，これからは日本国内のことね。

け　ん　じ：「店舗」の種類によっては，ずいぶんと変化しているものもあるね。

あ　さ　こ：「総合スーパー」は分かるけれど，「専門スーパー」とは何かしら。

おじいさん：衣料品や食料品だけを，スーパーマーケットのようにして売っている大きなお店のことだよ。ホームセンターも「専門スーパー」だね。

資料3－1　日本の小売業の店舗数の変化

年	百貨店	総合スーパー	専門スーパー	コンビニエンスストア	一般店舗	その他	小売業計
1997	476	1888	32209	36631	1225717	122775	1419696
2002	362	1668	37035	41770	1137317	81905	1300057
2007	271	1585	35512	43684	986650	70157	1137859
2012	228	1122	35052	30598	623056	343302	1033358

資料3－2　日本の小売業の販売額の変化（単位は億円）

年	百貨店	総合スーパー	専門スーパー	コンビニエンスストア	一般店舗	その他	小売業計
1997	106702	99567	204400	52234	912137	102391	1477431
2002	84269	85151	236305	67137	786067	92164	1351093
2007	77088	74467	237961	70069	796313	91156	1347054
2012	54880	53225	240887	54901	508320	236310	1148523

（「数字でみる日本の100年」「日本国勢図会2015／16」より作成）

〔問題3〕 1997年から2012年までの間で，店舗数と販売額の変化がどちらも大きい店舗の種類を，前のページの**資料3－1**，**資料3－2**の中から，「その他」以外で一つ選び，店舗数，販売額のそれぞれの変化の様子を，百分率を用いて説明しなさい。百分率は小数第三位を四捨五入して，小数第二位まで求めなさい。

け ん じ：商店街の様子も変わってきているだろうね。

おじいさん：そうだね。私が若かったころは，買い物をする人でとてもにぎやかだったな。

あ さ こ：今はどうなのかしら。

おじいさん：**資料4－1**と**資料4－2**を見てごらん。

け ん じ：買い物に来るお客さんが減っていると感じている商店街が多いんだね。

あ さ こ：その理由として，スーパーマーケットのような大型店ができたからと考えている商店街が多いみたいね。

け ん じ：スーパーマーケットや商店街のどんなところがいいのか，買い物をしているお客さんに話を聞いて，**資料5**にまとめてみたよ。

資料4－1 2～3年前と比べた、商店街を訪れる客数の変化

	増加した	変化なし	減少した	無回答
平成２２年度	10.7%	23.6%	54.5%	11.2%

資料4－2 3年前と比べた、大型店の増加による商店街を訪れる客数の変化

	増加した	変化なし	減少した	無回答
平成２２年度	7.4%	14.8%	76.2%	1.7%

※四捨五入しているため、数値の合計は１００をこえる。

（「平成２２年度東京都商店街実態調査報告書」より作成）

資料5 あさこさんとけんじ君が聞いてきた話

スーパーマーケットのお客さんの話

「週末に１週間分のお買い物をするから，車で来ることができて，とても便利だね。」

「子どもが遊ぶ場所もあったりして，買い物以外にも楽しめていいわね。」

「いろいろな種類の買い物が一度にできるからありがたいね。」

「夜おそくまで開いているので，仕事から帰ってからでも買い物ができて助かるな。」

商店街のお客さんの話

「昔から知っている人のお店だから，安心してお買い物ができるわ。」

「売っているものについて，くわしい話を聞きながら選べるのがいいわ。」

「お店ごとに雰囲気がちがっていて，見て歩くだけでも楽しいな。」

「遠くまで行くのは大変だから，家から近いのが何よりだね。」

〔問題4〕 商店街に来るお客さんの数を増やすためには，どのような取り組みをしたら良いと考えますか。**資料4－1**，**資料4－2**，**資料5**を参考にして，あなたの考えを書きなさい。

なお，解答らんには，121字以上150字以内で段落を変えずに書きなさい。「，」や「。」もそれぞれ字数に数えます。

3 花子さんと太郎君はアゲハの幼虫を育てて観察しています。

花　子：幼虫には，しょっかくやはねがないけれど，成虫のしょっかくやはねはどこからつくられ
　　　　るのかしら。

太　郎：ぼくは前に自由研究でモンシロチョウの体のつくりについて調べたことがあるよ。チョウ
　　　　の幼虫には，たくさんの節があって，それらの節からしょっかくやはねがつくられるんだ。

　　　太郎君は花子さんにモンシロチョウについて調べた**資料1**を見せました。

資料1

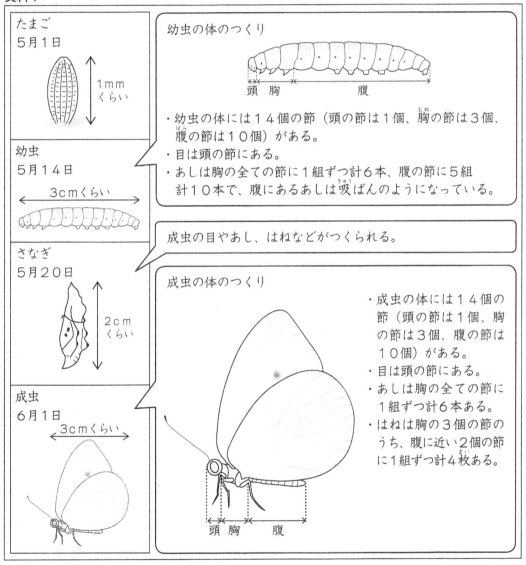

花　子：アゲハの幼虫にもモンシロチョウと同じで14個の節があるわ。

〔問題1〕　次のページの**図1**はアゲハの幼虫のスケッチです。**資料1**から，アゲハの成虫の目・あ
　　　　し・はねは，幼虫のどの節からつくられると考えられますか。目・あし・はねの中から二つにつ
　　　　いて，それらがつくられると考えられる節を**図1**の1〜14の中から全て選び，番号で答えなさい。

ただし，アゲハの体のつくりは前のページの**資料1**に示したモンシロチョウの体のつくりと同じである。

図1

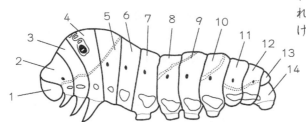

1～14はアゲハのそれぞれの節に番号を付けたものである。

アゲハの幼虫の観察を始めてから数日間たち，**図2**のように飼育ケース内のさまざまな場所に緑色のさなぎが見られるようになりました。

図2

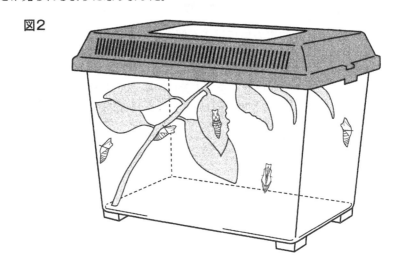

花　子：アゲハのさなぎは緑色なのね。

太　郎：前におじいちゃんの家のミカンの木で，茶色のさなぎを見たことがあるよ。

花　子：私(わたし)たちの育てたアゲハは，どうしてみんな緑色のさなぎになったのかしら。私も茶色のさなぎを見てみたいわ。

太　郎：どうしたら茶色のさなぎになるのかな。

　二人は図書館に行き，アゲハのさなぎの色について，次のような**資料2**を見つけました。

資料2

実験1　さなぎになる直前の幼虫を，次のページの**図3**のように緑色もしくは茶色に色付けした写真用紙にとまらせた。数日後，それぞれの写真用紙の上にできた緑色と茶色のさなぎの数を調べた。写真用紙は表面がツルツルした紙である。実験は明るい部屋で行った。

結果1

緑色に色付けした写真用紙	緑色の数 5個、茶色の数 0個
茶色に色付けした写真用紙	緑色の数 5個、茶色の数 0個

図3

緑色に色付けした写真用紙 　　　　　　　　茶色に色付けした写真用紙

実験2　実験1と同様に，さなぎになる直前の幼虫を，色付けしない表面がツルツルした写真
　　用紙と目のあらい紙やすりの二種類の用紙にとまらせた。数日後，写真用紙と紙やすりのそ
　　れぞれの上にできた緑色と茶色のさなぎの数を調べた。実験は明るい部屋と暗い部屋のそれ
　　ぞれで行った。

結果2

写真用紙	明るい部屋	緑色の数１６個（約0.9）、茶色の数　２個（約0.1）
	暗い部屋	緑色の数　７個（約0.2）、茶色の数２３個（約0.8）
紙やすり	明るい部屋	緑色の数　０個（　0.0）、茶色の数２７個（　1.0）
	暗い部屋	緑色の数　１個（約0.1）、茶色の数１６個（約0.9）

（　　）内の数は、それぞれの色のさなぎの割合を小数第二位を四捨五入して示す。

（「蝶・サナギの謎」などより作成）

〔問題2〕　図4のように5個のとう明な飼育ケースに全て同じ板を入れた。それぞれのケースに4
ひきのアゲハの幼虫を入れ，合計20ひきを飼育ケースの明るさを同じ明るさにそろえて飼育し
た。数日後，飼育ケースのかべに10個，板の上に10個のさなぎができたとする。このとき茶色の
さなぎが最も多くなると考えられる飼育環境の組み合わせを次のページの「入れる板」，「飼育
ケースの明るさ」の記号の中からそれぞれ一つずつ選びなさい。また，その理由を資料2の結果
1，結果2をもとに20ひきの幼虫から考えられる茶色のさなぎができる割合や数を用いて説明し
なさい。

図4

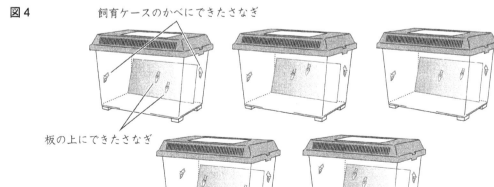

飼育ケースのかべにできたさなぎ

板の上にできたさなぎ

「入れる板」

    A 無色とう明なガラスの板を飼育ケースの中に入れる。

    B 茶色で表面のなめらかなプラスチックの板を飼育ケースの中に入れる。

    C 表面がザラザラした緑色の板を飼育ケースの中に入れる。

「飼育ケースの明るさ」

    D 黒い布で飼育ケース全体をおおう。

    E ライトを飼育ケース全体に当てる。

数日後，アゲハのさなぎは成虫になったので自然に帰すことにしました。

花　子：冬になるとアゲハやモンシロチョウが見られないのはなぜかしら。

太　郎：冬の間はどうやって過ごしているのかな。

    二人は先生に聞いてみることにしました。

先　生：モンシロチョウは，春や夏にさなぎになると1～2週間で成虫になるけれど，秋の終わり
        にさなぎになるとそのままで冬をこします。秋の終わりに見られるさなぎについて，次の
        ような資料がありますよ。

    先生は**資料3**を二人に見せました。

資料3

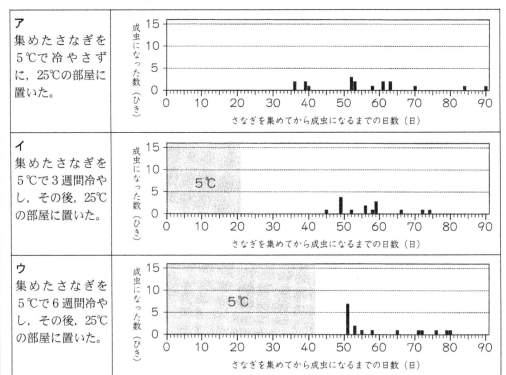

実験　秋の終わりにモンシロチョウのさなぎを集めてきて，次の**ア～エ**の条件で成虫になるま
    での日数を調べた。

結果　それぞれの条件で成虫になった数を，成虫になるまでの日数ごとにグラフで表した。

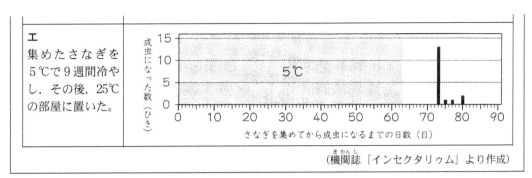

エ 集めたさなぎを5℃で9週間冷やし，その後，25℃の部屋に置いた。	

(機関誌「インセクタリゥム」より作成)

〔問題3〕　三人の会話と**資料3**の**ア**のグラフから春や夏に見られるさなぎと秋の終わりに見られるさなぎのちがいについて答えなさい。また，**資料3**の**ア〜エ**のグラフを比べて，そこから考えられることを「5℃で冷やす日数が長くなるほど」に続けて説明しなさい。

【適性検査Ⅲ】 （45分）　＜満点：100点＞

1　**ほのかさんとお母さん**は雨の日に地面がすべりやすいという話をしています。

> **お母さん**：今日は雨が降っているから，このすべりにくいくつをはいていったらどうかしら。
> **ほ の か**：そうね。この前，タイルの所がぬれていて，すべって転びそうになったわ。
> **お母さん**：地面がぬれているとすべりやすいわね。
> **ほ の か**：地面がぬれていても，すべりやすい所とすべりにくい所があるわね。
> **お母さん**：他にもすべりやすい所はあるかしら。
> **ほ の か**：ぬれていなくても，落ち葉などをふむとすべることもあるわね。

〔問題1〕　お母さんは，「他にもすべりやすい所はあるかしら。」と言っています。すべりやすい所について，タイルや落ち葉以外の具体的な例をあげ，なぜすべりやすいのかについてあなたの考えを書きなさい。

> **ほ の か**：ただいま。今日はこのくつをはいていったから，すべらなくて良かったわ。
> **お母さん**：明日の朝，寒くなったら地面に氷が張るかもしれないわね。
> **ほ の か**：そうしたらよくすべるわね。
> **お母さん**：アイススケートみたいにすべるとあぶないから気を付けてね。
> **ほ の か**：地面に張っている氷は，アイススケートのリンクのようには平らな面になっていないから，あまりすべらないと思うわ。
> **お母さん**：平らな氷がすべりやすいとも限らないのよ。カーリングを知っているかしら。
> **ほ の か**：丸い石をすべらせて円の中に入れる競技ね。
> **お母さん**：丸い石を「ストーン」と呼ぶのよ。そして，カーリングをする会場の氷の表面には細かい氷のつぶがたくさん付いていて，よく見るとでこぼこになっているのよ。わざとそうしてあるの。
> **ほ の か**：なぜわざわざ表面をでこぼこにするのかしら。
> **お母さん**：氷のつぶがあって表面がでこぼこになっていると，ストーンがよくすべるのよ。
> **ほ の か**：表面が平らな氷の方がすべりやすいかと思ったけれど，そうでもないのね。
> **お母さん**：そうね。ところで，アイススケートのシューズに付いている刃は細いわね。なぜだと思う。
> **ほ の か**：氷にふれる面積が小さい方がすべりやすいのかしら。
> **お母さん**：氷の上では，同じ重さならその重さがかかる面積が小さい方がすべりやすいのかもしれないわね。カーリングのストーンについても同じことが言えるのかしらね。

図1　カーリングの様子

カーリング
ストーンをすべらせ，約40m先の円の内側に止まるように入れるゲーム。2チームで交互にス
トーンをすべらせ，相手のストーンをはじいたりすることもできる。ストーンを投げる人の他
にもブラシで氷をこする役目をする人がいる。冬季オリンピック種目。

図2　ストーンと氷の面を横から見た図

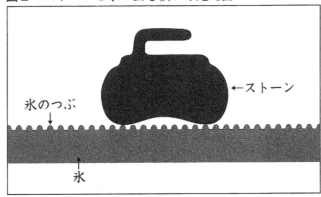

〔問題2〕　カーリングをする会場の氷の表面には，100cm²あたり30個の割合で氷のつぶがあるとし
　　　ます。ストーンの裏側で氷にふれるのは，次のページの**図3**に示した灰色の部分だけで，幅は
　　　1cm とします。ストーン1個の重さを20kg とすると，氷のつぶ1個にかかる重さは何kg になり

ますか。ただし，図に示す氷にふれる部分の外側の円の半径は12㎝から16㎝の間で，自分で決め

なさい。また，解答は小数第三位を四捨五入して小数第二位までの数で表しなさい。円周率は

3.14とします。解答用紙には，式を用いて考え方も書きなさい。

図3　ストーンの裏側の様子

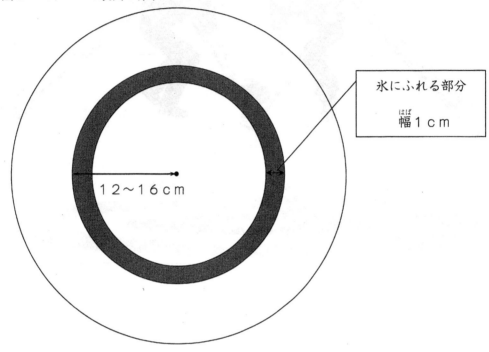

> **ほ の か**：そういえば，カーリングでは，ストーンが進む先の氷をブラシでこすっているわね。
> **お母さん**：ブラシで氷をこするとストーンがすべりやすくなるのよ。それでストーンのすべる
> 　　　　　きょりを調整しているのね。

〔問題3〕　お母さんは「ブラシで氷をこするとストーンがすべりやすくなるのよ。」と言っています。

(1)　ブラシで氷をこするとすべりやすくなる理由を考え，それをくわしく説明しなさい。

(2)　(1)で考えた理由を確かめる実験を考え，くわしく説明しなさい。

(3)　(1)で考えた理由が正しいとしたら，(2)の実験の結果はどうなりますか。

> **ほ の か**：氷の表面の状態が変わると，すべりやすさが変わるのね。
> **お母さん**：どういう状態がすべりやすいかが分かれば，すべりにくいように工夫することもで
> 　　　　　きるわね。
> **ほ の か**：急カーブなどでタイヤがすべるとあぶないものね。
> **お母さん**：道路や床ですべるとあぶない所では，表面にすべりにくいような工夫をするといい
> 　　　　　わね。
> **ほ の か**：どのような工夫をしたらいいかしら。

〔問題4〕 お母さんは，「道路や床ですべるとあぶない所では，表面にすべりにくいような工夫をするといいわね。」と言っています。あなたの身の回りなどで，すべりにくい工夫がされている所をあげ，どのような工夫がされているかを説明しなさい。また，そのような工夫をすると，なぜすべりにくくなるのかについても書きなさい。

2 よしこさんが妹のくみこさんと積み木で遊んでいるところにお父さんが帰ってきました。

お父さん：ただいま。

よしこ，くみこ：お父さん，お帰りなさい。

お父さん：何をしているのかな。

く み こ：お姉ちゃんと積み木で遊んでいるの。

お父さん：楽しそうだな。どんな積み木なのかな。

よ し こ：積み木は二種類あって，立方体と三角柱があるの。その三角柱を二つ使うと，立方体が作れるよ。

お父さん：それでは，三角柱の展開図(てんかいず)は分かるかな。

よ し こ：三角柱の展開図ね。学校で習ったから分かるよ。

よしこさんとくみこさんが遊んでいる積み木の説明

立方体の積み木は，一辺が6cmである。三角柱の積み木は，高さが6cmで，二つ使うと，立方体の積み木と同じ大きさ，形を作ることができる。

〔問題1〕 よしこさんとくみこさんが遊んでいる三角柱の積み木の展開図をかきなさい。ただし，展開図では，面と面は辺でつながるようにし，点でつながらないようにすること。また，**図1**の長方形を参考にして，同じ長さの辺には同じ記号（○，●など）を付けること。

図1

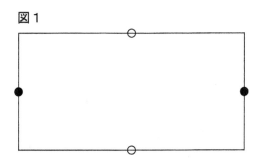

よしこさんとくみこさんが遊んでいる積み木を使って，お父さんが次のページの立体Aを作りました。

く み こ：お父さんが作った立体Aは，おもしろい形をしているね。

お父さん：この立体Aは三つの段(だん)を重ねてできた立体だよ。立体Aの上から1段目，2段目(だんめ)，3段目と数えよう。

よ し こ：1段目は，三角柱1個，2段目は，立方体1個と三角柱2個，3段目は，立方体3
　　　　　個と三角柱3個だね。それぞれの段が大きさのちがう三角柱になっているね。

お父さん：その通りだよ。底面の辺に注目すると，2段目は1段目の2倍，3段目は1段目の
　　　　　3倍になっている。4段目以降も同じルールで考えて，もっと大きい立体を作って
　　　　　みようか。

く み こ：もっと大きい立体を作りたい。でも，どれくらい積み木が必要なのかしら。

図2

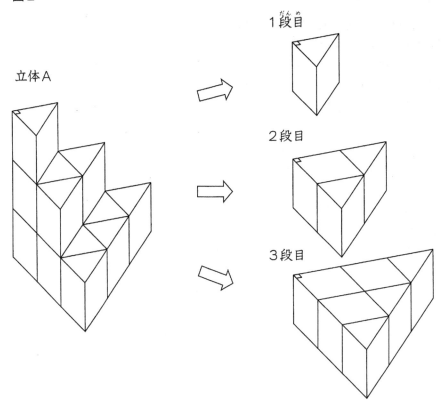

1段目

2段目

3段目

立体A

〔問題2〕　(1)　5段目を作るためには，立方体と三角柱はそれぞれ何個必要ですか。
　　　　　　(2)　1段目から10段目までを重ねてできる立体には，立方体と三角柱を何個ずつ使えば
　　　　　　　　よいか答えなさい。また，そのように考えた理由も説明しなさい。

よ し こ：立体Aは変わった形だから，模型を作って，友達に見せるわ。

お父さん：それは素敵だね。お父さんの部屋に工作用紙があるから，それを使っていいよ。立
　　　　　体Aの模型を作るときに，段が重なっている部分は工作用紙を使わないようにしよ
　　　　　うね。

よ し こ：お父さん，ありがとう。どのくらいの工作用紙が必要で，どうやって切ればいいの
　　　　　かな。

く み こ：お姉ちゃん，私も切るのを手伝う。はさみを持ってくるね。

〔問題3〕 (1) 立体Aの表面の面積を求めなさい。ただし，段が重なった部分は計算しないものとし，一辺の長さが6cmの正方形の対角線の長さは8.5cmとして，計算しなさい。解答用紙には，式と答えを書きなさい。

(2) 縦36cm，横48cmの工作用紙を使って，立体Aの模型を作ることにした。どのように工作用紙を切ればよいか，下の注意に従って解答用紙にかきなさい。

注意1：工作用紙の1ますは縦6cm，横6cmとする。

注意2：長さを正確にかくことが難しい辺は，およその長さでかいてもよい。

注意3：問題1の展開図のように全てがつながっていなくてもよい。

注意4：はさみで切る所は実線（——），折り曲げる所は点線（------）でかく。

注意5：切り取った紙どうしは，テープで付けるので，のりしろは考えなくてよい。

注意6：切り取った紙の枚数は8枚以内とする。

廃れない——捨て去られることはない。

没入感——入り込む感じ。

圧縮——おし縮めること。

大脳新皮質の側頭葉——脳の一部分の呼び名。

視覚、聴覚、触覚、味覚、嗅覚——外界のものを感じるさまざまな感覚。

万感の思い——さまざまな思い。

万有引力——全ての物体が持っている、たがいに引き合う力。

アイザック・ニュートン——イギリスの物理学者。

【問題1】　⑦小学校四年になってその一風変わった読書も落ち着きはじめた頃、＊芥川龍之介、＊宮沢賢治、＊夏目漱石などの日本文学の先生方の作品に出会いました。　とありますが、この「出会い」によって筆者の本の読み方は、どのような読書のしかたからどのような読書のしかたに変わっていきましたか。この「出会い」の前と後について、それぞれ二十五字以上三十五字以内で書きなさい。ただし、それぞれ文の終わりは、「読書のしかた。」とすること。（、や。などもそれぞれ字数に数えます。）

【問題2】　①巨人の肩に乗っていた　とありますが、筆者はこの言葉をどういうこととしてとらえていますか。三十字以上四十字以内で書きなさい。ただし、文の終わりは、「ということ。」とすること。（、や。などもそれぞれ字数に数えます。）

【問題3】　あなたにとって「読書が与えてくれるもの」とは何ですか。それぞれの要点にふれ、あなたの考えを四百字以上四百四十字以内で適切にまとめなさい。ただし、次の条件と、あとの〔きまり〕に従いなさい。

条件1　三段落構成にし、第一段落には、文章1、文章2、それぞれの要点をまとめること。

条件2　あなたの考えは、一つにしぼって書くこと。

条件3　考えの根拠・理由を書くこと。

〔きまり〕

○題名は書きません。

○最初の行から書き始めます。

○各段落の最初の字は一字下げて書きます。

○行をかえるのは、段落をかえるときだけとします。会話を入れる場合は行をかえてはいけません。

○、や。］などもそれぞれ字数に数えます。これらの記号が行の先頭に来るときには、前の行の最後の字と同じます目に書きます。（ます目の下に書いてもかまいません。）

○段落をかえたときの残りのます目は、字数として数えます。

○最後の段落の残りのます目は、字数として数えません。

『大きい1年生と小さな2年生』という本も懐かしい。登場人物は一年生の男の子と二年生の女の子の二人で、男の子は森の中に冒険に行って、綺麗な*ホタルブクロを見つける。最初は*反目し合っていたがやがて仲よくなっていくストーリーが面白く、何回も繰り返し読んだものだ。

小学校三年生のときには、学校の図書館にある*SF童話シリーズにはまって読破した。この頃には、クラスの中でも読書量が一番になっていたのではないかと思う。

当時は、図書館から借りてきた本を休日に五冊くらい一気に読んで、夕方頃には心地よい疲れでぐったりしてしまったこともある。何とも言えない満足感があった。

自分の小さい時の体験を振り返ると、かなり初期の頃に読書体験を積んだのが、ずいぶん役に立っているように感じられる。コンピュータ、インターネットなど、新しいメディアが登場するにつれて本の持つ意味は*相対的なものになるという考え方もあるが、まだまだ本は*廃れないと思う。

本がよいのは、何よりも「*没入感」があることである。一冊の本を読むことは、山を登ることに似ている。とりわけ、長編小説を読んでいると、現実の世界を離れ、遠い仮想の空間に遊ぶ。読んでいる間は本以外のことは消える。脳が、読書という活動モードにぐっと惹き付けられていく。

映像に比べて、言葉は情報の*圧縮度が際だって大きい。*視覚、聴覚、触覚、味覚、嗅覚などの感覚が統合される領域で生み出されるのが人間の言葉である。たった一言の表現の中に、質の側頭葉の*視覚、聴覚、触覚、味覚、嗅覚などの感覚が統合される

人生の*万感の思いが込められたり、その人の世界観が表れたりする。ぎゅっと濃縮された読書する時間を何度も経験することによって、私たちの脳はたくましく鍛え上げられていく。

*万有引力を発見した*アイザック・ニュートンは、「もし私が遠くまで見ていたとしたら、それは①巨人の肩に乗っていたからである」と手紙に書いた。本を読むということは、先人の体験を濃縮した形で知るということである。いままでに読んだ本が足下にうずたかく積み上げられ、その上に立つことで私たちは遠くまで見ることができる。

一〇〇冊読んだ人は一〇〇冊の高さから、一万冊読んだ人は一万冊の高さから、世界を見ることができる。読書するということは、「ニュートンの巨人」を自らの足の下に作り上げる、大切なきっかけになるのである。

デジタル情報が主流の今日の世界の中で、本を読むと心がやすらぐ。本に触れていると何となくほっとするのは、それが紙でできているからだろう。原料である樹木の肌に、森の中で触れている思いがする。やさしい手触りが、未だ見ぬ世界に私たちを誘う。

やがて自らが立って遠くを見る土台をつくるためにも、子どもたちにはたくさんの本に触れて欲しい。

（茂木健一郎「ある時脳ははばたく」による）

〔注〕
滋養──栄養になること。
ホタルブクロ──山や野に咲く花の一種。
反目──にらみ合うこと。仲たがいすること。
SF童話──科学をもとに、空想の世界をえがいた子供向けの物語。
相対的なものになる──絶対にすぐれているものとは言えなくなる。

な腕白すぎる想像力の翼とともに巡る読書でした。私の中であらすじが
あやふやな絵本や児童書が多いのは幼少の時のこの＊悠々自適な読書の
せいかもしれません。

⑦小学校四年になってその一風変わった読書も落ち着きはじめた頃、
＊芥川龍之介、＊宮沢賢治、＊夏目漱石などの日本文学の先生方の作品に
出会いました。そのはるかなる想像力ととうてい追いつかない世界観
に、想像力の翼は夢中になって文字を忠実に追い始め、新たに本の世界
に身を委ねる楽しさを知りました。その後はといいますと、成長ととも
に＊ジャンルを問わず本が溢れているところへ出向いてはその時自分が
求めている「本」に出会い、想像力の翼を広げ続けて、今の私につながっ
てゆきます。

みなさんも読書を通して想像することの楽しさを発見した人も多いで
しょうね。そうです。「想像する」という行為こそが、読書の＊醍醐味で
す。

＊文字を紡いで思いを重ね、多種多様に自分の心に彩りを与えていく読
書の喜びのすべては自分の現実からではなく「想像する」ことから得ら
れるものです。目で見えるもの、目で見えないもの、時としてどちらも
本物であり、同じく力をもっていることを読書を通してたくさん実感し
てください。

現実世界に生きる私たちは、＊極論をいえば、想像力なくしても生き
られるのかもしれません。けれど、どうかおおいに想像力をもって生き
てください。なぜなら人は、想像できるからこそ創造できるということ
を忘れないでほしいからです。「本」はまさにそれを証明してくれる＊賜
物であり、傍らにいて思い出させてくれる友です。

【注】

質——人や物ごとの性質。
おてんばする——活発に行動する。
悠々自適な——心のおもむくままの、自由な。
芥川龍之介——「蜘蛛の糸」「トロッコ」などの作者。
宮沢賢治——「注文の多い料理店」「やまなし」などの作者。
夏目漱石——「坊っちゃん」「吾輩は猫である」などの作者。
ジャンル——種類。
醍醐味——本当のおもしろさ。
文字を紡いで——言葉を選んで文章を作って。
極論——ひじょうにかたよった意見。
賜物——いただいたもの。

たくさんの本と出会って下さい。想像力の翼とともに——。

（菊田まりこ「想像力の翼とともに」による）

文章2

【中略】

小学校一年生のときに夢中になって読んだ本は、学習漫画だった。
『虫の国をたずねて』『光・音・熱の魔術師』『こちらアポロ』といった
タイトルを次から次へと読んで、広い世界を知り、科学的なものの考え

最近はあまり本が読まれなくなったと言われる。とりわけ、重厚な内
容の本格的な本が売れなくなってしまったと嘆く声を聞く。
私自身の経験に照らして言えば、本を読むことはやはりかけがえのな
い経験であり、欠かすことのできない魂への＊滋養であるように思う。

【適性検査Ⅰ】 （四五分） （満点：一〇〇点）

1 文章1 と 文章2 を読み、あとの問題に答えなさい。（＊印の付いている言葉には、本文のあとに 注 があります。）

文章1

小さいころ、私は「おはなし」が大好きな女の子でした。けれどとくに本が好きだったわけではないのです。子供向けの本も家にはほとんどありませんでした。

好きだったのは祖母や母が話してくれた昔ばなしの「語り聞かせ」です。絵もなく文字もなく、語り言葉と語る人の表情や仕草をたよりに想像する世界――しかしながら祖母たちの話し方が上手だったのか、私がそういう＊質だったのか、話しだされるや否や私の頭や心の中で、色鮮やかに登場人物たちが確かなものとなって動き始めるのですから、「想像する」という遊びは私にとってはことのほか楽しく、外で＊おてんばするのと同じくらい魅力的な遊びのひとつでありました。幾度も幾度もせがんでは「おはなし」をしてもらったものです。

小学校入学の前になると、今度は母が図書館へよく連れていってくれるようになりました。足を運ぶ先は「こどものへや」です。「こどものへや」はいわゆる児童コーナーで、ありとあらゆる絵本、児童書、図鑑や紙芝居などがたくさん集められています。アンデルセン物語やイソップ物語の、知らなかった異国の空気、ファーブル昆虫記の独特の世界――今まで想像さえしなかった、いえ、できなかった「おはなし」が、突如「本」という現実のカタチとなって目のまえに溢れだしました。「おはなし」といえば「語り聞かせ」の世界だった私にとって、はじめての

図書館は、世界がわっと広がったような、ついでに自分の可能性までもがわっと広がったような、なんともいえない興奮に包まれたものです。

新しい遊び場を得たよう！　と、その後は夢中になって数年間の図書館通いが始まります。自分の好きな本を棚から選び、小さな机とイスに座って本と向き合う。思えばここからが「読書」という域に達したスタート地点のように思います。理解できてもできなくても最後まで読めても読めなくても、この時の財産はたくさんの本を広げ、たくさんの本があることを知り、限り無い読書への「欲」を持てたことです。

さて、その欲にまかせて図書館に通う日々は、一方で「おはなし」が文字と挿し絵で現実的な世界観をもって目のまえに差し出される日々でもあります。もう以前のようにすべてを想像する必要はなくなりました。はたして私は「想像すること」をやめてしまったでしょうか。いいえ、その逆です。図書館に通いはじめてまもなく「語り聞かせ」で慣れ親しんでいた「昔ばなし」の本を広げてみたときのこと。「はなさかじいさん」が枯れ木に咲かせた花は、絵本の挿し絵よりも私が想像して咲かせた花たちの方が数段見事でしたし、「ももたろう」の川から流れてくる桃は、私の想像したそれの方が大きくて立派で、それはそれはおいしそうな桃であったことから、やめるどころか「想像すること」の無限の力を再確認してしまったのでした。

ですから、その頃の私の本の読み方は少し変わっていて、目で見える挿し絵ばかりにたよらず、「私だったら、こんなふう……」と自分なりに絵を想像したり、文章だけの部分は勝手に想像をふくらまして、気がつけば全く違うおはなしになってしまったりすることも多く、本を観賞しているようで自分の想像の世界をも同時に観賞しているような、そん

平成27年度

都立小石川中等教育学校入試問題

【適性検査Ⅰ】 （19ページから始まります。）
【適性検査Ⅱ】 （45分）　＜満点：100点＞

1　太郎君，花子さん，先生の３人が教室で話をしています。

太　郎：１年が365日ではない年があることを知っているかな。

花　子：知っているわ。うるう年といって，その年は366日あるのよね。いつもの年にはないはず
　　　　の２月29日があるのよ。

太　郎：2020年に東京で行われるオリンピック・パラリンピックの年もうるう年だね。

〔問題１〕　東京オリンピック・パラリンピックが行われる2020年の2020のように，千の位と十の位
　　　　　が等しく，百の位と一の位が等しい４けたの数を考えます。例えば，他には4343や9191な
　　　　　どがあります。このような数のうち，４の倍数を三つ答えなさい。

太　郎：でも，どうしてうるう年は１年の日数が１日多いのかな。

花　子：先生，なぜうるう年があるのですか。

先　生：地球は太陽の周りをほぼ１年かけて１周しています。この時間は実際には約365.24日なの
　　　　で，１年を365日とするとずれが生じてしまうのです。そこで，うるう年でずれを調整し
　　　　ているのです。

太　郎：どういうことですか。よく分かりません。

先　生：地球が太陽の周りを１周する時間を365.24日として計算してみましょう。地球が太陽の周
　　　　りを１周するのにかかる時間から，１年を365日とした場合のずれを計算すると，

　　　　　　　365.24日－365日＝0.24日

　　　　となるから，毎年0.24日ずつずれが生じます。

太　郎：ということは，４年で

　　　　　　　0.24日×４＝0.96日

　　　　となるから，約１日ずれますね。それで４年に１度うるう年を定めて１日増やす必要があ
　　　　りますね。

花　子：ちょっと待って。うるう年を単純に４年に１度とするだけでは，まだ少しずれが生じない
　　　　かしら。

太　郎：どういうことかな。

花　子：４年に１度うるう年を定めると，0.96日のずれを１日増やして調整することになるけど，
　　　　それでは４年で

　　　　　　　１日－0.96日＝0.04日

　　　　のずれが生じてしまうことになるわ。

太　郎：それくらい問題ないよ。

花　子：そんなことないわよ。だって100年たつと，25回うるう年があるので

　　　　　　　　　0.04日×25＝1日

　　　　となって，今度は逆に1日多くなってしまうわ。

太　郎：一体どうしたらいいのかな。先生，教えてください。

先　生：二人とも，なかなかよいところに気が付きましたね。確かに，4年に1度うるう年を定め

　　　　るだけでは逆に100年で1日余分にずれてしまいます。

　　　　そこで今度は，100年ごとに1度だけ，うるう年をやめればよいのです。

　　　　そうすればずれを調整できます。

太　郎：なるほど。そうすればいいですね。

花　子：うるう年の定め方はおもしろいわね。先生，うるう年の問題を何か出してくれませんか。

先　生：では，1日の時間が地球と同じで，太陽の周りを1周するのに2015.4日かかる星があると

　　　　します。この星の1年を2015日と定めると，太陽の周りを1周するのにかかる時間と，

　　　　2015日と定めた1年との間にずれが生じますね。このずれを調整するためにどのようにう

　　　　るう年を定めればよいでしょうか。

〔問題2〕　この星とありますが，この星が太陽の周りを1周するのにかかる時間と，2015日と定め

　　　　た1年との間に生じるずれを調整するためには，どのようにうるう年を定めればよいです

　　　　か。地球のうるう年の例を参考にして具体的に説明しなさい。ただし，うるう年にする年

　　　　は1年を2016日とします。

太　郎：太陽の周りを1周するのにかかる時間と，定めた1年との間にずれがあると，うるう年が

　　　　必要になるのですね。実際の星でも，太陽の周りを1周するのにかかる時間は，星によっ

　　　　てちがいますよね。

先　生：そうですね。それでは火星について考えてみましょうか。地球の1日，すなわち太陽が真

　　　　南に来て，その次に再び真南に来るまでの時間は24時間です。これに対し，火星の1日は

　　　　地球の時間で約24時間40分，火星が太陽の周りを1周するのに地球の時間で約687日かか

　　　　ります。では，火星が太陽の周りを1周するのにかかる時間について計算してみましょ

　　　　う。

〔問題3〕　火星の1日は地球の時間で24時間40分，火星が太陽の周りを1周するのに地球の時間で

　　　　687日かかるとします。このとき，火星が太陽の周りを1周するのに，火星の1日で数える

　　　　と何日になるか，式をかいて答えを求めなさい。

　　　　　ただし，答えを小数で表すときには，小数第二位を四捨五入して小数第一位までの数で

　　　　表しなさい。

2　あさこさんとけんじ君は，金曜日の夜におじいさんの家に遊びに来ました。

あさこ，けんじ：おじいさん，こんばんは。

おじいさん：二人ともよく来たね。今度はいつまでいられるのかな。

あ　さ　こ：お父さんもお休みだし，あさっての日曜日までよ。

おじいさん：そうか。おじいさんが会社に勤めていたころは，お休みは日曜日だけだったけれど，

　　　　　　最近は土曜日も休みのことが多いね。ところで，あさこやけんじは，お休みの日には

どんなことをしているのかな。

あ　さ　こ：お友達と遊んだり，テレビを見たりすることが多いかしら。

け　ん　じ：他(ほか)の国ではどうなんだろう。

おじいさん：二人とは少し年れいがちがうけれど，20歳(さい)くらいの人たちが休日をどう過ごしているかについて，いくつかの国の資料が本だなにあるよ。

け　ん　じ：他の国と比べてみると，それぞれの国の特ちょうがわかるね。

〔問題1〕　資料1の中から一つの国を選び，その国の特ちょうと，なぜそうなっているのかについて，あなたの考えを書きなさい。

　　　なお，解答らんには，46字以上60字以内で段落をかえずに書きなさい。「、」や「。」もそれぞれ字数に数えます。

資料1　18歳から24歳までの人の休日の過ごし方

	1位	2位	3位	4位
日　本	友人と共に過ごす ６５．９％	テレビなどを見て、のんびり過ごす ５２．５％	ショッピングを楽しむ ３２．６％	特に何もしない ３１．９％
大韓民国(だいかんみんこく)	友人と共に過ごす ６７．９％	パソコンやインターネットを利用する ５２．９％	テレビなどを見て、のんびり過ごす ４６．９％	スポーツ、映画(えいが)などを見に行く ４１．５％
アメリカ合衆国(がっしゅうこく)	友人と共に過ごす ６８．０％	スポーツ、映画(えいが)などを見に行く ５０．５％	家族と共に過ごす ５０．１％	テレビなどを見て、のんびり過ごす ４９．１％
スウェーデン	友人と共に過ごす ９０．６％	テレビなどを見て、のんびり過ごす ６４．１％	ショッピングを楽しむ ５９．１％	読書をしたり、音楽を聞いたりする ５６．１％

※複数の回答をすることができるので，百分率の合計は１００をこえる。

(内閣府「第7回世界青年意識調査結果概要(がいよう)速報」より作成)

け　ん　じ：おじいさんがお勤めをしていたころは，休日に何をしていたの。

おじいさん：仲間と野球をしたり，映画を見たりしたな。

あ　さ　こ：今はどうなのかしら。

おじいさん：本だなに，日本人の余暇(よか)の過ごし方の資料があったはずだよ。

あ　さ　こ：資料にある「余暇」って何のことかしら。

おじいさん：仕事をしていないときや，お休みの日のような，自由に使える時間のことだよ。

け　ん　じ：野球をする人はずいぶんと減ったんだね。

あ　さ　こ：他にも増えたり，減ったりしているものがあるわね。

〔問題2〕　次のページの資料2を見て，野球と映画鑑賞(かんしょう)以外の余暇の過ごし方を一つ選び，1986年

から2011年までの間の変化の様子を，具体的な数値を用いて説明しなさい。ただし，1986年，2011年に数値が無いものは，一番近い年の数値を用いなさい。

資料2　15歳以上の日本人の余暇の過ごし方の割合（%）

	1986年	1991年	1996年	2001年	2006年	2011年
外国語学習	5.0	9.5	8.4	9.6	9.5	10.8
商業実務・ビジネス関係学習	6.9	7.9	6.3	19.8	16.3	15.3
野球（キャッチボールをふくむ）	16.9	14.3	11.9	9.5	7.4	7.1
サッカー・フットサル	3.6	3.3	5.1	4.4	4.9	5.6
ジョギング・マラソン	11.8	10.9	8.9	10.3	7.8	9.6
ゴルフ（練習をふくむ）	…	17.8	14.4	11.5	9.2	8.1
スポーツ観覧	22.9	23.6	21.5	18.7	20.3	…
映画鑑賞	31.1	27.2	25.9	34.2	36.0	35.1
カラオケ	24.3	43.6	45.8	39.5	32.1	29.0
ゲーム（テレビ・パソコンでの）	17.6	14.8	23.9	26.0	30.4	33.3
日帰り行楽	…	65.4	65.5	65.1	59.6	58.3
国内旅行（一泊以上）	65.9	58.4	56.7	54.2	49.3	45.4
海外旅行（一泊以上）	3.7	7.4	10.8	10.3	8.7	7.3

※複数の回答をすることができるので、百分率の合計は100をこえる。

※資料の「…」は、その年に調査されなかったために、数値が無いことを表している。

※商業実務・ビジネス関係学習とは、パソコンの学習や資格取得のための学習などのことである。

※スポーツ観覧・映画鑑賞にテレビ・DVDなどによるものはふくまれない。

※行楽とは、山や野原に行ったり、観光施設に行ったりして遊び楽しむことである。

（「日本国勢図会2013/14」などより作成）

あ さ こ：映画鑑賞は，一度減ったけれど，また増えているわね。

おじいさん：ほう，そうかい。最近は映画を見る人は減ったと思っていたよ。そういえば，映画についてのくわしい資料があったはずだよ。

け ん じ：すごいや。おじいさんの本だなには何でもあるね。

あ さ こ：この資料から，映画館への入場者数と映画館数の変化が分かるわね。

け ん じ：昔は，今よりもとても多くの人が映画を見に行っていたね。

おじいさん：そうだね。昔の方が人口は少なかったのにね。

あ さ こ：そうか，入場者数だけじゃなくて，国の総人口も考えないといけないのね。

け ん じ：入場者数と総人口から，一人が1年間に何回映画館に行ったかが計算できるね。

〔問題3〕　(1)　次のページの資料3から，一人が1年間に何回映画館に行ったか（これを「入場回

数」という言い方で表すことにします。）を，1960年から2010年までのそれぞれの年について計算しなさい。数値は小数第三位を四捨五入して小数第二位までの数で表しなさい。

(2) (1)で求めた入場回数と，映画館数について，1970年から2010年のそれぞれの年の数値が，1960年の何倍になるかを計算しなさい。数値は小数第三位を四捨五入して小数第二位までの数で表しなさい。

(3) (2)で求めた数値から折れ線グラフを作りなさい。グラフを作るときには，どちらの線が入場回数，映画館数を表しているかが分かるように，かき方をくふうしなさい。

(4) (3)で作ったグラフを見て，映画館の様子にどのような変化があったと考えられるかを，そう考えた理由が分かるように書きなさい。

資料3　映画館の入場者数、日本の総人口、映画館数

	入場者数（千人）	総人口（人）	映画館数（館）
1960年	1014364	94301623	7457
1970年	254799	104665171	3246
1980年	164422	117060396	2364
1990年	146000	123611167	1836
2000年	135390	126925843	2524
2010年	174358	128057352	3412

※一つの建物に、映画を上映する部屋がいくつもある場合は、部屋の数を映画館の数として数えている。

（「日本映画製作者連盟サイト」「国勢調査結果」より作成）

あ　さ　こ：日本映画は，外国の映画祭などで，いろいろな賞を取っているわね。この間もニュースで見たわ。

け　ん　じ：日本のアニメーション映画やテレビ番組，そしてマンガは，外国でも人気があるよね。

おじいさん：そうだね。アメリカ合衆国でたくさんの人が見た日本映画の多くは，アニメーション映画だという調査結果があるよ。そして日本のマンガは，世界の多くの国で読まれているよ。日本の文化が世界に広がっているとても良い例と言えるだろうね。

あ　さ　こ：この前見たニュースでは，最近は外国でも和食を食べる人が多くなっていると言っていたわ。これからは，日本のいろいろな文化がもっと世界に広まっていくかもしれないわね。

〔問題4〕　アニメーションの映画やテレビ番組，マンガ，和食以外で，どのような日本の文化を世界に広めたいとあなたは考えますか。広めたい文化を一つ選び，選んだ理由と広める方法を具体的に書きなさい。

　　なお，解答らんには，106字以上120字以内で段落をかえずに書きなさい。「、」や「。」もそれぞれ字数に数えます。

3 花子さんと太郎君は先生とともに，水族館に行ってイルカが高く飛び出す様子を見ました。

花 子：水からものが飛び出す様子を調べるには，どんな実験をしてみたらいいかしら。

太 郎：水にうくものをしずめて，手をはなしたらどうかな。

先 生：そうですね。まずは，この発ぽうスチロール球を使って実験してみるといいですよ。

花子さんと太郎君は，先生から貸してもらった直径7cmの発ぽうスチロール球を用いて，**実験1**を計画しました。

実験1

① 水そうに水を入れ，深さと高さを測るためにものさしを水中に入れる。

図1のように，深さは，手をはなす前の球の上のところから水面までのきょりとし，高さは，飛び出した球の上のところから水面までのきょりとする。

② 太郎君が，深さ5cmのところから球を静かにはなす。その様子を，花子さんがビデオカメラでさつえいする。

③ ビデオカメラでさつえいした映像をゆっくり再生し，飛び出したときの最も高い位置での高さを調べる。

ただし，球が飛び出す前と後では，水面の位置に変化はないものとする。

図1

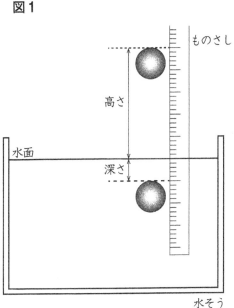

花 子：初めての実験は，うまくいくかしら。

太 郎：失敗するかもしれないけれど，とにかく何回かやってみよう。

表1 実験1の結果

実験の回数 ［回目］	1	2	3	4	5	6	7	8
高さ ［cm］	24	12	25	23	21	22	10	23
水面から飛び出した球の様子	○↑	○←	○↑	○↑	○↑	○↑	→○	○↑

花 子：何回かまっすぐ飛び出さなかったけれど，この結果をどうまとめたらいいかしら。

太 郎：算数の授業で学習した平均を求めればいいと思うよ。このまま全ての結果を平均すると20cmになるね。

先 生：平均を使う考えはいいですね。ただし，水面から飛び出した球の様子も考えて，平均の求め方をくふうしたほうがいいのではないですか。

〔問題1〕 先生は，「平均を使う考えはいいですね。ただし，水面から飛び出した球の様子も考えて，平均の求め方をくふうしたほうがいいのではないですか。」と言っています。あなたならどの

ような平均の求め方をしますか。水面から飛び出した球の様子について述べて，あなたの考える具体的な平均の求め方を答えなさい。

花　子：水中から発ぽうスチロール球をはなすと，飛び出すことが分かったね。

太　郎：どうしたらもっと高く飛び出させることができるかな。

花　子：発ぽうスチロール球をはなす深さを変えてみたらどうかしら。

太　郎：そうだね。ぼくは，発ぽうスチロール球をはなす深さが深くなればなるほど，高く飛び出すと予想するよ。

　花子さんと太郎君は，先生から新たに貸してもらった直径10cmの発ぽうスチロール球を用いて，**実験1**と同様に，**実験2**を行いました。

実験2

　①　直径10cmの発ぽうスチロール球を，**図2**のように深さ0cmのところから静かに手をはなし，飛び出す高さを調べた。

　②　球をはなす深さを，0cmから20cmのところまで2cmずつ深くしていきながら，飛び出す高さを調べた。

図2　深さ0cmの様子

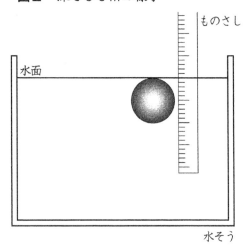

表2　実験2の結果

深さ[cm]	0	2	4	6	8	10	12	14	16	18	20
高さ[cm]	31	36	38	43	46	49	47	44	42	37	24

※**表2**の高さは，くふうした平均の求め方を用いて得られたものです。

〔問題2〕　太郎君の予想と比べ，**実験2**の結果がどうだったのか，文章で説明しなさい。必要であるならば，次のページのグラフ用紙を用いて考えても構いません。

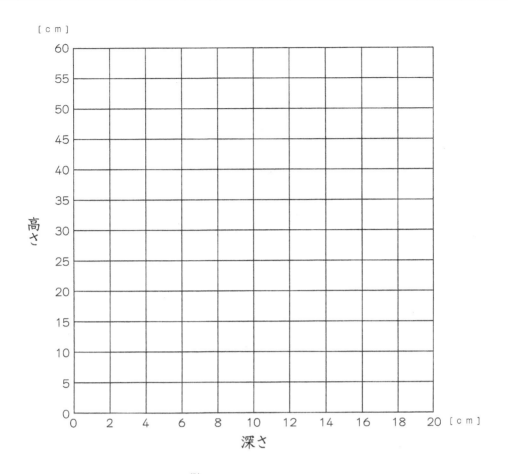

花　子：球で実験してみたけれど，他^{ほか}の立体だとどうなるのかしら。

太　郎：ぼくは，球よりも高く飛び出す立体を作ってみたいな。

先　生：では，理科室にある，いろいろな形をした発ぽうスチロールを使って実験してみるといいですよ。

　　花子さんと太郎君は，いろいろな形をした発ぽうスチロールを用いて，飛び出す高さを調べる**実験3**を行いました。

実験3

①　次のページの**表3**の**ア～カ**のように，発ぽうスチロールでできた同じ体積の立体を用意した。深さと高さは，**実験1**と同じように測ることにした。

②　それぞれの立体を，立体の上下を**表3**の図の向きのままにして，**図2**のように深さ0cmのところから静かに手をはなし，飛び出す高さを調べた。

③　それぞれの立体を，立体の上下を**表3**の図の向きのままにして，深さ20cmのところから静かに手をはなし，飛び出す高さを調べた。

花　子：実験3のそれぞれの形の特ちょうを生かして，2個を組み合わせてより高く飛び出す新しい立体を作れないかしら。

太　郎：次のページの**表4**のような新しい立体を考えてみたけれど，どれが高く飛び出すかな。

先　生：**実験3**の結果と比べるためには，**実験3**で用いた立体とA～Hのそれぞれの立体の体積は

同じにしたほうがいいですね。

花　子：はい。分かりました。同じ体積であることを確認してから，実験することにします。

表3　実験3の結果

用いた発ぽうスチロールの形と向き	ア	イ	ウ	エ	オ	カ（球）
上の図に矢印で示したおおよその長さ[cm]	7	5	5	9	9	7
深さ0cmのときの飛び出す高さ[cm]	11	5	5	9	62	21
深さ20cmのときの飛び出す高さ[cm]	7	5	5	9	9	16

※表3の高さは，くふうした平均の求め方を用いて得られたものです。

表4

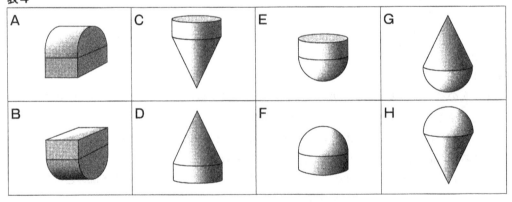

〔問題3〕　表4のA～Hの立体を，立体の上下を表4の図の向きのまま深さ20cmのところから静かに手をはなしたときに，あなたはどれがより高く飛び出すと考えますか。実験3の結果をもとに，A～Hの中より記号を一つ選び，そのように考えた理由を答えなさい。

【適性検査Ⅲ】 （45分）　＜満点：100点＞

1　**すすむ**さんは，バスケットボールのゴールまで５ｍくらいのところからシュートの練習をしています。それを，**よしえ**さんが見ています。

よしえ：最高で何回くらい続けてシュートを成功させたことがあるの。

すすむ：今までの最高は21回なんだ。あまりはずまないボールの方が続けて成功するんだ。

よしえ：試合で使うボールはどれくらいはずむのかしら。

すすむ：公式試合で使うボールは，180.0㎝の高さ（ゆか）から静かに床に落としたとき，決められた高さの範囲（はんい）まではずむように空気を入れることになっているんだ。

〔問題１〕　実際に，180.0㎝の高さからバスケットボールを静かに落として測定したところ，何回かはずんでやがて止まりました。そのときのはずんだ高さは，**図１**のようになりました。４回目は何㎝はずんだと考えられますか。そのように考えた理由も説明しなさい。ただし，はずんだ高さはボールの一番下を測っています。

図１

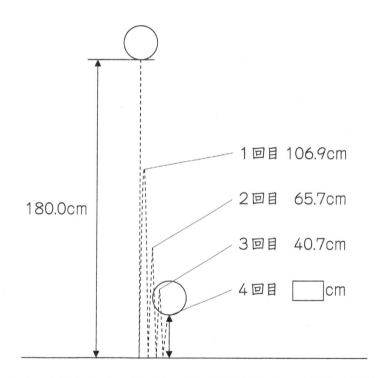

〔問題２〕　バスケットボールだけでなく，ボールはいろいろな要素によってはずむ高さが変わります。今，**図１**のバスケットボールよりも高くはずむボールを作ろうと思います。どのようなボールを作ればよいと思いますか。できるだけ多くの要素について，なぜそう考えるかもふくめて，説明しなさい。

よしえさんは，すすむさんがシュートしたボールが，バックボードに当たる様子を見ていました。そこで，ボールを床に落としたときではなく，バックボードに当てたときに，どれくらいはね返るかについても知りたくなりました。バックボードは高いところにあって実際に調べるのはむずかしいので，実験に適した壁（かべ）を探（さが）し，壁の決まったところに当たったボールがどれくらいはね返るかについて調べることにしました。

図2

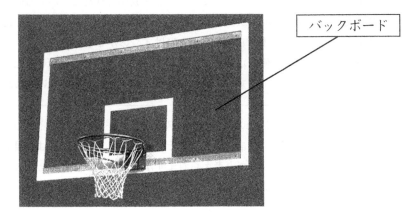

〔問題3〕 (1) 同じボールでも，壁への当たり方によって，はね返る大きさが変わります。どのような要素で変わると思いますか。できるだけ多く答えなさい。

(2) (1)で挙げた要素のうち一つを選び，他（ほか）の要素はできるだけ変化させず，選んだ要素だけを変化させることができるような装置（そうち）を考え，その仕組みをくわしく説明しなさい。なお，言葉だけで説明しにくい場合は，図を用いてもかまいません。

よしえさんは，以前テレビで見たロボットコンテストを思い出しました。はなれたところにある的にバスケットボールを直接当てるロボットを考えて作るコンテストでした。

図3

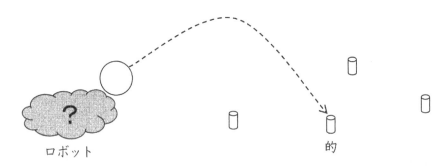

ロボット　　　　　　　　　　　　　　　　的

〔問題4〕 ボールをうまく的に当てるためには，どのような要素を調整できるロボットを作ればよいと思いますか。また，なぜその調整が必要なのかも説明しなさい。ただし，的は複数あり，1回ごと（こと）に異なる的をねらってボールを投げるものとします。

　ボールに限らず，ものを高いところから落とすと，ある程度はずみます。しかし，はずまない方がよいこともあります。例えば，次の**資料**のように宇宙船が着陸するときは，はずんでしまうとうまく着陸できません。

資料

> すい星着陸機「フィラエ」、２回はずんで停止
> 　１１月１３日、「67Ｐすい星」への着陸時に実験用着陸機「フィラエ」が、２回はずんだ後に、予定されていた地点から約１kmはなれた場所に停止した。太陽光が十分当たらない位置のため、発電が十分にできず、予定していた観測ができなくなる可能性がある。

（平成２６年１１月１４日欧州宇宙機関ウェブサイトより作成）

〔問題５〕　あなたの身近で，はずまない方がよい場面を，例を挙げて説明しなさい。また，どのようにすると，はずまなく（はずみにくく）することができるかについても，具体的に説明しなさい。

2　ようこさんは，次のページの**図１**のカレンダーを見て，にこにこしています。

> **お父さん**：もうすぐ誕生日だね。
> **よう　こ**：今年はカレンダーの真ん中にあるの。
> **お父さん**：３月18日だね。
> **よう　こ**：そうそう。
> **お父さん**：カレンダーの数に関する性質を探してみよう。
> **よう　こ**：どんな性質があるのかしら。
> **お父さん**：誕生日の18とその上の11と下の25の三つの日にちの数の和は54になるね。54と18はどんな関係があるかな。
> **よう　こ**：54は18の３倍になっているわ。
> **お父さん**：縦に三つの数が並んでいる場合は，その三つの数の和が，どこでも真ん中の日にちの数の３倍になっているよ。
> **よう　こ**：横に三つの数が並んでいる場合も，ななめに三つの数が並んでいる場合も成り立つわ。どうしてかな。
> **お父さん**：このカレンダーには横に数が七つ並んでいるよね。
> **よう　こ**：そうか，11は18ひく７で，25は18たす７だね。だから，それら三つの数の和を表す式を書くと，(18−７)＋18＋(18＋７)となるから，18＋18＋18＝18×３になるのね。
> **お父さん**：カレンダーはおもしろいね。
> **よう　こ**：別の性質はないかな。
> **お父さん**：そうだね。７でわってみて，余りに注目するとどうだろう。

図1

	日曜日	月曜日	火曜日	水曜日	木曜日	金曜日	土曜日
	2015年　3月						
第1週	1	2	3	4	5	6	7
第2週	8	9	10	11	12	13	14
第3週	15	16	17	18	19	20	21
第4週	22	23	24	25	26	27	28
第5週	29	30	31				

〔問題1〕　**図1**の第1週から第4週のように，週の全ての曜日に日にちが入っている場合，その七つの数の和を7でわったときの余りを考えます。どんな年のどんな月の週を選んでも，余りは同じになりますか。それとも，選んだ週によって異なりますか。また，その理由について説明しなさい。ただし，カレンダーには前の月や次の月の日にちは書かれていないものとします。

お父さん：今度は，同じ週の曜日の異なる二つの数の和を，7でわると余りはどうなるかな。

ようこ：それぞれの曜日の数を7でわったときの余りに注目すると，何か分かるのかしら。

お父さん：二つの曜日の組み合わせが同じならば，同じ週から選んでも，ちがう週から選んでも，その和を7でわると，余りは同じだね。

ようこ：本当だ。不思議ね。

〔問題2〕 (1) **図1**のカレンダーから異なる二つの曜日を選び，ちがう週からそれぞれ一つずつ日にちを選びなさい。その選んだ日にちの数の和を，7でわると余りはいくつになるか答えなさい。

(2) 二つの曜日の組み合わせが同じならば，**図1**のカレンダーのどの週から選んでも，日にちの数の和を7でわると，余りが同じになる理由を説明しなさい。

お父さん：次は同じ曜日の数をたしてみよう。

ようこ：土曜日の数の和は7でわり切れる数になるね。

お父さん：土曜日の数は全て7の倍数だから，全てたしても7の倍数になるね。

ようこ：他の曜日だとどうなるかしら。

お父さん：それでは実際にやってみよう。そしてもっと数の性質を考えてみるとおもしろいよ。このカレンダーだと数が31までしかないから，ちょっと書き加えてみるよ。

図2

	日曜日	月曜日	火曜日	水曜日	木曜日	金曜日	土曜日
第1週	1	2	3	4	5	6	7
第2週	8	9	10	11	12	13	14
第3週	15	16	17	18	19	20	21
第4週	22	23	24	25	26	27	28
第5週	29	30	31	32	33	34	35
第6週	36	37	38	39	40	41	42
第7週	43	44	45	46	47	48	49

2015年 3月

　お父さんは，カレンダーの31日の後に，前のページの**図2**のように32，33，34，…と49までの数と週を書き加えました。

〔問題3〕　(1)　土曜日以外の曜日を一つ選び，第1週の日にちの数と第2週の日にちの数の和を7でわったときの余り，第1週から第3週までの日にちの数の和を7でわったときの余り，第1週から第4週までの日にちの数の和を7でわったときの余りを，それぞれ求めなさい。

　　　　　(2)　(1)で選んだ曜日の第1週から第70週までの70個の数の和を7でわると余りはいくつになりますか。(1)の結果を参考にし，あなたの予想した余りを答え，その理由も説明しなさい。ただし，第8週以降も50，51，…と数字が入っているものとして考えなさい。

　お父さんは別のカレンダーに，○，×，△，□，◎，☆の記号を順番に付けました（**図3**）。

図3

	日曜日	月曜日	火曜日	水曜日	木曜日	金曜日	土曜日
	２０１５年　　３月						
第1週	1 ○	2 ×	3 △	4 □	5 ◎	6 ☆	7 ○
第2週	8 ×	9 △	10 □	11 ◎	12 ☆	13 ○	14 ×
第3週	15 △	16 □	17 ◎	18 ☆	19 ○	20 ×	21 △
第4週	22 □	23 ◎	24 ☆	25 ○	26 ×	27 △	28 □
第5週	29 ◎	30 ☆	31 ○				

お父さん：今度は別のカレンダーの３月のそれぞれの日にちに６種類の記号を順番に付けたよ。

ようこ：６個おきに同じ記号になるのね。そう言えば，２年前の私の誕生日はお兄さんの卒業式だったわ。

お父さん：2013年３月18日の記号はどうなるかな。

〔問題４〕 お父さんが「2013年３月18日の記号はどうなるかな。」と言っています。2013年３月18日はどの記号になるか答え，その理由も説明しなさい。

〔問題3〕 人が何かを伝え合うときには、どのようなことが重要だと思いますか。 文章1 と 文章2 、それぞれの要点をふまえ、あなたの考えを、三段落構成にまとめ、四百字以上四百四十字以内で書きなさい。また、次の 【きまり】 に従いなさい。

【きまり】

○題名は書きません。

○最初の行から書き始めます。

○各段落の最初の字は一字下げて書きます。

○行をかえるのは、段落をかえるときだけとします。会話を入れる場合は行をかえてはいけません。

○ 、や。や」なども、それぞれ字数に数えます。これらの記号が行の先頭に来るときには、前の行の最後の字と同じます目に書きます（ます目の下に書いてもかまいません。）。

○段落をかえたときの残りのます目は、字数として数えます。

○最後の段落の残りのます目は、字数として数えません。

文章2

春から夏は虫捕り、秋から冬は仕事。ままそう完全に振り分けられるわけではないが、そんなふうな感じで、このところ数年を過ごしている。

虫を捕るならなんといっても五月、六月である。私が調べている虫は葉っぱを食べるグループだから、若葉のある季節に出てくる。だから虫捕りは春がいい。

真夏はむしろ子どもたちの相手で、虫捕り教室をする。なにも教えるわけではない。ただ虫のいそうなところに一緒に出かける。あれこれ、指図もしない。子どもの顔を見て、ただニコニコしているだけ。

それで子どもたちになにが伝わるか。むずかしくいうと、メタメッセージである。メッセージなら、こういう虫はこれこれこういうところにいて、などと具体的な説明をする。それを聞いた子どもたちは、その具体的な説明を覚える。そう思っている人が多い。メタメッセージとは、そういうことではない。そういう具体的な説明を通して、この人はなにを面白いと思っているのか、なにを大切だと思っているのか、そういうことが間接的に伝わる。それをメタメッセージという。要するにわかって欲しいのは、虫捕りは面白いとか、一生やることができる仕事だとか、そういうことなのである。でも直接にそういってみても、納得もいかないし、面白くもないだろうと思う。だから黙って野山に連れて行く。私が虫の世界を本気で面白いと思っていれば、それがいつの間にか子どもたちに伝わる。伝わるかもしれない。大切なのはそこである。

テレビのコマーシャルを含めて、現代人はおびただしいメタメッセージにさらされている。だから私は子どもたちに、違う時間を過ごさせてあげたいと思う。そこではなにも知識は入ってこない。でも身体中が反応している。陽の当たり方がどんどん変わる。野原から森に入れば、たちまち涼しくなる。時間が経てば、日差しが変わってくる。風向きが変わる。湿度が変化する。鳥が鳴き、蝶が飛ぶ。一歩歩けば、歩いただけ、世界が変化する。

そういう時間が過ぎると、気持が良く、おなかが空いて、ご飯がおいしい。でもそんなことはいちいち説明できない。説明する必要もない。生きていることを実感するのに、説明は不要である。

「情報化されるものだけが存在する。」それが*ネット社会のメタメッセージである。すべてが言葉になり、写真になり、図表になる。それが虫捕りの①最終のメタメッセージである。それを子どもたちに確認してもらいたい。それがいかに貧しい世界か。それを子どもたちに確認してもらいたい。それが虫捕りの①最終のメタメッセージである。

（養老孟司「メッセージのメッセージ」による）

〔注〕 ネット社会──インターネットを通じて情報のやりとりができる社会。

〔問題1〕 ⑦ こと理科系の文書に関するしようではないか、敢えて〈日本語でない〉日本語、明確な日本語を使うことにしようではないか。とありますが、〔理科系の文書〕で「明確な日本語」を使わなかった場合、どのようになってしまうと筆者は述べていますか。「……になってしまう。」に続くように、十五字以上二十字以内で書きなさい。ただし、、や。や「や」なども、それぞれ字数に数えます。

〔問題2〕 ① 最終のメタメッセージ とありますが、ここで筆者の言う「最終のメタメッセージ」の内容を、本文中の言葉を使って、三十字以上四十字以内で適切にまとめなさい。ただし、、や。や「や」なども、それぞれ字数に数えます。

【適性検査Ⅰ】 （四五分） 〈満点：一〇〇点〉

1 文章1 と 文章2 を読み、あとの問題に答えなさい。
（＊印の付いている言葉には、本文のあとに 【注】 があります。）

文章1

世の中には、ことに＊実務の面では、はっきりものを言わなければならない場面がたくさんある。そういうときに相手を＊おもんぱかって敢えて自分の考えを明言せぬ言語習慣が、私たちの社会の風通しをわるくしている。また、科学（＊自然科学とかぎらず＊社会科学でも、＊人文科学でも）は冷たく澄んだ世界で、そこではとかく表現をぼかし、断言を避けて問題をあいまいにし、＊論争を不徹底にしてしまいがちである。

私は、＊むきつけな言い方を避けて相手が察してくれることを期待する日本語のもの言いの美しさを愛する。そういう言い方を、これから育った人たちにも大切にしてもらいたいと思う。しかし、＊理科系の仕事の文書は、がんらい心情的要素をふくまず、＊政治的考慮とも無縁で、もっぱら明快を＊旨とすべきものである。そこでは記述はあくまで正確であり、意見はできるかぎり明確かつ具体的であらねばならぬ。

もっとも、いざそれを試みようとすると読者は予想外の＊困難を発見されるにちがいない。日本文学者ドナルド・キーンが次のように言っている。

「鮮明でない言葉はフランス語ではない」という言葉があるが、日本語の場合、「はっきりした表現は日本語ではない」といえるのではないか。……数年前に日本人に手紙を出したが、その中に「五日間病気でした」と書いたので、友人は「日本語として正確すぎる」と言って「五日ほど」と直してくれた。小説の人物の年齢も多くの場合、「二十六、七歳」となっていて、二十六歳とも二十七歳ともはっきり定められていないようである。……

キーンの言は的を射ている。こういう風土に育った私たちは、＊折あるごとにぼかしことばを＊挿入する言語習慣が深くしみついていて、容易なことでは〈はっきり言い切る〉文章は書けないのである。しかし私たちは、⑦こと理科系の文書に関するかぎり、敢えて〈日本語でない〉日本語、明確な日本語を使うことにしようではないか。

（木下是雄「理科系の作文技術」による）

【注】
実務——実際の仕事。
おもんぱかって——よくよく考えて。
自然科学——主に自然を対象とした科学。
社会科学——主に社会を対象とした科学。
人文科学——主に人間の文化を対象とした科学。
むきつけな——遠慮のないよう。
理科系——（ここでは）自然科学の分野。
政治的考慮——実際の状況にもとづいて物事をこなす際、いろいろなことを考え合わせること。
旨とする——重んじる。
折——機会。
挿入する——はさみ入れる。

平成26年度

都立小石川中等教育学校入試問題

【適性検査Ⅰ】 （17ページから始まります。）
【適性検査Ⅱ】 （45分）　＜満点：100点＞

1　**さやかさん**と**お父さん**は，**さやかさん**の家を訪（おとず）れた中華人民共和国（ちゅうかじんみんきょうわこく）（中国）や大韓民国（だいかんみんこく）（韓国）からのお客さんについて話をしています。

> **さやかさん**：この前，家に来たお父さんの友達はどこの国の人なの。
> **お父さん**　：中国の人で，お父さんの会社の関係の人だよ。
> **さやかさん**：去年も，お父さんの友達で韓国の人が日本に来たよね。
> **お父さん**　：いま，日本を訪れる外国人旅行者は増えているんだ。仕事で来る人もいるけれど，観光を目的として来る人が多いんじゃないかな。観光とは，旅行して，その土地の景色や文化を見てまわることだよ。
> **さやかさん**：どのくらい日本に来ているのかな。

　お父さんとの会話のあと，**さやかさん**は，日本を訪れた外国人旅行者について調べてみることにしました。

[問題1]　次のページの**資料1**を見て，1980年から2010年までの日本を訪れた外国人旅行者数について，10年ごとにどのように増えたかを，**増えた人数**と**増え方**を使って答えなさい。**増え方**については，小数第2位を四捨五入（ししゃごにゅう）して，小数第1位まで求め，**何倍**という言い方を用いること。
　　　　　また，そこから読み取れることを答えなさい。

> **さやかさん**：日本を訪れる外国人旅行者が増えているのはわかったけれど，どこの国や地域（ちいき）の人が多いのかな。
> **お父さん**　：いま，アジアからたくさんの旅行者が，観光を目的で来ているんだ。
> **さやかさん**：そういえば，新宿（しんじゅく）や渋谷（しぶや）などの繁華街（はんかがい）で，アジアの人たちが買い物をしている場面をニュースで見るわ。

　さやかさんは，3ページの**資料2**と**資料3**をもとに，日本を訪れた外国人旅行者の地域別人数の特徴（とくちょう）について考えてみました。

[問題2]　(1)　**資料3**の2010年の地域別人数の割合（わりあい）はどのようになりますか。**資料2**を使って，2010年の地域別人数の割合を求め，その数字を解答らんに入れなさい。
　　　　　　　なお，解答は百分率で小数第2位を四捨五入して小数第1位まで求めなさい。
　　　　　(2)　(1)で求めた数値（すうち）を使って，**資料3**の2010年のグラフを完成させなさい。
　　　　　　　なお，百分率の合計が100にならない場合は，合計した数値と100との差を「その他」にふくめてグラフを作りなさい。

資料1　日本を訪れた外国人旅行者数の移り変わり

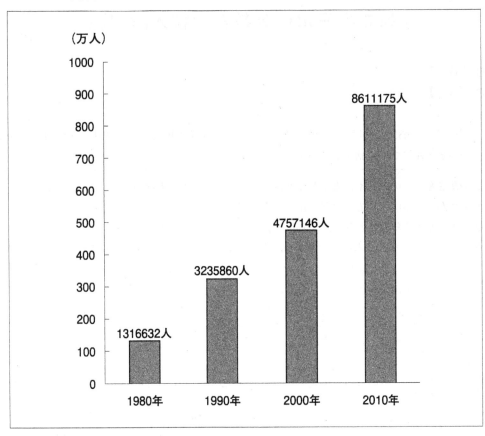

（「日本の国際観光統計2011」より作成）

(3)　完成した**資料3**では，1980年から2010年までのアジアの人数の割合はどのように変化していますか。

　　まず，**資料2**から，1980年，1990年，2000年のアジアの人数の割合を求め，その数字を解答らんに入れなさい。解答は百分率で小数第2位を四捨五入して小数第1位まで求めなさい。

　　次に，1980年から2010年までのアジアの人数の割合の変化の特徴を，具体的な数値を使って答えなさい。

資料２　日本を訪れた外国人の地域別人数（1980年、1990年、2000年、2010年）

	1980年	1990年	2000年	2010年
アジア	607327人	2031285人	3048533人	6528432人
北アメリカ	376753人	633230人	863328人	905896人
ヨーロッパ	255199人	403639人	607862人	853166人
オセアニア	33678人	74629人	181570人	260872人
その他	43675人	93077人	55853人	62809人
総計	1316632人	3235860人	4757146人	8611175人

（「平成23年版観光白書」などより作成）

資料３　日本を訪れた外国人の地域別人数の割合
　　　　（1980年、1990年、2000年、2010年）

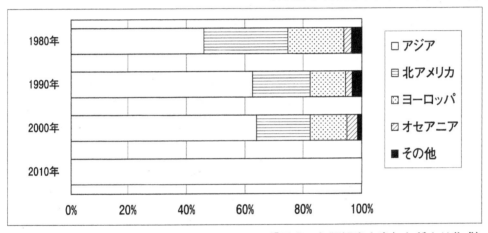

（「平成23年版観光白書」などより作成）

参考資料　世界の略地図（資料２にある地域のおおよその位置）

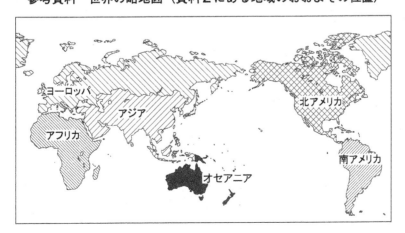

> さやかさん：お父さんの友達の中国の人は，何をしに日本に来たの。
>
> お父さん　：家族４人で観光に来たんだ。５日間日本に滞在して，東京と京都，大阪に行ったんだ。
>
> さやかさん：日本を訪れる外国の人は，どんな旅行をしているのかな。

　さやかさんは，日本を訪れた外国人旅行者の実態について調べていると，**資料４**を見つけました。

[問題３]　**資料４**を見て，韓国，中国，アメリカ合衆国，イギリス，オーストラリアの中から１つの国を選び，その国の１人当たりの旅行消費額の特徴について，すべての外国人旅行者１人当たりの旅行消費額と項目別に比較して，百分率を使って答えなさい。

　　　　なお，百分率は小数第１位を四捨五入して整数で答えなさい。

資料４　日本を訪れた韓国、中国、アメリカ合衆国、イギリス、オーストラリアの旅行者１人当たりの旅行消費額およびすべての外国人旅行者１人当たりの旅行消費額（2010年）

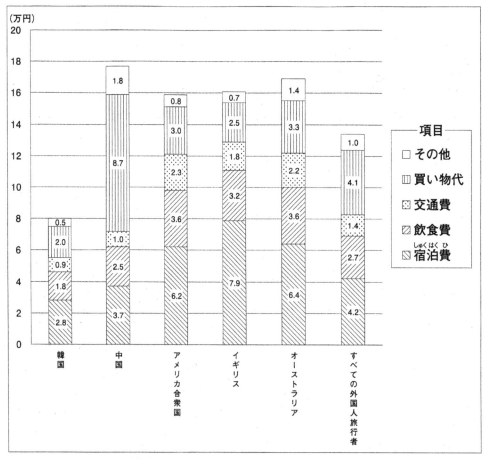

（観光庁ホームページ「平成22年訪日外国人の消費動向」より作成）

　さやかさんは，日本を訪れた外国人旅行者が日本でどんなことをしているのかに興味をもち，**資料5**を見ながら**お父さん**と話をしています。

さやかさん	：日本食を食べたり買い物をしたりする人が多いようだけれども，思っていた以上にいろいろな体験をしているんだね。
お父さん	：訪問するところも東京や京都ばかりではなく，最近は，温泉に行ったり，スキーをやったりすることも増えているんだ。
さやかさん	：日本でいろいろな体験をしてもらって，日本のよさをわかってもらうといいね。

[問題4]　日本を訪れた外国人旅行者に，どんな体験をしてもらいたいですか。また，それによって，日本のどういうよさをわかってもらいたいですか。**資料5**を参考にしてあなたの考えを具体的に書きなさい。

　　　　なお，解答らんには，121字以上140字以内で段落をかえずに書きなさい。字数には，やや。もふくめます。

資料5　日本を訪れた外国人旅行者が日本で行った主な活動（2010年）

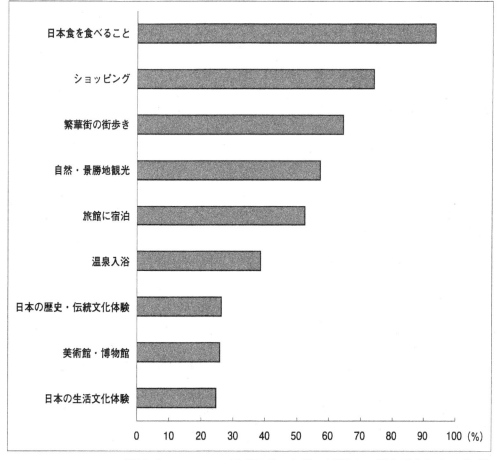

（観光庁ホームページ「平成22年訪日外国人の消費動向」より作成）

　次に**さやかさん**は，日本とほかの国を比べてみようと思い，さらに調べてみました。

　そして，図書館で借りてきた本の中から**資料6**と**資料7**を見つけ，これらの資料を見ながら**お父さん**と話をしています。

さやかさん：入国者数と出国者数ってどういうものなの。

お父さん　：入国者数は，その国にほかの国から来た旅行者の人数で，出国者数は，その国からほかの国に行った旅行者の人数のことだよ。

さやかさん：国際観光収入と国際観光支出ってどういうものなの。

お父さん　：たとえば，外国人旅行者が日本に来て，旅館に宿泊したりおみやげを買ったりすれば，日本でお金を使うから日本にとっては収入になるよね。それが日本の国際観光収入だよ。逆に，日本人が外国に行って，お金を使えば，日本にとっては支出になるんだ。それが日本の国際観光支出というんだ。

さやかさん：外国と比べると日本はどんな特徴があるのかな。

[問題5] **資料6**と**資料7**を見て，韓国，中国，アメリカ合衆国，イギリス，オーストラリアの中から1つの国を選び，その国と日本を比較して，入国者数と出国者数，国際観光収入と国際観光支出から読み取れることを，具体的な数値を使って答えなさい。

資料6　韓国、中国、アメリカ合衆国、イギリス、オーストラリア、日本の入国者数と出国者数（2010年）

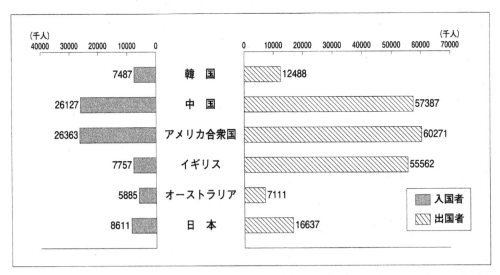

（「日本の国際観光統計2011」より作成）

資料7　韓国、中国、アメリカ合衆国、イギリス、オーストラリア、日本の国際観光収入と国際観光支出（2010年）

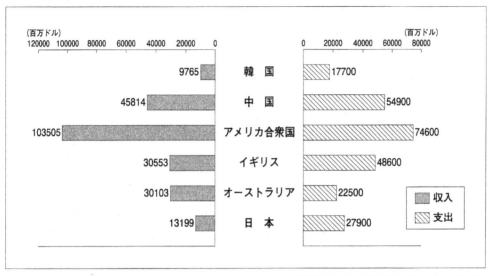

（「平成24年版観光白書」より作成）

> さやかさん：最近になって，外国人旅行者がたくさん日本に来ているのは何か理由があるの。
>
> お父さん　：いろいろな理由はあると思うけれど，日本の政府や都道府県，区市町村が，外国人旅行者をどんどん受け入れようと努力していることが大きな理由だと思うよ。とくに政府は，2008年に観光庁という役所をつくって，いろいろな政策を行っているんだ。

　その後，**さやかさん**と**お父さん**は，観光庁のホームページを調べて，観光庁が行っている政策を次のページの**資料8**のようにまとめてみました。

[**問題6**]　今後いっそう外国人旅行者を増やすために，日本はどのようなことをしたらよいと思いますか。**資料8**やこれまでの資料も参考にして，あなたの考えを具体的に書きなさい。

　　　なお，解答らんには，141字以上160字以内で段落をかえずに書きなさい。字数には，や。もふくめます。

資料8　外国人旅行者を増やすための取り組み

魅力ある観光地域をつくる

○ 特色ある産業やものづくりの支援

○ 旅行に関連する施設の整備

○ 地域独自の魅力を生かした旅行の企画　　　　　　　　など

観光資源の保護・開発

○ 自然や景観、歴史、伝統、文化などの観光資源の開発

○ 伝統芸能や伝統行事の保護

○ 音楽・演劇などの舞台芸術の充実　　　　　　　　　　など

外国人旅行者へのアピール

○ 国際協力を進めていくこと

○ 日本のすぐれた製品やサービスの魅力を宣伝すること

○ 国際交流を進めていくこと　　　　　　　　　　　　　など

（観光庁ホームページ「観光立国推進基本計画」より作成）

【適性検査Ⅲ】 （45分）　　＜満点：100点＞

1　なおきさんは，お母さんと勉強をしています。

> お母さん　　：ここの計算が間違っているわよ。
> なおきさん：もう一度計算してみよう。本当だ。消して書き直すよ。
> お母さん　　：きちんと消さないと読みにくいわ。
> なおきさん：鉛筆で書いたものは消しゴムで消せるから便利だね。
> お母さん　　：赤鉛筆は消えにくいわよ。やってみて。
> なおきさん：本当だ。なかなか消えないね。鉛筆と赤鉛筆の違いは何だろう。鉛筆と赤鉛筆を
> 　　　　　　　くらべると，鉛筆のほうがさらさらと書くことができる感じがするけれど。
> お母さん　　：紙に鉛筆で書いたものと，赤鉛筆で書いたものを拡大した写真がどこかにないか
> 　　　　　　　しら。後でさがしてみましょう。

なおきさんとお母さんは，下の図1～図3の写真を見つけました。図1～図3は，けんび鏡を用
いてそれぞれ同じ倍率で見たときの写真です。図1は何も書かれていない紙を見たとき，図2は図
1の紙に鉛筆で書いた部分を見たとき，図3は図1の紙に赤鉛筆で書いた部分を見たときの写真です。

  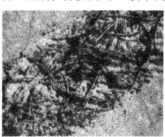

図1	図2	図3
何も書かれていない紙	鉛筆で書いた部分	赤鉛筆で書いた部分

［問題1］　紙に鉛筆で書いたものはきれいに消すことができますが，赤鉛筆で書いたものはなかな
　　　　　か消えません。この違いは何が理由だと考えますか。鉛筆で書いたものがきれいに消える
　　　　　理由と，赤鉛筆で書いたものがなかなか消えない理由を考え，説明しなさい。

勉強を終えたなおきさんは，窓ぎわの机の上に買い物をしたときのレシートがあることに気がつ
きました。

> なおきさん：ここに置いてあるレシートは，お店でもらったときよりも印刷された字がうすく
> 　　　　　　　なっているよ。
> お母さん　　：本当ね。そんなに長い間，置いてあったのかしら。
> なおきさん：時間がたつとうすくなるのかな。鉛筆のときとは違って，消しゴムなどでこすっ
> 　　　　　　　てもうすくならないね。
> お母さん　　：そうね，長い間太陽の光に当たっていたからうすくなってしまったのだと思うわ。
> なおきさん：太陽の光に当たると，どうしてうすくなるの。

［問題２］　太陽の光が原因で，何かが変化する身近な例をほかに１つあげなさい。また，その変化
は太陽の光が原因で起こるものだと考える理由も答えなさい。

なおきさん：レシートの字がうすくなってしまったのは，太陽の光も原因かもしれないけれ
ど，それだけが原因なのかな。

お母さん　：そうね。ほかにも原因があるかもしれないわね。

なおきさん：うん，そう思うよ。

お母さん　：例えばほかにどんな原因が考えられるかしら。

［問題３］　(1)　レシートに印刷された字がうすくなってしまう原因として，太陽の光のほかに何が
考えられますか。具体的に説明しなさい。

　　　　　 (2)　原因が(1)で考えたものであることを確かめる実験を考えなさい。答えは次の①，②
の順に書きなさい。

　　　　　　　① 　確かめる実験の具体的な方法を，ほかの人が同じ実験をすることができるように
説明しなさい。言葉だけで説明しにくい場合は，図をかいて説明してもかまいませ
ん。

　　　　　　　② 　予想される結果を書きなさい。

なおきさんとお母さんは，光の種類について考え始めました。

なおきさん：最近，信号機や家の照明に発光ダイオード（ＬＥＤ）が使われているけれど，発
光ダイオードの光でもレシートの字はうすくなるのかな。

お母さん　：ためしてみましょう。

なおきさんとお母さんが，レシートに発光ダイオードの光を一日じゅう当ててみましたが，レ
シートの字は，見たところうすくなりませんでした。

なおきさん：発光ダイオードは人工の光だからだめなのかな。

お母さん　：でも，発光ダイオードの光でも植物は光合成するのよ。

なおきさん：人工の光と太陽の光では何が違うのだろう。それともやり方がいけなかったのか
な。

［問題４］　発光ダイオードを用いて，レシートの字をうすくすることができると考えますか。でき
ると考える場合はどのようにすればできるか，できないと考える場合はその理由を答えな
さい。

なおきさん：レシートのように印刷したものを消すことができたら，紙を再利用できていいね。

お母さん　：でも，それだと困ることもないかしら。例えばレシートは，消えてしまって困る
こともあるから，最近ではうすくならないように工夫されているのよ。

なおきさん：たしかに，レシートの字が消えてしまうのは困るね。

〔問題5〕 (1) あなたの身の回りにあるもので，書いた字などを消すことができる例，または，書いた字などを消すことができない例のどちらか1つを考え，次の①，②に答えなさい。

① どのようなものか説明しなさい。

② ①であげたものは，どのような仕組みだと考えますか。あなたの考えを説明しなさい。

(2) (1)であげたものを工夫してより便利にするためには，どのようにしたらよいと考えますか。くわしく説明しなさい。

2 ようこさんは，A，B，C，D，E，Fの6個のおはじきで遊んでいます。

お父さん ：おはじきを紙の上に置いてごらん。 ようこさん：何をするの。 お父さん ：これから示すルールで，おはじきを線で結んでみよう。

（お父さんが示したルール）
・線は必ずおはじきとほかのおはじきを結ぶ。
・線と線は交差してもよい。
・どのおはじきからも必ず1本以上の線が出ている。
・どの2個のおはじきを選んでも，直接結ぶ線は1本だけしか引けない。

ようこさん：ルール通りに線で結んでみたよ。ほかにもいろいろな結び方がありそうね。 お父さん ：お父さんにも見せて。

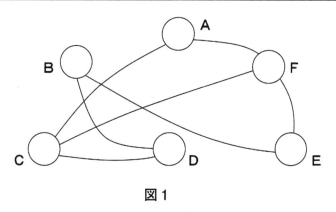

図1

ようこさんがおはじきを線で結んだところ，図1のようになりました。図1で，○はおはじきを表します。

お父さん ：図1で，2本の線が出ているおはじきはA，B，D，Eの4個だね。 ようこさん：3本の線が出ているおはじきはC，Fの2個ということね。

〔問題1〕 (1) 6個すべてのおはじきからそれぞれ3本ずつ線が出ているように，解答用紙の図に線を引きなさい。

> | お父さん | ：同じ本数の線が出ているおはじきを2個だけにできるかな。 |
> | --- | --- |
> | ようこさん | ：2本の線が出ているおはじきが2個，3本の線が出ているおはじきが4個でもいいのかしら。 |
> | お父さん | ：それではいけないよ。同じ本数の線が出ているおはじきは2個だけではないからね。2本の線が出ているおはじきが2個，3本の線が出ているおはじきが2個，4本の線が出ているおはじきが2個，というのもだめだよ。 |
> | ようこさん | ：同じ本数の線が出ているおはじき2個以外は，すべて違う本数にならないといけないのね。 |

(2) **お父さん**が言うとおりに，同じ本数の線が出ているおはじきが2個だけになり，残りのおはじきはすべて違う本数の線が出ているように，解答用紙の図に線を引きなさい。

> | お父さん | ：もっとおはじきの数を増やしてみよう。例えば，おはじきが100個あるとしよう。このとき，すべてのおはじきから違う本数の線が出ているようには引けないのだよ。 |
> | --- | --- |
> | ようこさん | ：なぜそのように引けないのかしら。 |

[問題2] **お父さん**は，「例えば，おはじきが100個あるとしよう。このとき，すべてのおはじきから違う本数の線が出ているようには引けない」と言っています。その理由を考え，説明しなさい。

> | お父さん | ：図2をかいてみたよ。今度は，おはじきの色も考えよう。 |
> | --- | --- |
> | ようこさん | ：図2の○に色をつけることを考えるのね。 |
> | お父さん | ：そうだよ。線で結ばれているおはじきどうしは同じ色にはできないことにしよう。図2では，最も少ない場合で，何色のおはじきが必要かな。 |

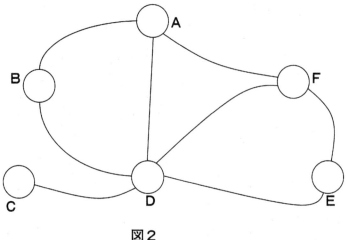

図2

図2で，○はおはじきを表します。

[問題3] 図2について，最も少ない場合で何種類の色のおはじきが必要ですか。また，どのように
おはじきを置いたのか，解答用紙の○の中に色の名前を書きなさい。ただし，おはじき
の色は次に示す6色から選びなさい。

（赤，白，黄，茶，緑，黒）

お父さん ：今度は，自分でおはじきを並_{なら}べてみよう。	

お父さん ：今度は，自分でおはじきを並べてみよう。

ようこさん：おはじきは，どの色をいくつ使ってもよいのかしら。

お父さん ：数はいくつでもよいけれど，次のルールを加えてやってみよう。

（つけ加えたルール）

・おはじきを表す○とおはじきを結ぶ線は，いくつかいてもよい。

・3本の線が出ているおはじきは，4つだけとする。

・線で結ぶおはじきどうしは，同じ色にはできない。

・おはじきの色は，赤と白だけとする。

[問題4] お父さんが示したルールとつけ加えたルールとの両方に当てはまる図を，○と線を使っ
てかきなさい。また，○の中に「赤」または「白」を書きなさい。

グルメ探訪——おいしい料理の店を探し訪れること。

妥協——意見の違いのある場合など、たがいにゆずり合っておだやかに解決すること。

文筆稼業——文章を書く仕事。

横着のそしりをまぬかれない——すべきことをなまけてしない、と非難されて当然である。

【問題1】　⑦肯定的な意味で使われることが最近は多いようですが、元来は否定的な意味合いが強い言葉でした。とありますが、「こだわり」を肯定的な意味で使っている、次の □ の中の材料選びからこだわりましたの部分を、内容は変えないまま、別の表現に改めなさい。ただし、次のような表現を使ってはいけません。

・　| 文章1 | ・ | 文章2 | ・ | 文章3 |　の中で「こだわる」を言いかえている表現。

・「こだわった」など、「こだわる」の形を変えただけの表現。

　わたしたちの班は、調理実習のときに、材料選びからこだわりました。

【問題2】　①言語が死んでいない証拠とありますが、「言語が死んでいない」とは、どのようなことをたとえたものか、説明しなさい。

【問題3】　⑨新しい言い方とありますが、このような言い方に対して、筆者はどのような姿勢をとっていますか。そのようにする理由をふくめて、一文でまとめなさい。

【問題4】　あなたは「言葉の変化」について、どのように考えますか。| 文章1 | ・ | 文章2 | ・ | 文章3 |　両方の意見をふまえ、根拠を明らかにして、四百一字以上四百四十字以内で書きなさい。その際、自分とは異なる立場の考えについてもふれること。なお、内容のまとまりやつながりを考えて段落に分け、次の【きまり】に従いなさい。

【きまり】

○題名は書きません。

○最初の行から書き始めます。

○各段落の最初の字は一字下げて書きます。

○、や。や「なども、字数として数えます。

○段落をかえたときの残りのます目は、字数として数えます。

○最後の段落の残りのます目は、字数として数えません。

チャールズ皇太子──イギリスの皇太子。

側近──近くに仕える人。

タイムズ高等教育サプルメント──イギリスの情報誌。

オックスフォード大学──イギリスの大学。

苦言を呈する──言われる人にとってはいい気はしないが、その人のために
あえて忠告する。

示唆する──それとなく物事を示し教える。

不可避──避けることができないこと。

文章3

＊シアトル・マリナーズの＊イチロー選手がみずから志願して
＊ニューヨーク・ヤンキースに移籍したニュースは日本でも大きく報じ
られました。ある新聞に解説記事が載りました。

こだわり続けたシーズン200本安打が昨季で途絶え、次に目指すも
のは何か。その答えを、イチローが自分自身で出した。

日本語のいわゆる "乱れ" が話題になるとき、きまって取り上げられ
るのが「こだわる」です。辞書で意味を確認しておきます。

［こだわる］①つまらないことに心がとらわれて、そのことに必要以上
に気をつかう。＊拘泥する。
②（ウ）新しい言い方で）細かなことにまで気をつかって味覚などの価値
を追求する。
──『明鏡国語辞典第2版』

②の新しい言い方がいつも議論になります。言葉の意味は一ミリたり
とも拡大してはならぬ、とは言いませんが、マイナス評価の＊貶称をプ
ラス評価の＊美称として用いるのでは意味が180度変わってしまいま
す。言葉が時代とともに変化していくものだとしても、＊逸脱の度が過
ぎはしませんか。

私は②の意味での「こだわる」を使いません。使わなくても不自由を
感じないのに、あえて議論の分かれる言葉を使う理由がないからです。

先ほどの記事でいえば、「気持ちの支えにしてきたシーズン200本
安打が昨季で途絶え…」で事足りるでしょう。＊グルメ探訪の記事でよ
く見かける「料理長の××さんはダシにこだわる」といった文章は、「料
理長の××さんはダシで＊妥協しない」と書けば済むはずです。「こだわ
る」は特定の一語に置き換えることができないので、その都度、文脈に
応じて言い換えの言葉を探す面倒はあるにしても、＊文筆稼業の身でそ
の面倒を避けていては＊横着のそしりをまぬかれません。

（竹内政明『編集手帳』の文章術）による

○言葉の説明

シアトル・マリナーズ──アメリカのプロ野球チーム。

イチロー選手──プロ野球選手。

ニューヨーク・ヤンキース──アメリカのプロ野球チーム。

拘泥する──あることを必要以上に気にしてそれにとらわれる。

貶称──他をおとしめていうこと。

美称──ほめたたえること。ほめていう呼び方。

逸脱──本来の意味や目的からはずれること。決められた範囲からはみ出
すこと。

たとえば『*徒然草』の中で*兼好法師は、次のように書いている。

いにしへは、車もたげよ、火かかげよ、とこそ言ひしを、今様の人は、もてあげよ、かきあげよ、と言ふ、…（中略）…くちをしとぞ、古き人はおほせられし。

〈現代語訳〉昔は、「*車もたげよ」「*火かかげよ」と言う。最近の人は「もてあげよ」「かきあげよ」と言う。…（中略）…「実に情けない」と、ある古老がおっしゃったことだ。

（第二二段）

*小松英雄氏はこの部分を引いて、『『*いにしへ』が*慨嘆しておっしゃったしい言いかたをしなかったものだと『*古き人』が*慨嘆しておっしゃった、ということである。現今の老人たちと同じように、一四世紀の老人たちもまた、イマドキの若い者は、と慨嘆している。すでに一四世紀の日本でも、若者たちの言葉は「乱れている」と非難されていたのだ。

また、アメリカの社会学者スザーン・ロメインは、英語の「乱れ」について次のようなことを述べている。

「英語が乱れているというようなことは、遅くとも一五世紀にはすでに言われるようになっていた。一九八九年には、*チャールズ皇太子が、*側近に読み書きが満足にできる者がいないと言って、公の場でイギリスの学校教師たちに怒りをぶつけている。だいたい同じころに、『*タイムズ高等教育サプルメント』で、数人の*オックスフォード大学の教授が、オックスフォード大生の英語のレベルが低いと*苦言を呈

し、治療的な指導をほどこす可能性があると*示唆した記事が第一面に掲載された」

というわけで、たぶんたいていの地域ではいつでも、若者の言葉は「乱れている」ことになっている。これは、①言語が死んでいない証拠でもあるから、むしろ大切にするべきなのかもしれない。変化そのものは*不可避であり、それは完全には意のままにできるものではないと限界をわきまえるべきである。できることは、その変化の方向をその言語の使用者の多くの人間が望ましいと考える方向に向かわせるために何らかの方策を採ることだ。

この変化については、冷静によく見極めることが大切なのであって、その観察を通じて将来への展望を探るという態度をとることが大切だろう。感情的に、けしからんと言っていても、変化は止められるわけではない。何が可能であり何が不可能なのかは、それからじっくりと考えればよいのだ。

（鈴木義里「日本語のできない日本人」による）

○言葉の説明

矯正——欠点などを正しく改めさせること。

徒然草——鎌倉時代の書物。

兼好法師——吉田兼好。『徒然草』の作者。

車もたげよ——牛に引かせる車の柄を持ち上げろ。

火かかげよ——火を明かせるくしろ。

小松英雄——国語学者。

いにしへ——昔。

古き人——年を取った人。古老。

慨嘆する——腹を立てて悲しむ。

【適性検査Ⅰ】 （四五分） 〈満点：一〇〇点〉

1 「言葉の変化」について述べられた、文章1 ・文章2 ・文章3 を読み、あとの問題に答えなさい。（*印の付いている言葉には、本文のあとに「言葉の説明」があります。）

（松崎仁紀 『こだわり』にこだわる

毎日新聞 平成十二年四月二十五日朝刊による）

○言葉の説明

妥協——意見の違いのある場合など、たがいにゆずり合っておだやかに解決すること。

大辞泉——国語辞典の名。

肯定的——あるものごとに対し、積極的にそのよさを認める態度。

否定的——あるものごとに対し、よくないとして認めない態度。

拘泥する——あることを必要以上に気にしてそれにとらわれる。

故障をいいたてる——さしさわりがあるとさわぎ立てる。

なんくせ——非難すべき点。欠点。

未練がましい——いかにもあきらめが悪い。

文章1

⑦ *肯定的な意味で使われることが最近は多いようですが、元来は*否定的な意味合いが強い言葉でした。

「こだわりの一品」「味にこだわる」。テレビや週刊誌によく現れる表現です。「*妥協しないで、とことん追求する」（『*大辞泉』）という意味で肯定的に使われたのではありません。

「日本国語大辞典」によると、（1）すらすらと行かないで、ひっかかったり、つかえたりする　（2）気にしなくていいようなことが、心にかかる。気持ちがとらわれる。　*拘泥する　（3）*故障をいいたてる。　*なんくせをいう——などとわずかなことに理屈をつけて文句をいう。　*未練がましく、みっともないという受け止め方が一般的でした。「こだわる」の意味が大きく転換したのは、いつごろからでしょう。経済水準が上がり、生活が快適になった半面、生きることの意味や目的がわかりにくくなってきた現代の日本人。生きる証しを求めて、たとえささやかであっても、一つの事柄に “自分らしさ” や、心のよりどころを求めたい。そんな心情が、「こだわる」の意味を逆転させた理由でしょうか。

文章2

若者の言葉は乱れているのではなく、そういう種類の新しい言葉なのであり、乱れているというのは勝手な見方に他ならない。さらに、乱れているから *矯正すべきだ、というのはほとんど不可能なことだ。できることは、せいぜいその変化を遅らせることと変化の方向性を多少変えることくらいだろう。乱れだという思いこみを捨てるほうがはるかに意義のあることだ。

必要なことは、そのような言語変化は何によって加速されているか（よ うに見える）のかということを考え、有効な方法を探ることだろう。言葉の乱れを嘆くことは今に始まったことではないし、日本だけのことでもない。

平成25年度

都立小石川中等教育学校入試問題

【適性検査Ⅰ】 （17ページから始まります。）
【適性検査Ⅱ】 （45分）　　＜満点：100点＞

1　ときこさんのクラスに，外国からの転校生の**アンナさん**がやってきました。そこで**ときこさん**のクラスでは，日本の産業や外国にある日本の会社のことについて考えてみました。

> **アンナさん**：わたしの父は，この学校の近くの工場で技術者として働いています。日本では，
> どこでも同じように工場が多いのですか。
> **ときこさん**：都道府県によって違いがあると思いますが，くわしいことは分かりません。
> **先　　　生**：では，日本の工業がどこで盛んなのかを，地図にして調べてみましょう。**資料１**
> （次のページ）は，平成22年（2010年）の日本の工業製品の出荷額が１位から15
> 位までの都道府県を挙げたものです。

[問題１]　(1)　**資料１**の東京都，愛知県，大阪府，福岡県の割合を百分率で求めなさい。なお，解
答は小数第２位を四捨五入して，小数第１位まで求めなさい。

(2)　**資料１**の割合と(1)で求めた割合を使い，**資料１**の15の都道府県について解答用紙の
地図をぬり分けなさい。

(3)　(2)で作った地図を見て，日本で工業製品の出荷額が多い15の都道府県の分布の特
徴を答えなさい。

資料1　日本の工業製品 出 荷額上位15都道府県（2010年）

都道府県	出荷額（億円）	割合
茨城	108777	3.7%
栃木	84900	2.9%
群馬	75651	2.6%
埼玉	129628	4.5%
千葉	124137	4.3%
東京	84488	%
神奈川	173221	6.0%
静岡	158848	5.5%
愛知	383532	%
三重	97909	3.4%
大阪	158932	%
兵庫	142454	4.9%
岡山	77211	2.7%
広島	87665	3.0%
福岡	82491	%
全国計	2908029	

（「日本国勢図会2012/13」より作成）

> **ときこさん**：アンナさんのお父さんは，なぜ日本にやってきたのですか。
>
> **アンナさん**：父は，わたしの国にある日本の会社（企業）に勤めていました。そして，新しい技術を学ぶために日本の工場へやってきました。
>
> **ときこさん**：どれくらいの数の日本の企業が，外国にあるのですか。
>
> **先　　　生**：それでは**資料2**と**資料3**（次のページ）から，それについて考えてみましょう。
>
> **アンナさん**：**資料2**の地図では，日本が白いままですが，日本はアジアの国ではないのですか。
>
> **先　　　生**：もちろん日本はアジアの国の1つです。けれども，ここでは外国にある日本の企業について考えていくので，アジアの中に日本をふくめていないのですよ。

[問題2]　(1)　**資料3**の2010年度におけるアジア，ヨーロッパ，北アメリカに入る割合を百分率で求めなさい。なお，解答は小数第1位を四捨五入して，整数で求めなさい。

(2)　**資料3**の割合と(1)で求めた割合を使って，解答用紙のグラフを1995年度の例に従って完成させなさい。なお，地域は割合の多い順に並べなさい。

(3)　(2)で作ったグラフを見て，1995年度から2010年度における企業数の割合の変化の特徴を，具体的な数値を使って答えなさい。

資料2　世界の各地域の範囲

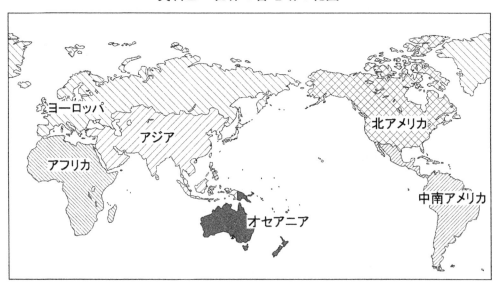

資料３　世界の各地域にある日本の企 業 数

	1995年度		2000年度		2005年度		2010年度	
	企業数	割合	企業数	割合	企業数	割合	企業数	割合
アジア	4655	45%	7321	49%	9250	58%	11605	%
アフリカ	151	1%	136	1%	122	1%	145	1%
ヨーロッパ	1958	19%	2682	18%	2384	15%	2536	%
北アメリカ	2586	25%	3316	22%	2825	18%	2860	%
中南アメリカ	622	6%	955	6%	823	5%	972	5%
オセアニア	444	4%	581	4%	446	3%	481	3%
合計	10416		14991		15850		18599	

（経済産業省「第32回　我が国企業の海外事業活動」「第41回　我が国企業の海外事業活動」より作成）

ときこさん：外国にある日本の企業の数は，地域によってとても差が大きいのですね。どうしてですか。

先　　生：では，**資料４**（次のページ）の地図から考えてみましょう。

ときこさん：**資料４のア**の地図は，どのようなことを表している地図ですか。

先　　生：この地図は，地図の中心である東京（Ｔ）からの距離が正しく表されています。東京とハワイのホノルル（Ｈ）の距離がおおよそ6500kmであることが分かります。大陸の形が，わたしたちが見なれているものとずいぶん違っていますが，地域の名前が書いてあるので，場所は分かりますね。

ときこさん：**資料４のイ**の地図も初めて見ます。

先　　生：人口の多さを，地図の上での面積で表しています。アジアの人口がとても多いことがよく分かりますね。

ときこさん：**資料４のウ**の地図はお金に関係しているようですね。何を表しているのですか。

先　　生：国の経済の状態を表すための数値に「国民総所得」というものがあります。これは，その国の国民すべての所得（収入）を合計したものです。この地図は，その数値を地域ごとに合計し，人口で割って，「１人当たりの国民総所得」を出したものです。ですから，地域ごとの人々のおおよその収入と考えられます。

[問題３]　上の**資料３**の中から，１つの地域を選び，その地域にある日本の企業数の2010年度の特徴を書きなさい。また，その特徴について，どのような理由があると，あなたは考えますか。**資料４のア，イ，ウ**の地図の中から２つを選び，それぞれの地図を使って説明しなさい。

資料4

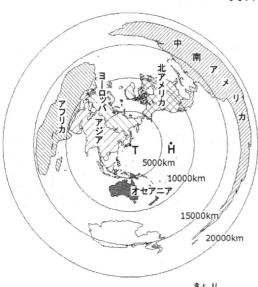

ア　中心である東京からの距離(きょり)が
　　正しく表された地図

イ　人口(2010年)の多い少ないを
　　面積で表した地図
（「データブック・オブ・ザ・ワー
ルド2011」より作成）

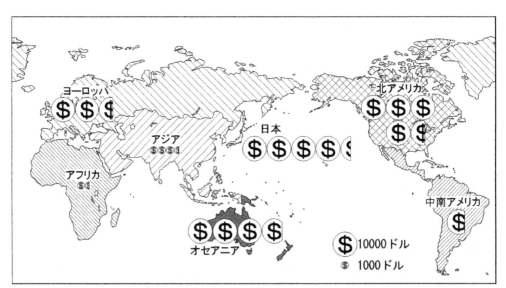

ウ　各地域ごとの1人当たりの国民総所得(2010年)を表した地図
（国連資料および「データブック・オブ・ザ・ワールド2011」より作成）

注：イとウの地図では、参考のために日本についても示してある。

> ときこさん：世界のどの地域でも日本の企業の様子は同じなのでしょうか。
>
> 先　　生：では資料5を見てください。

[問題4]　(1)　資料5を見て，地域ごとの日本の企業1社当たりの売上高が何億円になるかを計算
しなさい。
なお，解答は小数第1位を四捨五入して，整数で求めなさい。

> ときこさん：地域によってずいぶんと日本の企業1社当たりの売上高が違うのですね。それは
> なぜですか。
>
> 先　　生：売上高の違いの理由はいろいろと考えられそうですね。たとえば，その地域の
> 人々の所得の違いもそのひとつでしょう。そのほかにはどのようなことがある
> か，みんなで調べてみましょう。

[問題4]　(2)　地域による，日本の企業1社当たりの売上高の違いの理由を調べるためには，どの
ようなことを調べればよいか，先生の挙げた例のほかに1つ挙げなさい。

資料5　日本の企業の地域ごとの売上高合計と企業数（2010年度）

	売上高（百万円）	企業数（社）	1社当たりの売上高（億円）
アジア	80930190	11605	
アフリカ	1578082	145	
ヨーロッパ	32577960	2536	
北アメリカ	52802083	2860	
中南アメリカ	10070689	972	
オセアニア	5235814	481	

（経済産業省「第41回　我が国企業の海外事業活動」より作成）

　日本の産業や，外国にある日本の企業について学んだ後，外国の人たちとの交流について考えて
みました。

ときこさん：**アンナさん**の家族以外にも，たくさんの人が外国から来て日本で暮らしています
　　　　　　ね。外国からやってきた人と，わたしたちが仲良く暮らしていくためには何か工
　　　　　　夫があるでしょうか。

アンナさん：いろいろなものが，**資料6**（次のページ）のようにいくつかの国の言葉で書かれ
　　　　　　ていると，日本語がよく分からなくても安心です。

先　　　生：そうですね。いろいろな言葉を使って，お知らせを出したりすることは，外国の
　　　　　　人が快適に暮らせるようにするために大切ですね。ほかにはどんなことが考えら
　　　　　　れるでしょうか。

〔問題5〕　(1)　外国の人が日本で快適に暮らせるようにするためには，どのような工夫が必要か，
　　　　　　あなたの考えを書きなさい。

ときこさん：日本にも外国から多くの人がやってくるようになったので，世界を身近に感じる
　　　　　　ようになりました。

先　　　生：そうですね。多くの国からの人を迎えたことで，日本も大きく変わってきまし
　　　　　　た。これからもより良い社会になるように変えていかなければいけませんね。

〔問題5〕　(2)　日本に外国から人がやってくることを生かして，日本をどのように発展させること
　　　　　　ができるか，あなたの考えを書きなさい。
　　　　　　　なお，解答らんには，141字以上160字以内で，段落をかえずに書きなさい。字数に
　　　　　　は，，や。もふくめます。

資料6

防災地図

駅長事務室の案内

ゴミ出しの種類と曜日

【適性検査Ⅲ】 （45分）　＜満点：100点＞

1　ひろこさんは学校の授業で，北海道の小学校の子供たちが，サケの稚魚（おとなになる前の若い
　サケ）を，川に放す試みを行っていることを知りました。そのとき，先生は，次のように説明して
　くれました。

> 　サケは川を下り，海に出て，図1のようにオホーツク海からアラスカ湾を経由し，距離で
> 4000～7000km，時間にするとほぼ4年という歳月をかけて，卵を産むために再び日本に戻って
> くるそうです。しかも，自分の生まれた川に戻ってくるという習性をもっています。
> 　サケのこのような習性を調査するには，サケを川に放す際に目印を付ける方法があります。
> この目印の付け方にはいくつかありますが，そのひとつにサケの稚魚のアブラビレ（背びれの
> 後ろの小さなひれ）（次のページの図2）という部分を切り取るというものがあります。この
> ひれを切り取られても，サケの行動には大きな影響がないそうです。

[問題1]　10万びきの稚魚に4週間で目印を付けるとすれば，どれだけの人数が必要ですか。ただ
　　　　　し，作業をする人の能力や作業の時間は以下のとおりとします。答えは次の①，②の順に
　　　　　答えなさい。
　　　　　・1ぴき当たりの作業時間は6～12秒の間で，自分で決めなさい。この作業時間は，最後
　　　　　　まで変わらないものとします。
　　　　　・1日に作業する時間を6時間として，1週間に作業する日数は5日とします。
　　　　　①　人数を求めるための式とその説明
　　　　　②　①の方法で求めたときに，最低でも必要な人数

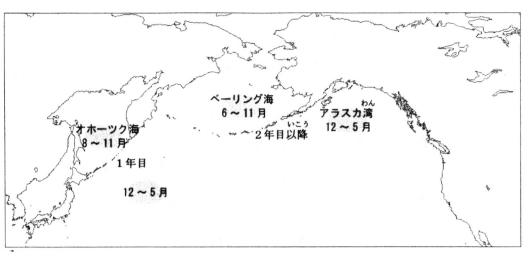

図1　サケの移動の様子
（「さけ・ます資源管理センターニュース No.5 2000年3月」より作成）

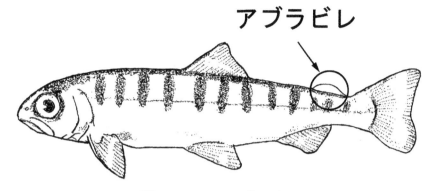

図2　サケのアブラビレ

ひろこさんは家に帰ってから，**お母さん**にサケの話をしました。

ひろこさん：サケが自分の川に戻ってくるというのは，はっきりと分かっていることなのかしら。

お母さん　：ある科学者の調査では，50万びきのサケの稚魚に目印を付けて放したところ，数年後に産卵のために戻ってきたサケのうち，放した川の河口に近い沿岸で見つかったのが1625ひきで，放した川では269ひきが見つかったそうよ。

ひろこさん：50万びきのうち，たった269ひきが戻っただけで，サケは放した川に戻ると言えるのかしら。

お母さん　：269ひきしか戻らなかったわけではないのよ。見つかったのが269ひきだったということね。でも，稚魚の多くは成長する前に，ほかの魚に食べられたり，病気になったりして死んでしまうから，実際にこの調査ではサケがどれくらい生き残って戻ってきたかは分からないわね。

ひろこさん：それにしても，50万びきのうち，放した川で見つかったのは269ひきしかいないのに，放した川に戻るという結論になるのは不思議だわ。

[**問題2**]　この科学者の調査だけでは，放した川にサケが戻ってくるとは言えません。ほかにどのような調査をしたらよいと思いますか。答えは次の①，②の順に書きなさい。

　　①　調査の内容

　　②　予想される調査の結果

ひろこさんは**お母さん**と，なぜサケが自分の川に戻ってくることができるのかという話をしています。

ひろこさん：サケはどうして，自分の川に戻ってくることができるのかしら。

お母さん　：川のにおいの記憶に従って，さかのぼる川を決めているらしいわ。

ひろこさん：川のにおいってどういうことかしら。

> お母さん　：サケは川の水にとけている物質の違いが分かるのよ。これを川のにおいという
> 　　　　　　の。
> ひろこさん：サケは生まれたときには，自分が戻る川が分かっているわけではないのね。
> お母さん　：サケは稚魚になって，川を下っていく途中で，その川のにおいを覚えるらしいの。
> ひろこさん：それはどうやったら確かめられるのかしら。

[問題3]　サケは生まれたときには，自分が戻る川が分かっているわけではないことを確かめるに
　　　　　は，どのような実験をすればよいと思いますか。答えは次の①，②の順に書きなさい。
　　　　　①　実験の方法
　　　　　②　予想される実験結果

> ひろこさん：広い海に出てしまっても，川のにおいが分かるのかしら。
> お母さん　：川から遠く離れてしまったら，広くて深い海の中では川のにおいを手がかりには
> 　　　　　　しにくいわね。周りにも何もないし，海の底も見えないわ。
> ひろこさん：もし，わたしが広い海で船に乗っていたとして，陸が見えなければ，どちらに向
> 　　　　　　かえば帰れるのか分からないわ。それなのに，どうやって遠くの海から自分の川
> 　　　　　　に戻ってくることができるのかしら。
> お母さん　：それはまだはっきりしていなくて，いろいろな説が考えられているのよ。
> ひろこさん：何を手がかりに自分の川に戻ってくることができるのかしら。

[問題4]　サケは川のにおいのほかに，何を手がかりに，それをどう使って，長い距離を戻ってく
　　　　　ることができるのでしょうか。あなたの考えを書きなさい。

2 　ようこさんは学校で習った「正多角形」というものに興味をもち，家に帰ってお父さんに話しま
した。

> ようこさん：正多角形にはいろいろな形があるのね。
> お父さん　：正三角形，正方形，正五角形，正六角形の板をすき間なく，平らに並べて，もっ
> 　　　　　　と大きい正多角形を作ってみよう。
> ようこさん：正多角形の大きさはばらばらでもいいの。
> お父さん　：それぞれの正多角形の一辺の長さは同じとしよう。例えば，正三角形と正方形は
> 　　　　　　形が違うけれど，その辺の長さはどちらも同じという意味だよ。
> ようこさん：どんな正多角形が作れるのかしら。

[問題1]　正三角形，正方形，正五角形，正六角形の板をすき間なく，平らに並べて，正三角形ま
　　　　　たは正六角形を1つ作る方法を説明しなさい。ただし，並べ方のきまりは以下のとおりと
　　　　　します。言葉だけで説明しにくい場合は，図を用いてもかまいません。
　　　　　・2枚以上の板を使うこと

・違う形の板を組み合わせてもよい

・同じ形の板をいくつか使ってもよい

・使わない形の板があってもよい

　お父さんとようこさんは，同じ大きさの正三角形の板だけを使って，直方体や立方体のように面に囲まれている立体を作って遊んでいます。そして**図1**のような立体を，同じ大きさの正三角形の板6枚を使って作りました。

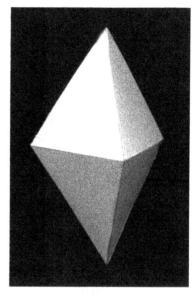

図1

お父さん ：1枚の板は正三角形だから，1つの面に3本の辺があるね。
ようこさん：そうね。面が6あるから，辺の数は3×6で18本になるのね。
お父さん ：それだと同じ辺を2度数えているから，辺の数は18÷2で9本だね。

　次に，**ようこさん**は，同じ大きさの正三角形の板10枚を使って，**図1**とは別の立体を作りました。

ようこさん：面の数が分かると，辺の数を簡単に求めることができるのね。
お父さん ：頂点の数を使って辺の数を求めることができるかな。

[問題2] (1) ようこさんが作った立体の辺の数はいくつですか。

　　　　　(2) ようこさんが作った立体について，頂点の数を使って辺の数を求める方法を説明しなさい。

　ようこさんは**お父さん**と，いろいろな形をした立体について話しています。

ようこさん：同じ形の正多角形を使っても，いろいろな形の立体が作れるのね。
お父さん ：すべての面が同じ形の立体について調べてみようか。
ようこさん：図書館で見つけた本を調べたら，お父さんが作った立体のほかに，3つ（**図2**，ので

図3，図4）見つけることができたわ。

お父さん　：この3つの立体の頂点，面，辺の数について考えてみようか。表に書いてまとめ
　　　　　　てみるといいよ。

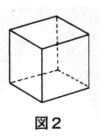　　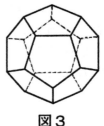　　

図2　　　　　　　　**図3**　　　　　　　　**図4**

ようこさんが，**図2**〜**図4**の立体について，頂点，面，辺の数をそれぞれ数えて表にまとめると，次のようになりました。

	頂点の数	面の数	辺の数
図2	8	6	12
図3	20	12	30
図4	12	20	30

ようこさん：面の数が増えていても，頂点や辺が増えるとは限らないのね。

お父さん　：そうだね。どの立体も頂点の数と面の数を足すと辺の数より2大きくなっている
　　　　　　よ。たとえば，**図2**では，8＋6＝12＋2だね。

ようこさん：本当だわ。

お父さん　：ほかの立体についても成り立つのか，確かめてみよう。

「お父さんが示したルール」
　　　　　　　（頂点の数）＋（面の数）＝（辺の数）＋2

[問題3]　(1)　台形を2枚，長方形を4枚使って作った立体（次のページの**図5**）について，「**お父さんが示したルール**」が成り立つかどうか確かめなさい。言葉だけで説明しにくい場合は，図を用いてもかまいません。

　　　　　(2)　次のページの**図6**は，正三角形と正方形を何枚かずつ使って作った立体で，正三角形の一辺の長さと正方形の一辺の長さは同じです。この立体は，**図6**を正面として真上，真下，真横のどこからみても同じように見えます。この立体の辺の数はいくつですか。求め方も説明しなさい。「**お父さんが示したルール**」が成り立つことを用いてもかまいません。

図5

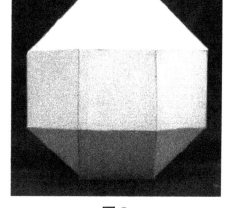

図6

○言葉の説明

福岡ハカセ——この文章の筆者である福岡伸一博士のこと。「ハカセ」と書くことで親しみやすさをもたせている。

アマチュア——職業としてではなく、趣味としてそれを行う人。

彗星——ほうき星。

地層（双葉層）——土や岩のかけらなどが長い間に積み重なってできた重なり。双葉層は地層の名。

首長竜——大昔に水の中にすんでいた大型爬虫類の一種。

痕跡——何かがあったことを示すあと。

訥々と——言葉をとぎれとぎれに言うよう。

SF小説——科学をもとに、空想の世界をえがいた小説。

東縁——東のふち。

常磐地域——茨城・福島の両県にまたがる地域の名。

脳裏——頭の中。

炭田——石炭が豊富に埋まっている地域。

白亜紀——恐竜類が栄えた時代。

河岸段丘——川岸に見られる階段のような地形。

化石ハンター——化石を熱心に集める人。

アンモナイト——巻き貝のようなからをもった大昔の生き物。

古脊椎動物——古代の、背骨などをもった生き物。

与謝野晶子——歌人。

郷土——自分の生まれ育った土地。

劫初より造りいとなむ殿堂にわれも黄金の釘一つうつ——はるかな昔から人々が作り上げてきた殿堂（大きくりっぱな建物）に、わたしも釘の一つを打ちたい。小さくとも黄金の釘を。

【問題1】　⑦私の宝もそのようにして固まる。とありますが、このように、ものごとが実を結ぶためには、何が欠かせないでしょうか。

(1) 文章1の中の言葉を用いて説明しなさい。

(2) 文章2の中から、十字以内の表現をぬき出しなさい。

【問題2】　①彼は最後に、与謝野晶子の歌を引いて話を終えた。とありますが、この歌を引用した鈴木さんの思いを、彼の経験に当てはめて説明しなさい。

【問題3】　あなたは、将来何かを成しとげるためにどのようなことを大切にしていきたいと考えますか。今の自分の姿を出発点として示し、文章1、文章2で述べられているそれぞれの筆者の考えに関連づけて、四百一字以上四百四十字以内で書きなさい。なお、内容のまとまりやつながりを考えて段落に分け、次の【きまり】に従いなさい。

【きまり】
○題名は書きません。
○最初の行から書き始めます。
○各段落の最初の字は一字下げて書きます。
○字数には、、や。や「などもふくめます。
○段落をかえたときの残りのます目は、字数として数えます。
○最後の段落の残りのます目は、字数として数えません。

科学上の発見を、専門の科学者ではなく*アマチュアの情熱が支えている分野がある。新種の昆虫の発見。新しい*彗星の発見。そして絶滅した生物の化石の発見。鈴木少年は、福島県いわき市の古い*地層（双葉層）からほぼ完全な*首長竜の化石を発見した。一九六八年のことである。当時、専門家をはじめ誰も日本から恐竜や大型爬虫類の*痕跡が見つかるとは思っていなかった。鈴木少年の発見は、科学の常識を塗りかえたのだ。もちろんこの大発見は一日にしてなったものではない。

*訥々と話す彼の言葉に私は胸が高鳴った。チャンスは準備された心に降りたつ。

鈴木少年は幼い頃から空想好きな子どもだった。手に入る本は限られていたが、*SF小説やS社から出ていた科学の図鑑をむさぼるように読んだ。中学生になったある日、彼は『あぶくま山地*東縁のおい立ち』という本に出会った。そこには今から約一億年近く前の地層が自分の*郷土に存在し、珍しい魚類や鮫の歯の化石が産出することが記されていた。彼の*脳裏にまだ見ぬ鋭い鮫の歯の鈍い輝きが焼きついた。

鈴木少年の熱病はここから始まった。その地層とは実際どこなのか。地元の資料館に行き、戦前に、*常磐地域で大規模な*炭田調査が行われ、その際、*白亜紀の地層が*河岸段丘に露出している箇所が発見されたことを知った。専門論文を読み、それがいわき市北部の大久川上流の一地域であることを突き止めた。住んでいる場所から三十キロも離れていた。毎週休みの日になると母に作ってもらったおにぎりを持って、早朝から自転車を漕いだ。途中で息が切れめまいがしたこともあった。しかし、そこに通い詰めずにはいられなかった。自分でも一体何に駆り立てられているのか分からなかった。

こうして彼は*化石ハンターになった。コレクションは徐々に増え、*アンモナイトや貝類、植物、そして待望の鮫の歯の化石もそこに加わった。彼は県立工業高校生になっていた。そんなある日、彼は新しい化石を発見した。動物の骨のようだった。これまで見たことがないものだった。しかも、その骨はもっと奥に続いているようだった。彼が極めて賢明だったのは、この時点で自分で掘り進めるのを中止したことだった。化石は非常に脆い。不用意に掘ると損傷してしまう。彼は、国立科学博物館の古生物学者小畠郁生博士に連絡した。*古脊椎動物が専門の長谷川善和博士が現地調査に乗り出した。それはまさに大発見の前兆だった。一部の骨だけがあるのではなく、そこには一頭の巨大な竜がそのまま封じ込められていたのだった。

数年にわたる慎重な発掘作業によってついにその全容が明らかになった。全長約七メートル。竜は大海原を棲みかとし、平たい大きなヒレ状の前脚と後脚、それを支える長い首と流線型の身体、三角形の頭部、そして尖った尾を持っていた。フタバスズキリュウ（学名はフタバサウルス・スズキイ）鈴木少年はその名をここにとどめたのである。彼はその後、いわき市のアンモナイトセンターの職員となり、現在も郷土の教育と文化の普及につとめている。好きなものをみつけ、そのことをずっと好きでありつづける。こんなにすばらしい人生があるだろうか。①彼は

最後に、*与謝野晶子の歌を引いて話を終えた。

*劫初より造りいとなむ殿堂にわれも黄金の釘一つうつ

（福岡伸一「鈴木少年の大発見」による）

【適性検査 I 】　（四五分）　（満点：一〇〇点）

1 文章1と文章2を読み、あとの問題に答えなさい。（*印の付いている言葉には、本文のあとに「言葉の説明」があります。）

文章1

一冊の本を書くというときに、私の頭のなかで何が起こっているのかと、いつも不思議に思う。作家のなかには、最初の一行が書ければ、あとは自然に作品ができあがったのもおなじであるという人がいる。こういうひとは植物がのびていくような思考をするのであろう。最初の一行から芽がのび、枝が生え、葉が茂って花が咲く。その樹は大空にむかっていくらでものびることができる。

ところが、私の場合はこれとはちがう思考方法で作品が生まれるようである。*全体のボディー・プランが先にできるという意味で、動物のからだの形成と似ている。まず、全体像をつかんでから、なかへなかへと細部を書き込んでいく。

もちろん最初の一行には気をつかうが、それは全体像がつかめてからのことである。全体像をつかむところが一番時間のかかるところであり、楽しいところでもある。全体像をつかむために、平均して二、三カ月の時間が必要である。

この間、私はたいせつな宝を心のなかで育みつづけるのである。それは、綿飴のようにふわふわと柔らかく、ほんのりと甘い香りがして温かい。はじめは、そのようなかたちすらないが、心のなかに霧のようなものがかかりはじめると、それはゆっくりと渦巻きながら育っていく。

夜、床に入ってから寝つくまでの時間にその宝はよく育つ。口のなかで飴玉を転がすように、私は心のなかで宝を転がしつづける。宝は星雲のように回転する。それでも、まだ霧の集まりのように、*焦点も定まらず、もやもやとしている。

このようにして、何カ月かの間、心のなかで温めていると、ある日、突然、その宝は手でつかめるようなかたまりになる。それは、両手でやっともてるほどの大きさの、白いなめらかな*磁器のようなものである。ふわふわとした霧のようなものが、このようなかたいものに*凝結する瞬間がもっとも不思議である。自分の頭のなかで何が起こっているのか、見当もつかない。ビーカーのなかで、*食塩の結晶をつくるときに、目に見えるほどの結晶のできていない食塩水にわずかな衝撃をあたえると、ぱっと結晶ができるときがある。⑦私の宝もそのようにして固まる。

（柳澤桂子「本を書く」による）

○言葉の説明
全体のボディー・プラン――全体像。
焦点も定まらず――考えがしっかりとまとまらず。
磁器――土や石を原料にした焼き物の器の一種。
食塩の結晶――食塩の水よう液（食塩水）から出てきた食塩のつぶ。
凝結する――かたまる。

文章2

先日、念願かなって鈴木直さんにお会いすることができた。彼が講演することを知り、それを聞きに行ったのだ。鈴木さんはすっかりいいおじさんになっていたが、私の中では、鈴木さんはいつまでも鈴木少年であり、鈴木少年は*福岡ハカセにとって永遠のヒーローである。

平成24年度

都立小石川中等教育学校入試問題

【適性検査Ⅰ】　（18ページから始まります。）

【適性検査Ⅱ】　（45分）　　＜満点：100点＞

1　のぼるさんは，学校で人口について学習しました。授業では**先生**が人口ピラミッドを紹介して
くれました。

先　　生：人口ピラミッドは，男女それぞれの年齢別の人口を数や割合でグラフにしたもの
です。そして，1つの国でも昔と今とではその形は変わります。

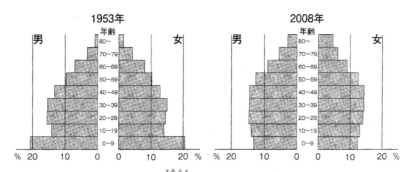

（「国際統計要覧1956」「世界の統計2011」より作成）

のぼるさん：今と昔を1つのグラフにできれば，変化が分かりやすくなると思います。男女の
人口を合計して割合を計算し，昔を左側に，今を右側に書いてみたらどうでしょ
う。

先　　生：では，みんなでいろいろな国のグラフを作ってみましょう。

[問題1]　(1)　次のページの**資料1**の数値を使って，2008年の日本の年齢別人口の割合を百分率で
求めなさい。

なお，解答は小数第1位を四捨五入して整数で求めなさい。

ただし，百分率の合計は100％にならないことがあります。

(2)　(1)で求めた数値を使って，次のページの**資料2**のフランス，ブラジル，フィリピン
のグラフと同様に，日本の2008年のグラフを作りなさい。

(3)　**資料2**のフランス，ブラジル，フィリピンの中から1つの国を選び，(2)で作った日
本の人口のグラフと比較して，その2カ国の1950年頃から2008年までの変化の特徴を
答えなさい。

資料1　日本の年齢別人口構成

年齢（歳）	1954年		2008年	
0〜9	2022万人	23%	1119万人	%
10〜19	1831万人	21%	1214万人	%
20〜29	1580万人	18%	1474万人	%
30〜39	1087万人	12%	1861万人	%
40〜49	915万人	10%	1619万人	%
50〜59	690万人	8%	1766万人	%
60〜69	437万人	5%	1700万人	%
70〜79	221万人	3%	1266万人	%
80〜	47万人	1%	751万人	%
総人口	8830万人		12770万人	

（「国際統計要覧1956」「日本の統計2010」より作成）

資料2　各国の1950年頃と2008年の年齢別人口構成

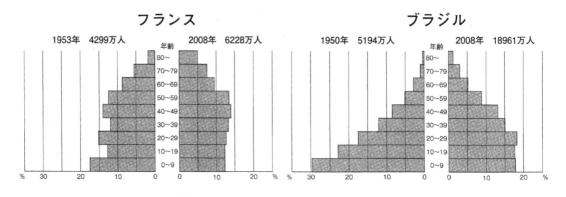

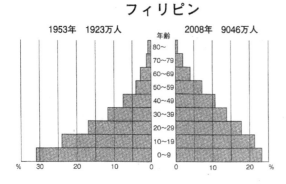

（「国際統計要覧1956」「世界の統計2011」、国連統計局ホームページより作成）

　授業の後，のぼるさんは，国ごとの総人口に大きな違いがあることに気づきました。地球儀を見てみると，国の面積にも大きな違いがあることが分かりました。

　　のぼるさんは**先生**のところへ質問に行きました。

のぼるさん：面積が広いからといって，人が多く住めるわけではないのですね。 先　　　生：面積が広くても，国土の中には森林や砂漠など人が住むのにはあまり適していない地域もあるから，多くの人が住んでいる都市と都市が離れていることもあります。 のぼるさん：そうすると，広い国では，人が行き来したり，荷物を運んだりするときに大変ですね。 先　　　生：確かに，国の面積によって，自動車や鉄道などの輸送手段に違いがあるかもしれませんね。これも面白いテーマだから，みんなで調べてみましょう。

　次の授業では，**先生**が次のページの**資料3**を見せてくれました。

のぼるさん：「人キロ」とか「トンキロ」とは何ですか。 先　　　生：旅客というのは輸送機関に客として乗る人という意味ですから，「人キロ」とは，人の輸送量を表しています。これは，旅客の人数と運んだ距離をかけて算出します。例えば，10人の旅客を10km運ぶと100人キロになります。そして，「トンキロ」というのは，貨物の輸送量を表す単位で，貨物の重さと運んだ距離をかけて算出するものです。 のぼるさん：すると，5トンの貨物を10km運ぶと50トンキロになるのですか。 先　　　生：そうですね。では，**資料3**からどんなことが分かるか，よく見てみましょう。

[問題2]　**資料3**を見て，アメリカ合衆国，イギリス，フランス，ドイツの中から1つの国を選び，その国と比較して，日本の旅客と貨物の輸送機関別国内輸送の特徴について，具体的な数値を使って答えなさい。（なお，国の位置や面積は，**資料3**の地図で確認できます。）

資料3　輸送機関別国内輸送量(2008年)と各国の位置

日本

	旅客 (億人キロ)	貨物 (億トンキロ)
鉄道	4046	223
自動車	9061	3464
航空機	809	11
船	35	1879
＊パイプライン		—
計	13951	5577

アメリカ合衆国

	旅客 (億人キロ)	貨物 (億トンキロ)
鉄道	99	25947
自動車	78402	18454
航空機	9391	201
船	0	7599
＊パイプライン		8142
計	87892	60343

フランス

	旅客 (億人キロ)	貨物 (億トンキロ)
鉄道	983	406
自動車	7688	1819
航空機	104	9
船	0	89
＊パイプライン		209
計	8775	2532

イギリス

	旅客 (億人キロ)	貨物 (億トンキロ)
鉄道	635	248
自動車	7310	1524
航空機	90	7
船	0	2
＊パイプライン		102
計	8035	1883

ドイツ

	旅客 (億人キロ)	貨物 (億トンキロ)
鉄道	980	1157
自動車	9158	2646
航空機	71	7
船	0	641
＊パイプライン		159
計	10209	4610

＊パイプライン：石油や天然ガスを送るための長い管
（国土交通省ホームページ「交通関連統計資料集」より作成）

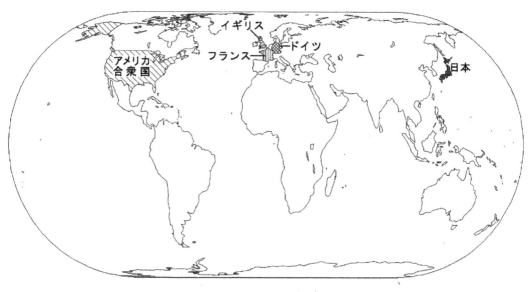

これは面積が正しい地図である。

先生は，次に**資料４**と次のページの**資料５**を見せてくれました。

> 先　　　生：**資料３**で，国ごとの旅客と貨物の輸送について特徴が分かりましたね。では，今
> 度は日本について，くわしく見ていくことにしましょう。

[問題３]　**資料４**を見て，1950年から2009年までの日本における輸送機関別の旅客輸送量の割合
の変化の特徴について，具体的な数値を使って答えなさい。

[問題４]　(1)　**資料５**を見て，1950年と2009年について，鉄道と船の貨物輸送量および貨物輸送量
の合計を計算しなさい。

　　　　　　　解答は，小数第２位を四捨五入して，小数第１位まで求めなさい。

　　　　(2)　**資料５**の数値と(1)で得られた数値を使って，鉄道，自動車，船のそれぞれについて，
1950年から2009年までの貨物輸送量の変化を表す折れ線グラフを作成しなさい。

　　　　　　　なお，どの線が，鉄道，自動車，船を表しているかが区別できるように，かき方を
くふうしなさい。

　　　　(3)　(2)で作成したグラフを見て，その特徴を答えなさい。

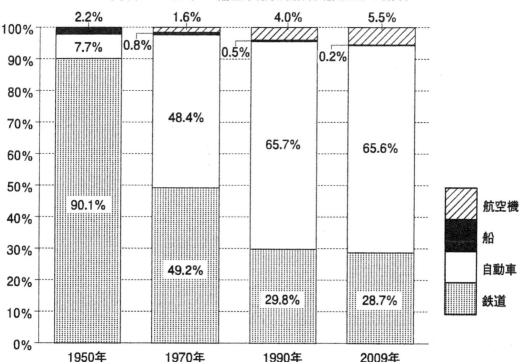

資料４　日本の輸送機関別旅客輸送量の割合

注：1950年には、航空機による旅客輸送はなかった。
（「数字で見る日本の100年」「国土交通白書2011」より作成）

資料5　日本の輸送機関別貨物輸送量

単位は億トンキロ

	鉄道	自動車	船	航空機	合計
1950年		54.3		―	
	(52.2%)	(8.4%)	(39.4%)	(―)	
1970年	634.2	1359.2	1512.4	0.7	3506.5
	(18.1%)	(38.8%)	(43.1%)	(0.0%)	
1990年	272.0	2742.4	2445.5	8.0	5467.9
	(5.0%)	(50.2%)	(44.7%)	(0.1%)	
2009年		3346.7		10.4	
	(3.9%)	(63.9%)	(32.0%)	(0.2%)	

注：1950年には、航空機による貨物輸送はなかった。
（「数字で見る日本の100年」「国土交通白書2011」より作成）

> **のぼるさん**：いろいろな輸送手段がそれぞれ長所を生かして利用されてきたのですね。でも、自動車や航空機などの乗り物は二酸化炭素を出しますが、環境に対する影響はだいじょうぶなのでしょうか。
>
> **先　生**：それも大切な見方ですね。では、輸送をする場合に環境に関してどのような対策が考えられているのかを調べてみましょう。

先生は、次のページの**資料6**を示しました。

［問題5］　**資料6**を読んで、「マイカーによる移動規制」「モーダルシフト」以外で、環境に配慮した輸送の対策について、あなたの考えを書きなさい。

　なお、解答らんには、120字以上140字以内で、段落をかえずに書きなさい。「,」や「。」もそれぞれ字数に数えます。

資料６　環境に配慮した輸送の対策例

　近年は二酸化炭素（CO_2）排出量の削減など、輸送機関には環境に*配慮した対策が求められているが、自動車が排出するCO_2量は、他の輸送機関に比べて多く、自動車輸送から鉄道など他の輸送機関に切りかえることが必要となっている。このため、先進国では、大都市中心部における*マイカーによる移動規制を導入する国が増えている。

　鉄道輸送は、自動車輸送に比べて圧倒的にCO_2排出量が少なく、環境に与える負担が小さい。また、他の輸送機関に比べて*エネルギー消費効率にすぐれるので、大量輸送に適している。そのため、近年、世界的に鉄道の利用が注目されている。これまで自動車、船などで運んでいた貨物を鉄道に切りかえたり、輸送の一部に鉄道を利用したりする「モーダルシフト」が進んでいる。

（「世界国勢図会2009/10」より作成）

＊印の付いている言葉の説明

　配慮：心づかい

　マイカーによる移動規制：自分の家で持っている自動車での移動を規則によって制限すること

　エネルギー消費効率にすぐれる：より少ないエネルギーで多くの人や物を運べること

> 先　　生：人口の学習から，人や物を運ぶ輸送に関心が広がりましたが，おたがい関係がありそうですね。これからの日本の輸送の在り方をみんなで考えてみましょう。

[問題６]　現在の日本の人口構成をふまえて，今後の日本の輸送をどうしていったらよいか，あなたの考えを書きなさい。

　なお，解答らんには，140字以上160字以内で，段落をかえずに書きなさい。「，」や「。」もそれぞれ字数に数えます。

【適性検査Ⅲ】 （45分） ＜満点：100点＞

1 じゅんぺいさんは，夏休みに家族と旅行したときに飛行機の窓から雲を観察しました。雲は下から上にふき上がっているように見えました。また，様子や高さがさまざまであることも観察できました。

夏休みが終わると，**じゅんぺいさん**は理科室に行って，このことを**先生**に話しました。

飛行機から見た雲の様子

じゅんぺいさん	：飛行機から雲を見ました。なんだか雲に乗れそうでした。
先　　生	：そうですね。ふかふかして気持ちよさそうな雲もありますね。でも雲の正体は水や氷なのですよ。
じゅんぺいさん	：どうして空に雲があるのですか。地上にはないのに。
先　　生	：暖かくしめった空気が上空に運ばれて，空気中の水蒸気が水や氷になったのですね。水蒸気は目に見えないけれど，水や氷は見えますね。
じゅんぺいさん	：飛行機が飛んで行った後ろにできる飛行機雲も同じですか。飛行機が水を出したのでしょうか。
先　　生	：いいところに気がつきましたね。飛行機のエンジンからちりが出ていて，その周りに水蒸気が集まり水になって雲ができるのです。

[問題1] 空気中の水蒸気が水や氷になることによって見られる身の回りの現象を1つあげ，その仕組みについてくわしく説明しなさい。

じゅんぺいさん	：霧というのは雲とは違うのですか。
先　　生	：霧は雲と同じようなもので，地上近くにあると霧とよびます。
じゅんぺいさん	：霧の粒は雨の粒より細かくて，しっとりとぬれるような感じがします。
先　　生	：霧の粒が，雨の粒と比べて小さいからですね。水蒸気から水滴になったばかりのときはもっと小さいのですよ。
じゅんぺいさん	：それは，できたばかりの雲の粒ということですか。
先　　生	：そうです。霧の粒は直径0.4mmくらいだけれど，できたばかりの雲の粒は直径0.02mmくらい，雨の粒になるとだいたい直径2mmくらいでしょうか。雨を降らせる雲の中では，できたばかりの雲の粒が集まって，雨の粒へと成長していきます。粒のかさは約100万倍にもなりますよ。

[問題2] 雲には，雨を降らせない雲と，雨を降らせる雲があります。

(1) 飛行機が作る雲以外に，雨を降らせない雲を2つ思い浮かべ，見た目の特徴をそれぞれ答えなさい。言葉だけで説明しにくい場合は，絵をかいて説明してもかまいません。

(2) 雨を降らせる雲ができるときには，雨を降らせない雲ができるときと比べて，どのような違いがあると思いますか。これまでの会話文を読んで，あなたが考えた違いを1つあげ，そう考えた理由を説明しなさい。

じゅんぺいさんは家に帰ってから，気象庁^{きしょうちょう}のホームページを見ながら**お母さん**と雨についての話をしています。

じゅんぺいさん	：降水量^{こうすいりょう}って，どういう意味なのかな。
お母さん	：「降った雨がどこにも流れ去らずにそのままたまった場合の水の深さ」と書いてあるわね。
じゅんぺいさん	：それじゃあ，ペットボトルに水をためて，たまった水の深さを測れば，降水量を測ることになるのかな。
お母さん	：簡単^{かんたん}に言えば，そういうことになるわね。夕方には雨が降りそうだから，急いで作ってみましょうか。

じゅんぺいさんは，500mLと1.5Lのペットボトルを使って雨量計を作り，降水量（雨量）を測りました。ここで，Lはℓ（リットル）を表します。

【雨量計の作り方】

① 500mLのペットボトルの上の部分を切り、下の部分で円柱形になるさかい目のところに油性ペンで線を引き、線まで水を入れておく。

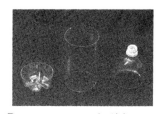

② 1.5Lのペットボトルの上と下を切る。

③ 1.5Lのペットボトルを500mLのペットボトルにかぶせる。

④ 500mLのペットボトルの切り口に、1.5Lのペットボトルの上の部分を逆さまにして置く。

（分かりやすくするために、水に色をつけてあります）

[問題3] (1) 1.5Lのペットボトルの切り口は直径9.2cmで，500mLのペットボトルの切り口は直径6.5cmです。測り始めてから1時間後に，500mLのペットボトルの水の深さは，線を引いたところより3mm増えていました。このとき増えた水の体積は何cm³ですか。式と答えを書きなさい。答えは小数第3位を四捨五入して，小数第2位まで求めなさい。円周率は3.14を用いなさい。

(2) なぜ，2種類のペットボトルを組み合わせて雨量計を作ったのでしょうか。考えられる理由を1つ答えなさい。

(3) (1)のときの降水量は何mmですか。式と答えを書きなさい。答えは小数第2位を四捨五入して，小数第1位まで求めなさい。

[問題4] (1) 降水量を測るときには，雨量計を置く場所にも気をつけなければなりません。降水量を正確に知るために，雨量計をどのような場所に置くのがよいと思いますか。雨量計を置く場所について気をつけることを2つあげ，それぞれ理由も説明しなさい。

(2) じゅんぺいさんが作った雨量計を実際に使っていると，どのようなことが問題になると思いますか。また，それを解決するためには，この雨量計をどのように改良したらよいですか。答えは次の①，②の順に書きなさい。

① 問題になると思うこと

② 改良のしかた

じゅんぺいさん：降水量を正確に知るためには，気をつけなければならないことがあるんだね。

お母さん ：そうね。気象庁などでは，降水量は自動的に機械で測っているけれど，機械が故障して実際の降水量をきちんと測れなくなったりするのよ。

じゅんぺいさん：そうか。ときどき整備しなければならないんだね。

[問題5] 雨量計は約17kmの間かくで置かれていて，全国で約1300地点にあります。

あなたは気象庁で降水量を測ったデータをまとめる担当だとします。あなたのもとには，10分ごとに全国の雨量計で測った数字のデータが送られてきます。

送られてきた数字のデータから，雨量計が故障しているかもしれないと思うのは，どのようなときですか。あなたの考えを書きなさい。

---

2 **ようこさんとお父さんは，**パズルで遊んでいます。

図1のように，木わくの中に，○，×，△，－の記号が書かれたタイルが入っています。

たての列には左から1，2，3，横の列には上からア，イ，ウの名前がついています。

例えば，○のタイルは（1，ア）の場所，×のタイルは（2，イ）の場所にあるといえます。

図1に操作を何回か行って，タイルを入れかえていきます。操作には，次のページに示した2種類があります。

図1

	1	2	3
ア	○	－	－
イ	－	×	－
ウ	－	－	△

・ア，イ，ウのうちどれか2つの列を選び，3枚のタイルを組にして入れかえる操作
　これを，「ア⇔イ操作」「ア⇔ウ操作」「イ⇔ウ操作」といいます。
・1，2，3のうちどれか2つの列を選び，3枚のタイルの組にして入れかえる操作
　これを，「1⇔2操作」「1⇔3操作」「2⇔3操作」といいます。

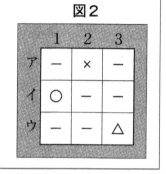

ようこさん：図1に「ア⇔イ操作」を1回行ってみたわ（図2）。

お父さん　：〇のタイルが（1，イ）の場所に，×のタイルは
　　　　　　（2，ア）の場所にかわったね。

ようこさん：列の名前は木わくに書かれているから，列の名前
　　　　　　ごとかわってしまうわけではないのね。

お父さん　：さあ，ここから何回で，お父さんの作った並べ方
　　　　　　（図3）にできるかな。

[問題1]　(1)　図2に何回かの操作を行って，図3のようにしたい
　　　　　　　とき，どの操作をどのような順番で行えばよいですか。
　　　　　　　その方法を1つ書きなさい。

　　　　　(2)　図2にちょうど6回の操作を行って，図3のように
　　　　　　　することは，どうやってもできません。どうしてでき
　　　　　　　ないのか，理由を考えて説明しなさい。言葉だけで説
　　　　　　　明しにくい場合は，図を用いてもかまいません。

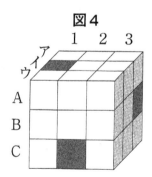

　次に，同じ大きさの，白い立方体24個と色のついた立方体3個，合
わせて27個の立方体で，立体パズルを組み立てました。

　それぞれの列には，左から1，2，3，奥からア，イ，ウ，上からA，
B，Cの名前がついています。

　図4では，（1，イ，A），（2，ウ，C），（3，ア，B）の場所に，
色のついた立方体があります。

　図4に操作を何回か行って，立方体を入れかえていきます。

　操作には，次のページに示した3種類があります。

・1，2，3のうちどれか2つの列を選び，9個の立方体を組にして入れかえる操作
　例えば，「1⇔2操作」は次のようにします。

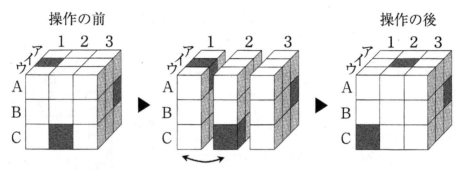

・ア，イ，ウのうちどれか2つの列を選び，9個の立方体を組にして入れかえる操作
　例えば，「イ⇔ウ操作」は次のようにします。

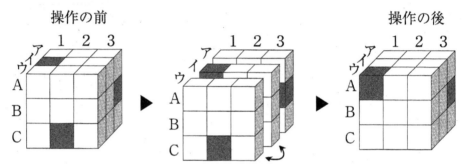

・A，B，Cのうちどれか2つの列を選び，9個の立方体を組にして入れかえる操作
　例えば，「A⇔B操作」は次のようにします。

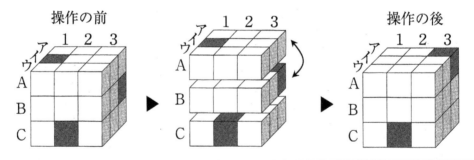

ようこさん	：このパズルも，列を入れかえる操作のときに，列の名前ごとかわってしまうわけではないのね。
お父さん	：そうだね。でも，立体になったので，操作の種類は3種類に増えたよ。さあ，ここから何回で，お父さんのかいた図（次のページの**図5～図7**）のようにできるかな。
ようこさん	：ちょっと待って。**図5～図7**は，本当に全部が**図4**の状態から作れるのかしら。

[問題2]　(1)　図5～図7のうち，図4にどの操作を何回行っても，作れないものが2つあります。それはどれとどれか，記号で答えなさい。

また，なぜ作れないことが分かるか，理由を説明しなさい。

図5 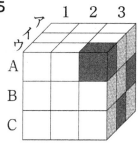   図6 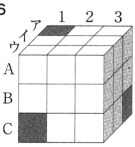   図7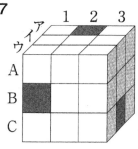

(2) 図5〜図7のうち，図4から作れる1つについて，行う操作の回数を次のあ〜うの回数ちょうどにすると決めたとき，作ることができますか。作れる回数と作れない回数にそれぞれ分けなさい。また，どのように考えて分けたかも書きなさい。

  あ　92回   い　93回   う　94回

さらに，同じ大きさの，白い立方体60個と色のついた立方体4個を使って立体パズルを組み立てました。

それぞれの列には，左から1, 2, 3, 4, 奥からア，イ，ウ，エ，上からA，B，C，Dの名前がついています。

図8では，（2，ア，A），（3，エ，D），（4，ウ，C）の場所に色のついた立方体が見えますが，もう1個はかくれていて見えません。

なお，立体パズルを回転させたり，かたむけたりはせず，つねに図8を見ている向きと同じ向きから見るものとします。

11ページの図4に行った操作と同じような操作を何回か行って，立方体を入れかえていきます。

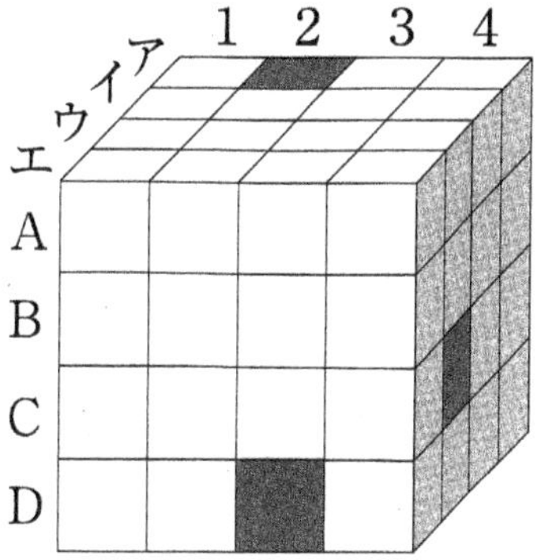

図4では9個の立方体の組を入れかえたのに対し，今度は16個の立方体を組にして入れかえていくことになります。

図8

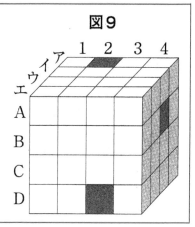

お父さん	：図8に「1⇔4操作」を行ってみたよ（図9）。
ようこさん	：これで，色のついた立方体4個がどこにあるか全部分かったわ。
お父さん	：図8も図9も，色のついた立方体4個のうち，3個が見えているね。でも，色のついた立方体が何個見えるかは，このあとの操作によって変わっていきそうだね。

図9

[問題3]　図9に操作を行って，色のついた立方体4個のうち，1個だけが見えるようにすることは
できますか。

できるならば，図9にどの操作をどのような順番で行えばよいか，その方法を1つ書きなさい。

できないならば，どうしてできないのか，理由を説明しなさい。

言葉だけで説明しにくい場合は，図を用いてもかまいません。

○ 最初の行から書き始めます。

○ 各段落の最初は一字下げて書きます。

○ 「」や「。」もそれぞれ一字に数えます。

○ 文章の途中で段落をかえたときの残りのます目は、字数として数えます。

文章2

原文　子曰、学而不思則罔。思而不学則殆。

読み　子曰わく、「学びて思わざれば則ち罔く、思いて学ばざれば則ち殆し。」と。

内容　＊孔子先生がいわれた、「人から学んだだけで、自分で考えてみることをしないと、何もはっきりとはわからない。ひとりで考えこむだけで広く学ばなければ、①狭くかたよってしまう危険がある。」

（『論語』より。　**内容**は田部井文雄訳による。）

○言葉の説明

　孔子——古代中国の学者。『論語』は彼や弟子たちの言葉や行動などを記録したもの。

文章3

原文　如切如磋者、道学也。如琢如磨者、自修也。

読み　切るが如く磋くが如しとは、学を道うなり。琢つが如く磨るが如しとは、自ら修むるなり。

内容　「＊切りこんだうえにやすりをかけるよう」というのは、＊人について学ぶことを言ったのである。「＊たたいたうえにすり磨くよう」というのは、自ら反省して＊修養することである。

（『大学』より。　**内容**は金谷治訳による。）

○言葉の説明

切りこんだうえにやすりをかける——かざり物として加工するために、動物の骨を小刀やのこぎりで切り出し、やすりなどで削る。

たたいたうえにすり磨く——宝石の原石をツチやノミで打ちたたき、砂や小石でこすり、みがき上げる。

修養する——学問をしたり、精神をきたえたりして、自分をみがく。

人について学ぶ——人に従って学ぶ。

【問題1】　⑦私はこのころの漢籍の素読を、決してむだだったとは思わない。とありますが、これは「このころの漢籍の素読」という方法を、筆者がどのようなものとして受け止めていたのか、たとえを使って述べている一文を**文章1**の中から選んで書きなさい。ただし、「一文」とは、「。」で区切られているひとまとまりの部分をさします。

【問題2】　①狭くかたよってしまう危険がある。とありますが、これはどのような姿勢について注意をうながしているのでしょうか。**文章1**、**文章2**と**文章3**を参考にして、具体例を挙げながら、**七十六字以上、八十五字以内**で説明しなさい。なお、最初のます目から書き始めなさい。「、」や「。」もそれぞれ字数に数えます。

【問題3】　あなたは、これからどのような「学び」をしていきたいと考えますか。これまでの自分自身の「学び」にふれつつ、**文章1、文章2、文章3**で述べられている「学び」に対する姿勢のいずれかに関連づけて書きなさい。なお、内容のまとまりやつながりを考えて段落に分け、**四百一字以上、四百四十字以内**で書きなさい。また、次の【きまり】に従いなさい。

【きまり】

○　題名は書きません。

と指先でひっぱり上げると、底には小さなくもが縮こまっている。

「大学」を習っている最中に、さむらいぐものことを思い出したのは、どうしてだったろうか。

巣をひっぱり上げられて、逃げ場を失ったくも。そのくもの運命に似た立場に、自分も置かれていると思ったのかもしれない。あるいは、動かない漢字の世界をのがれて、動く昆虫の世界に入ってゆきたかったのだろうか。

――雨の音はつづいている。

――さむらいぐもは、どうなっただろう。

けれども、素読は終わらない。祖父の手に握られた字突き棒は、今まで通りに確実に漢字の一字一字を追ってゆく。

私はひそかに、棒を握る祖父の手を見た。老人らしく、枯れかけた肌をしていた。そしてその手の上にさがったひげは、白く長く、光っているようであった。

子供の私が年齢というものを、老人というものを、ほのかに考えたこ*とがあったとすれば、その時であったかもしれない。しかし、祖父は端然としていた。やさしいところはあったが、日課をおろそかにするような点はなかった。だから、時間が来るまで、いや予定された一日分の日課がおわるまで、祖父は同じ表情を持ちつづけて、正確に一字一字をたどって行くのである。

⑦私はこのころの漢籍の素読を、決してむだだったとは思わない。戦後の日本には、*当用漢字というものが生まれた。子供の頭脳の負担を軽くするには、たしかに有効であり、必要でもあろう。漢字をた

くさんおぼえるための労力を他へ向ければ、それだけプラスになるにちがいない。

しかし私の場合は、意味も分からずに入って行った漢籍が、大きな収穫をもたらしている。その後、大人の書物をよみ出す時に、文字に対する抵抗は全くなかった。漢字に慣れていたからであろう。慣れるということは怖ろしいことだ。ただ、祖父の声につれて復唱するだけで、知らず知らず漢字に親しみ、その後の読書を容易にしてくれたのは事実である。

（＊湯川秀樹「旅人」より。一部省略がある。）

○言葉の説明

漢籍――古代の中国で書かれた、漢字による書物。

素読――意味を考えないで、文字だけを声を出して読むこと。漢籍の学習の初歩とされていた。

古色蒼然たる――長い年月を経て、いかにも古めかしく見える様子。

四書、五経――漢籍で重要とされる書物をまとめて呼んだもの。

「大学」・「論語」・「孟子」――いずれも書名。この三冊および「中庸」が「四書」と呼ばれる。

一尺――長さの単位。約三十センチメートル。

端座――正しい姿勢ですわること。正座。

端然――きちんと整っている様子。

学齢――義務教育の対象となる年齢。

当用漢字――日常で使用する漢字の範囲として示された一八五〇字の漢字。一九四六年に定められ、一九八一年、「常用漢字」の制定とともに廃止された。

湯川秀樹――物理学者。日本人で初めてノーベル物理学賞を受賞した。

【適性検査Ｉ】 （四五分） （満点：一〇〇点）

1 文章1、文章2、文章3を読み、あとの問題に答えなさい。（＊印の付いている言葉には、本文のあとに「言葉の説明」があります。）

文章1

ある日、──私が五つか六つの時だったろう──父は祖父に、「そろそろ秀樹にも、＊漢籍の＊素読をはじめて下さい」と言った。

その日から私は子供らしい夢の世界をすてて、むずかしい漢字のならんだ＊古色蒼然たる書物の中に残っている、二千数百年前の古典の世界へ、突然入ってゆくことになった。

ひと口に＊四書、五経というが、四書は＊「大学」＊「論語」や＊「孟子」も、もちろん初めのうちであった。が、そのどれもこれも＊学齢前の子供にとっては、全く手がかりのない岩壁であった。

まだ見たこともない漢字の群れは、一字一字が未知の世界を持っていた。それが積み重なって一行を作り、その何行かがページを埋めているのだった。するとその一ページは、少年の私にとっては怖ろしく硬い壁になるのだった。まるで巨大な岩山であった。

番初めに習ったのも「大学」であった。私が一

「ひらけ、ごま！」

と、じゅもんを唱えてみても、全く微動もしない非情な岩壁であった。夜ごと、三十分か一時間ずつは、必ずこの壁と向かいあわなければならなかった。

祖父は机の向こう側から、＊一尺を越える「字突き」の棒をさし出す。

棒の先が一字一字を追って、

「子、曰く……」

「シ、ノタマワク……」

私は祖父の声につれて、音読する。

素読である。けれども、祖父の手にある字突き棒さえ、時には不思議な恐怖心を呼び起こすのであった。

暗やみの中を、手さぐりではいまわっているようなものに触れるものは、えたいが知れなかった。緊張がつづけば、疲労が来た。手すると、昼の間の疲れが、呼びさまされるのである。

不意に睡魔におそわれて、不思議な快い状態におちることがある。

と、祖父の字突き棒が本の一か所を鋭くたたいていたりした。私はあらゆる神経を、あわててその一点に集中しなければならない。逃れたくもあった。

寒い夜は、坐っている足の指先がしびれて来たし、暑い夕方は背すじを流れる汗が、気味悪く私の神経にさわった。

けれども時によると、私の気持ちは目の前の書物をはなれて、自由な飛翔をはじめることもあった。そんな時、私の声は、機械的に祖父の声を追っているだけだ。

ある夜のことである。私が祖父の前に＊端座していると、不意に軒をたたく雨の音に気づいた。と、私の気持ちは、たちまち小さな「さむらいぐも」の上にとぶのである。

裏庭のほこらのあたりには、大きな木が、何本もならんでいる。その根元には、幾すじか、さむらいぐもの巣が顔を出していた。巣は細長いつつ型で地下へつづいている。そのもろい巣をこわさないように、そっ

解答用紙集

〇月×日 △曜日 天気(合格日和)

◆ ご利用のみなさまへ

＊解答用紙の公表を行っていない学校につきましては、弊社の責任において、解答用紙を制作いたしました。

＊編集上の理由により一部縮小掲載した解答用紙がございます。

＊編集上の理由により一部実物と異なる形式の解答用紙がございます。

人間の最も偉大な力とは、その一番の弱点を克服したところから生まれてくるものである。――カール・ヒルティ――

東京学参株式会社

1

〔問題1〕

文章1 ［　　　　　　　　　　　　　　　　　　　　　　　　　　　〕という効果。

文章2 ［　　　　　　　　　　　　　　　　　　　　　　　　　　　〕という効果。

〔問題2〕

［　　　　　　］ 〜 ［　　　　　　］

〔問題3〕

（6　小石川）

※ 112％に拡大していただくと，解答欄は実物大になります。

1

〔問題1〕

〔太郎さんの作業〕

〔花子さんの作業〕

〔6枚のマグネットシートを切り終えるのにかかる時間〕　　（　　　　　）分

〔問題2〕

〔得点板の数字を456から987にするのにかかる最短の時間〕（　　　　　）秒

（　　　　　）　➡　〔　　　　　〕

（　　　　　）　➡　〔　　　　　〕

（　　　　　）　➡　〔　　　　　〕

（　　　　　）　➡　〔　　　　　〕

（　　　　　）　➡　〔　　　　　〕

2

〔問題1〕
（1）
森林面積の２０００年に対する割合と、増加と減少の割合（数値は％）

	２０１０年		２０２０年	
世界全体	98.8	1.2減少	97.6	2.4減少
ア ジ ア				
アフリカ				
ヨーロッパ				
北アメリカ	100.3	0.3増加	100.1	0.1増加
南アメリカ				
オセアニア				

（2）

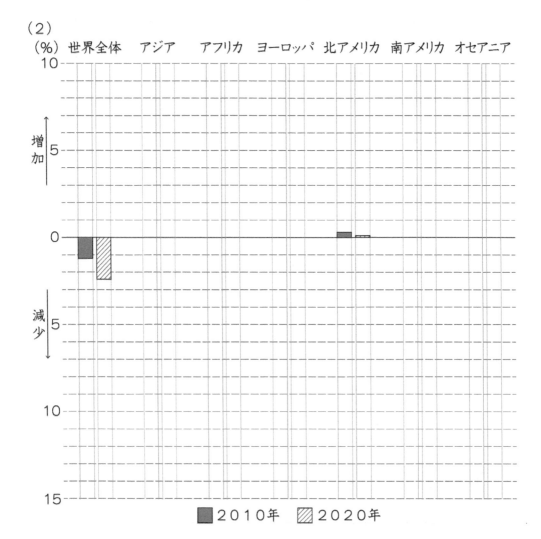

（3）

選んだ地域	

〔問題２〕　（横書きで書きなさい）

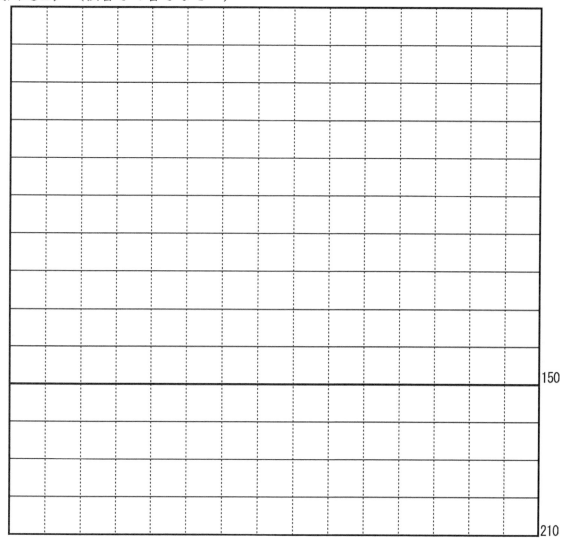

150

210

3

〔問題1〕

〔問題2〕

〔組み合わせ〕

〔理由〕

※ 105％に拡大していただくと，解答欄は実物大になります。

1

〔問題1〕

(1)
　選んだ図… _____ 、 _____

(2)
　選んだ図… _____ 、 _____

〔問題2〕

(1)

(2)

〔問題2〕

（3）

〔問題3〕

〔問題4〕

2

〔問題1〕

(1)

メンバー	Aさん	Bさん	Cさん	Dさん	Eさん
プレゼント					

(2)

〔問題2〕

グループ1	Aさん	Bさん	Cさん	Dさん	Eさん
グループ2	さん	さん	Pさん	さん	さん

〔問題3〕

ゆうきさんがタッチする人数：	人

理由：

1

〔問題１〕

20

30

ことを思わせる隙間や、間や傷のある家具などが、

新しい命を感じさせるから。

〔問題２〕

〔問題３〕

20

100

200

300

400

（5　小石川）

440

1

〔問題１〕

〔道順〕

スタート　　　　　　　　　　　　　　　　　　　　　　　　　倉庫

（　　　　　）　→　　　　　　　　　　　　　　　　　　　→　ケ

〔式と文章〕

〔問題２〕

ヒント（え）：全ての電球の明かりが消えている状態で、

| | と | | と | | のスイッチをおしたあと、

明かりがついていたのは①と②の電球であった。

表５　太郎さんと花子さんがさらに書きこんだ表

	①の電球	②の電球	③の電球	④の電球
Aのスイッチ	×	○	○	×
Bのスイッチ				
Cのスイッチ				
Dのスイッチ	×			
Eのスイッチ	○			

2

〔問題1〕

（1）

年	1972	1982	1991	2002	2012	2020
書店の数		1.13		1.00		0.54
書店の面積の合計	0.22		0.66	1.00	1.17	

（2）

（倍）

1.50
1.40
1.30
1.20
1.10
1.00
0.90
0.80
0.70
0.60
0.50
0.40
0.30
0.20
0.10
0.00

1972　　1982　　1991　　2002　　2012　　2020（年）

（3）

1972年から （ア　　）年まで	
（ア　　）年から （イ　　）年まで	
（イ　　）年から 2020年まで	

〔問題2〕
（1）

（2）

〔問題3〕 （横書きで書きなさい）

150

180

3

〔問題1〕

（1）
（2）

〔問題2〕

（1）
（2）

※ 114％に拡大していただくと，解答欄は実物大になります。

1

〔問題1〕

〔問題2〕
（1）

（2）

（3）

〔問題3〕

(1)

(2)

(3)

〔問題4〕

2

〔問題1〕

〔問題2〕

〔問題３〕

1

（問題1）

（問題2）

（問題3）

（4　小石川）

※ 125％に拡大していただくと，解答欄は実物大になります。

1

〔問題1〕

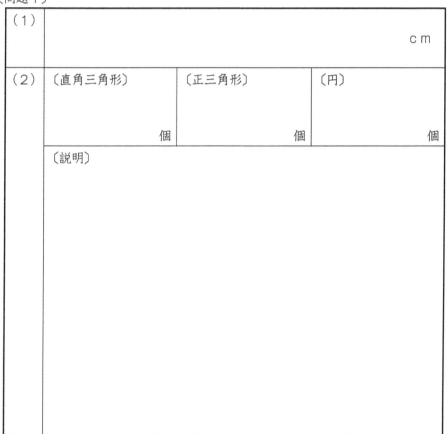

（1）			cm
（2）	〔直角三角形〕　　個	〔正三角形〕　　個	〔円〕　　個
	〔説明〕		

〔問題2〕

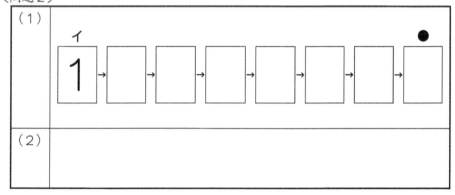

2

〔問題1〕

（1）

	1970年	1986年	2000年	2015年
アフリカ	1.0			8.7
東南アジア	1.0		8.5	
南アメリカ	1.0	4.0		

（2）

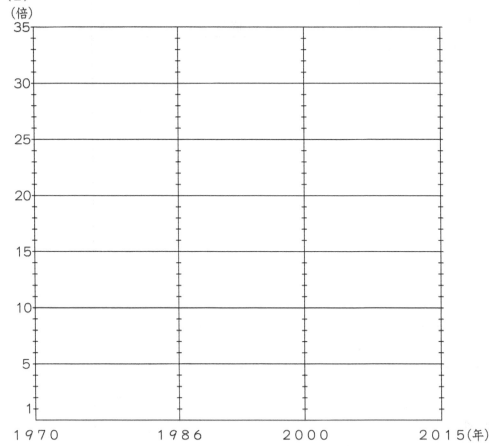

（倍）
35
30
25
20
15
10
5
1

1970　　　　1986　　　　2000　　　　2015(年)

（3）

地域	
特ちょう	
理由	

〔問題2〕

選んだ地域	
地域の様子	
そう考えた 理由	
何を調べた 資料が必要か	
何が分かれ ば確かめら れるか	

〔問題3〕 （横書きで書きなさい）

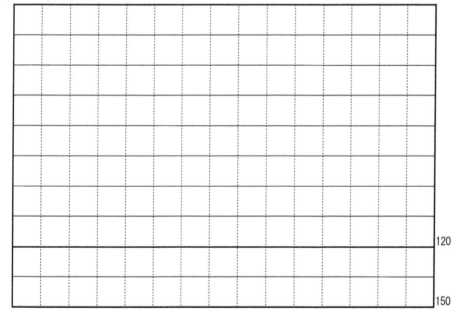

120

150

3

〔問題1〕

（1）〔選んだもの〕

〔理由〕

（2）

〔問題2〕

（1）

（2）〔サラダ油が見えなくなるもの〕

〔洗剤〕　　　　　　　　　　　　　　　滴

※ 125％に拡大していただくと，解答欄は実物大になります。

1

〔問題1〕

〔問題2〕

（1）

（2）

（3）

〔問題3〕

（1）

考えと理由

考えと理由

（2）

理由とその説明

理由とその説明

（3）

〔問題4〕

2

〔問題1〕

〔問題2〕

できる ・ できない

〔問題3〕
(1)

(2)

1

〔問題1〕

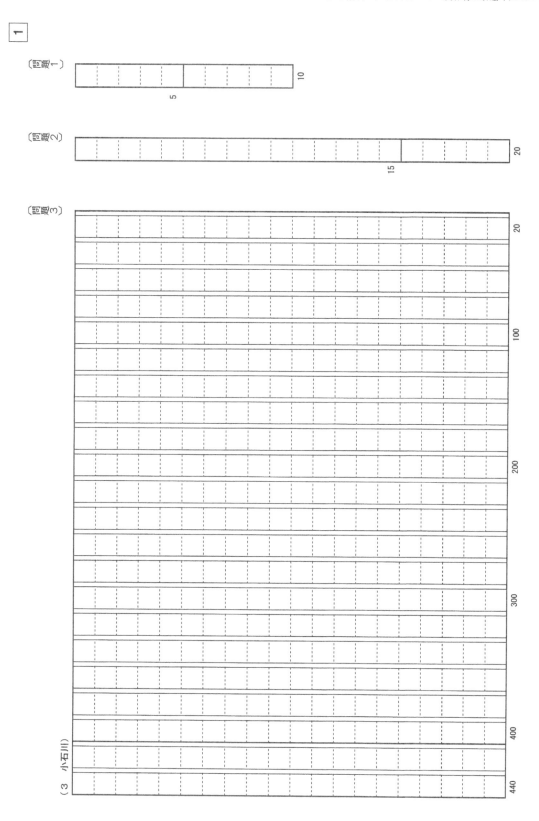

〔問題2〕

〔問題3〕

（3　小石川）

※ 125%に拡大していただくと，解答欄は実物大になります。

1

〔問題１〕

〔説明〕

〔問題２〕

〔アの側面に書く４個の数〕	〔イの側面に書く４個の数〕

〔ウの側面に書く４個の数〕	〔エの側面に書く４個の数〕

〔アの展開図〕	〔イの展開図〕

〔ウの展開図〕	〔エの展開図〕

2

〔問題1〕

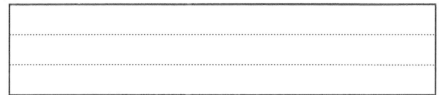

〔問題2〕
（1）

２００３年	２００７年	２０１１年	２０１５年	２０１９年
％	％	％	％	％

（2）

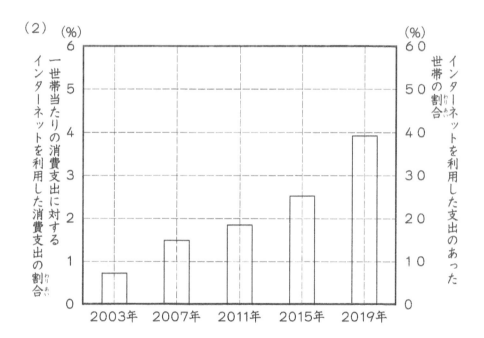

（3）

（4）

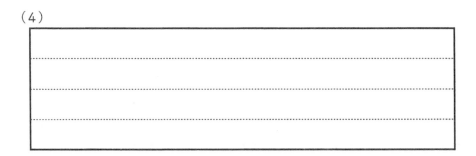

〔問題３〕（横書きで書きなさい。）

課題															

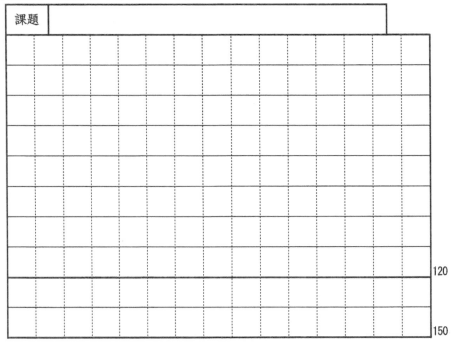

120

150

3

〔問題1〕

(1)

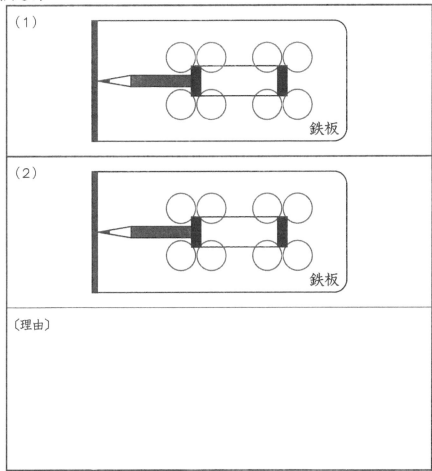

鉄板

(2)

鉄板

〔理由〕

〔問題2〕

(1)	個
(2) 〔大きい場合〕	
〔理由〕	

※ 125％に拡大していただくと，解答欄は実物大になります。

1

〔問題1〕

〔問題2〕

（1）

（2）

（3）

〔問題3〕
(1) 小さいイヌ： ⬚ ｃm²　　大きいイヌ： ⬚ ｃm²

(2)

〔問題4〕

①
②

2

〔問題1〕

(1)
選んだ整数	できる整数

(2)
もとの1けたの整数	
理由	

〔問題2〕

(1)

(2)
できる ・ できない

〔問題3〕

1

〔問題1〕

〔問題2〕

もの見方。

〔問題3〕

（2　小石川）

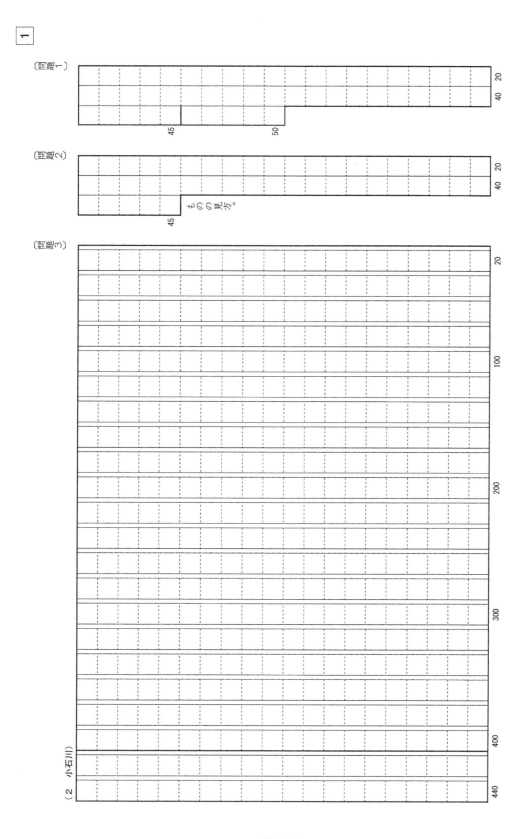

※ 114%に拡大していただくと，解答欄は実物大になります。

1

〔問題1〕

①	②	③	④
c m	c m	c m	c m

〔問題2〕

〔必要なパネルの台数〕

　　　　　　　　　　　台

〔説明〕

〔問題3〕

〔 **ア** に入る数〕

　　　　　　　　　点

〔 **イ** に入る数〕	〔 **ウ** に入る数〕	〔 **エ** に入る数〕	〔 **オ** に入る数〕

2

〔問題1〕
（1）

	サウジアラビア	オーストラリア
輸出額の割合	％	％

	アメリカ合衆国	ブラジル
輸出額の割合	％	％

（2）

グループA	
グループB	
理由	

（3）

グループA

国名	

グループB

国名	

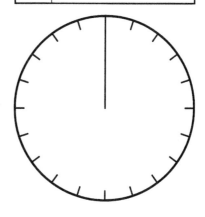

（4）

〔問題２〕

	自動車	機械
１アメリカドル＝９０円	アメリカドル	円
１アメリカドル＝１１０円	アメリカドル	円

〔問題３〕（横書きで書きなさい）

| 円高　・　円安 | 選んだ方に○を付ける |

120

150

3

〔問題1〕

〔選んだプロペラ〕	
〔示す値のちがい〕	g

〔問題2〕

(1) 〔モーター〕	〔プロペラ〕
(2) 〔選んだ予想〕	の予想
〔予想が正しくなる場合〕	あります ・ ありません
〔理由〕	

〔問題3〕

(1)	
(2)	

※ 123％に拡大していただくと，解答欄は実物大になります。

1

〔問題1〕

①

②

③

〔問題2〕

〔問題３〕

①

②

③

〔問題４〕

2

〔問題1〕

Aさん ・ Bさん
理由

〔問題2〕

1回め　　　　枚	2回め　　　　枚	3回め　　　　枚
理由		

〔問題3〕

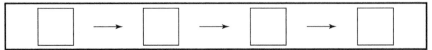

1

〔問題1〕

（解答欄：20字×2行、24・35の位置に目盛り、「ようになる。」）

〔問題2〕

（解答欄：20字×2行、24・35の位置に目盛り、「という態度。」）

〔問題3〕

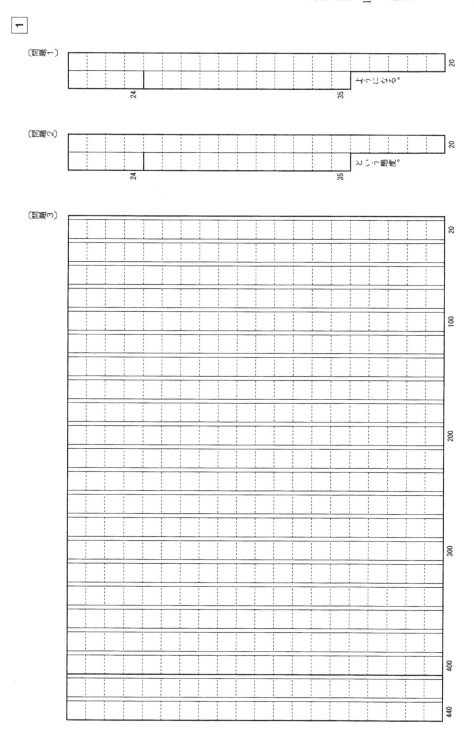

※ この解答用紙は 135％に拡大していただくと，実物大になります。

1

〔問題1〕

〔しおりにする前の状態〕

〔問題2〕

約束2で表現したときの漢字と数字の合計の個数	〔答え〕　　　　　　　　　個
漢字と数字の合計の個数が少ない約束	〔答え〕　約束　□

〔理由〕

〔問題3〕

〔「★」の位置に置くおもちゃの向き〕

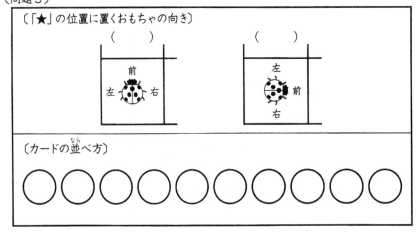

（　　　）　　　　　　　　（　　　）

〔カードの並べ方〕

○ ○ ○ ○ ○ ○ ○ ○ ○ ○

2

〔問題1〕
（1）

| |
| |

（2）

1925年	1955年	1985年	2015年
%	%	%	%

〔問題2〕
（1）

	1955年	1985年	2015年
全　国	人	人	人
東京都	人	人	人

（2）

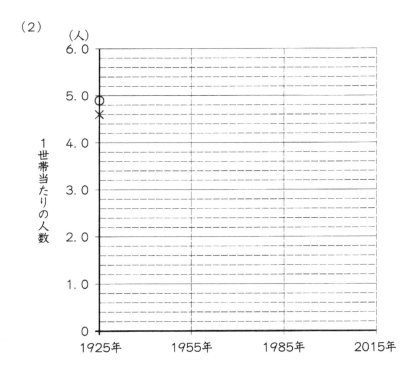

〔問題３〕

共通する理由	
特別な理由	

〔問題４〕（横書きで書きなさい）

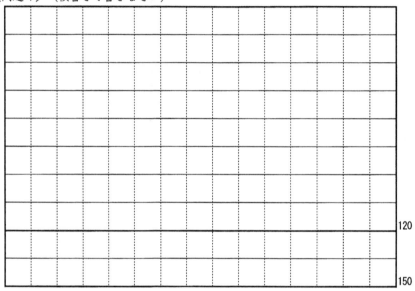

120

150

3

〔問題1〕

〔比べたい紙〕	
〔基準にするもの〕	
〔和紙は水を何倍吸うか〕	倍

〔問題2〕

〔選んだ紙〕	
〔せんいの向き〕	方向
〔理由〕	

〔問題3〕

（1）	
（2）	

100

※ この解答用紙は 135％に拡大していただくと，実物大になります。

1

〔問題1〕

〔問題2〕

(1)

(2)

〔問題3〕

(1)

(2)

(3)

(4) ①

②

③

〔問題4〕

①

②

③

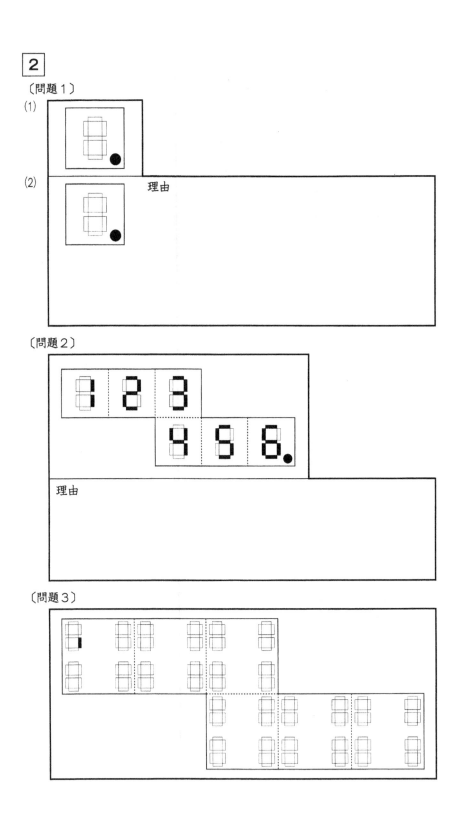

2

〔問題1〕

(1)

(2) 理由

〔問題2〕

理由

〔問題3〕

1

〔問題1〕
（1）

（2）

〔問題2〕

筆者は、　　　　　　　　　　　　　　まで、

　　　　　　　　　　　　　　ことを心がけているから。

〔問題3〕

20

100

200

300

400

440

100

※この解答用紙は 135％に拡大していただくと，実物大になります。

1

〔問題１〕

〔展開図〕

〔問題２〕

〔式〕

□ ○ □ ⊕ □ ○ □ ＝ ７

〔説明〕

〔問題３〕

〔手前に見える二つの面の目の数の組み合わせ〕	〔合計〕
と	
〔太郎さんが気づいたおもしろいこと〕	

2

〔問題1〕
（1）

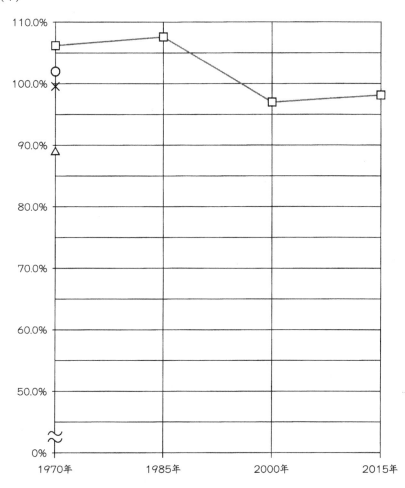

（2）

選んだ食料	

〔問題2〕
（1）

（2）

〔問題3〕

〔問題4〕　　（横書きで書きなさい）

あさこさん　・　けんじさん	どちらかに○を付けなさい

120

150

3

〔問題1〕

〔選んだ観察〕	さんの観察
〔選んだ花粉〕	の花粉
〔1cm²あたりの花粉の数〕	個
〔説明〕	

〔問題2〕

(1)	(あ)	
	(い)	
(2)	〔選んだ図の番号〕	〔グラフの記号〕

〔問題3〕

〔選んだ図〕	
〔説明〕	
〔選んだ図〕	
〔説明〕	

100

※この解答用紙は135％に拡大していただくと，実物大になります。

1

〔問題1〕

〔問題2〕

〔問題３〕

(1)

(2)

(3)

〔問題４〕

(1)

(2)

(3)

2

〔問題1〕

(1)

折り目の並び方

(2)

折り目の並び方

理由

〔問題2〕

折り方の順番　　　　　→　　　　　→
折り目の並び方

〔問題3〕

(1)

折り方	山折り線の数	谷折り線の数

(2)

100

1

（問題1）

|　|　|　|　|　|　|　|　|　|　|　|　|　|　|　|　|　|　|　| 20 |

|　|　|　|　|　|　|　|　|　| という。 30 |

（問題2）

|　|　|　|　|　|　|　|　|　|　|　|　| ために |

|　|　|　|　|　|　|　|　|　|　|　|　|　| 書くこと。 |

（問題3）

																				20
																				100
																				200
																				300
																				400
																				440

100

※この解答用紙は 135％に拡大していただくと，実物大になります。

1

〔問題1〕

三角形　　　　　　　　　　と、三角形

〔問題2〕

〔説明〕

〔問題3〕

〔説明〕

〔式〕

10段目まで並べたときの「見かけ上の辺の数」

本

2

〔問題1〕

水の種類		○か×か	理由
氷河など			
地下水	塩水		
	淡水		
湖水	塩水		
	淡水		
河川水			
すぐに使える水の量		ｋm³ 深さ	m

〔問題2〕

〔問題3〕
（1）

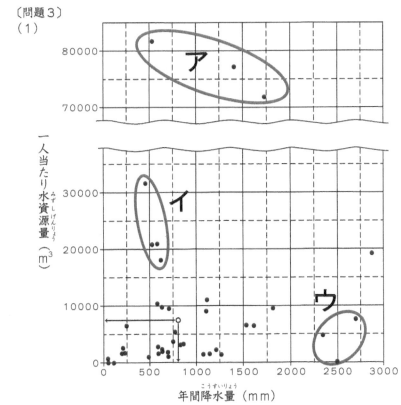

（2）

選んだグループ	

〔問題４〕　（横書きで書きなさい）

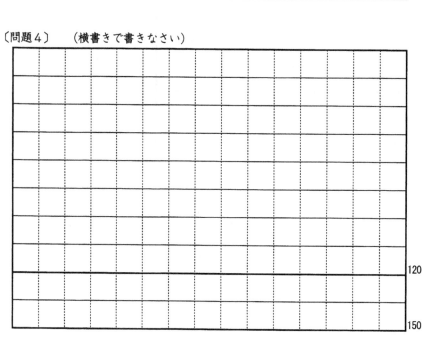

3

〔問題1〕

〔選んだもの〕
〔理由〕

〔問題2〕

〔記号〕
〔説明〕

〔問題3〕

え い き ょ う す る 条 件	〔条件〕	〔比べた実験〕　　　　　　と
	〔理由〕	
え い き ょ う し な い 条 件	〔条件〕	〔比べた実験〕　　　　　　と
	〔理由〕	

100

※この解答用紙は 135％に拡大していただくと，実物大になります。

1

〔問題1〕

〔問題2〕

〔問題3〕

(1)

(2)

(3)

(4)

〔問題4〕

〔2〕

〔問題1〕

(1)

色をぬった部分の面積	ｃｍ²

(2)

〔問題2〕

〔問題3〕

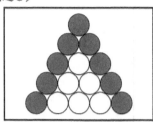

〔問題4〕

○がはられた球	個	×がはられた球	個
△がはられた球	個	何もはられて いない球	個

100

大切なことはメモしておこうネ！

大切なことはメモしておこうネ!

攻略！ 公立中高一貫校適性検査対策問題集

総合編　※年度版商品

- 実際の出題から良問を精選
- 思考の道筋に重点をおいた詳しい解説（一部動画つき）
- 基礎を学ぶ6つのステップで作文を攻略
- 仕上げテストで実力を確認

※毎年春に最新年度版を発行

公立中高一貫校適性検査対策問題集

資料問題編

- 公立中高一貫校適性検査必須の出題形式「資料を使って解く問題」を完全攻略
- 実際の出題から良問を精選し、10パターンに分類
- 例題で考え方・解法を身につけ、豊富な練習問題で実戦力を養う
- 複合問題にも対応できる力を養う

定価：1,320円（本体1,200円＋税10%）／ ISBN：978-4-8080-8600-8　C6037

公立中高一貫校適性検査対策問題集

数と図形編

- 公立中高一貫校適性検査対策に欠かせない数や図形に関する問題を徹底練習
- 実際の出題から良問を精選、10パターンに分類
- 例題で考え方・解法を身につけ、豊富な練習問題で実戦力を養う
- 他教科を含む複合問題にも対応できる力を養う

定価：1,320円（本体1,200円＋税10%）／ ISBN：978-4-8080-4656-9　C6037

公立中高一貫校適性検査対策問題集

生活と科学編

- 理科分野に関する問題を徹底トレーニング！！
- 実際の問題から、多く出題される生活と科学に関する問題を選び、13パターンに分類
- 例題で考え方・解法を身につけ、豊富な練習問題で実戦力を養う
- 理科の基礎知識を確認し、適性検査の問題形式に慣れることができる

定価：1,320円（本体1,200円＋税10%）／ ISBN：978-4-8141-1249-4　C6037

公立中高一貫校適性検査対策問題集

作文問題（書きかた編）

- 出題者、作問者が求めている作文とは！？　採点者目線での書きかたを指導
- 作文の書きかたをまず知り、文章を書くのに慣れるためのトレーニングをする
- 問題文の読み解きかたを身につけ、実際に書く際の手順をマスター
- 保護者の方向けに「サポートのポイント」つき

定価：1,320円（本体1,200円＋税10%）／ ISBN：978-4-8141-2078-9　C6037

公立中高一貫校適性検査対策問題集

作文問題（トレーニング編）

- 公立中高一貫校適性検査に頻出の「文章を読んで書く作文」攻略に向けた問題集
- 6つのテーマ、56の良問…バラエティー豊かな題材と手応えのある問題量で力をつける
- 大問1題あたり小問3〜4問。チャレンジしやすい問題構成
- 解答欄、解答例ともに実戦的な仕様

定価：1,320円（本体1,200円＋税10%）／ ISBN：978-4-8141-2079-6　C6037

〈ダウンロードコンテンツについて〉

　本問題集のダウンロードコンテンツ、弊社ホームページで配信しております。現在ご利用いただけるのは「2025年度受験用」に対応したもので、**2025年3月末日**までダウンロード可能です。弊社ホームページにアクセスの上、ご利用ください。

※配信期間が終了いたしますと、ご利用いただけませんのでご了承ください。

中学別入試過去問題シリーズ

都立小石川中等教育学校　2025年度
ISBN978-4-8141-3125-9

[発行所] 東京学参株式会社
　　　　〒153-0043　東京都目黒区東山2-6-4

書籍の内容についてのお問い合わせは右のQRコードから　⇒

※書籍の内容についてのお電話でのお問い合わせ、本書の内容を超えたご質問には対応
　できませんのでご了承ください。

2024年6月28日　初版